Puran Bair

Aus dem Herzen leben

Herz-Rhythmus-Meditation für Energie,
Freude und seelische Harmonie

Aus dem Amerikanischen von
Dr. Winfried Fuchshofen

ARKANA
Goldmann

Die amerikanische Originalausgabe erschien 1998
unter dem Titel: »Living from the Heart« bei Three Rivers Press,
a division of Crown Publishers Inc., New York

Umwelthinweis:
Dieses Buch und der Schutzumschlag
wurden auf chlorfrei gebleichtem Papier gedruckt.
Die Einschrumpffolie (zum Schutz vor
Verschmutzung) ist aus umweltfreundlicher
und recyclingfähiger PE-Folie.

1. Auflage
© 1998 Puran Khan Bair
© 1999 der deutschsprachigen Ausgabe
Wilhelm Goldmann Verlag, München
in der Verlagsgruppe Bertelsmann GmbH
Redaktion: Irina Mamula
Satz: Uhl + Massopust, Aalen
Druck und Bindung: Wiener Verlag
Printed in Austria
ISBN 3-442-33623-6

*Für Christina, Asatar, Khalil,
Ethan und Gerred*

Inhalt

Vorwort 9
Einleitung 11

TEIL I Wie die Herzrhythmus-Meditation funktioniert
1 Was ist die Herzrhythmus-Meditation? 41
2 Der Nutzen der Meditation und die Elemente
   des Herzens 78

TEIL II Die Übungen
3 Der Einfluß von Körperhaltung und Umgebung:
   Die Vorbereitung 125
4 Bewußtes Atmen: Die Reinigung der Gedanken 151
5 Der rhythmische Atem:
   Den Gedanken eine Richtung geben 175
6 Vollständige Ausatmung: Verwirklichung 191
7 Den Atem anhalten: Energie konservieren 207
8 Atem und Herzschlag: Friede 219
9 Der gerichtete Atem: Heilung 232

TEIL III Die Elemente des Herzens
10 Die vier Elemente 249
11 Das Element Erde 260

12 Das Element Wasser 282
13 Das Element Feuer 303
14 Das Element Luft 329

TEIL IV Ein Leben lang meditieren
15 Probleme, die bei der Meditation häufig auftauchen ... 361
16 Individuelle Praxis und Gruppenmeditation 379
Anmerkungen 403

Vorwort

Dieses Buch basiert auf den Lehren von Pir-o-Murshid Hazrat Inayat Khan, einem indischen Musiker und Mystiker, dem ersten, der Sufismus in den Jahren von 1910 bis 1927 im Westen lehrte, und seinem Sohn Pir Vilayat Inayat Khan, einem zeitgenössischen Mystiker und weltweit bekannten Meditationslehrer. Das Buch ist das Produkt meines 25jährigen Studiums mit Pir Vilayat Khan. Ich bin zutiefst dankbar für seine beständige Führung, Ermutigung, Anleitung und Inspiration während meines gesamten Lebens als erwachsener Mensch. Ich bin ebenso dankbar für den bedeutenden Beitrag, den meine Frau Susanna geleistet hat, die Mitbegründerin des Institute for Applied Meditation ist und mit der ich das Leben aus dem Herzen praktiziere. Ihr Feedback und ihre Mitarbeit haben dieses Buch möglich gemacht.

Ich bin ebenso dankbar für die Kritik und die Anregungen, die ich von meinen Freunden und Kollegen bekommen habe, besonders den hier aufgeführten, die ihre Zeit großzügig zur Verfügung gestellt haben, um dieses Buch zu verbessern: Alim Thompson, Ishtar Dvorak, Winfried und Silke Fuchshofen, Catherine Warrick, Elizabeth Sorenson, Asatar Bair und Ken Carrier. Debbie Disston hat die Grafiken zu diesem Buch gezeichnet.

Das Herz beginnt zu leben, wenn das Bewußtsein im Fühlen verankert ist.

Je mehr die Herzqualität in einem Menschen erwacht ist, um so mehr ist er in der Lage, die Gefühle anderer wahrzunehmen. Ein solcher Mensch kann mit Recht sensibel genannt werden, weil ihm die Gedanken und Gefühle anderer klar sind. Jemand, der nur an der Oberfläche lebt, kann Gefühle nicht klar wahrnehmen. Es gibt auch einen Unterschied in der Evolution dieser beiden Menschen: Der eine lebt an der Oberfläche des Herzens, und der andere lebt in seiner Tiefe. In anderen Worten: Der eine lebt in seinem Verstand, der andere in seinem Herzen.

Hazrat Inayat Khan

Einleitung

Der Herzschlag

Dieses Buch ist in der Absicht geschrieben, Ihnen die Herzrhythmus-Meditation zu vermitteln. Ich möchte Ihnen zeigen, wie Sie sich Ihres Herzschlages bewußt werden können und dadurch mit diesem grundlegenden Rhythmus und Ihren tieferen Gefühlen in bewußten Kontakt kommen.

Sie können die Fähigkeit erlernen, Ihre Haltung, Ihre Herangehensweise und Ihre Handlungen mit der grundlegenden Harmonie des Herzrhythmus und anderen Qualitäten des Herzens, insbesondere Liebe, Kreativität und Mut, in Übereinstimmung zu bringen. Sie können dies allein oder in einer Gruppe lernen und es dann auf Ihre Gesundheit, Ihre Beziehungen und Ihre Ziele im Leben anwenden.

Sie werden Ihre selbstgesteckten Ziele leichter erreichen, und Sie werden die Fähigkeit erlangen, größeren Herausforderungen mit weniger Streß zu begegnen.

Wenn ich Ihnen die Frage stellte, ob Sie Ihren Herzschlag spüren können, wäre die Antwort möglicherweise: »Natürlich kann ich das«, und Sie würden sich ans Handgelenk fassen und Ihren Puls fühlen. Wenn ich Sie dann fragte, ob Sie Ihren Herzschlag in der Brust spüren können, würden Sie vielleicht um ein Stethoskop bitten. Aber können Sie Ihren Herzschlag direkt in Ihrer Brust spüren, ohne irgendwelche Instrumente, einfach in-

dem Sie ihre Aufmerksamkeit darauf richten? Ich habe herausgefunden, daß man lernen kann, den Herzschlag, diese ganz grundsätzliche Uhr unseres Körpers, direkt zu fühlen, wann immer und solange man es möchte. Ich nenne diese Methode die Herzrhythmus-Meditation.
Wenn Sie die Herzrhythmus-Meditation erlernen, wird sie Ihr Leben verändern.

- Erstens wird sie Ihr Konzept von sich selbst erweitern wie auch den Horizont Ihrer Bewußtheit. Sie werden etwas erreicht haben, das Sie für unmöglich hielten, und das wird Sie dazu bringen, andere selbstgesetzte Grenzen in Frage zu stellen. Sie können die Übungen bei der Arbeit, zu Hause, selbst in Konferenzen machen, und jeder wird die Effekte sehen können (ohne zu wissen, was ihre Ursache ist).
- Zweitens wird die Herzrhythmus-Meditation in Ihnen einen tiefen Zustand von Stille und gleichzeitiger Aufmerksamkeit hervorrufen, der Sie mit Frieden und Zufriedenheit erfüllt. Allein das ist eine exzellente Therapie für den alltäglichen Streß, der unserem Herzen so schwer zu schaffen macht. Sich Ihren Herzschlag bewußtzumachen, wird Ihr Herz physisch stärken und seinen Rhythmus stabilisieren, und diese besondere Entspannung wird Ihren Kreislauf anregen, und das sich allmählich entwickelnde Atemmuster des vollständigen Atmens wird Ihrem Herzen mehr Sauerstoff zuführen. Aus diesen Gründen wird die Herzrhythmus-Meditation Ihrem Herzen die gleichen Vorteile bringen wie physisches Training, ohne daß Sie Ihr Haus verlassen, ohne daß Sie Ihre Kleidung wechseln und ohne jeden Schweißausbruch.
- Drittens werden Ihre Gedanken und Gefühle brillant werden und häufige Aha-Erlebnisse wie auch Momente tiefer Einsicht die Folge sein. Dieser Effekt ist eine Begleiterscheinung davon, daß wir unser Bewußtsein mit dem Unbewußten in Verbindung bringen. Wenn die Tür zum inneren Bewußtsein einmal geöffnet ist, wird die Inspiration in beide Richtungen fließen – vom Bewußten zum Unbewußten und umgekehrt.

Es wird Ihnen dann möglich sein, im bewußten Zustand Bilder Ihres schöpferischen und intuitiven Unbewußten zu sehen, und diese können äußerst anregend sein.
- Viertens wird Ihnen das Bewußtwerden des unaufhörlichen Schlagens Ihres Herzens unwiderstehliches Selbstbewußtsein geben, und die Tatsache, daß Sie dauernd an Ihr Herz denken, wird es zum Zentrum Ihrer Persönlichkeit werden lassen. Dadurch werden sich Ihre Gesundheit und Ihre Beziehungen verbessern wie auch Ihre Fähigkeit, Ihre Ziele im Leben zu erreichen. Wenn man seine Aufmerksamkeit dauernd auf sein Herz richtet, ist die Folge eine Verstärkung des körpereigenen magnetischen Feldes, was wiederum persönliche Anziehungskraft und Charisma schafft. Sie werden lernen, Ihren Herzschlag auf Ihre Umgebung zu projizieren, und Ihre Gegenwart wird harmonisierend, heilend und wachstumsanregend wirken. Sie werden Ihre selbstgesteckten Ziele leichter und mit deutlich weniger Streß erreichen, wenn Sie Ihren Herzschlag zu Ihrem Antriebsmotor machen.

Die Herzrhythmus-Meditation ist erlernbar, ohne daß Sie sich irgendwelches Zubehör kaufen oder monatliche Beiträge bezahlen müssen. Sie können diese vier Erfahrungen des Herzens machen, einfach indem Sie sich seines »Rhythmus« bewußt werden.

> Friede stellt sich dann ein, wenn das Selbst in Harmonie mit dem Rhythmus des Herzens ist. Man erreicht diesen Zustand in der stillen Meditation, indem man in den Lebensstrom des Herzens eintritt.
> Wenn man eine Konzentrationsübung in der Meditation anwenden sollte, dann ist es zuerst diejenige, in Kontakt mit dem Rhythmus des eigenen Herzens zu kommen, indem man seine Herzschläge fühlt und sich mit ihnen in Harmonie bringt.
> Dann konzentriert man sein Fühlen in seinem physi-

schen Herzen und wählt aus allen Gefühlen die Liebe aus, und aus allen Arten von Liebe die göttliche Liebe.[HIK]¹*

Ihrem Herzschlag immer wieder zuzuhören, wird Sie sehr wach für eine Schlüsselfunktion Ihres Unbewußten machen, und dies wiederum wird eine engere Verbindung zwischen Ihren bewußten und unbewußten Quellen schaffen. Ihr Unterbewußtsein veranlaßt Ihr Herz zu schlagen und paßt seinen Rhythmus Ihren jeweiligen physischen und emotionalen Bedingungen an. Indem Sie sich Ihres Herzschlags bewußt werden, werden Sie indirekter Zeuge des Verhaltens Ihres Unbewußten. Weil Sie eine Tür zwischen Bewußtsein und Unterbewußtsein geöffnet haben, wird ein Teil des Unbewußten bewußt. Durch diese Tür erhalten Sie einen Einblick in die ungeheure Macht Ihres Unbewußten, und gleichzeitig erwerben Sie damit die Fähigkeit, es für Ihre Ziele einzusetzen.

Wir sind selten der Tatsache gewahr, daß wir uns dauernd auf unser Unterbewußtsein verlassen. Während wir zum Beispiel beim Autofahren eine bewußte Entscheidung darüber fällen, in welche Richtung wir weiterfahren, kontrolliert das Unbewußte all die kleinen, aber notwendigen Bewegungen, um das Auto weiterlenken zu können. Ihr Unterbewußtsein sucht weiter nach Ihren Autoschlüsseln, wenn Sie schon aufgegeben haben. Es erinnert sich an alle Ereignisse Ihres Lebens und speichert jedes einzelne, wie auch jedes Gesicht, jede Enttäuschung und alle Ihre Kenntnisse zum zukünftigen Gebrauch. Ebenso versucht es, Verbindungen zwischen Ihren vielfältigen und wahrscheinlich widerstrebenden Bedürfnissen herzustellen mit dem Ziel, die einzelnen Elemente Ihres Lebens zu einem vollständigen Ganzen zu integrieren.

---

* Die Abkürzungen »HIK« oder »VIK« am Ende eines Zitats stehen für Hazrat Inayat Khan beziehungsweise Vilayat Inayat Khan. Ausführliche Quellenangaben siehe Anmerkungen.

Ich denke, daß jeder von uns eine Aufgabe im Leben zu erfüllen hat, und diese Aufgabe erfordert von uns, daß wir eine Menge über uns selbst lernen. Warum fühlen wir, wie wir fühlen? Was ist die Beziehung zwischen unserer Haltung und den Ereignissen in unserem Leben? Wo ist die Grenze unseres Einflusses und unserer Vision? Wie können wir zu der Lösung der großen Menschheitsaufgabe beitragen? Wenn Sie dieses Streben nach Selbsterkenntnis mit mir teilen, werden Sie Gefallen daran finden, Ihren Herzschlag als Mittel zu nutzen, um Ihre Höhen und Tiefen zu erforschen. Für unser Unternehmen ist es sehr praktisch, daß der Herzschlag so klar und deutlich fühlbar ist, so daß Sie genau wissen, wann Sie Ihre Gedanken auf Ihr Herz statt auf irgend etwas sonst gerichtet haben.

Ihre Fragen nach dem Sinn Ihres Lebens können nicht von Ihrem logischen Denken beantwortet werden, aber Sie können die Antworten aus Ihrem Unterbewußtsein aufsteigen fühlen und besonders aus jenem tiefsten Teil des Unterbewußtseins, den wir das *Herz* nennen. Die große spirituelle Suche, die Reise zu unserem wirklichen Selbst, beginnt mit der Entdeckung dieses Herzens, das für viele Menschen so schwer zu finden ist. Die Herzrhythmus-Meditation bietet eine einfache Methode an: Sie können Ihr *Herz* durch die Meditation auf Ihr physisches Herz entdecken. Es ist so offensichtlich, da es sich fast am gleichen Ort befindet, und selbst der Name ist der gleiche.

Hier ist eine wahre Geschichte, die die Macht des Herzens offenbart.

> Während Joan durch den Flur des Gerichtsgebäudes ging, atmete sie durch ihr Herz (eine Technik, die in Kapitel 6 näher beschrieben wird). Der Prozeß gegen sie lief auf vollen Touren, und ihr Rechtsanwalt befand sich gerade in einer Sitzung mit dem Rechtsanwalt der Gegenpartei. Joan wußte, daß sie das Richtige getan hatte – in der Absicht, einem Kunden ihrer

Firma zu helfen. Ihr Chef hatte ihr versichert, was sie tue, liege auch im Interesse der Firma, und selbst der Vorgesetzte ihres Chefs hatte ihr Tun gutgeheißen. Aber nachdem sie die Firma verlassen hatte, um eine Stelle bei dem Kunden anzunehmen, hatte sie der Präsident ihrer alten Firma beschuldigt, ihren Angestelltenvertrag verletzt und Firmengeheimnisse entwendet zu haben. Die Behauptung war absolut falsch, eine glatte Erfindung. Aber sie hatte keine der Erklärungen schriftlich erhalten, und niemad wollte sie jetzt bestätigen. Der Kunde, den vorher niemand gewollt hatte, wurde jetzt als eine absolut wesentliche Firmenallianz dargestellt, und das Projekt mit diesem Kunden, das man zuvor fallenlassen wollte, war plötzlich zu einem wegweisenden Unternehmen für ihre frühere Firma geworden. Dann hatte sie gehört, daß ihre alte Firma vier leitende Angestellte in anderen Abteilungen verloren hatte, und es dämmerte ihr, daß an ihr ein Exempel statuiert werden sollte, zur Warnung an alle, die vielleicht auch erwogen, die Firma zu verlassen. Ihr Rechtsanwalt war sehr pessimistisch, was ihre Erfolgsaussichten anging.

Joan hielt vor dem Konferenzraum einen Augenblick inne und fühlte erneut ihren Herzschlag. Durch die Herzrhythmus-Meditation hatte sie ein machtvolles Gefühl von ihrem Herzen entwickelt. Sie atmete bewußt und fühlte ihren Herzschlag, und ihr Herz fühlte sich an wie mit magnetischer Kraft erfüllt. Sie fühlte weder Schuld noch Ärger, fühlte sich weder als Täterin noch als Opfer. Sie fühlte sich magnetisch und furchtlos, und sie spürte eine Kraft, die größer war als ihre eigene. Obwohl ihr Anwalt ihr geraten hatte, die Verhandlungen ihm zu überlassen, öffnete sie die Tür zum Konferenzraum. Alle Blicke richteten sich auf sie. Langsam wandte sie ihren Blick von einem zum anderen der anwesenden Männer. Einige davon kannte sie nicht, und so sagte sie einfach: »Ich bin Joan.« Und weiter, voller Überzeugung: »Ich denke, wir werden eine Lösung finden.«

Der Eindruck, den sie hinterließ, war enorm. Für einige Sekunden blieben die Blicke auf sie gerichtet, niemand sagte etwas. Sie selbst sagte auch nichts und hätte auch nichts sagen können, denn ihr Herz sprach laut genug. Dann unterbrach der Staatsanwalt die Stille: »Ich wußte nicht, daß es um SIE ging. Das ändert die ganze Sachlage.« Ihr eigener Anwalt sah einen Augenblick lang den Staatsanwalt an, der ihm kurz zunickte. Darauf drehte er sich um und sagte zu Joan: »Danke, daß Sie gekommen sind. Ich glaube, wir werden eine zufriedenstellende Lösung finden.« Sie ging zurück in den Flur und schloß die Tür hinter sich. Ihr Herz klopfte in ihrer Brust, aber nicht mit dem schnellen Herzschlag der Angst, sondern mit dem Herzschlag einer Königin, die gerade die Gefangenen befreit hatte.

Kurze Zeit darauf kam ihr Rechtsanwalt in den Flur. »Sie haben die gesamte Anklage fallenlassen. Bevor Sie hereinkamen, waren wir dabei, das Strafmaß zu verhandeln. Ich weiß nicht, was Sie gemacht haben, aber die Gegenseite hat die gesamte Anklage fallenlassen. Kennen Sie den Staatsanwalt, der zu Ihnen gesprochen hat?« »Nein«, sagte Joan. Sie wußte, daß es ihr Herz war, das das Wunder bewirkt hatte, nicht irgend etwas Besonderes, das sie gesagt hatte. Ihr Herz hatte sie selbst und die Anwälte befreit.

Das physische Herz, das Ihr Blut durch die Adern pumpt, und das poetische Herz, das Zentrum Ihrer emotionalen Erfahrung, sind durch das Unbewußte miteinander verbunden. Mir ist völlig klar, daß diese Wortgleichheit nicht zufällig ist. Das poetische Herz ist ein subtileres Organ als Verstand und oberflächliche Gefühle. Wir definieren es als die Quelle der Gabe, von der alltägliche Gedanken und Gefühle die Oberfläche sind. Emotionen sind wie Strömungen im See des Herzens. Diese Strömungen wühlen den Grund des Sees auf und verursachen Wellen auf seiner Oberfläche, dem Verstand und den oberflächlichen Gefühlen. Deren Bilder sind inspiriert, manchmal sogar bestimmt vom Herzen, aber bewußt wird nur die Oberfläche dessen, was in der Tiefe tatsächlich geschieht. Die Kraft, die die Strömungen im See produziert hat, hat einen Puls, einen Rhythmus, eine Schwingung. Diesen Puls kann man sich bewußtmachen.

Der Unterschied zwischen Verstand und Herz ist wie der Unterschied zwischen Oberfläche und Grund. Die Oberfläche des Herzens ist der Verstand, und es ist die Tiefe der Gefühle, die das Herz ausmacht. [HIK][2]

Normalerweise richten Sie Ihre Aufmerksamkeit auf Ihre physische Existenz, obwohl Sie gleichzeitig als ein nichtphysisches Feld von Energie und Licht existieren, das gleichzeitig vom Körper ausgestrahlt wie auch zu seiner dauernden Erneuerung genutzt wird. Sie können sich des Austauschs zwischen Energie und Materie bewußt werden, indem Sie sich Ihres magnetischen Feldes bewußt werden. Der Körper hat ein meßbares magnetisches Feld, das mit dem Rhythmus des Herzschlags pulsiert. Ihr Herzschlag hilft Ihnen, Ihr magnetisches Feld zu finden. Achten Sie auf das, was im gleichen Rhythmus wie Ihr Herz pulsiert. Die Entdeckung, daß man selbst auch als magnetisches Feld existiert, ist eine der großartigsten Lebenserfahrungen. Sie bringt unser Konzept von uns selbst der Realität näher.

Machen Sie sich Sorgen um den Zustand Ihres physischen Herzens? Man hat herausgefunden, daß es möglich ist, den unbewußten Mechanismus, der unseren Herzschlag reguliert, dadurch zu beeinflussen, daß man sein Bewußtsein direkt auf den Herzschlag richtet. Wenn Sie das tun, wird es Ihr Herz auf der physischen Ebene stärken. Jeder Herzschlag, den Sie so fühlen, ist ein Schritt in Richtung auf ein gesünderes Herz. Ein unregelmäßiger Herzschlag wird allmählich weniger unregelmäßig, weil diese Art der Selbstkontrolle einen Feedback-Mechanismus darstellt, der Ihren Herzschlag bis zu einem gewissen Grad reguliert.

Ihr Herzschlag ist reich an Gefühlen und Bedeutung und niemals langweilig. Selbst ein regelmäßiger Herzschlag hat leichte Rhythmusschwankungen, weil er von anderen Körperschwingungen mit beeinflußt wird. Dazu gehören die Atemfrequenz und die sehr feinen Frequenzen des Nervensystems.

Sie können den Herzschlag am stärksten in Ihrer Brust spüren, aber Sie können ihn auch überall spüren, wo Sie Ihre Aufmerksamkeit hinrichten: in den Händen, im Gesicht, in den Füßen und so weiter. Wo immer Sie auch hinspüren, können Sie das Echo des Herzschlags fühlen. Die Art und Weise des Echos sagt Ihnen etwas über den betreffenden Körperteil wie auch Ihren Kreislauf und Ihr Nervensystem. Der Kreislauf überträgt Ihren Herzschlag in Ihrem gesamten Körper, und das Nervensystem liefert ein subtiles Echo zurück zum Gehirn. Daher ist der Herzschlag, den Sie fühlen, ein inneres Signal, das Sie zur Selbstdiagnose für die Gesundheit Ihres ganzen Körpers nutzen können.

Samuels Fuß befand sich unter dem Motorblock, als dieser umkippte und seinen Zeh verletzte. Durch den intensiven Schmerz hindurch empfand er ein besonders schmerzhaftes Klopfen des Pulses in seinem Zeh. Das hörte nach ein paar Stunden auf und ging über in einen beständigen, starken Schmerz. Am nächsten Tag blutete der Zeh immer noch ein wenig und tat ziemlich weh. Wenn Samuel seine Herzrhythmus-Meditation machte, versuchte er wie gewöhnlich, den Herzschlag in verschiedenen Teilen des Körpers zu spüren. Obwohl er seinem Zeh besondere Aufmerksamkeit zuwandte, konnte er dort den Puls nicht spüren. Das blieb drei Tage lang so: Sein Zeh blutete immer noch ein bißchen, und der Puls war dort nicht zu spüren. Am vierten Tag begann er während der Herzrhythmus-Meditation seinen Puls im Zeh wieder zu fühlen. An diesem Tag hörte die Blutung auf, und auch der Schmerz ging weg. Am nächsten Tag konnte er wieder arbeiten.

Ich bin besonders empfindlich für Erkältungen im Kopfbereich. Wenn der Puls in meinem Kopf einen bestimmten Rhythmus annimmt, weiß ich, daß eine Erkältung im Anzug ist. Der Puls im Kopf wird unregelmäßig, und manche Schläge fehlen völlig. Normalerweise kann ich während der Herzrhythmus-Meditation jeden einzelnen Herzschlag klar und deutlich spüren. Wenn der Puls in meinem Kopf ungleichmäßig stark und unregelmäßig wird, benutze ich die Herzrhythmus-Meditation, um das normale Gefühl wiederherzustellen. Nachdem ich mich einige Minuten auf den Herzschlag in meinem Kopf konzentriert und meinen Atem dorthin gerichtet habe, beginnt sich der Puls wieder normal anzufühlen. So kann ich schon im Anfangsstadium einen Zustand heilen, der normalerweise in einer starken Kopfgrippe geendet hätte. Wenn ich die Herzrhythmus-Meditation in so einer Zeit nicht mache und eine Kopfgrippe bekomme, erinnert mich dies immer an die Kraft der Meditation.

Ihr Herzschlag kann Ihnen auch eine ganze Menge über Ihre Emotionen sagen. Wenn Sie auf Ihren Herzschlag achten und an die verschiedenen Menschen und Situationen Ihres Lebens denken, werden Sie spüren, wie sich Ihr Herzschlag verändert. Diese Veränderungen können Ihnen sagen, welche Beziehung mehr Aufmerksamkeit benötigt und welche Situation eine höhere Priorität bekommen sollte. Die gleiche Technik kann Ihnen entscheiden helfen, wann es an der Zeit ist zu reden und wann zuzuhören, wann zu handeln und wann zu beobachten, wann sich nach außen zu wenden und wann sich nach innen zu richten. Es ist äußerst angenehm und beruhigend, dem Herzschlag zuzuhören. Es ist eine einfache und natürliche Methode, um Sorgen und Angst abzubauen.

Fred wollte gerne mit seinem Chef über eine größere Rolle in einem neuen Projekt seiner Firma sprechen, aber er sah sich einem Dilemma gegenüber. Würde sein Chef dies als den Wunsch nach besserer Selbstdarstellung sehen und ihn ablehnen, oder hatte sein Chef ihn bisher unterschätzt und würde sich daher über sein Engagement freuen? Fred machte die Herzrhythmus-Meditation, konzentrierte sich auf sein Herz, und sofort tauchten mangelndes Selbstwertgefühl und Selbstzweifel auf. Was immer er auch zu seinem Chef sagen würde, die Kombination von schlechtem Selbstwertgefühl und Selbstzweifeln würde irgendwie in ihrer Kommunikation eine Rolle spielen und die Entscheidung seines Chefs beeinflussen.

Nachdem er einige Zeit die Übung Herzschlag für Herzschlag fortgesetzt hatte, begannen sich Freds Gefühle zu ändern. Wie jeder Mensch hat auch er Schichten von Emotionen – eine Schicht liegt über der anderen. Unter seinem mangelnden Selbstwertgefühl und den Selbstzweifeln lagen Gefühle von Zurückweisung und Enttäuschung und darunter ein Gefühl eines Mangels an Selbstverwirklichung und darunter wiederum ein Gefühl verborgener, brachliegender Fähigkeiten. Als Fred diesen Kern erreicht hatte, kehrte sein Selbstvertrauen zurück. Während dieses gesamten Prozesses der inneren Entdeckung, vergleichbar dem Graben nach einem Schatz in der Erde, war sein Herzschlag sein Führer, sein Spaten und sein Ziel. Als er den tiefen See transpersonaler Fähigkeiten unter der Schicht von persönlichem Selbstbedauern und Enttäuschung gefunden hatte, wußte er, daß er dies seinem Chef klarmachen konnte.

Fred sah seinen Chef und ging zu ihm hin und sprach ihn mit einem offenen Lächeln an. »Ich habe ein paar Fähigkeiten, die in dem neuen Projekt von Nutzen sein könnten«, sagte er, »und ich bin sicher, daß sie da gut angebracht wären.« Sein Chef erwiderte: »Ich denke das auch, aber ich wußte nicht, ob

> wir da einer Meinung waren.« Fred bekam eine größere Rolle in dem Projekt, und danach benutzte er die Herzrhythmus-Meditation, um den neuen Anforderungen und der neuen Verantwortlichkeit gerecht zu werden.

Wenn es so hilfreich ist, seinem Herzschlag zuzuhören, warum wird es dann nicht häufiger praktiziert? Weil die wenigsten Menschen wissen, wie es gemacht wird oder daß es überhaupt möglich ist. Und so bringt kaum jemand die Informationen, die ihm sein Herz gibt, mit seinem emotionalen Zustand in Verbindung. Ich hoffe, daß eines Tages Schulkinder lernen werden, wie sie ihrem Herzschlag zuhören können. Wenn Sie selbst Kinder haben, können Sie diese vielleicht lehren, wie sie sich auf ihren Herzschlag einstimmen können, um besser mit schwierigen Situationen in der Schule oder beim Sport fertigzuwerden. Die Tatsache, daß Sie selbst die Herzrhythmus-Meditation beherrschen, wird Ihnen wie ein dauerhafter Schatz sein, vergleichbar einem Familienerbstück, das Sie Ihren Kindern vermachen und mit ihnen genießen können. Sie kann nicht nur Ihr eigenes Leben verbessern, sie kann auch ein Teil jener besonderen Erfahrung und Weisheit werden, die den Kern Ihrer Familie ausmacht.

Warum sich aber damit herumärgern, eine Methode zu erlernen, statt ein Stethoskop oder ein EKG zu benutzen? Erstens geben Ihnen diese Geräte nur die Hälfte der Information, die Ihnen die Herzrhythmus-Meditation gibt. Wenn Sie Ihrem Herzschlag zuhören, beobachten Sie gleichzeitig Ihr Nervensystem und Ihren Kreislauf. Wie sich Ihr Herzschlag anfühlt, ist ein wichtiger Teil der Information, die Sie erlangen. Wo in Ihrem Körper spüren Sie den Herzschlag, und wie stark ist er? Dies alles sind Anzeichen für den Zustand Ihres Bewußtseins, wie es sich in Ihrem Nervensystem widerspiegelt. (Wie Sie diese Zeichen interpretieren können, wird in Kapitel 9 detailliert beschrieben.)

Zweitens müssen Sie sich in einem besonderen Zustand befinden, um Ihrem Herzschlag zuhören zu können, und dieser

Zustand allein bringt großen Nutzen. Es ist ein Zustand von Ruhe und Klarheit, in dem Sie zentriert sind und sich wohl fühlen. Sie denken anders, Sie fühlen anders, und die ganze Welt erscheint Ihnen anders. Sorgen und Angst werden weniger, und der Strom von Gedanken und Bildern, die mit diesen Emotionen verbunden sind, versiegt schließlich ganz. Wenn Sie in Harmonie mit sich selbst sind, ist es viel einfacher, die Harmonie der Welt um Sie herum zu erfahren. Wenn Sie diese Harmonie fühlen, ist es viel einfacher, sich im Strom dieser Harmonie zu bewegen, was Erfolg im Leben leichter macht. So wird Ihnen Ihr Herzschlag zu einer Art Leuchtturm, der Ihnen den Weg zu einem Zustand finden hilft, der für sich genommen bereits erstrebenswert ist. Wir nutzen den Herzschlag als Teil einer Technik, um in einen meditativen Zustand zu gelangen, und umgekehrt hilft uns dieser meditative Zustand, den Herzschlag zu fühlen.

Ihrem Herzschlag zuzuhören kann die Basis dafür werden, wie Sie Ihre privateste und persönlichste Zeit verbringen, da er Ihnen den Zustand Ihres grundlegenden Lebensrhythmus enthüllt und Ihre tiefsten Gefühle an die Oberfläche bringt. Wenn Sie die Übung in einer Gruppe machen, nimmt sie noch eine zusätzliche Dimension an. Wenn Sie beginnen, den Herzschlag von anderen zu fühlen und Ihren eigenen Herzschlag in Harmonie mit dem von anderen einstimmen lernen, entwickelt sich ein allen Meditierenden gemeinsamer Herzrhythmus. Dr. Beryl Payne, ein Physiker aus Massachusetts, hat in seiner Forschungsarbeit gezeigt, daß die Herzrhythmen von Menschen, die gemeinsam meditieren, die Tendenz haben, sich einander anzugleichen.

Sie können den Gipfel der Herzrhythmus-Meditation in einer Retreat-Atmosphäre nach Tagen intensiver und dauernder Meditation erfahren: Dann gelangen Sie möglicherweise in einen Zustand, in dem Sie den Herzschlag der Erde in Ihrer eigenen Brust spüren. (Wahrscheinlich fühlen Sie eine Oberschwingung der langsamen, regelmäßigen Wechsel im Magnetfeld der Erde.)

In diesem Zustand gibt es keine Grenze zwischen dem Selbst und der Welt, dem Inneren und dem Äußeren. Dies ist der mystische Zustand der Einheit, und der Herzschlag kann Ihnen den Weg dorthin zeigen. Ihnen zu helfen, in diesen Zustand zu gelangen, ist die wahre Absicht dieses Buches, und Ihrem Herzschlag zuzuhören ist der Weg. Auf diesem Weg werden Sie eine Menge über Rhythmus, Schwingung, Energie, Emotionen und sich selbst lernen.

Die Herzrhythmus-Meditation

Die Herzrhythmus-Meditation ist eine herzzentrierte Form von Meditation, bei der man sich seines Herzschlags und seines Atems bewußt wird. Lassen Sie uns mit einer einfachen Übung beginnen, die Ihnen bestätigen wird, daß Sie sich Ihren Herzschlag bewußtmachen können. Dies ist nur ein kleiner Ausschnitt aus der Herzrhythmus-Meditation, so wie den Kopf unter Wasser zu tauchen nur ein kleiner Teil davon ist, wie man Schwimmen lernt.

ÜBUNG | Am einfachsten können Sie Ihren Herzschlag fühlen, wenn Sie Ihren Atem anhalten. Je länger Sie den Atem anhalten, um so stärker spüren Sie Ihren Herzschlag. Wahrscheinlich sind Sie in der Lage, das 20 bis 30 Sekunden lang zu tun, und in dieser Zeit fühlen Sie Ihren Herzschlag.

Möglicherweise spüren Sie Ihren Puls im Gesicht oder am Hals oder noch irgendwo anders außer in Ihrer Brust. Das ist hilfreich – jetzt kennen Sie den Rhythmus, den Sie gesucht haben. Aber konzentrieren Sie sich weiter darauf, die Quelle Ihres Pulses in Ihrem physischen Herzen wahrzunehmen.

> »Obwohl dies nur ein erster Schritt ist, war diese Übung ein unglaubliches Erlebnis für mich: Ich fühlte zum ersten Mal bewußt meinen Herzschlag. Nach dieser Erfahrung wollte ich immer in der Lage sein, meinen Herzschlag zu spüren, und nicht nur in einem außergewöhnlichen Augenblick.«
> Ken, der Herzrhythmus-Meditation praktiziert.

Diese kurze Erfahrung kann Sie darin bestärken, daß Sie sich tatsächlich der Kontraktionen des Herzmuskels tief in Ihrer Brust bewußt werden können. Vielleicht finden Sie es überraschend oder anregend, das Atemanhalten kann aber auch Angst auslösen. Wenn Sie die gesamte Herzrhythmus-Meditation lernen, werden Sie sie als unterstützend und angenehm erleben. Wenn Sie den Anleitungen in diesem Buch folgen, werden Sie lernen, ruhig zu sitzen und eine klare und andauernde Erfahrung Ihres Herzschlages zu machen – so lange, wie Sie es wünschen. Der Herzschlag wird sich Ihnen eröffnen als eine reiche und tiefe Erfahrung für alles, was in Ihnen verborgen liegt, und Sie werden staunen, was Ihnen der Klang Ihres Herzens alles zu erzählen hat.

So, jetzt versuchen wir das Ganze noch einmal.

| ÜBUNG | Sie können jetzt Ihren Atemrhythmus so verändern, daß er eine Pause beinhaltet, in der Sie den Atem für die Länge eines halben Atemzuges anhalten. Dazu müssen Sie vollständig einatmen. Wenn Ihre Lungen voll sind, ist es leicht, den Atem anzuhalten. (Machen Sie das niemals nach dem Ausatmen – Sie könnten im Extremfall bewußtlos werden.) Um vollständig einatmen zu können, müssen Sie intensiver ausatmen.

Machen Sie keinen außergewöhnlich tiefen Atemzug – das funktioniert vielleicht einmal, wird aber nicht lange gehen. Statt dessen verlängern Sie Ihre Ausatmung um drei Sekunden mehr als gewöhnlich, und lassen Sie die direkt darauf folgende Einatmung einfach zu. Sie werden so ein deutlich höheres Atemvolumen haben. Wenn Sie dann spüren, daß Sie ausatmen sollten, tun Sie dies sanft und leise, wobei Sie immer Ihre Ausatmung zu verlängern suchen.

Wenn Sie jetzt den Atem anhalten, stellen Sie sich in Ihrer Brust das schlagende Herz vor. Am Ende der Periode, in der Sie den Atem anhalten, werden Sie es wahrscheinlich fühlen. Die Atembewegung wird den Herzschlag undeutlicher werden lassen, aber das Gefühl dafür kehrt mit dem nächsten Atemzug zurück. Nachdem Sie dies einige Male versucht haben, werden Sie feststellen, daß das Gefühl immer leichter zurückkommt und während der gesamten Zeit des Atemanhaltens wahrgenommen werden kann. Bleiben Sie des Rhythmus Ihres Herzschlages gewahr, während Sie ein- und ausatmen, und achten Sie darauf, ob Ihre Vorstellung vom Herzschlag mit dem tatsächlichen Herzschlag übereinstimmt.

Wenn Sie eine deutlichere Hilfestellung brauchen, umfassen Sie Ihr linkes Handgelenk mit der rechten Hand, und pressen Sie sanft Ihren Daumen gegen die Arterie (unter Ihrem Uhrarmband, wenn Sie eine Uhr tragen), die direkt neben der Sehne liegt. Hier können Sie Ihren Puls deutlich spüren, so lange, bis Sie ihn woanders wahrnehmen. Dann lassen Sie Ihr Handgelenk los. Das Ziel ist, Ihren Herzschlag in der Brust zu fühlen.

Wenn Sie ein bißchen Übung haben, werden Sie Ihren Atem während des gesamten Atemzyklus spüren können. Mit ein wenig mehr Übung wird dies sehr einfach gehen. Dann fangen Sie an, die Vorzüge der Übung zu genießen – wenn Sie Ihrem Herzschlag zuhören können, ohne sich anzustrengen.

Die Erfahrung, seinen eigenen Herzschlag fühlen zu können, ist ein wichtiger Meilenstein auf dem Weg zu innerer Bewußtheit. Damit haben Sie einen Schatz entdeckt, der Sie ein Leben lang begleiten wird, ein Werkzeug, das Sie für die Weiterentwicklung Ihrer Persönlichkeit wie auch zur Erreichung Ihrer Lebensziele einsetzen können. Sie können damit auf eine Erfahrung vertrauen, von der nur wenige glauben, daß sie möglich ist, die aber weder im Reich der Phantasie angesiedelt ist noch irgendwie übernatürlich. Das Erlernen der Herzrhythmus-Meditation kann für alle Menschen von Nutzen sein. Sie ist ebenso geeignet für Geschäftsleute wie für Erzieher, Künstler, Designer, Wissenschaftler, Handwerker oder Manager. Es ist eine Technik, die Sie sich zu eigen machen und zur Erfüllung Ihrer Lebensträume einsetzen können, wie Sie es wünschen. Es macht sie nicht weltfremd, im Gegenteil, es hilft Ihnen, besser Sie selbst zu sein im Einklang mit der Welt.

Die Herzrhythmus-Meditation zu lernen und anzuwenden bedeutet, kontinuierlich Fortschritte zu machen. Um sie wirklich nutzbringend anzuwenden und weiterführende Meditationserfahrungen darauf aufzubauen, müssen wir die Anfangserfahrung stärken, die einzelnen Schritte sorgsam erforschen und verstehen, was wir tun und warum. Sie werden lernen, Ihren Herzschlag auch in einem größeren Zusammenhang zu betrachten, und wenn Probleme oder Schwierigkeiten auftauchen, werden Sie darauf vorbereitet sein.

Wir werden in den folgenden Kapiteln die Grundlagen legen: Wir widmen uns ausführlich der Theorie, die der Herzrhythmus-Meditation zugrunde liegt, und erklären dann die notwendigen Vorbereitungen. Als nächstes werden wir uns auf den Atem konzentrieren, indem wir den Atem bewußt, rhythmisch und vollständig machen und lernen, den Atem anzuhalten. Danach konzentrieren wir uns wieder auf den Herzschlag: wie wir ihn finden, ihn als Taktgeber für den Atem nutzen können und wie wir den sogenannten Viereckatem machen. Dieser Schritt wird uns dann zur vollständigen Form der Übung führen, in der wir die Elemente des Herzens, nämlich Erde, Wasser, Feuer und Luft, erforschen. Letztere Übung wird bedeutende Auswirkungen auf Ihr Leben haben.

Es ist möglich, den meditativen Zustand, den wir mit der Herzrhythmus-Meditation anstreben, auch mit anderen Meditationspraktiken zu erreichen, und er kann sogar spontan erreicht werden. Für viele Menschen stellt ein einziger Moment des Erlebens des Herzens einen lebensverändernden Einschnitt dar. Der Grund dafür, eine besondere Technik wie die Herzrhythmus-Meditation anzuwenden, liegt darin, daß man damit lernt, die Erfahrung wiederholbar zu machen. Wenn Sie diese Erfahrung willentlich und zuverlässig wiederholen können, beginnt das wirkliche *Leben aus dem Herzen*. Es gibt viele verschiedene Methoden dafür, viele Wege zu letztendlich derselben Erfahrung. Aber wenn Sie sich intensiv einer Methode widmen und die Übung jeden Morgen Monat für Monat wiederholen, wirkt dies auf Ihr Unterbewußtsein so, daß es den erreichten meditativen Zustand in Ihrem Alltag verlängert. Dieser Zustand wird dann Ihr Zuhause: Sie können darin leben, wann immer Sie es wünschen. Im Gegensatz dazu ist die spontane Erfahrung damit vergleichbar, daß man mit verbundenen Augen aus einem Slum in einen Palast gebracht und dann wieder mit Gewalt aus dem Palast entfernt wird. Nur die Erinnerung an den Palast bleibt, aber man weiß nicht, wie man dorthin gelangen kann. Das macht das Leben sogar noch erbärmlicher, so lange, bis man den Weg von hier nach dort gefunden hat.

Wie mit jeder Meditation ist es auch hier so, daß das reine Ausführen der Technik nicht garantiert, daß man in den entsprechenden meditativen Zustand gelangt, denn die Übung ist mehr als die Technik. Neben der Technik ist die mit der Übung korrespondierende Emotion notwendig. Für manche Menschen ist es sehr einfach, in diesen emotionalen Zustand zu gelangen, wohingegen andere, die die Technik beherrschen, aber nicht in den entsprechenden emotionalen Zustand gelangen, trotzdem keine Fortschritte machen. Wenn dieses Gefühl nicht vorhanden ist, kann es am leichtesten im Kontakt mit anderen Meditierenden entwickelt werden: Meditation kann nicht gelehrt werden, aber man kann sich davon anstecken lassen.

Vielleicht kann sich der Leser von der Herzrhythmus-Meditation mit Hilfe der Anweisungen in diesem Buch »anstecken« lassen. Dies ist in der Tat meine Hoffnung und mein Ziel, aber ich kann es nicht garantieren. In jedem Fall wird das Lesen des Buches Ihnen die Gelegenheit geben, so viel über die Übung und den meditativen Zustand zu lernen, daß Sie die Herzrhythmus-Meditation zusammen mit einer Gruppe oder einem Lehrer ausüben können.

Es kann sein, daß Sie weder eine Gruppe noch einen echten Lehrer in Ihrer näheren Umgebung finden. In diesem Fall fühlen Sie sich ermutigt, selbst eine Gruppe zu gründen, mit der Sie die Herzrhythmus-Meditation praktizieren. Dieses Buch ist mit der Absicht geschrieben, als Hilfsmittel für solche Gruppen zu dienen. Es ist Stufe für Stufe aufgebaut und erlaubt so dem Anfänger, mit den Übungen zu beginnen, und schreitet dann weiter fort in Bereiche, die selbst einen Meditierenden mit jahrelanger Erfahrung herausfordern werden. Die klar beschriebenen Ziele erlauben es, den eigenen Fortschritt verläßlich einzuschätzen und Selbstvertrauen aufzubauen.

Die Entdeckung der Herzrhythmus-Meditation

Ich empfing die Inspiration für die Herzrhythmus-Meditation während eines von meinem Meditationslehrer geleiteten zweiwöchigen Einzel-Retreats in Neu-Mexiko. Dort machte ich eine Erfahrung, die ich zuvor nicht gekannt hatte: die Erfahrung der Affinität zwischen meinem Herzen und der Sonne. In diesem Bewußtseinszustand erlebte ich, daß mein Herz die Sonne war, und die Sonne erschien mir wie der Mond meines Herzens, ein Spiegel des Lichtes, das von mir selbst ausstrahlte. Wenn ich dann auf die Gebirgskette zu meiner Rechten sah, erblickte ich meinen Arm, und meine Arterien wurden zu den Flüssen, welche die Gebirgskette durchschnitten. Mein Körper erstreckte sich, so weit ich sehen konnte, und alles pulsierte und schlug in dem Rhythmus meines Herzens.

Durch die Meditation auf mein eigenes Herz erlebte ich, daß

ich in meinem eigenen Herzen die Macht des Herzens der Sonne und den Rhythmus des Herzens der Erde finden konnte. Was als eine nach innen gerichtete Übung begann, erreichte das in mir, was nicht persönlich ist, sondern was alle Wesen miteinander teilen. Ich erkannte, daß »das« ist, was ich wirklich bin, und »das« pulsiert im Rhythmus meines Herzens.

Nachdem ich die Erfahrung des Herzschlags des Planeten gemacht hatte, konzentrierte ich mich in meiner Meditation weiter auf meinen eigenen Herzschlag. Dies führte dazu, daß ich die Vorzüge der Übung für mein physisches Herz entdeckte und fähig wurde, in meinem emotionalen Herzen fokussiert zu bleiben. Dann entdeckte ich, daß der Lehrer meines Lehrers ausführlich über diese spezielle Art der Meditation geschrieben hatte: Bereits in den zwanziger Jahren hatte er Aufmerksamkeit auf den Herzschlag als Technik für ein herzzentriertes Leben empfohlen. Seine Empfehlungen sind als Zitate in dieses Buch miteinbezogen.

1988 bat Pir Vilayat Khan meine Frau und mich, mit unseren Kenntnissen eine Meditationsschule zu gründen, die Meditationstechniken für die Geschäftswelt und das praktische Leben entwickeln sollte. Meine Frau Susanna arbeitet als Psychotherapeutin und benutzt die Herzrhythmus-Meditation in ihrer Praxis. Wir wußten, daß die Herzrhythmus-Meditation sowohl für die physische und emotionale Gesundheit wie auch für die spirituelle Entwicklung von Menschen hilfreich sein könnte. Die Essenz meiner Erfahrung in der Wüste von Neu-Mexiko war vermittelbar, und dazu bedurfte es keines jahrelangen Trainings. Es dreht sich alles um das Herz, und die Konzentration auf den Herzschlag ist der schnellste Weg zum Herzen.

Die Techniken, die in diesem Buch beschrieben werden, stammen aus der Sufi-Tradition. Der Sufismus wird im nächsten Teil diskutiert, aber da das Wort *Sufi* für manche Leser eine andere Bedeutung haben mag als die hier verwendete, weil die Verwendung eines Buches über Meditation eine Abkehr von der klassischen Sufi-Tradition der mündlichen Überlieferung von

Lehrer zu Schüler darstellt und weil die hier vorgestellte Methode ziemlich klar definiert ist, um sie von den anderen Arten der Sufi-Meditation wie auch von anderen Meditationstechniken unterscheiden zu können, war ein neuer Name notwendig.

Da diese Meditationsmethode speziell dafür geschaffen wurde, um praktische Vorteile im täglichen Leben zu erreichen, haben wir unsere Schule »Institute for Applied Meditation« (Institut für angewandte Meditation) genannt, abgekürzt »IAM«. Das Institute for Applied Meditation bietet die Herzrhythmus-Meditation als Einführungskurs an, und das vorliegende Buch enthält das Lehrmaterial für diesen Kurs. IAM bietet darüber hinaus noch andere Meditationskurse an, die auf der Fähigkeit beruhen, Zugang zu seinem Herzen zu haben, wie er durch die Herzrhythmus-Meditation entwickelt wird. Jeder Kurs hat spezifische innere Erlebnisse zur Folge, die man selbst überprüfen kann, und ebenso sind mit jedem Kurs besondere Ziele verbunden, deren Erreichung man in seinem Leben überprüfen kann.

Leser, die sich an das Institut bezüglich Hilfestellung bei der Herzrhythmus-Meditation oder wegen Information über weiterführende Kurse wenden möchten, können dies über das Institute for Applied Meditation in Ipswich, MA, tun. Die E-Mail-Adresse lautet info@appliedmeditation.org.

Ich denke, Sie werden angenehm überrascht sein von der Kraft dieser Methode wie auch von Ihrer eigenen Fähigkeit, sie zu erlernen. Wenn Sie die Herzrhythmus-Meditation auf Ihre Ziele im Leben, Ihre Beziehungen oder Ihre Gesundheit anwenden, bin ich sicher, daß alle diese Bereiche davon profitieren können. Es ist tatsächlich möglich, aus dem Herzen zu leben, und die Herzrhythmus-Meditation kann Ihnen den Weg dahin zeigen.

Die Quelle der Herzrhythmus-Meditation

Die Herzrhythmus-Meditation ist eine spezielle Art einer umfassenderen Methode zum persönlichen und spirituellen Wachstum. Lediglich der Name ist neu. Seit Jahrtausenden haben sich Suchende der Erforschung der Natur und der Begrenzungen des menschlichen Wesens mit Hilfe direkter Experimente gewidmet. Manche dieser Forschungen nennen wir wissenschaftlich, manche spirituell, andere psychologisch. Alle diese Untersuchungen tragen dazu bei, das große menschliche Ziel des Wachstums des Herzens zu erreichen und letztendlich zur Erfahrung der Einheit zu gelangen.

Eine besondere Gruppe dieser Forscher wird Mystiker genannt, Menschen, die eine direkte persönliche Erfahrung der Einheit alles Seienden gemacht haben und diese Erfahrung bewußt wiederholen können. Die Erfahrung der Mystiker ist die Basis für alle Religion und Philosophie. In deutlichem Kontrast zu der weitverbreiteten Vorstellung der Weltabgeschiedenheit ist ein Mystiker letzten Endes darum besorgt, wie man ein besseres Leben auf diesem Planeten zu dieser besonderen Zeit leben kann und wie man anderen Suchenden dabei hilft.

Ein amerikanischer Mystiker war der Dichter Walt Whitman, der einmal gesagt hat: »In jedem Menschen sehe ich mich selbst.«

Walt Whitman drückte damit die Sicht des Mystikers von Einheit aus. Die mystische Erfahrung des Lebens ist die, daß alles mit allem verbunden ist, daß jeder Mensch jeden anderen beeinflußt, daß jede Tat ihren Widerhall in jeder anderen findet, daß jeder Gedanke ein Echo in dem Denken jedes anderen Menschen auslöst und daß jedes Herz alles fühlt, was in einem anderen Herzen gefühlt werden kann. Komplementär zu der Sichtweise, daß die Lilien auf einem See voneinander getrennte und einzelne Pflanzen sind, sieht der Mystiker das unter der Wasseroberfläche liegende, allen Pflanzen gemeinsame Netzwerk von Stengeln und Wurzeln, das alle Lilien zu einer Wasserlilie macht.

Die mystische Erfahrung kann sich spontan ergeben, oder sie kann das Ergebnis eines lebenslangen Studiums und Nachdenkens über das Leben sein. Es ist das Ziel jedes lebenden Wesens, durch persönliche Erfahrung die Einheit des Lebens kennenzulernen. Jedermann gelangt früher oder später zu dieser Erkenntnis. Vor dem Tod des physischen Körpers zu dieser Erkenntnis zu gelangen, hat den großen Vorzug, daß es dem Leben Sinn gibt. Die Entwicklung des Herzens ist ein bedeutender Meilenstein auf dem Weg des Mystikers. Den unterschiedlichen Formen der Liebe in seiner Persönlichkeit Ausdruck zu geben, ist eines der wesentlichen Kennzeichen des Mystikers.

Es gibt eine besondere Gruppe von Mystikern, die Sufis genannt werden. Eines der Kennzeichen von Sufis ist, daß sie Mystik als Schüler eines Lehrers lernen. Durch seine eigene Schülerschaft hat jeder zumindest einen Weg zum Erreichen des meditativen Zustandes erlernt und damit die Fähigkeit, auf dem spirituellen Weg fortzuschreiten zu der Wahrheit, die allen Erscheinungsformen zugrunde liegt. Es kann sein, daß Schüler sich aufgrund ihrer mystischen Erfahrung selbst zu Lehrern entwickeln. Weil ein Sufi als Schüler Mystik erlernt hat, mißt sie oder er den Stationen auf dem Weg besonderen Wert bei und kann die Kennzeichen authentischer spiritueller Erfahrung bei anderen Menschen erkennen. Die Begleitung durch einen Lehrer verwandelt die lebenslange Reise zu den Quellen der Mystik in eine Karawane der Freundschaft von verwandten Seelen, die zu demselben Ziel unterwegs sind.

Der Sufismus gilt gewöhnlich als der mystische Zweig des Islam, und in der Tat sind viele Sufis Moslems gewesen. Einer der größten Sufis überhaupt, der auch im Islam anerkannt wird, war Jelal-ud-Din Rumi aus Konya in der Türkei, der Begründer des Mewlevi-Ordens der »Tanzenden Derwische«. Von ihm stammen die folgenden Verse:

Ich bin weder Christ noch Jude, noch Hindu, noch Moslem.
Ich bin nicht aus dem Osten noch aus dem Westen,
weder vom Land noch aus dem Meer ...
Ich habe Dualität hinter mir gelassen,
ich habe erkannt, daß die beiden Welten in Wirklichkeit eine sind.[3]

Ein anderer Sufi, der im Islam verehrt wird, ist Moinuddin Chisti, der aus dem Iran nach Indien auswanderte und Sufismus den Hindus nahebrachte. Moslems behaupten, daß er den Islam nach Indien brachte, aber die Hindus beanspruchen ihn ebenso als einen der ihren. Sein Grab ist einer der seltenen Orte, zu dem ganz Indien pilgert, gleich ob Hindu oder Moslem.

Sufis sind für ihre unorthodoxen Ansichten oft bestraft oder sogar getötet worden. Einer der größten Sufi-Lehrer, Ibn Mansur al-Halaj, wurde von Moslems gefoltert und dann gekreuzigt.

Es gab Zeiten, in denen Christen das Etikett »Moslem« allem anhefteten, was sie abwerten wollten, wie zum Beispiel den frühen Transzendentalisten oder den Unitariern. Moderne Sufis respektieren den Islam, wie sie auch Respekt haben für das Christentum, Neoplatonismus, New Age oder jedes andere Etikett, das ihnen gegeben worden ist. Aber in Wahrheit vermeiden Sufis alle Etiketten und Titel soweit wie möglich, selbst den Namen Sufi, wie sie auch jedes Dogma meiden. Sie verehren Liebe, Harmonie und Schönheit, und ihre heilige Schrift ist das Buch der Natur, ihr Altar ist das Herz.

Ein Mensch aus dem Westen, den ich zu den Sufis zähle und verehre, ist der heilige Franz von Assisi, der Sufis in Spanien und unter den Sarazenen begegnete und den Sufismus vielen anderen, einschließlich der heiligen Klara, brachte.[4] Die Form des Christentums, die er lehrte, die Rückbesinnung auf die Ursprünge, ist ein charakteristischer Sufi-Ansatz. Aber Sufis zu erkennen ist manchmal schwierig, da sie sich nicht immer als solche bezeichnen.

Walt Whitman hatte keinen zeitgenössischen Lehrer und auch keine Schüler, die Mystiker wie er selbst wurden. Er selbst erklärte niemals, daß seine Quelle von Inspiration auf den Sufismus zurückginge, auch wenn die Bücher, die er im Laufe seines Lebens wieder und wieder las, der »*Rubiyat*« von Omar Khayyam, die »*Geschichten aus tausendundeiner Nacht*« und Shakespeares[5] Werke, allesamt Sufi-Lehrmaterial sind. Die gleiche Wahrheit kann in jeder Religion oder in der Sprache der Wissenschaft, der Dichtung oder der Musik ausgedrückt werden.

Da alle mystischen Traditionen die Erfahrung der Einheit alles Seienden anerkennen, gibt es »Sufis« in allen Religionen und Traditionen und auch solche ohne Tradition. Es gibt Moslems, die Sufis sind, und es gibt welche, die Buddhisten, Christen, Juden oder Indianer sind. Nicht jeder, der eine Religion praktiziert, ist ein Sufi, sondern nur diejenigen, welche die Verwandtschaft zwischen all denen erkennen, die nach ihrem wirklichen Herzen suchen, wie zum Beispiel Thomas Merton. Thomas Merton verließ sein Trappistenkloster und fand Freundschaft unter tibetischen Buddhisten, wo er auch starb. Während manche Menschen durch Religion, Philosophie oder Wissenschaft zum Sufismus gelangen, nennen sich andere Sufis, weil sie alle Wege als einen Weg erkannt haben und sich mit einem Sufi-Lehrer verbunden fühlen.

> Vor längerer Zeit gab ich einem Rabbi eine Einführung in die Herzrhythmus-Meditation. »Du bist zu Elias für mich geworden. Du bringst mir diese Methode als den Wein in Elias' Kelch.« Ein anderes Mal unterwies ich einen Jesuiten. Dessen Kommentar war: »Nach zwanzig Jahren der Suche habe ich Jesus mit der Hilfe eines Sufi gefunden.« Solche Aussagen sind typisch für Sufis, wozu der Rabbi und der Mönch geworden waren. Ein Sufi ist immer ein Schüler, und er erkennt den einen Lehrer überall. Gleich, was gerade gelehrt wird, der wirkliche Schüler findet das, wonach er gerade sucht. Ich hatte nur über das Herz geredet, aber der Rabbi fand Elias' Wein und der Mönch die Gegenwart Christi.

Meine Entdeckung der Herzrhythmus-Meditation war ein Ergebnis von sechsundzwanzig Jahren Übung in einem Sufi-Orden. Was lehrt ein solcher Orden? Eine *Methode*, durch die ein Schüler oder eine Schülerin Erfahrungen macht, die weit über unsere Alltagserfahrungen hinausgehen, und die Fähigkeit, durch Integration dieser Erfahrungen ein wahrhaft ganzheitliches Verständnis von sich selbst zu entwickeln. Ein Sufi widmet sich dem Studium einer Religion oder aller Religionen, denn er studiert Religion an sich, da es nur eine gibt. Diese Religion besteht darin, sein Herz weit und anpassungsfähig zu machen, sich von Schönheit tief bewegen zu lassen und fähig zu werden, Liebe auszuströmen. Sie veranlaßt das Ego, sich zu verbeugen, und das Ideal emporzusteigen. Sie ist die Ursache dafür, sich in Ehrfurcht wieder dem Wunder des Universums bewußt zu werden. Sie ist die Religion des Herzens. Wer sind die Propheten dieser Religion? Wer immer die Erkenntnis der Einheit alles Seienden erlangt hat, denn gleich welcher Kultur oder Rasse oder welchem Geschlecht ein Mystiker oder eine Mystikerin angehört, die Erfahrung der Einheit ist für alle ein und dieselbe.

Ein Sufi findet es überflüssig, die unterschiedlichen Ansätze der unterschiedlichen Traditionen zu diskutieren. Menschen haben ein unterschiedliches Verständnis, je nach ihren verschiedenen Erfahrungen und der Interpretation dieser Erfahrungen. Ein Sufi zieht den Dialog über echte innere Erfahrung und das Mitteilen von Methoden zu dieser Erfahrung der bloßen Diskussion über Standpunkte vor. Darüber hinaus finden Sufis ihre gegenseitige Gegenwart überaus erhebend. Man mag zusammen musizieren, singen oder in Stille versunken sitzen oder versuchen mitzuteilen, was kaum mitteilbar ist, oder nichts von alledem: Denn alles, was wirklich notwendig ist, ist, sich gegenseitig an das *Herz* zu erinnern.

Da viele Sufis einer jahrtausendealten, viele Kulturen umfassenden ungebrochenen Linie von Lehrer-Schüler-Beziehungen angehören, sind sie eine lebende Schatztruhe spiritueller Erkenntnisse und Übungen. Eine Sufi-Schule mag die Methoden lehren, die von den ägyptischen Weisen für die spirituelle und persönliche Entdeckungsreise gelehrt wurden, diejenigen der Magier, die Christus initiierten, diejenigen der Einsiedler-Hesychasten im vierten Jahrhundert, die das Kyrie eleison praktizierten, jene Methoden der jüdischen Kabbalisten, die den »Baum des Lebens« ausarbeiteten, oder diejenigen der Alchimisten, die die altägyptischen Mysterien mit christlicher Mystik verbanden.[6] Die spirituellen Schätze der großen Propheten, Meister und Heiligen werden von den Sufis nicht wie in einem Museum unter Glas aufbewahrt. Der Kern ihrer Methoden der Selbstentdeckung wird durch diejenigen lebendig gehalten, die sie in ihrem Herzen bewahren und sie weiter praktizieren, während sie gleichzeitig neue Entdeckungen im Reich der Spiritualität ihrer eigenen Zeit machen.

Im Jahre 1910 bekam ein in Indien sehr bekannter Musiker und Sufi von seinem Lehrer den Auftrag, in den Westen zu gehen. So wurde der Sufi Hazrat Inayat Khan der erste, der Sufismus in den USA und Europa lehrte. Sein Sohn Vilayat übernahm die Mission seines Vaters, Meditation und Philosophie der Sufis weiterzuverbreiten, und wurde international bekannt durch die Integration von Mystik, Wissenschaft und Psychologie in seinem Werk.[7] Dies ist die Karawane, zu der ich gehöre.

> Wenn die Seele reif wird, möchte sie die Tiefe des Daseins ergründen, sie wünscht, die in ihr verborgene Kraft zu entdecken, sie sehnt sich danach, die Quellen und das Ziel des Lebens kennenzulernen wie auch dessen Zweck und Bedeutung, sie möchte erkennen, wie die Dinge in ihrem Inneren verbunden sind, und sie möchte alles entdecken, was durch Name und Form verhüllt wird. Sie möchte das Gesetz der Ursache und Wirkung erforschen, das Geheimnis von Raum und Zeit, und sie möchte die fehlende Verbindung zwischen Gott und dem Menschen entdecken – wo der Mensch aufhört, wo Gott beginnt. [HIK][8]

Anmerkung zum Aufbau dieses Buches

In diesem Buch sind Geschichten mit einer Schattierung wie dieser hier unterlegt. So können sie leicht aufgefunden oder auch überlesen werden, wenn Sie das wünschen. Manche dieser Geschichten erzählen von meinen eigenen Erfahrungen oder den Erfahrungen anderer Meditierender, manche haben einen wissenschaftlichen Hintergrund, und manche sind traditionelle Lehrgeschichten der Sufis.

Meditationsanleitungen sind gekennzeichnet durch dicke Balken an den Seitenrändern. Wenn Sie nur der Anleitung folgen wollen, überspringen Sie den dazwischenliegenden Text, der Hintergrundmaterial für die jeweilige Übung enthält.

Sie können die Übungsanleitungen auch selbst auf Tonband sprechen und danach meditieren. Eine andere Methode ist, das Buch vor sich auf einen Tisch zu legen und von Zeit zu Zeit kurz die Augen zu öffnen, um die nächste Übung zu machen.

 Um Ihren eigenen Fortschritt besser einschätzen zu lernen, können Sie Ihre Fähigkeiten an den Zielen messen, die durch das nebenstehende Symbol gekennzeichnet sind.

Teil I

Wie die Herzrhythmus-Meditation funktioniert

1

Was ist die Herzrhythmus-Meditation?

Der natürliche, ideale Zustand

Das Wunderbare ist, daß die Seele bis zu einem bestimmten Grad schon weiß, was sich hinter dem Schleier der Verwunderung verbirgt, daß es in den höchsten Sphären des Lebens etwas gibt, nach dem sich zu suchen lohnt, daß es dort Schönheit gibt, daß es dort etwas zu erkennen gibt, das der Erkenntnis wert ist. [HIK][1]

Wie wir in der Einleitung gesehen haben, nutzt man in der Herzrhythmus-Meditation seinen Herzschlag und seinen Atem. Dies ist die Basis für eine herzzentrierte Methode der Meditation, die aus einer authentischen Sufi-Tradition abgeleitet ist.

Das Wunderbare daran, Meditation zu beschreiben, ist, daß die Seele bereits weiß, worum es dabei geht und was daran so wertvoll ist. Es gibt ein Gefühl von Vertrautheit mit der Meditation, das nicht aus der bewußten Erinnerung stammt. Sobald die Erfahrung von Meditation wiedererlangt wurde, sieht man: »Dies ist der Zustand, in dem ich mich einmal befunden habe, dies ist meine eigene natürliche Verfassung.«

Der Zustand, den man in der Meditation erreicht, ist einem tatsächlich *vertraut*, wie eine gute Zeit, die man gehabt hat, oder Momente der Inspiration und Klarheit. Diese Gipfelerfahrungen sind es, die uns einen Schub nach vorn geben. Ihre besten Ideen und kreativsten Momente haben Sie in einem Zustand der Meditation, der sich auch spontan ergeben kann, wenn Sie eine Inspiration haben, wenn Sie körperliches Training machen, wenn Sie sich entspannen oder sogar beim Duschen. Glücklicherweise kann man Meditation bewußt erlernen und einen meditativen Zustand willentlich herbeiführen.

Die Herzrhythmus-Meditation zu praktizieren ist vergleichbar mit dem Schwimmen in einem Ozean von Energie, oder wie manche sagen, von Liebe, Geist oder Frieden. Wie beim Schwimmen gibt es eine Technik zu erlernen, und es existiert das Risiko, sich in das unbekannte Element zu wagen, obwohl unsere Körper hauptsächlich aus Wasser bestehen und der natürliche Auftrieb das Schwimmen erleichtert. Wir müssen unser Gewicht nicht oben halten – dies macht im wesentlichen das Wasser für uns. Meist hat das umgebende Wasser eine Strömung, welche die Fortbewegung in eine bestimmte Richtung leichter macht als in alle anderen. Wir lernen, dem Wasser zu vertrauen und unsere Bewegungen so einzusetzen, daß wir uns in ihm bewegen können, wir lernen zu tauchen, weit zu schwimmen und ganz allgemein unsere »wäßrige« Natur zu genießen. Schwimmen – wie auch Meditation – erlaubt uns Bewegung in einem Raum, der sonst eine unüberwindbare Grenze darstellen würde, und die Erfahrung eines sonst unzugänglichen Teils der Welt. Wenn es auf dem Land ein unüberwindliches Hindernis gibt, kann man den Seeweg nehmen.

Babys können sich instinktiv über Wasser halten, aber beim Aufwachsen blockiert Angst diese natürliche Fähigkeit. Bei der Herzrhythmus-Meditation ist es ähnlich. Es ist eine natürliche Fähigkeit, die wir wiedererlernen müssen. Und genau wie beim Schwimmen kann man diese Fähigkeit nicht aus einem Buch erlernen, sondern nur durch Üben.

Der Akt der Meditation läßt sich mit den Worten eines bekannten amerikanischen Kinderliedes so beschreiben: »Rudere dein Boot sanft mit der Strömung den Fluß hinab.«

Das könnte ein Sufi-Lied zum Erlernen von Meditation sein: Stemme dich nicht gegen die Strömung, und laß dich auch nicht einfach von ihr treiben, kombiniere deinen Willen mit der Strömungsrichtung. Meditation besteht darin, bewußt eine Erfahrung zu unterstützen, die nicht mit dem Bewußtsein geschaffen wird.

Um effektiv zu sein, muß man seine Taten durch Überlegung ausbalancieren. Unser Leben ist in den allermeisten Fällen handlungsorientiert; wir benötigen also mehr Reflexion, Kontemplation, Einsicht und Planung. Aber in einem Leben, das fast ausschließlich Aktion belohnt, hat man normalerweise nicht genug Zeit für kreatives Denken, es sei denn, man wendet einen so intensiven Prozeß wie Meditation an. Eine halbe Stunde Herzrhythmus-Meditation vermag viele Stunden aktiver Tätigkeit auszubalancieren. Das Resultat ist kreativere, qualitativ bessere Arbeit mit weniger Streß und eine verbesserte Haltung sich selbst und anderen Menschen gegenüber.

Die Welt, in der wir leben, ist in gewisser Weise eine Schöpfung unseres persönlichen Geistes, das heißt, Dinge und Vorgänge erscheinen uns so, wie wir sie sehen. Jeder Gesichtspunkt kann in der Welt seine Bestätigung finden, da sie auch ein Produkt unserer Ansichten ist. Menschen haben eine untrügliche Fähigkeit zu spüren, wie wir sie sehen, und darauf in gleicher Weise zu reagieren. Tatsächlich gibt es nicht nur eine Welt, sondern eine unendlich reiche Realität, die sich jeder Mensch entsprechend seiner Vision und seiner Einstellung einrichtet. Spirituelle Entwicklung ist ein Prozeß, bei dem man verstehen lernt, wie man Realität individualisiert, indem man sie in kleine Teile zerlegt, um sie sich zu eigen zu machen, und die einzelnen Teile dann wieder zu einem sinnvollen Ganzen zusammenfügt.

> Ich lebe in einem Vorort von Boston, und meine Wohngegend funktioniert wie parallele Universen für ihre verschiedenen Bewohner. Die Kinder nehmen sie besonders morgens für ein

oder zwei Stunden in Beschlag und nachmittags nach der Schule bis in den frühen Abend hinein. Die meisten Pendler benutzen die gleiche Gegend am Morgen und wieder am Abend. Und es gibt ein weiteres Leben in dieser Wohngegend, das nur wenige Leute sehen. Nachdem die Lichter in den Häusern ausgehen, kommen die nächtlichen Bewohner heraus: die Waschbären, Stinktiere, Beutelratten, Eulen und andere, die hier leben. In den Stunden vor Sonnenaufgang fangen die Vögel an zu singen, und es stimmen immer neue Vögel in den Chor ein, wenn die Zeit für sie gekommen ist. An einigen Tagen kommt Wild über die Wiese, noch ehe sich sonst irgend etwas regt. Ich befinde mich unter den Wesen der Morgendämmerung, und ich staune über die Symphonie der Vögel, die in ihrem Gesang die Natur verherrlichen. Und ich erinnere mich, daß ich diesen Glanz verpassen würde, wenn ich nicht meditierte. So sehr ich den Schlaf schätze; wach zu sein ist das Wunderbarste. Es gibt kein Ende des Erwachens.

Der Zustand, den die Herzrhythmus-Meditation erzeugt, ist unsere natürliche Seinsweise, in der wir zu leben bestimmt sind. In diesem Zustand kennt man weder Sorge noch Angst, und er bringt die natürlichen menschlichen Qualitäten hervor wie Kreativität, Inspiration, Großzügigkeit, Magnetismus, Klarheit, Einsicht, Friedfertigkeit und Energiefülle. In diesem Zustand erinnern wir uns an die Aufgabe, die uns in diesem Leben gestellt ist, wir sind fähig zu tun, was wir zu tun wünschen, wir entdecken andere, in denen wir uns selbst sehen, und wir verstehen, worauf immer wir uns konzentrieren.

Daß es einen solchen Zustand geben kann, der für jedermann erreichbar ist, ist für viele Menschen unglaublich. Wie kann das so einfach sein? Wenn es existiert, warum ist es nicht allgemein bekannt? Der Grund dafür ist, daß ein normaler Mensch sich seines Potentials so wenig bewußt ist, daß dieser natürliche, angeborene Reichtum verborgen bleibt. Die Sufis erzählen eine Geschichte von einem Mann, der in einem Schloß wohnt, aber er lebt in dem Kellerverließ. Er lebt dort in Elend und beschwert sich laufend über diesen Ort, aber er hat den Rest des Schlosses nicht erkundet. Er hat die Stufen nicht gefunden, weiß nichts von den großen Räumen und dem wunderschönen Ausblick von den oberen Etagen. Eine Erkundung würde Unannehmlichkeiten und Risiko bedeuten, so bleibt er lieber in seiner gewohnten Umgebung. Er ist nicht einmal davon überzeugt, daß es einen viel besseren Platz geben könnte als den einzigen, den er kennt, nämlich seinen Kerker. Zwar hat er von Mythen gehört und Träume gehabt von einem göttlichen Königreich, aber Mythen und Träume sind nicht »real«. Armer Mann, er lebt bereits in dem Königreich, von dem er gehört hat, und er selbst ist der König – ob er es glaubt oder nicht.

Meditation ist der ideale Zustand, da man in diesem Zustand weder Grenzen noch Anfang oder Ende in der Zeit hat. Alle Fähigkeiten der Seele sind entfaltet, so daß man das Göttliche im eigenen Inneren erkennen kann. Dies ist eine sehr starke, aber unpersönliche Emotion; die größten Emotionen sind nicht die persönlichen, sondern liegen in der Teilhabe an den Emotionen, die das Universum bewegen: Ehrfurcht, Verzückung, Ekstase, Harmonie und Friede.

So wie Meditation der ideale Zustand ist, so ist die meditative Übung die ideale Aktivität. Aber Meditation kann nicht durch die Kraft des Willens allein erreicht werden. Wenn das möglich wäre, wäre es tatsächlich ein allgemein verbreiteter Zustand, da es keinen Mangel an Willen in der Welt gibt. Um den göttlichen Zustand zu erlangen, muß eine göttliche Methode Anwendung finden. Das heißt, man muß sein unendliches Unbewußtes nutzen, man muß die natürliche, tragende Qualität des Bewußtseins und die Kraft des Herzens nutzen, und man muß darauf vertrauen, daß das Herz über einen angeborenen Orientierungssinn verfügt, der um Führung weiß und den Weg bereits kennt: »Das Pferd kennt die Richtung, in die es den Schlitten ziehen soll.«[2]

Dies ist das zentrale Dilemma, dem man in der Meditation begegnet: Wir wissen, daß der meditative Zustand nicht allein durch Willensanstrengung erreicht werden kann, aber wir möchten einen verläßlichen Zugang zur Meditationspraxis bekommen, wir möchten den meditativen Zustand erreichen, wann immer wir das Gefühl haben, ihn zu benötigen. Wie kann man etwas auf Abruf tun, das nicht dem eigenen Willen unterliegt? Aber in Wirklichkeit macht man viele nicht direkt dem Willen unterworfene Aktivitäten auf Abruf, wie zum Beispiel im Geschäftsleben, bei der Kindererziehung oder beim Klavierspielen. In vielen Bereichen haben wir keine direkte Kontrolle, aber wir haben Einfluß, wie beispielsweise beim Management einer Organisation oder wenn eine Konditionierung erfolgt ist wie beim Klavierspielen. Das Unbewußte reagiert auf die Absichten des Bewußtseins, genau wie das unbegrenzte Universum auf einzelne Ereignisse reagiert.

Wenn man eine eindeutige Absicht hat und einer Übung Schritt für Schritt folgt, zieht die bewußte Absicht diejenigen unbewußten Ressourcen an, die benötigt werden, um den Zustand des Bewußtseins zu verändern. Im Laufe der Zeit drückt die bewußte Wiederholung dem Unterbewußten seinen Stempel auf. Diese Änderung im Bewußtseinszustand, den wir Meditation nennen, wird auch Ihrem Ruf folgen. Wenn man die Erfahrung auch nicht erzwingen kann, so gibt es doch Techniken, die die Erfahrung vorbereiten und auslösen, und mit der Zeit werden diese Techniken so wirkungsvoll, daß der Meditationszustand immer erreicht werden kann. Sie werden fähig werden, in den meditativen Zustand zu wechseln, wann immer Sie es wünschen, anstatt auf die spontanen Momente von Kreativität und Einsicht warten zu müssen. Sie können die Herzrhythmus-Meditation als eine Leiter betrachten, die Ihnen aus dem Zustand einer emotionalen Blockade in einen inspirierten Zustand verhilft, in dem Sie mehr Selbstvertrauen und Handlungsfreiheit haben.

Was Meditation nicht ist

Es gibt viele Mißverständnisse in bezug auf das, was Meditation ist und was es nicht ist.
- Meditation ist nicht Trance; man kann lernen, in einem meditativen Zustand zu bleiben, während man redet und sich seiner Umgebung völlig bewußt ist.
- Meditation hat nichts mit Drogen zu tun. Sie ist das exakte Gegenteil jeder Sucht und jeder äußeren Abhängigkeit.
- Meditation bedeutet nicht, die Kontrolle über sich zu verlieren. Es ist vielmehr vollendete Kontrolle. Sie können Ihren Körper, Ihre Gedanken und Ihre Emotionen in einer Art und Weise kontrollieren, die Sie niemals für möglich gehalten hätten.
- Meditation heißt nicht, den Verstand abzuschalten. Sie werden in der Meditation weiterhin Gedanken produzieren, wenn auch brillantere. Ihr Gedächtnis wird klar und steht Ihnen zur Verfügung, wenn Sie es wünschen.
- Meditation ist kein Glaube, sie hat kein Dogma. Man kann sie eher als einen Satz von Werkzeugen verstehen, mit deren Hilfe Sie die Erfahrung Ihrer selbst und der Welt erweitern können. Was Sie sich dann entscheiden zu glauben, können Sie auf Erfahrungen gründen, nicht auf theoretische Konzepte.
- Meditation ist nicht notwendigerweise mit einer Religion assoziiert, und Meditierende gehören nicht einem Kult oder einer Sekte an. Wenn Sie einmal gelernt haben zu meditieren, können Sie es auch allein tun, ohne die Notwendigkeit, einer Gruppe anzugehören.
- Meditation ist nicht gefährlich. Ein Trancezustand kann gefährlich sein, ähnlich wie eine durch Drogen herbeigeführte Verfassung. Beide können das Bewußtsein für die Umgebung reduzieren oder stören. Aber Trance ist nicht Meditation, und Sie können einen Trancezustand durch Beachten der Anleitungen in diesem Buch leicht vermeiden.

- Meditation ist keine Technik, um Menschen oder Ereignisse zu kontrollieren. Es ist eine Technik, sich selbst zu kontrollieren, und sie führt dazu, mehr Einfluß ausüben zu können.
- Meditation macht Sie nicht weltfremd oder »weggetreten«. Sie werden Dinge wahrnehmen, die Sie sonst nicht wahrgenommen haben, und sie wird Ihre Konzentrationsfähigkeit deutlich verbessern. Ein weggetretener Zustand ist nicht erwünscht, leicht zu korrigieren und ein Zeichen dafür, daß man unfähig ist, mit dem erweiterten Spektrum der Realität umzugehen, wie man es in der Meditation erfährt.

Die Herzrhythmus-Meditation als Schutz und Inspiration

Sie können die Herzrhythmus-Meditation überall machen. Am Anfang ist es jedoch vorzuziehen, einen ruhigen Ort zu haben. Man sitzt auf einem Stuhl, einer Meditationsbank oder auf einem Kissen. Wir werden sehr ruhig atmen und auf eine Weise, die vom normalen Atmen leicht abweicht, während wir an einen bestimmten Teil unseres Körpers denken. Dann konzentrieren wir uns auf einen Gedanken oder ein geistiges Bild. Jede Kombination von spezifischem Atemrhythmus, Aufmerksamkeit auf eine bestimmte Körperregion und einem Bild, auf das man sich konzentriert, definiert eine bestimmte Art der Meditation. Es gibt Hunderte von Arten der Meditation, die alle einen unterschiedlichen Effekt haben. Es ist erstaunlich, daß eine solch einfache Aktivität so tiefgreifende und unterschiedliche Resultate hervorbringen kann.

Bestimmte Kombinationen der Atemweise, der Aufmerksamkeit und der Haltung machen das aus, was wir Herzrhythmus-Meditation nennen. Die Herzrhythmus-Meditation erzeugt eine Atmosphäre des Friedens, die inspiriert, eine Zuflucht, die einem hilft, wieder aufzutanken. Wenn wir denken, daß die Herzrhythmus-Meditation eine ruhige und friedvolle Atmosphäre erfordert, sind wir auf dem Holzweg. Im Gegenteil, wir schaffen durch die Herzrhythmus-Meditation eine ruhige, friedvolle Atmosphäre, die weit ins Leben hineinreicht. Je mehr Erfahrung man damit gewinnt, um so größer wird die Reichweite dieser Atmosphäre. Man kann sich wie in einem weiten Ozean des Friedens fühlen.

Kein Meditierender erfährt die Übungen als einsam. Im meditativen Zustand ist Einsamkeit nicht möglich. Es gibt eine Vielzahl von Emotionen in den unterschiedlichen Stadien der Meditation, aber keine davon ist Einsamkeit, weil das Gefühl der Verbundenheit so ausgeprägt ist. Jedes Gefühl von Einsamkeit, Verzweiflung oder Angst wird sich in dem machtvollen Licht der Meditation auflösen. Das heißt nicht, daß man diese Gefühle unterdrückt, denn in der Meditation werden Ihnen Ihre Gefühle bewußter, nicht verschwommener. Neben den persönlichen Emotionen, die Sie mit in die Meditation gebracht haben, taucht eine ganz neue Gruppe transpersonaler Gefühle auf. Es sind diese transpersonalen Emotionen, die Ihnen zu der Einsicht verhelfen, daß Sie niemals wirklich allein sind.

Meditation ist eine Zuflucht vor den Schlingen und Pfeilen des Lebens. Sie beschleunigt den Heilungsprozeß unserer emotionalen Wunden und erlaubt uns, den Herausforderungen in unserem Leben erneut und ohne ein Gefühl von Bitterkeit oder Ausgebranntsein gegenüberzutreten. Unser Ziel ist nicht, uns vom Leben zu isolieren und Zuflucht in der Meditation zu suchen, sondern einen Schutz zu schaffen, den wir immer mit uns tragen.

> Meditation heißt, etwas in einer geschützten Umgebung zu tun, was man überall zu tun in der Lage sein sollte. [HIK][3]

Als ich zu meditieren begann, verbrachte ich Stunden damit, meine Meditationsbank in die richtige Position zu bringen. Wenn ich Probleme damit hatte, in einen meditativen Zustand zu kommen, nahm ich an, daß die Ursache dafür die Bank war. Entweder war sie zu hoch oder zu niedrig. Ebenso benötigte ich eine Umgebung, die absolut stimmte. Ich experimentierte mit Augenklappen, um Lichteinfluß auszuschließen, Ohrstöpseln gegen Geräusche und mit allen möglichen Sorten Kissen und Unterlagen, um meine Beine in eine angenehme Lage zu bringen. Daß all dies nicht notwendig war, dämmerte mir zum ersten Mal, als ich meinen Meditationslehrer im Meditationssitz (auf seiner linken Ferse) auf einem nackten Felsen sitzen sah. Ich erinnere mich ebenfalls daran, den Effekt zu spüren, den er auf den Raum ausübte – er war fähig, ein großes, flatterndes Zelt in eine heilige Kathedrale zu verwandeln. In diesem Zelt war es ganz einfach für mich zu meditieren. Meine Gedanken störten mich nicht mehr, und gleiches galt für meine Beine und meine Sinne. Ich war so inspiriert durch die Atmosphäre, die durch die Meditation geschaffen worden war, daß ich das störende Geräusch, das die Zeltwände machten, einfach ignorieren konnte. Ich erinnere mich daran, nachts ins Zelt gegangen zu sein, wenn alles leer war, und immer noch die beruhigende Anwesenheit der Gruppe fühlen zu können.

Aufwärts und abwärts gerichtete Meditation

Es gibt zwei Hauptrichtungen der Meditation: aufwärts und abwärts. Die Form der Meditation, die aufwärts gerichtet ist, wird von Buddhismus und Vedanta (Hinduismus) repräsentiert. Die populäre Transzendentale Meditation (TM) ist eine stark vereinfachte Form des Vedanta, und manche klinisch angewandten Streßreduktionsmethoden wie Dr. Herbert Bensons *Relaxation Response*[4] sind eine Vereinfachung von TM. Aufwärts gerichtete Meditation tendiert dazu, die Aufmerksamkeit von allem Physischen, vom Selbst und von der Umgebung ab- und auf das Abstrakte, Unendliche und Unpersönliche hinzulenken. Diese Methoden öffnen das Bewußtsein und schaffen Entspannung, bewirken eine verringerte Aktivität des Zentralnervensystems, einen leicht unregelmäßigen Herzschlag und unfokussierte Gedanken.

Im Gegensatz dazu fokussiert die abwärts gerichtete Meditation das unendliche Bewußtsein in einen Brennpunkt, stärkt das Herz und erneuert den Sinn für die eigene Identität. Diese abwärts gerichtete Meditation ist in Vollendung im Sufi-Zhikr und der tibetischen Tumo-Methode[5] zu finden. Bei diesen Methoden fokussiert die Abwärts-Meditation Gedanken und Gefühle auf das Herz, und sie hat eine erhöhte Aktivität des Zentralnervensystems zur Folge wie auch einen extrem gleichmäßigen Herzschlag. Beide Richtungen sind nützlich für bestimmte Zwecke, aber die Abwärtsform ist speziell dafür entwickelt, im praktischen Leben angewandt zu werden.

Die Herzrhythmus-Meditation kombiniert die beiden Richtungen, wobei die spezielle Betonung auf der Abwärts-Meditation liegt, insbesondere zum Abschluß jeder Übung. In einer Meditationssitzung wird man durch den aufwärts gerichteten, transzendenten Zustand gehen, aber Ihre Aufmerksamkeit wird immer auf einen Aspekt des Herzens gerichtet sein, und der herzzentrierte Zustand ist Ihr Ziel.

Geschichtlich gesehen gab es drei authentische esoterische Schulen: Vedanta aus dem Hinduismus, Buddhismus und Sufismus. Alle lehrten Meditation, aber während die ersten beiden diese Praxis für eine geschützte klösterliche Umgebung entwickelten, wurde im Sufismus eine Methode zur Anwendung *in der Welt* hervorgebracht. Historisch betrachtet ist es klar, daß in der Mystik zuerst die Aufwärts-Meditation entwickelt wurde und daß es Jahrtausende dauerte, bis die Idee einer abwärts gerichteten Meditation sich entfalten konnte. Neuerdings haben auch Lehrer aus Yoga und Buddhismus abwärts gerichtete Meditationstechniken in ihr Repertoire aufgenommen.

Aufwärts gerichtete Meditation korrespondiert mit der Ansicht, daß die physische Welt eine Illusion (Maya) ist, die in einer Myriade von Formen die zugrundeliegende Einheit verschleiert. Wenn man durch Meditation den künstlichen Begrenzungen entkommt, die das individuelle Ego darstellt, entdeckt man die Verbindung zu einer höheren Dimension – eine innere und dennoch kosmische Dimension von sich selbst. Dieser Meditationstyp wird Samadhi genannt. Yogi Patanjali unterschied zwischen mehreren Stufen von Samadhi, und dieses System wurde von Gautama Buddha noch weiterentwickelt in den Meditationen, die unter dem Namen *Arupajhanas* bekannt sind. Nachdem Buddha diese Enthüllung zuteil wurde, gab es nichts mehr zu entdecken hinsichtlich der Transzendenz, der Welt des heiligen Geistes, des ungeschaffenen Lichts und der reinen Intelligenz. Buddha hatte den höchsten Aufstieg gemacht und fand dabei einen Weg zur Befreiung des Menschen.

Die Entwicklung der abwärts gerichteten Meditation erforderte einen Durchbruch, der erst später im Sufismus erfolgte. Anstatt die physische Welt als etwas zu sehen, das die wirkliche Realität verschleiert, betrachten Sufis die physische Welt als das, worum es eigentlich geht, das letztendliche Ziel aller Realität, den Höhepunkt des göttlichen Wollens. Jeder von uns ist die Verkörperung eines einzigen, alles durchdringenden Bewußtseins, und jeder von uns enthält auch das Ganze in sich, von dem er einen Teil repräsentiert. Es mag sein, daß uns die Erscheinungsform der Dinge täuscht, aber die Ursache dafür ist nicht, daß die physische Welt eine Illusion ist. Vielmehr enthält die physische Welt alle anderen Ebenen der Realität. Befreiung ist nicht das Ziel, sondern der Umkehrpunkt. Das Ziel nach der Erfahrung von Befreiung ist, in Liebe aufzugehen und aus dieser Erfahrung eine Welt mitzugestalten, die in Realität so schön ist wie die Himmel als Möglichkeit. Das ist der Zweck der Abwärts-Meditation.

Was ist realer, das Haus oder der Konstruktionsplan, die Pflanze oder der Samen? Die Yogis betonten, daß der Same ein größeres Potential enthält, als irgendeine Pflanze manifestieren kann. In gleicher Weise ist die Seele sehr viel reicher als die Persönlichkeit. Später merkten die Sufis jedoch an, daß die Blume schöner ist als der Samen und der Akt, selbst nur einen Teil des Potentials seiner Seele zu manifestieren, einen Grund für eine kosmische Feier darstellt. Aufwärts-Meditation steht am Anfang, um das Potential der Seele zu entdecken, aber den Beweis für diese Entdeckung demonstriert man in seinem Herzen durch die Abwärts-Meditation.

Diese Aufwärts- oder Abwärtsrichtung findet man nicht nur in der Meditation, sondern auch in der Art und Weise, wie man seine Lebensprobleme angeht. Der Buddhismus lehrt, daß die Lösung für das kontinuierliche Leiden in der Existenz darin besteht, das »Rad der Wiedergeburt« anzuhalten, jene Leben erzeugende Kette von Ursache und Wirkung, um in einen Zustand jenseits der ersten Ursache zu gelangen, in dem alles Stille und Frieden ist. Die buddhistischen Übungen in Aufwärts-Meditation sind entwickelt worden, um diesen Zustand von transzendentaler Gelassenheit zu erreichen. Natürlicherweise sind solche Übungen sehr gut dazu geeignet, Streß abzubauen. Wenn man auf diese Weise von seinen Problemen einen Schritt zurücktritt oder sich das Leben aus dem Blickwinkel eines Asketen auf einem Berggipfel ansehen kann, dann erscheinen die Prüfungen, denen man sich im Leben gegenübersieht, tatsächlich unwichtig zu sein. Die buddhistische Formel für Befreiung lautet, den Kampfplatz dieser Prüfungen zu transzendieren, indem man sich von allem zurückzieht und sich mit nichts identifiziert, das vergänglich und dem Wechsel unterworfen ist. Aber fast alles, was wir kennen und lieben, und praktisch all das, dessen wir uns als unser eigenes Selbst bewußt sind, ist vergänglich und dem Wechsel unterworfen. Ganz sicher ist das, was ewig und unvergänglich in anderen und uns selbst ist, herrlich und schön, aber der Körper, die Gedanken, die Psyche, die Gefühle des Herzens – die sich alle unablässig verändern – sind auch schön. Wenn man alles Veränderliche aufgibt, zahlt man nicht nur einen hohen Preis für Freiheit, es ist auch kein Weg zur Integration von Himmel und Erde, von Geist und Psyche, den »hohen« und »niederen« Teilen von uns selbst.

Wenn man das Leben in der Welt als bedeutsam ansieht und wenn Körper, Gedanken und Gefühle als wertvoll betrachtet werden, dann müssen die Wünsche des Herzens einen Platz haben, und man muß mit den Leiden des Herzens einen Umgang finden, der nicht den Rückzug in ein Kloster verlangt. Im Sufismus werden die tiefen Wünsche, die man hat, als eine Stimme der inneren Führung betrachtet. Wünsche sind immer mit Leiden verbunden, wie Buddha sagt. Christus' Worte dazu waren: »Widersteht nicht dem Leiden.« Die Sufis sagen: »Leiden ist ein Zustand des fühlenden Herzens, wir ziehen ihn demjenigen eines Steines vor.«

> Die Leiden im Leben sind der Preis für die Erweckung des Herzens. [HIK][6]

Daher ist ein Ziel der Sufi-Meditation, das Herz zu heilen, so daß man ein immer größeres Spektrum von Lebenserfahrung in seiner Persönlichkeit assimilieren kann. Wir lernen hier, daß ein gesundes Herz stärker als jeder Streßfaktor und größer als jeder Schmerz ist. Selbst im größten Streß und im tiefsten Leid ist das Herz zur gleichen Zeit fähig, Freude zu empfinden, denn Freude ist ein Teil der Essenz unseres Wesens und braucht keinen äußeren Grund. Wir können lernen, mit belastenden Situationen in einer Weise umzugehen, daß der Streß nicht mehr länger als solcher wirkt und der Körper keine typische Streßreaktion zeigt.

Abwärts-Meditation bringt unser modernes Verständnis zum Ausdruck, indem wir das Potential des Universums »herunter« in uns selbst und in unser Leben bringen und so unsere Welt von innen heraus verändern. Abwärts-Meditation ist zentriert im physischen Herzen, das unser Blut durch den Körper pumpt, wie auch im Herzchakra oder Herzzentrum. Letzteres ist in der Brustmitte lokalisiert, ungefähr da, wo sich die Thymusdrüse und der Herzplexus befinden. Abwärts-Meditation ist eine reiche, emotionale und intensive Erfahrung, welche einen tiefgreifenden Effekt auf unser Unterbewußtsein hat. Sie ist ein sehr effektiver Prozeß, um Veränderung herbeizuführen, denn sie inspiriert und erweckt unsere wahren Ideale. Sie ist ein kreativer Prozeß, der Flexibilität im Denken und in der Herangehensweise an das Leben fördert. Sie ist wie Nahrung für unsere Gedanken, denn sie läßt tiefe Einsicht in uns erwachsen darüber, wie das Leben funktioniert, während sie uns gleichzeitig stärkt und unseren Einfallsreichtum fördert.

[Abwärts-]Meditation konzentriert alle Kraft im Zentrum des eigenen Wesens, im Herzen, und strahlt von da aus in unseren gesamten Körper, in alle unsere Gedanken und Emotionen aus. [HIK][7]

Die Herzrhythmus-Meditation basiert auf dem Modell, welches im Mittelalter im Laufe der Erforschungen der Alchimisten entwickelt wurde: »Um Blei in Gold zu transformieren, muß das Blei zuerst *entwerden*, dann kann es in Gold transformiert werden.« Mit anderen Worten ist die Aufwärts-Meditation (die Erfahrung des Selbst als Nichts) ein notwendiger Vorläufer der Abwärts-Meditation (die Erfahrung, daß das gesamte Universum sich durch uns selbst manifestiert).

Während man bereits durch die alleinige Praxis der Aufwärts-Meditation Streß reduzieren kann, erhöht eine darauf folgende Abwärts-Meditation die Fähigkeit, mit Streß umzugehen. Was vorher als streßverursachend erlebt wurde, wird nun weniger oder gar keinen Streß erzeugen. Wir können nicht alle Streßfaktoren aus unserem Leben entfernen, und das Leben wäre auch langweilig ohne Streß. Wir können aber physisch und emotional stärker werden, unser Herz stärken, so daß wir besser mit Streß umzugehen lernen. Dann können wir uns in den gleichen Lebenssituationen, in denen wir vorher angestrengt waren, entspannt und im Einklang mit uns selbst fühlen. Die Herzrhythmus-Meditation zeigt uns einen Weg, Streßsituationen nicht durch Zähnezusammenbeißen oder durch Vermeiden schwieriger Situationen, sondern mit der Kraft des Herzens zu meistern. Es ist natürlich, es macht Freude, und jeder kann es lernen.

Konzentration – Kontemplation – Meditation

Die Herzrhythmus-Meditation ist in drei Stufen eingeteilt: Konzentration, Kontemplation und Meditation.

Konzentration
Konzentration ist die erste Stufe.

> Konzentration ist der Beginn der Meditation, Meditation ist das Ende der Konzentration. Wenn man die Konzentrationsfähigkeit gemeistert hat, fällt Meditieren leicht. [HIK][8]

Konzentration ist die Übung, seinen Verstand so zu trainieren, daß er sich für eine lange Zeit auf ein Objekt konzentrieren kann, ohne zu wanken, und mit der Macht der Konzentration gibt es nichts auf der Welt, das nicht gemeistert werden kann. Aber es ist schwierig, ein hohes Maß an Konzentrationsfähigkeit zu erlangen. Dies hängt mit der Natur unseres Verstandes zusammen, der sich ohne Anstrengung an Dinge hängen kann, die er selbst ausgewählt hat, wie Sorgen oder Probleme oder Groll gegen irgend jemanden. Wenn man aber ein Objekt in seinen Gedanken festhalten möchte, um Konzentration zu üben, reagiert der Verstand wie ein störrisches Pferd. Wenn man die Konzentrationsfähigkeit erlangt hat, hat man das Leben auf der Erde gemeistert. [HIK][9]

> Der Meister Hatim wurde einst von einem Fremden gefragt: »Wie finde ich das Haus von Meister Hatim? Ich bin gekommen, um bei ihm Meditation zu lernen.« Hatim gab ihm eine ausführliche Wegbeschreibung, und der Mann bedankte sich und ging weiter. Am nächsten Tag kehrte der Mann an den gleichen Ort zurück, wo er gestern schon gewesen war. Als er Hatim sah, rief er erstaunt aus: »Deine Instruktionen haben mich an den gleichen Ort zurückgebracht, wo ich gestern schon gewesen bin! Was bist du doch für ein schlechter Ratgeber. Ich sollte dich anzeigen. Was ist dein Name?« »Ich bin Hatim«, antwortete der Meister. Erstaunt darüber, daß der gleiche Mann, den er nach dem Weg gefragt hatte, der gesuchte Lehrer war, bat er um Verzeihung für seine grobe Ausdrucksweise und fragte: »Warum hast du mir das gestern nicht gesagt, Meister?« »Weil ich sehen wollte, ob du einfachen Anweisungen folgen kannst, ehe ich dich in unsere Schule aufnehme«, antwortete der Meister.

In der Konzentration fokussiert man seine Gedanken auf ein physisches oder geistiges Objekt, zum Beispiel eine Blume, die vor einem steht, einen Menschen, den man kennt, einen Stern, den man sich vorstellt, oder auf ein Konzept wie Frieden. Der Höhepunkt der Konzentration ist dann erreicht, wenn die ganze Welt aus den Gedanken verschwindet und nur noch das Objekt der Konzentration vorhanden ist. In diesem Zustand hat man weder Zeitgefühl noch physische Empfindungen. Der fokussierte Verstand kann alle Energie auf ein Objekt konzentrieren und es damit erleuchten.

Der Körper ist das Instrument des Geistes. [HIK][10]

Bei der Herzrhythmus-Meditation konzentriert man sich intensiv auf sein Herz. Dadurch fokussiert man die Energie des ganzen Körpers im Herzen und stärkt es immens. Der Herzschlag wird regelmäßiger und das Herz kräftiger. Der gesamte Kreislauf wird gestärkt, und so profitiert jede einzelne Zelle davon.

Das meiste von dem, was im allgemeinen unter *Meditation* verstanden wird, würde ein Sufi Konzentration nennen. Aufgrund dieser falschen Auffassung ist es kein Wunder, daß »Meditation« nicht sehr populär geworden ist. Konzentration als Willensanstrengung ist ein Spiel des Verstandes und überdies ziemlich langweilig. Betrachten wir das folgende Beispiel aus einem populären Buch über Meditation:

> Stellen Sie sich vor, Sie sitzen ruhig und bequem auf dem Grund eines klaren Sees. Sie wissen, wie langsam große Blasen aus dem Wasser aufsteigen. Jeder Gedanke, jedes Gefühl, jede Wahrnehmung stellt man sich als eine Blase vor, die hochsteigt in den Weltraum und die man beobachten kann, wie sie diesen Raum passiert und sich daraus entfernt. Man benötigt fünf bis sieben oder acht Sekunden, bis dieser Prozeß beendet ist. Wenn man einen Gedanken oder ein Gefühl hat, beobachtet man es einfach für diesen Zeitraum, bis es sich aus dem Gesichtsfeld entfernt. Dann wartet man auf den nächsten und beobachtet ihn für den gleichen Zeitraum und so weiter und so fort. Man erforscht die Blasen nicht, man denkt nicht weiter über die Blasen nach, und man assoziiert nichts zu den Blasen, man beobachtet sie einfach und denkt im Hintergrund: »Oh, das ist es, was ich gerade denke (oder fühle oder wahrnehme). Wie interessant.«[11]

Tatsächlich ist es nicht besonders interessant und ziemlich schwierig auszuführen dazu, wenn man keine Hilfe von seinem Atem hat, wie in der Herzrhythmus-Meditation. Beachten Sie, wie die oben zitierte Übung Ihre Gefühle entwertet und den Körper vollständig ignoriert. Wenn man auf der Position des objektiven Beobachters besteht, kann die wichtige Frage: »Warum fühle ich, was ich fühle?«, nicht beantwortet werden. Schlimmer noch, diese schwierige mentale Übung führt auch nicht so weit, daß die erzielten Ergebnisse in einem vernünftigen Verhältnis zum Aufwand stünden. Es ist nur ein Beginn, aber wir müssen sehr viel weiter gehen, weil es dann einfacher und nutzbringender wird.

Ein anderes Problem bei der obigen Übung ist, daß Suggestion und Phantasie eingesetzt werden. Wir sitzen nicht wirklich auf dem Grund eines klaren Sees, warum sollten wir also annehmen, wir täten es? Muß man irgendwo anders sein, als man tatsächlich ist, um zu meditieren? Genügt der Reichtum der Realität um uns herum nicht, um uns zu inspirieren? Suggestion wird in der Hypnose angewendet, und ich weiß aus eigener Erfahrung mit Hypnose, daß, was immer man suggeriert, als Realität erscheint. Deshalb ist es notwendig, sehr vorsichtig mit Suggestionen umzugehen, um eine Selbsttäuschung zu vermeiden. Die einzige Suggestion, die wir in der Meditation anwenden können, ist diejenige, die die Aufmerksamkeit auf das zu lenken hilft, was tatsächlich passiert. Wir haben nicht die Absicht, uns mit unrealen Vorstellungen zu betrügen. Der wirkliche Zweck der Meditation ist ja, das gesamte Spektrum der Realität zu entdecken und es in unser Selbst zu integrieren.

> Meditation hat einen großen Vorteil gegenüber Suggestion, denn sie hält nicht nur das Herz in einem konstanten Rhythmus, sie macht das Herz auch zum Zentrum der Lebensenergie. [HIK][12]

Konzentration ist schwierig zu praktizieren, denn der Verstand, wie auch der Körper, liebt Bewegung und fühlt sich nicht wohl in der Stille. (Es ist praktisch nicht möglich, seinen Verstand zu konzentrieren, wenn man vorher nicht in der Lage ist, seinen Körper absolut ruhig zu halten.) Aber die Sufis haben das große Geheimnis der Konzentration entdeckt: Anstatt zu versuchen, durch Willensanstrengung den Verstand fokussiert zu halten, nutzt man seine Emotion. Es ist leicht, an etwas zu denken, das man liebt: Niemand muß die Liebende an den Geliebten erinnern, denn die Liebende sieht den Geliebten überall.

Wenn man diesem Rat folgt, verwandeln sich Konzentrationsübungen von schweren Aufgaben zu einer Übung, die man mit Freude ausführen kann. Was man liebt, kann man leicht in seinen Gedanken festhalten. Dies ist jedem Menschen möglich. Ein weiterer Schritt ist, fähig zu werden, sich auf alles mögliche zu konzentrieren, indem man seine Liebe für das in Frage kommende Objekt entdeckt. Der Verstand kämpft mit dem Willen, aber das Herz kann den Verstand leicht lenken, ohne Widerstand zu erzeugen.

> Der Verstand ist das Instrument des Herzens.

Die beste Konzentrationsübung ist, an einen anderen Menschen zu denken. Dadurch, daß man oft an eine Person denkt, wird eine Verbindung im eigenen Herzen geformt. Wenn die andere Person dies erwidert, wird diese Verbindung in beide Richtungen wirksam. Durch eine solche Verbindung lernt man einen anderen Menschen wirklich kennen, und letztendlich auch sich selbst.

> Um zu entdecken, ist es hilfreich, wenn man die eigenen Qualitäten in den Eigenschaften eines anderen widergespiegelt sieht. [VIK][13]

Kontemplation

Kontemplation ist die zweite Stufe der Herzrhythmus-Meditation. Sie folgt auf die Konzentration.

> In der Kontemplation wechseln Sie, das Subjekt, ... den Platz mit dem Objekt Ihrer Konzentration. Dann werden Sie innerlich zu dem, was Sie von außen sahen. [PVK][14]

Kontemplation ist ähnlich der Konzentration, aber ist von ihr insoweit unterschieden, als man einen anderen Standpunkt einnimmt. In der Konzentration bleibt das Objekt außerhalb von einem selbst, getrennt und unterschieden. In der Kontemplation wird man selbst zu dem Objekt.

- In der Konzentration betrachtet man eine Blume sehr intensiv. In der Kontemplation identifiziert man sich mit der Blume und nimmt nun das Wesen, das man war, als man die Blume ansah, vom Standpunkt der Blume aus wahr. Man fühlt alles, was die Blume fühlt, in sich selbst, als ob es ein eigenes Gefühl wäre. Wenn die Blume Durst verspürt, ist der sie Kontemplierende durstig. Ihr Körper fühlt sich für Sie genauso an, wie sich der Körper der Blume für die Blume anfühlt.
- In der Konzentration studiert man, wie sich eine Wasserpfütze Tropfen für Tropfen mit Regenwasser füllt. In der Kontemplation fühlt man sich flüssig und absorbiert den Regen in das eigene Wesen.
- In der Konzentration ist man verzaubert von einer anderen Person und ist fähig, alle Aspekte dieser Person wahrzunehmen und wertzuschätzen – die Details ihrer Körperform, die Nuancierung der Körperbewegungen, Färbung der Stimme, die kleinsten Änderungen im Gesichtsausdruck. In der Kontemplation spüren Sie alle diese Veränderungen als Ihre eigenen. Dann werden die Assoziationen und Verknüpfungen, die eine Person in ihren Gedanken macht, zu Ihren eigenen. Sie können die Emotionen empfinden, die hinter der Veränderung des Gesichtsausdrucks lag. Sie fühlen sich, wie sie sich fühlte, Sie denken, wie die andere Person denkt. Ihr Körper wird zum Körper der oder des anderen.
- In der Konzentration wird man sich des Atems bewußt, wie er den Körper verläßt und wieder in diesen zurückströmt. In der Kontemplation wird man zum Atem und fühlt, wie er die Lungen füllt und leert.

Ein Lehrer wählte einen Hirsch als Objekt der Konzentration für seinen Schüler Robert, weil Robert ihm gesagt hatte, er möge Hirsche sehr gern.

> Einige Zeit nachdem er die Übung bekommen hatte, sich in eine Meditationshütte zurückzuziehen und an einen Hirsch zu denken, beantwortete er die Rufe seines Lehrers mit Hirschlauten.
> Dann wiederholte der Lehrer: »Komm jetzt aus der Hütte.« Und Robert erwiderte: »Mein Geweih ist zu breit, ich komme nicht durch die Tür.« [HIK][15]

Das ist Kontemplation. Der Lehrer wußte, daß Robert die Zuneigung, die er für Hirsche verspürte, ohne große Anstrengung dafür einsetzen konnte, in einen Zustand der Konzentration zu gelangen. Dann machte Robert den Sprung von der Konzentration zur Kontemplation, indem er sich mit dem Hirsch identifizierte.

In der Herzrhythmus-Meditation stärkt man das Herz durch die Konzentration der Gedanken darauf derart, daß es seine eigene Stimme findet und auf den Geist reagiert. Dann kann man in der Tat erfahren, was es heißt, seinem Herzen zuzuhören. Die Führung, die man durch die Stimme des Herzens erhält, hat mit normaler Logik nichts zu tun, und das Interesse des Herzens ist nicht egoistisch. Die Methode, seinem Herzen zuzuhören, unterscheidet sich ebenfalls von unserer normalen Wahrnehmung. Man hört seinem Herzen zu, indem man sich vorstellt, in seinem Herzen zu sein. Stellen Sie sich vor, daß Sie Ihr Herz *sind*: Das ist die Kontemplation des Herzens. Fühlen Sie, was es heißt, eng mit jeder Zelle des Körpers in Verbindung zu stehen. Diese Zellen sind sowohl einzelne Individuen als auch Bausteine des Gesamtorganismus. Sie selbst als Herz versorgen nicht nur alle diese Zellen mit Blut, so daß sie mit allen notwendigen Nährstoffen versorgt sind. Sie sind ebenso empfindsam für das Feedback, das Sie bekommen, und Sie regulieren Ihren Rhythmus, entsprechend den Bedürfnissen der Zellen. Mit Hilfe des Nervensystems werden Sie des Zitterns jeder einzelnen Zelle gewahr, und durch Ihren Puls geben Sie diese Information an den ganzen Körper weiter. Wie die Trommeln eines Indianerdorfes allen Dorfbewohnern eine Botschaft mitteilen, kommunizieren die komplexen Rhythmen Ihres Herzens den Zustand des Körpers an alle Körperzellen.

Meditation
Meditation ist die dritte Stufe der Herzrhythmus-Meditation. In der Meditation gibt es keine Dualität, Subjekt und Objekt sind eins geworden. Während Konzentration schwierig war, ist Meditation einfach. Wenn man einmal die Fähigkeit zu meditieren erreicht hat, ist keine persönliche Anstrengung mehr notwendig. Identität, die man in der Konzentration aufrechterhalten und in der Kontemplation umgekehrt hat, ist nun so fließend geworden, daß man eine »ozeanische Erfahrung« macht. Man ist sich des Seins und der Existenz anderer Wesen bewußt, aber sie sind nicht mehr getrennt und unterschieden.

- In der Kontemplation fühlt man sich, wie sich die Blume fühlt. In der Meditation fühlt man, wie sich die Seele der Blume anfühlt. Anstatt zu einer Rose wird man zu »Rosenheit« oder sogar »Blumenheit«, und dann erfährt man die Qualitäten dieses Archetyps – die Schönheit, die Klarheit, die Offenheit und so weiter. Diese Qualitäten sind nicht einzigartig in Blumen, sie existieren auch im Menschen. Durch die Seele der Blume erfährt man universelle Qualitäten, die auch die Qualitäten der eigenen Seele sind.

Julia fühlte, daß sie ausgenutzt wurde, aber sie wußte nicht, wie sie für sich selbst eintreten konnte. Sie mochte das sich selbst in den Mittelpunkt stellende Verhalten einiger ihrer Kollegen überhaupt nicht, und sie konnte es deshalb auch nicht imitieren. Julia besuchte einen Kurs in Herzrhythmus-

Meditation, und eine der Übungen war, sich auf einen Quarzkristall zu konzentrieren. Sie lernte, den Kristall zu kontemplieren, was dazu führte, daß sie sich durchsichtig fühlte. Im Stadium der Meditation fand sie die reine Qualität der kristallenen Klarheit des Quarzes. Dann konzentrierte sie sich darauf, diese Klarheit in sich selbst bei ihrer Arbeit zum Ausdruck zu bringen. Als sie die Klarheit des Kristalls, welche sie so gut kennengelernt hatte, deutlich in sich spürte, führte dies zu einem Durchbruch. »Der Kristall würde sich nicht so verhalten, wie ich es getan habe«, sagte sie. »Und jetzt kann ich mich so verhalten, wie ein Kristall es tun würde. Als ein Kristall kann ich einfach klar sein, ohne anzugeben oder zu fordern, und darin liegt eine große Stärke.« Julia vereinbarte einen Termin mit ihrem Chef und sprach in Klarheit (indem sie bei den Fakten blieb, so spezifisch und objektiv wie möglich) und mit Transparenz (indem sie offen, nicht defensiv oder konkurrenzbetont und mit einer reinen Absicht zu ihm sprach). »Das waren immer Vorstellungen, die ich mochte, aber ich hätte niemals gewußt, wie ich sie in meinem Leben hätte anwenden sollen, wenn ich nicht den Kristall in mir selbst entdeckt hätte«, sagte sie hinterher.

- In der Kontemplation fühlt man, wie andere Menschen sich fühlen: ihr Blickwinkel, ihr Selbstbild, ihre Motivation, ihre Haltung. In der Meditation erfährt man, wie sich andere Menschen fühlen, wenn sie meditieren: den Archetyp, von dem sie ein Exemplar sind. Man entdeckt eine Quelle, eine gemeinsame Realität, die man mit allen Menschen teilt. Die andere Person unterscheidet sich nicht von einem selbst, sondern beide sind Beispiele derselben Qualitäten, die unsere gesamte Existenz durchdringen.
- In der Kontemplation hat man ein spezifisches Objekt in seinen Gedanken und eine Absicht im Herzen. In der Meditation hat man nur den Wunsch, eine Erfahrung zuzulassen. In

der Konzentration und der Kontemplation benutzt man bis zu einem gewissen Grad seinen Willen, um die Erfahrung zu steuern. In der Meditation ist man ein bereitwilliger Teilnehmer, aber nicht derjenige, der die Erfahrung steuert.

> Meditation ist ein Training des Verstandes und der Emotionen nicht in Aktivität, sondern in Passivität: ein Training, um Inspiration, Kraft und Segen von innen heraus zu erfahren. [HIK][16]

Da man erkennt, daß der persönliche Wille die Erfahrung notwendigerweise auf etwas Persönliches begrenzen muß, gibt man seinen Begriff von Individualität vollständig auf, um des Bewußtseins gewahr zu werden, welches in allem ist. Dieses Bewußtsein hat eine Erfahrung, und diese Erfahrung wird zu Ihrer eigenen. Es ist keine individuelle Erfahrung, es ist die Erfahrung des Ganzen, die sich in einem einzelnen Individuum ereignet.

> Das dritte Stadium ist das der Meditation. Dieses Stadium hat nichts mit persönlichen Emotionen und Gedanken zu tun. Es ist die Erfahrung des unpersönlichen Bewußtseins. Meditation ist die Erfahrung, bei der man tief in sich selbst hineintaucht und dann hoch emporsteigt in die höheren Sphären und sich weiter ausdehnt als das Universum selbst. Durch diese Erfahrungen erlangt man die Glückseligkeit der Meditation. [HIK][17]

Derjenige, der Meditation erfährt, ist nicht der gleiche wie derjenige, der die Meditation initiierte. Die Erfahrung des Universums kann nicht von einem Individuum erlebt werden, aber ein Individuum kann, wenn es durch die Stadien von Konzentration und Kontemplation gegangen ist, seine Identität öffnen, um das Universum mit einzuschließen.

Wie erreicht man nun die drei Stadien von Konzentration, Kontemplation und Meditation?

> Konzentration erreicht man dadurch, daß man seine Gedanken so sehr auf das Objekt der Konzentration richtet, daß kein Raum für irgend etwas anderes bleibt.
> Kontemplation erreicht man dadurch, daß man mit dem Objekt der Konzentration den Platz tauscht: Man wird zum Objekt und sieht die Welt, einschließlich seiner selbst, durch die Augen des Objekts.
> Meditation erreicht man dadurch, daß man Konzepte von Vollkommenheit, Unendlichkeit oder Ewigkeit einführt. Den Begriff Vollkommenheit, der einen über die Grenzen seines begrenzten Selbstbildes emporhebt, kann man vergleichen mit Ewigkeit in bezug auf Zeit und Unendlichkeit in bezug auf Raum. [PVK][18]

Diese drei die Meditation einleitenden Konzepte – Unendlichkeit, Ewigkeit und Vollkommenheit – sind alles Aspekte ein und derselben Sache. Unendlichkeit ist die Perfektion des Raumes, Ewigkeit die unbegrenzte Zeit, und Perfektion ist ewig.

In der Herzrhythmus-Meditation erreicht man einen Zustand der Meditation, in dem das Herz sich weit über seine persönliche Identität hinaus ausdehnt und zum Herzen der ganzen Menschheit wird. Zuerst ist man sich seines eigenen Herzens bewußt (Konzentration). Dann nimmt man sich selbst in seinem Herzen wahr, das sich ausgedehnt hat (Kontemplation). Schließlich erlebt man, daß die gesamte Welt eine zusammenhängende Herzrealität ist (Meditation). Dann hat man nicht nur die Erfahrung des persönlichen Herzens, sondern die des vollkommenen Herzens, des Herzens, das unendlich ist.

> Reine Meditation hilft einem, die tiefsten Tiefen des Herzens zu erfahren. Bei der Konzentration geht es hauptsächlich um Verstand und Gefühle, wohingegen Meditation, wenn auch nicht völlig gleichgültig gegenüber Verstand und Emotion, die Seele dort zentriert, wo ihr wahres Zuhause ist: im Herzen. [HIK][19]

Indem man sich sehr tief und sehr innig in die persönliche Erfahrung des eigenen Herzens hineinbegibt, kann man den fundamentalen Rhythmus der Gesamtheit aller Lebewesen finden. Solch eine Erfahrung kann man nicht »kalten Blutes« machen, wie mein Lehrer oft sagt, aber sie wird einem zugänglich, wenn man die anfänglichen Meditationsstadien von Konzentration und Kontemplation erlebt hat.

Aufwärts- und Abwärts-Meditation

Wie wir bereits gesehen haben, hat man in der Aufwärts- oder transzendentalen Meditation das Ziel, überpersönlich und grenzenlos zu werden, um dadurch eine vollständige Erfahrung dessen, was man ist, zu erlangen.

So betrachtet, besteht Aufwärts-Meditation aus der folgenden Sequenz:

3. Meditation

2. Kontemplation

1. Konzentration

Im Gegensatz dazu hat die Abwärts-Meditation die umgekehrte Reihenfolge und folgt zeitlich auf die Aufwärts-Meditation.

1. Meditation

2. Kontemplation

3. Konzentration

Zum Abschluß der Herzrhythmus-Meditation hat man die Stadien Kontemplation und dann Konzentration wieder erreicht, aber mit einem Unterschied zu vorher. In der Aufwärts-Meditation sucht das Individuum die Erfahrung des Ganzen zu erlangen, in der Abwärts-Meditation wird das Ganze zum Individuum.

Der Regenbogen, der sich auf die Sonne *konzentriert*, erkennt einen Teil seiner selbst in der Sonne: Das Licht, welches die Essenz des Regenbogens darstellt, wird von der Sonne intensiver abgestrahlt.

Wenn der Regenbogen die Sonne *kontempliert*, indem er sich mit ihr identifiziert, erfreut er sich an einer viel intensiveren Form des Lichts, in der alle Farben zu Weiß integriert sind.

Wenn er nun als Sonne *meditiert*, erfreut er sich an Sphären des Lichts jenseits der Formen von Regenbogen oder Sonne. Er entdeckt die Natur des Lichtes, ehe es ins Universum ausstrahlt oder in unterschiedliche Farben zerlegt ist.

Die Sonne, die sich jetzt als reines Licht erfährt, erinnert sich wieder an ihre Form als Regenbogen. Ebenso wie sich dieser nach Freiheit sehnte, sehnt sich das Licht danach, sich auszudrücken.

Indem das Licht der Sonne den Regenbogen *kontempliert*, fühlt das Sonnenlicht, daß sein eigenes Wesen im Regenbogen in einem Glanz enthüllt wird, der unbekanntes Potential im Sonnenlicht war. Der Regenbogen enthüllt die dem Sonnenlicht immanenten Farben des reinen weißen Lichts, welche die Sonne nun in der Kontemplation entdecken kann.

Schließlich *konzentriert* die Sonne in einem freudigen Akt der Liebe ihren Blick durch den wolkenverhangenen Himmel, um den Regenbogen in vollem Glanz erscheinen zu lassen. Sie gibt sich dieser Erfahrung hin, ohne irgend etwas zurückzuhalten. Die Sonne wird zum Regenbogen, und dieser wird wiedererschaffen als ein Ausdruck der Sonne.

Verglichen mit unserer Seele ist die Persönlichkeit wie der Regenbogen im Vergleich mit der Sonne. Unser Ziel ist, die Persönlichkeit mit dem Licht der Seele zu erleuchten. Aufwärts-Meditation läßt uns unsere Seele erfahren, und Abwärts-Meditation bringt die Seele ins Leben.

In der Aufwärts-Meditation spürt man zunächst den eigenen Herzschlag in der Brust, dann erfüllt der Herzschlag den ganzen Körper. Der ganze Körper scheint im Herzen aufzugehen. Dann enthüllt sich Ihnen Ihr Herzschlag als der Rhythmus eines Herzens, das unendlich und allesdurchdringend ist und dessen Pulsieren alle Lebensrhythmen erzeugt.

In der Abwärts-Meditation entwickelt man die gleichzeitige Wahrnehmung des kosmischen Herzschlags im Gleichklang mit demjenigen des eigenen Herzens. Dann gibt der kosmische Herzrhythmus den Rhythmus des eigenen Herzens vor und stärkt und vervollkommnet dessen Rhythmus. An diesem Punkt fühlen Sie die Erfahrung jedes Herzens, jeder Emotion, in Ihrem eigenen Herzen. Ihr Herz ist in Ihrer Brust, und dennoch ist es nicht Ihr eigen. Es fühlt sich so an und funktioniert auch so wie das Herz von allem. Schließlich enthüllt sich Ihnen Ihr eigenes Herz als das Herz des Universums. In Ihrem Herzschlag ist jeder

Herzschlag enthalten, und der läßt die Wasser des Ozeans sich zu Wellen formen und die Luft zu Windstößen. Die ganze Welt seufzt mit Ihrem Seufzen, und sie lächelt, wenn sie lächeln. Dies ist ein außerordentlicher Zustand, der einem metaphorisch oder poetisch vorkommen muß, bis man erkennt, daß er in Wahrheit existiert.

Deine Musik läßt meine Seele tanzen, im Murmeln des Windes höre ich deine Flöte, die Wogen der See bewegen sich im Rhythmus meines Tanzes. In der ganzen Natur höre ich deine Musik, mein Geliebter, und während meine Seele tanzt, gibt sie ihrer Freude in einem Lied Ausdruck. [HIK][20]

Wenn mein Herz verstört ist, bringt es das ganze Universum in Unruhe. Wenn mein Herz schläft, fallen beide Welten in tiefen Schlummer. Die ganze Schöpfung wacht auf mit dem Erwachen meines Herzens. Wenn die Schale meines Herzens bricht, verstreut es Perlen. [HIK][21]

Der dritte Zustand des Bewußtseins

In der Vergangenheit glaubten die Menschen, daß das, was nicht mit den Sinnen fühlbar ist, auch nicht real sei, und wenn real, dann irrelevant. Heute hat die Wissenschaft uns gezeigt, daß das Universum unglaublich kompliziert ist und unsere Alltagswahrnehmung der Realität sehr begrenzt ist. Das ist etwa so, als ob wir eine Rose ohne Farbe und Duft wahrnehmen würden: Der volle Reichtum der Rose erschließt sich nur, wenn man seine Wahrnehmungen ausdehnt. Vergleichen Sie beispielsweise die Alltagserfahrung mit derjenigen, die in der Meditation möglich ist.

Alltagszustand	Meditationszustand
Wir benutzen nur einen sehr kleinen Teil unseres Gehirns und nur jeweils eine der beiden Hemisphären.	Beide Hemisphären arbeiten gleichzeitig, und manche der erzeugten Gehirnwellen involvieren das gesamte Gehirn.
Wir haben nur einen begrenzten Zugang zum Gedächtnis unseres Unterbewußten, einschließlich der Erinnerungen, die im Muskelgewebe gespeichert sind.	Erinnerungen können aus dem Muskelgewebe befreit und das Unbewußte kann »aufgewühlt« werden.
Wir sind nicht in der Lage, die grundlegenden Rhythmen zu kontrollieren, die unseren Metabolismus, den energetischen Zustand und dergleichen regulieren.	Wir sind viel besser in der Lage, den Körper an die jeweilige Aufgabe anzupassen.
Wir identifizieren uns lediglich mit dem Teilchenaspekt unseres materiellen Körpers, der im Raum lokalisiert ist, was zu einem begrenzten Selbstbild führt.	Wir entdecken den Wellenaspekt unseres Körpers, der mit allen Wellen koexistiert, was ein erweitertes Selbstbild zur Folge hat.

Die Stadien der Meditation können mit Hilfe der Wellenmuster, die das Gehirn erzeugt, beschrieben werden:
- Zu Beginn der Meditation erscheinen auf dem Elektrokardiogramm (EKG) hauptsächlich Alphawellen in beiden Gehirnhälften gleichzeitig, was Entspannung anzeigt. Der Blutdruck fällt.
- Wenn die Meditation weiter fortschreitet, tauchen zusätzlich zu den Alphawellen Beta- und Thetawellen auf, die klare Bewußtheit, erhöhte Geisteskraft und Kreativität anzeigen.
- In der sehr fortgeschrittenen Meditation zeigen sich zusätzlich Deltawellen, die sonst nur im Tiefschlaf auftreten. Dennoch ist der Meditierende wach und kann später mitteilen, was in dem

Raum passierte, in dem er meditierte. Die Herzfrequenz ist dann sehr niedrig.

> Als Pir Vilayat im Labor der Menninger-Stiftung getestet wurde, war er in der Lage, den Inhalt einer Konversation wiederzugeben, die stattgefunden hatte, während er auf dem EKG Delta- und Thetawellen produzierte. Ich wurde später in Dr. Herbert Bensons Klinik in Boston getestet. Die Amplitude der Deltawellen, die ich während der PSI-Meditation produzierte, war so hoch wie die der Alphawellen. Ich war mir während der Meditation meiner Umgebung vollständig bewußt.

Weil die Wellenmuster des Gehirns so charakteristisch sind, ist es möglich, mit einiger Sicherheit meditative Zustände von anderen wie Trance, Schlaf oder unserem normalen Bewußtsein zu unterscheiden.

Wenn ich den Grad vorsätzlicher Absicht unseres Bewußtseins einstufen sollte, so würde ich eine Rangfolge aufstellen, die vom Tiefschlaf ohne Träume, wo es kein Bewußtsein gibt, bis zur Konzentration auf mathematische oder gedankliche Probleme reicht, wo der Verstand völlig auf eine bestimmte Aufgabe fokussiert ist. Ganz allgemein können die verschiedenen Stadien des Bewußtseins, die in der Graphik auf der nächsten Seite abgebildet sind, in die zwei Kategorien »schlafend« und »wach« eingeteilt werden. Meditation ist dann ein dritter Zustand, der sowohl Charakteristika dieser beiden Zustände als auch solche enthält, die keiner der beiden Kategorien angehören. Die Graphik zeigt meine subjektive Einschätzung dieser Stadien.

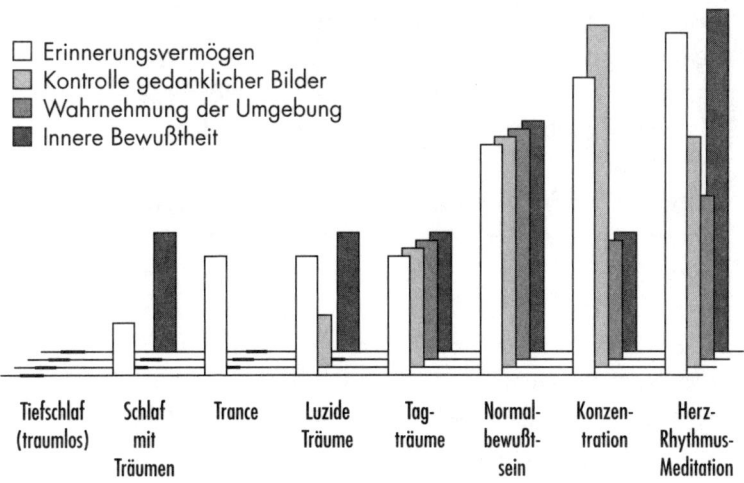

Im Meditationsbewußtsein funktionieren das Gedächtnis und die Wahrnehmung der Umgebung ähnlich wie im Wachbewußtsein. Die Kontrolle der Gedanken – oder der Mangel an Kontrolle – ist jedoch anders als der, den wir im Schlaf- oder Wachzustand haben.

Wir erinnern uns an manche unserer Träume, aber niemand würde abstreiten, daß unser Gedächtnis viel schwächer ist, wenn wir schlafen. Während des Schlafs formen wir unsere Gedanken nicht bewußt oder willentlich, sondern sie nehmen ihre eigene Richtung. Unser Schlaf kann von Umwelteinflüssen wie lauten Geräuschen oder Temperaturveränderungen unterbrochen werden, aber wir können unsere Aufmerksamkeit nicht bewußt darauf richten, während wir schlafen. Träume haben einen sehr geringen Anteil an bewußter Entscheidung, außer beim luziden Träumen, wo wir uns des Traums bewußt sind, während er gerade abläuft. Diese Art Traum können wir bis zu einem gewissen Grad verändern, und damit hat er einen Anteil bewußter Intention. In einem Tagtraum haben wir Gedächtnis und Bewußtsein von unserer Umgebung, aber wir dirigieren unsere Gedanken nur teilweise. Im Alltagsbewußtsein steuern wir unser Denken überwiegend aufgrund rationaler Vorgaben, aber die meisten Inhalte sind durch sensorische Eindrücke ausgelöst. Das heißt, wir denken in erster Linie darüber nach, was wir sehen und hören, und wir erinnern uns an Eindrücke, Gedanken und Aktionen.

Im Zustand der Konzentration, in dem wir uns auf ein Objekt konzentrieren, ist der Einfluß der Sinneseindrücke stark herabgesetzt. Man fährt an der Bushaltestelle vorbei, ohne sie zu bemerken, während man ein Buch liest; ebenso wie die Dämmerung unbemerkt hereinbricht, während man liest, oder man zu essen vergißt, wenn man sich intensiv mit einem Thema beschäftigt. Aber dieser Verlust an Aufmerksamkeit ist anders als derjenige im Traumzustand, weil man seine Aufmerksamkeit eher in einem bewußten Akt aufgibt, als daß sie einem genommen wird.

Wohin gehört nun Meditation in diesem Spektrum? Meditation hat ein wenig von allen diesen Stadien, aber sie ist auch von allen verschieden. Im Meditationszustand kann das Gehirn Deltawellen erzeugen, die eigentlich »Tiefschlaf« definieren, während man sich dennoch seiner Umgebung bewußt ist. In den meisten Meditationspraktiken tauchen Inspirationen kontinuierlich auf, ohne daß wir sie willentlich beeinflussen, vergleichbar mit den Träumen, und manche der auftauchenden Gedanken können sehr überraschend sein. Das Gedächtnis ist immer präsent während der Meditation. Bei den meisten Meditationsformen sind Betawellen vorhanden, die bewußtes Denken anzeigen, ähnlich wie im Konzentrationszustand. Konzentration ist also der erste Schritt in der Meditation.

Herzrhythmus-Meditation, wie sie in diesem Buch beschrieben wird, schafft einen Zustand vergleichbar dem der Konzentration, aber mit sehr viel mehr Bewußtsein in bezug auf den inneren Zustand, weniger Kontrolle über die geistigen Bilder und mehr Entspannung, wie im Schlaf. Dieser Meditationszustand ist keine Trance: Ihr Bewußtsein wird nicht völlig ausgeblendet. Sie werden sich Ihres Denkens immer bewußt sein, aber Sie werden anders denken.

Einer der Vorteile der Meditation ist, daß man Einsichten gewinnt, die nicht gesteuert, erwartet oder logisch sind.

> Während der Körper in der Meditation »ruht«, befindet er sich nicht im gleichen Zustand wie beim Schlafen. Der Grund dafür ist, daß der Körper ebenfalls meditiert, daß er atmet. Er atmet durch die Poren der Haut, und es ist notwendig, den ganzen Körper in einem Meditationszustand zu halten. [HIK][22]

Psychologisch gesehen ist Meditation eine Aktivität des Bewußten wie des Unbewußten. Sie baut eine Art Kooperation zwischen diesen beiden auf, in der beide wegen ihrer besonderen Fähigkeiten geschätzt und respektiert sind. Beim Beginn der Meditation und bei bestimmten Gelegenheiten zwischendurch müssen wir das Unbewußte reinigen, um es so nützlicher zu machen. Der Teil unseres Bewußtseins, dessen wir uns normalerweise nicht bewußt sind – das Unbewußte –, kann in zwei Teile eingeteilt werden: das höhere Bewußtsein und das Unterbewußtsein. Im höheren Bewußtsein sind Intuition wie auch die Emotionen von Begeisterung, Ehrfurcht und Verzückung – Freude ohne Anlaß – angesiedelt. Das Unterbewußtsein enthält in emotionaler Form unsere individuellen Lebenserfahrungen und die Essenz der Erfahrungen unserer Gattung, die es sortiert und »abheftet«, bis sie alle in einem ganzheitlichen Verständnis integriert sind. In der Meditation fällt das Licht des höheren Bewußtseins auf das Unterbewußte und macht die Aufgabe, all dieses Wissen zu integrieren, sehr viel effizienter.

Was Meditation am meisten hervorhebt und ihr definierendes Charakteristikum darstellt, ist das Identitätsgefühl des Meditierenden: Das »Ich«, das ich zu sein denke, wechselt vom Persönlichen zum Unpersönlichen. Wenn ich meditiere, bin ich mir meiner selbst und meiner Umgebung bewußt. Ich habe meinen eigenen individuellen Satz von Erinnerungen, und ich bin mir auch bewußt, daß Meditation initiiert und unterhalten werden muß. Ich habe aber auch das Gefühl, daß »ich« nicht derjenige bin, der meditiert. Es ist eher so, daß ich zulasse oder ermögliche oder sogar unterstütze, daß ein größeres Bewußtsein durch mein eigenes Bewußtsein operiert. So steuere ich die Erfahrung bis zu einem gewissen Grad und lasse sie gleichzeitig zu. Ich schaffe absichtlich ein Flußbett und bin dann erstaunt darüber, daß der Fluß tatsächlich dieses Bett benutzt. Ich kann den Flußlauf ändern, indem ich die Ufer verändere, aber der lebensspendende, wunderbare und machtvolle Fluß selbst ist nicht von mir geschaffen. Der Fluß hat weder seinen Ursprung noch sein Ziel in mir. Beide sind unendlich jenseits meiner Begrenztheit.

Ich kümmere mich um die Flußufer, ich lade das Wasser ein, und ich mache geduldig meinen Ruf stärker, indem ich einen konstanten Atemrhythmus aufbaue. Rhythmisches Atmen, wie eine Schaukel, die man immer wieder anstößt, trägt meinen Wunsch immer höher und bringt eine Antwort zurück. In bestimmten Zuständen, in denen ich ohne Bedingung oder Anspruch bin, aber mit Erwartung und einem tiefen Wunsch, gebe ich mein bewußtes Atmen völlig auf und erlaube dem Atem, mich zu atmen. Ich werde geatmet, anstatt daß ich atme. Mein Herzschlag reflektiert den Herzschlag von allem, was mich umgibt.

Schließlich und unausweichlich werde ich vom Fluß mitgerissen. Ich höre auf, mich mit dem Flußufer zu identifizieren, und verliere mein vorherrschendes Identitätsgefühl in der unleugbaren Realität, daß ich das Wasser bin, der Fluß und die Quelle wie auch der Bestimmungsort, der Ozean. Es macht dann keinen Sinn mehr, das Wasser von dem Kanal, in dem es fließt, zu unterscheiden: Alles ist der Fluß, und ich bin das alles.

Dann bin ich wieder das Flußbett, und das Wasser fließt in mir. Das Flußbett gibt dem Wasser die Richtung, der Fluß folgt seinen Ufern. Die Inspiration, die ich in mir aufsteigen fühle, die durch jede meiner Zellen pulsiert, wird von meinen Interessen gelenkt und von meinen Händen, Augen, Gedanken und jedem Teil meiner selbst auf die gerade anstehenden Herausforderungen in meinem Leben angewendet.

2

Der Nutzen der Meditation und die Elemente des Herzens

Niemand braucht eigentlich zu fragen: »Was werde ich durch die Meditation gewinnen? In welcher Weise werde ich dadurch profitieren?« Wenn der Mensch nur wüßte, daß alles durch Meditation gewonnen wird, nicht nur materielle Dinge, nicht nur Eigenschaften und Qualitäten, sondern selbst der Zugang zum göttlichen Wesen. [HIK][1]

Der Nutzen der Meditation in den Anfangsstadien

Der erste Nutzen, den man durch die Herzrhythmus-Meditation hat, ist eine wunderbare Entspannung. Diese Art der Entspannung ist anders als diejenige, die man durch Schlaf oder eine andere entspannende Aktivität gewinnt. Sie geht einher mit einem erhöhten Gefühl der Bewußtheit, so daß man sich hinterher nicht träge oder schläfrig fühlt. Von diesem Zustand sagen Leute, die ihn erfahren haben, Dinge wie: »So entspannt habe ich mich noch nie vorher gefühlt.« Es kann sein, daß Sie das Gefühl haben, Sie könnten Ihren Körper nicht bewegen – er fühlt sich zu schwer an –, obwohl Sie wissen, daß Sie das können. Sie wollen sich einfach nicht bewegen.

Der zweite Nutzen ist ein Resultat der erhöhten Wachheit: Sie werden Aha-Erlebnisse haben aufgrund brillanter Gedanken, die Ihnen zufliegen. Da wir in der Meditation normalerweise unbewußte Aktivitäten bewußt übernehmen (wie das Atmen) oder genau beobachten (wie die Frequenz des Herzschlags), wird ein Teil des Unterbewußtseins frei für andere Aufgaben. Konsequenterweise funktionieren wir anders während der Meditation: Das Unterbewußte ist leichter zugänglich und ansprechbarer für den Willen. Dieser Aha-Zustand hat seinen besonderen Wert darin, daß er uns hilft, die ungelösten Rätsel unseres Lebens zu lösen und seinen Herausforderungen mit neuer Kreativität zu begegnen.

Der dritte Nutzen liegt in der Erfahrung der Kraft Ihres Herzens. Dies ist eine direkte Folge davon, daß man seinem Herzschlag zuhört. Man fühlt sich, als ob sich das Herz ausgedehnt hat und nicht genug Raum in der Brust hat. Man hat ein Gefühl von Druck in der Brust, aber keine Schmerzen. Man fühlt, daß sich das Blickfeld, die eigene Reichweite und der eigene Einfluß in die ganze Welt ausgedehnt haben. Diese Empfindungen korrespondieren mit der Entdeckung des eigenen magnetischen Feldes. Das magnetische Feld des Körpers ist eine meßbare Realität, und wenn man es wahrnimmt, spürt man seine Energie. Der Wert dieser Erfahrung liegt darin, daß sie eine machtvolle Wirkung auf das Selbstvertrauen und das Selbstbild hat.

Diese drei Erfahrungen macht man im Anfangsstadium der Herzrhythmus-Meditation.

Der Nutzen der Meditation in den späteren Stadien

Nachdem man den dreifachen Nutzen des Anfangsstadiums genossen hat, bringen weitere Erfahrung und Kenntnis in der Herzrhythmus-Meditation zusätzliche praktische Vorteile. Diese kann man in vier Kategorien einteilen, die wiederum eine

Verbindung zu den vier Elementen des Herzens haben (sie werden in Teil III näher beschrieben). Die vier Elemente Luft, Feuer, Wasser und Erde wurden ursprünglich von den frühen Mystikern verwandt, um Objekte, Kräfte und Qualitäten der sie umgebenden Welt zu beschreiben. Obwohl diese Beschreibungen von der Wissenschaft nicht mehr genutzt werden, besitzen sie dennoch einen Wert als Kategorien menschlicher Erfahrung, denn sie haben eine direkte Verbindung zu unseren inneren Erfahrungen.

Wir haben Feuererfahrungen, die aufsteigen, unsere Emotionen emporheben und zu einem Zustand der Begeisterung führen. Die Erfahrung des Elements Wasser wird als Abwärtsbewegung erfahren und führt hin zu Anmut und Sensibilität. Erfahrungen mit dem Element Erde lösen das Gefühl von horizontaler Ausbreitung aus und geben uns Stabilität und Kontrolle. Lufterfahrungen sind nicht mit einem Gefühl in bestimmter Richtung verbunden und lassen unsere Bewußtheit für die Herzen anderer zunehmen.

Element	*Richtung*	*Nutzen*
Luft	keine bestimmte Richtung	Bewußtsein des Herzens
Feuer	aufsteigend	Begeisterung, Ekstase
Wasser	abwärts fließend	Kreativität und Anmut
Erde	horizontale Ausbreitung	Stabilität, Kontrolle, Integrität

Die Elemente sind für denjenigen, der im Rahmen des Institute for Applied Meditation meditiert, mit besonderen Erfahrungswerten verbunden, denn die Erfahrung eines jeden Elements kann durch bestimmte Atemmethoden weiterentwickelt werden. Beschreibungen dieser vier Meditationsformen folgen in

Teil III. Teil II gibt eine Einführung in die vorbereitenden Meditationsübungen. Eines der Dinge, welche die Herzrhythmus-Meditation so praktisch machen, ist die Anwendung der Konzepte der vier Elemente. Die Herzrhythmus-Meditation ist eine Methode, sich auf die Qualitäten und Fähigkeiten, die mit diesen Elementen verbunden sind, einzustimmen. Anders ausgedrückt, kommen auf diese Weise Qualitäten und Fähigkeiten eines Elements in Ihnen zum Vorschein, Stärken, mit denen Sie anstehenden Herausforderungen begegnen können.

Die Elemente in Ihnen

Um Ihnen die Elemente in ihrer besonderen Eigenart näherzubringen, sind in dieses Kapitel ein Dutzend kurzer Szenen aus dem Leben von Menschen, die nach der Herzrhythmus-Methode meditieren, eingestreut. Manche dieser Geschichten mögen interessant für Sie sein, und manche mögen vertraut klingen. Wieder andere lassen es Ihnen vielleicht unbehaglich zumute werden. All diese Reaktionen sind wertvoll und informativ. Wenn Sie mit einer Gruppe von Menschen, selbst mit einem einzigen, meditieren, können Sie davon profitieren, die Reaktion auf diese Geschichten gemeinsam zu diskutieren.

Nachdem Sie diese Geschichten gelesen haben, stellen Sie sich bitte die folgenden Fragen. Wenn Sie mit einer Gruppe üben, lesen Sie diese Fragen laut vor:

1. Welche der Geschichten hat die stärkste Reaktion in mir ausgelöst? Es spielt keine Rolle, ob diese Reaktion positiv oder negativ war, wichtig ist allein die Stärke der Reaktion, nicht ihre Richtung.
2. Beachten Sie, daß diese Geschichten in Gruppen je nach Element zusammengestellt sind, und bestimmen Sie, welche Gruppe von Geschichten die stärkste Emotion auslöste. Gehö-

ren alle diese Geschichten derselben Gruppe an? Wenn nicht, was ist dann die Geschichte mit der eindeutigsten Reaktion? Sie gehört zu demjenigen Element, das Sie in sich entwickeln sollen. Wahrscheinlich ist es auch dasjenige, das Sie gerade in Ihrem Leben am meisten benötigen, da die Anforderungen des Lebens und die Wünsche des Herzens gewöhnlich durch ein Element miteinander verbunden sind.
3. Welche Elemente spüren Sie bei sich am stärksten? Diejenigen, die Sie schon entwickelt haben, sind wahrscheinlich die, die für Sie nicht besonders interessant sind. Manchmal ist es jedoch auch so, daß ein Element deshalb keine Reaktion verursacht, weil die entsprechende emotionale Reaktion außerhalb Ihres Erfahrungsbereichs liegt, also weder entwickelt ist noch dabei, zu entwickeln. Denken Sie daran, daß es zwei Gründe für eine Nichtreaktion auf ein Element geben kann – es ist entweder bereits stark entwickelt, oder es liegt außerhalb Ihres Erfahrungsbereichs –, und entscheiden Sie dann, welche Elemente bei Ihnen stark entwickelt sind.
4. Welches Element ist Ihnen am wenigsten vertraut? Diesem Element sollten Sie besondere Aufmerksamkeit schenken, indem Sie ein entsprechendes Ziel formulieren, das Sie in der Meditation erreichen möchten.

Ich empfehle Ihnen, unmittelbar nach jeder Geschichte kurz Ihren Eindruck zu notieren, solange dieser noch frisch ist.

Streßmanagement und innere Stärke (Feuer)
Der Körper reagiert auf emotionalen oder mentalen Streß auf die gleiche Weise, wie er bei physischem Streß reagiert. Daher tendieren wir bei emotionalem Streß zur Überreaktion, so als ob wir körperlich bedroht wären. Wenn Sie Streß, Ärger oder Furcht erleben, erhöht sich Ihr Adrenalinspiegel sofort, und dies setzt wiederum eine Menge Energie in Ihrem Körper frei. Diese Energie kann sich als lebensrettend erweisen, wenn sie in Momenten auftaucht, in denen man sich einer lebensbedrohenden Situation

gegenübersieht. Aber diese Art von Energie fördert grobe Handlungen, schnelle Bewegungen und Kurzzeitvorteile: Fliehen oder Kämpfen ist die Devise von Adrenalin. Seine Freisetzung fördert die Muskelbewegung der großen Muskeln, aber verdunkelt gleichzeitig Verstand und Emotionen und bringt einen in Kampf- und Verteidigungshaltung. Wenn Ihr Adrenalingspiegel steigt, weil die Aktienkurse fallen oder Ihr Kind sich schlecht benimmt, wird Ihre Reaktion wahrscheinlich nicht sehr angemessen sein, denn Ihr Adrenalinschub wird Sie dazu bringen, die Situation zu simplifizieren, Schuldige zu suchen sowie Kurzzeitlösungen zu bevorzugen, was Kreativität verhindert.

Ein einmal erhöhter Adrenalinspiegel bleibt ziemlich lange auf diesem Niveau, um weitere Kampf- oder Flucht-Reaktionen zu ermöglichen, bis die »Gefahr« schließlich vorbei ist. Unglücklicherweise kann es Stunden dauern, bis der Adrenalinspiegel wieder auf sein normales Maß zurückgeführt wird, und in der Zwischenzeit verursacht er das uns allen so bekannte Gefühl, seine Probleme von der Arbeit mit nach Hause zu bringen. Verlängerter Streß verursacht dazu noch eine ganze Menge Gesundheitsprobleme. Ich erinnere mich noch gut an meine Kinderzeit und die Tatsache, daß mein Vater morgens immer kein Licht im Haus haben wollte. Badezimmer, Schlafzimmer und die Küche während des Frühstücks mußten dunkel bleiben. Das Licht schien ihn nicht nur zu ärgern, es verursachte ihm offensichtlich Schmerzen. Später erkannte ich, daß mein Vater Symptome von akutem Streß zeigte. Wenn der Körper Streß erfährt, *öffnet sich* die Iris weiter, während sie sich normalerweise bei hellem Licht zusammenzieht. Anstatt ihn vor hellem Licht zu schützen, verursachte seine Iris ihm zusätzlichen Schmerz. Streß kann den Körper auch zu anderen Fehlreaktionen bringen, die der normalen Selbstregulation diametral entgegengesetzt sind. Man ißt oder trinkt zuviel und setzt damit die Arterien, die Venen, die Leber, die Bauchspeicheldrüse und andere Organe zusätzlichem Streß aus. Streß kann den Körper auch dazu bringen, auf Nahrung wie auf Gift zu reagieren mit der Folge, daß Ekzeme, Nesselausschlag, andere Hautirritationen, Magenverstimmungen oder Durchfall auftreten. Wenn man belastenden Situationen ausgesetzt ist, benötigt man bessere Problemlösungsstrategien als unter normalen Umständen. Streß kann aber die Blutzufuhr im Gehirn vermindern, was in Kopfschmerzen oder Schläfrigkeit resultieren kann, eine typische Reaktion, wenn man von einer Situation überwältigt wird. Diese Fehlreaktionen führen dazu, daß es noch schwieriger wird, das streßauslösende Problem zu bewältigen.

Eine Methode zum Streßmanagement schlägt vor, den Streß abzuschütteln, so wie Wasser, das einem den Rücken herunterläuft. Das machen wir natürlicherweise bei einem längeren Urlaub. Man hat aber herausgefunden, daß die Adrenalinspiegel von Meditierenden schneller auf ihren ursprünglichen Level zurückgehen als die von Nichtmeditierenden. Selbst Anfänger haben eine verbesserte Fähigkeit, sich von Streßauswirkungen zu erholen. Das ist ein Resultat der bewußten Entspannung, die man in der Meditation erfährt. Folglich verringert Meditation die Wahrscheinlichkeit, daß Sie die emotionalen Auswirkungen Ihrer Arbeit mit nach Hause bringen – Sie werden sich schneller davon lösen können. Möglicherweise können Sie dann Alkohol, Nikotin oder andere dämpfende Mittel durch Meditation ersetzen.

Ein zweiter Ansatz für besseres Streßmanagement ist der, unsere Langzeitfähigkeit im Umgang mit Streß zu erhöhen, so daß die Situationen, die uns früher in Streß versetzt haben, dies nicht mehr länger tun. Erinnern Sie sich an Streßfaktoren in Ihrer Kindheit. Was immer diese waren, heute sind sie wahrscheinlich nicht mehr streßauslösend, weil Sie inzwischen besser damit umgehen können. Durch Anwendung der Herzrhythmus-Meditation können Sie Ihr Energieniveau weiter erhöhen und mehr Dinge mit Schwung bewältigen.

Dies ist ein völlig anderer Ansatz: Anstatt sich vor dem Streßfaktor in Sicherheit zu bringen oder den Streß loszuwerden, werden Sie in der Lage sein, mehr Spannung mit weniger physischer und emotionaler Reaktion zu bewältigen. Ihr Ziel ist dann, Ihrem Körper eine neue Reaktionsweise zu vermitteln, die nicht auf Adrenalinausschüttung basiert, und zwar indem Sie Ihr Herz einsetzen, das Zentrum emotionaler Stärke. Diese Stärke wird Ihre Fähigkeit erhöhen, sowohl mit Kurzzeit- als auch mit Langzeitstreß umzugehen, statt ihn zu bekämpfen oder ihm zu unterliegen.

> Gordon war übermotiviert in seiner Arbeit bei einer Softwarefirma, aber er versuchte, es nicht zu zeigen. Er war derjenige gewesen, der vorgeschlagen hatte, die nur für einzelne Anwender einsetzbare Software in eine Multianwender-Version umzuprogrammieren. Daher wurde er mit dem Projekt beauftragt. Kurze Zeit später stellte sich heraus, daß dieses Projekt sowohl hochwichtig für seine Firma war wie auch für sein Selbstbewußtsein, seinen Ruf, seine Position in der Firma und seine finanzielle Sicherheit. Oberflächlich gesehen schien er mit dem Streß ganz gut klarzukommen, aber er konnte ihn weder vor seinem Körper noch vor seiner Familie verbergen. Er wollte sein Engagement in der Firma nicht einschränken, aber das Projekt würde noch neun weitere Monate in Anspruch nehmen. So sah er sich gezwungen, den Druck durchzustehen und sich dabei sogar weiterzuentwickeln.
> Alle erzählten ihm, er solle intelligenter arbeiten, nicht mehr, aber niemand sagte ihm, daß der Weg dazu über sein Herz und nicht über seinen Kopf führte. Gordon begann die Herzrhythmus-Meditation, um seinen Streß zu reduzieren, und entdeckte eine Methode, die verborgenen Kräfte seines Herzens anzuzapfen. Indem er sich seines Herzschlags bewußt wurde, begann er, die Wünsche und Ziele seines Herzens in sein Leben miteinzubeziehen. Und sein Herzenswunsch war nicht, diese anstrengende Periode nur irgendwie zu überleben, nicht einmal, das Projekt erfolgreich abzuschließen. Sein Herzenswunsch war, Erfolg zu haben mit Stil,

mit Schönheit und mit einer Kraftreserve, die ihm erlaubte, seine Würde zu bewahren. Obwohl diese Haltung die Hindernisse noch höher zu machen schien und die Aufgabe noch schwieriger zu erfüllen, änderte sie Gordons Herangehensweise so dramatisch, daß die Aufgabe tatsächlich leichter wurde. Indem er sein Herz in seine Arbeit mit einbezog, war er in der Lage, ein Kraftreservoir anzuzapfen, das ihm anders nicht verfügbar gewesen wäre. Er konnte so seine kreativen Fähigkeiten entfalten, und die Arbeit machte ihm Freude.

Manchmal fühlte Gordon, wie er in seine alten Arbeitsmuster verfiel. Er hatte wieder Versagensängste, oder Furcht überfiel ihn. Er fing wieder an, bei der Arbeit die Stunden zu zählen. Die Arbeit einer Stunde ist jedoch nicht gleich der Arbeit einer anderen, und daher ist die reine Zeitmessung irrelevant. Wichtig ist, die Konzentrationsfähigkeit aufrechtzuerhalten, denn alle mentalen Probleme lassen sich mit einem konzentrierten Verstand lösen. Er versuchte, seine Gedanken mit Hilfe seines Willens zu fokussieren, aber der Wille ist nicht stark genug, die Konzentration Woche für Woche zu erhalten. Nur das Herz kann dies tun. Er fand heraus, daß er seinen Willen dazu nutzen konnte, die Herzrhythmus-Meditation jeden Tag zu praktizieren, und das beruhigte seine Ängste, erinnerte ihn an sein Herz und die Liebe, die er für seine Arbeit empfand. Wenn er sich an sein Herz erinnerte, begann er die Aufgaben, die ihm sein Job stellte, wieder zu schätzen, wie auch den Umgang mit seinen Kollegen und die Tatsache, daß er mit seiner Arbeit seine Familie ernähren konnte. In diesem Zustand hatte er keinen Streß, wohingegen der Streß früher gerade verhindert hatte, daß er in diesen Zustand gelangte. Gordon unterbrach diesen Teufelskreis mit Hilfe der Herzrhythmus-Meditation.

Ein Experiment, das wir beim Lehren der Herzrhythmus-Meditation benutzen, demonstriert diese zweite Methode des

Streßmanagements. Mir hat es ein Arzt gezeigt, der auf Streßtherapie spezialisiert ist. Um die Auswirkungen von Streß zu untersuchen, benötigte er eine Methode, in verschiedenen Individuen einen Standardlevel von Streß zu erzeugen. Dazu benutzte er Kälte. So packte er meinen rechten Arm sorgfältig in Eiswürfel, von den Fingerspitzen bis über den Ellbogen hinaus. Ohne Meditation löst das gewöhnlich innerhalb einer Minute intensiven Schmerz aus. Wenn man die Herzrhythmus-Meditation anwendet, kann man jedoch eine größere Einwirkung auf seine Umgebung nehmen, als die Umgebung auf einen selbst hat. Nachdem er den Arm vollständig eingepackt hatte, begann ich zu meditieren und spürte ein Gefühl großer Kraft in meinem ganzen Körper. Mein Arm wurde einfach nicht kalt. Ich erinnere mich daran, das Eis zu betrachten und dabei zu denken: »Dieses arme Eis ist dazu verdammt zu schmelzen.« Da mein Arm sich nicht kalt anfühlte, empfand ich keine Schmerzen. Mein Adrenalinspiegel, der den Grad von Schmerz oder Schock anzeigt, stieg nicht. Aber mein Arm war auch nicht empfindungslos, und es war auch nicht so, daß ich den Streß durch besonderen Mut »wegsteckte«. Es war einfach, ich lächelte dabei. Wenn man dieses Experiment als Mutprobe betrachtet, wird der Arm weiß wie eine Wand werden, aber wenn man die Herzrhythmus-Meditation macht, wird er feuerrot, was eine gesteigerte Durchblutung anzeigt.

Dies bedeutet, daß der Körper bei Anwendung der Herzrhythmus-Meditation auf traumatische Situationen reagiert, indem er eine ungewöhnliche, aber ihm zur Verfügung stehende Fähigkeit aktiviert, anstatt auf die übliche Kampf- oder Flucht-Variante zurückzugreifen. Die Fluchtreaktion würde die Blutzirkulation im Arm drastisch vermindern, um den Kälteschock nicht auf den Rest des Körpers übergreifen zu lassen. Der Arm wird sozusagen dem Überleben des Körpers geopfert und verliert seine Farbe völlig. Bei dieser Reaktionsweise erhöht sich der Adrenalinspiegel dramatisch, die Herzfrequenz steigt, um die Durchblutung der Muskeln zu steigern, Emotionen werden zu

Ärger, Panik oder Angst verstärkt, und der ganze Körper bereitet sich auf unmittelbare Aktivität vor. Die Herzrhythmus-Meditation dagegen erhöht die Blutzirkulation in der kritischen Körperregion, aber die Herzfrequenz erhöht sich nur leicht, und es gibt weder Ärger noch Panik oder Angst. Es herrscht einfach das Vertrauen, daß die Kraft des Herzens, die Umgebung zu verändern, größer ist als die Kraft der Umgebung, das Herz zu ändern.

Ein großes Schiff wird von Wellen weniger beeinflußt als ein kleines Boot.

Die energetische Gipfelerfahrung (Feuer)

Die Herzrhythmus-Meditation bringt eine Energie zum Vorschein, die sowohl mächtiger als auch feiner als der Adrenalinstoß ist. Diese Energie, die gezielt gerichtet und sinnvoll angewendet werden kann, wird von einem Zustand erhöhter Bewußtheit und mentaler Klarheit begleitet. Sie kann eingesetzt werden, um einen Durchbruch in der eigenen persönlichen Entwicklung oder in bezug auf Großzügigkeit anderen Menschen gegenüber zu erreichen. Sie kann Ihnen helfen, sich kraftvoller, positiver, mehr in Kontrolle und zentrierter zu fühlen. Das ist wesentlich für die nächsten Stadien der Meditation.

Mit Hilfe der Meditation können Sie zu ausgedehnteren physischen Anstrengungen fähig werden, wie beispielsweise eine ganze Nacht lang zu arbeiten und dabei mental völlig wach zu bleiben. Vielleicht benötigen Sie auch insgesamt weniger Schlaf. Im allgemeinen brauchen wir den Schlaf weniger, um die Physis zu regenerieren als vielmehr unsere Psyche, die während des Schlafes die vielen Tageseindrücke sortiert und speichert.

> Gloria, eine Bankmanagerin, suchte eine Meditationsform, die ihr erlauben würde, eine Stunde weniger zu schlafen und dafür eine Stunde länger zu arbeiten. Die Herzrhythmus-Meditation führt einen Schlafzustand herbei, der effektiver als

> der normale Schlaf ist und den Prozeß des Filterns und Abspeicherns beschleunigt. Mit Hilfe dieser Methode reduzierte Gloria ihren täglichen Schlaf von acht auf sechseinhalb Stunden, ohne sich müde zu fühlen. Sie meditierte 15 Minuten, ehe sie ins Bett ging, und 15 Minuten nach dem Aufstehen. Da sie ihren normalen Schlaf um eineinhalb Stunden reduziert hatte und täglich eine halbe Stunde meditierte, hatte sie im Endeffekt jeden Tag eine Stunde mehr zur Verfügung. Diese Extrazeit für Meditation ermöglicht es, einen Lebensrhythmus mit weniger Schlaf aufrechtzuerhalten.

In einem fortgeschrittenen Zustand berichten Menschen, die die Herzrhythmus-Meditation praktizieren, von Gipfelerfahrungen voller Energie und Kraft, die jenseits jedes Anregungszustandes liegen, den sie früher erlebt haben. In der Meditation Fortgeschrittene üben diszipliniert. Denn es gibt einfach nichts, was diesem energetischen Gipfelerlebnis vergleichbar ist.

> Bevor er die Herzrhythmus-Meditation erlernte, hatte Phil mit Drogen experimentiert. Er genoß das Gefühl von Erhebung und gottähnlicher Macht, das er mit Hilfe von Kokain und anderen Drogen erreichte. Er fühlte sich auch zu gefährlichen Sportarten wie Autorennen hingezogen, von denen er sagte, sie erzeugten in ihm ein mit nichts vergleichbares Lebensgefühl. Nachdem Phil angefangen hatte zu meditieren, änderte sich sein Lebensstil. Die Energie, die nun von innen heraus kam, war sehr fühlbar für ihn. Es ersetzte sein Bedürfnis nach externen Stimulanzien durch den Wunsch, sich selbst besser zu verstehen. Er handelte nicht mehr so wild und wurde rücksichtsvoller.

Der Anregungszustand, den man in der Meditation erreicht, ist erfüllender als die Effekte von Drogen oder Gefahr. Wenn ein

Mensch ihn einmal erfahren hat, verlieren diese externen Reize ihre Anziehungskraft. Die Wirkungen der Meditation sind:
- lang anhaltend
- leicht zu kontrollieren
- ekstatisch
- frei von Nebenwirkungen

Die Erregung, die man in einem Gefahrenzustand erfährt, ist Adrenalin-induziert, was die Konzentration auf einen sehr kurzen Zeitabschnitt zur Folge hat und den Überblick ausblendet. Die Anregung, die man in der Herzrhythmus-Meditation erfährt, ist wie ein Gefühl großer Freude. Drogen *produzieren* keine Energie, sie leihen sie sich sozusagen von unserem künftigen Energievorrat aus. Es ist vergleichbar mit der Aufnahme eines Kurzzeit-Kredits mit hohem Zins. Herzrhythmus-Meditation borgt keine Energie vom Selbst, sie erhöht vielmehr unseren Energielevel durch Intensivierung der Interaktion zwischen dem Selbst und der Natur.

Mut und Kraft (Feuer)
Wenn man außerordentliche Dinge tun will, braucht man außerordentlich viel Energie. Die Energie, die Sie durch die Meditation entdecken, kann Ihnen den Mut und das Selbstvertrauen für folgende Handlungen geben:
- Sie begegnen einer Krise oder einem Gegner mit Selbstvertrauen, aber ohne Ärger, machtvoll, aber ohne zu persönlichen Attacken Zuflucht zu nehmen.
- Sie nehmen eine erhöhte Position ein, indem Sie sich der wesentlichen Dinge bewußt sind, wenn andere sich ausschließlich im Sumpf der dringenden Probleme verlieren.
- Sie tun, was richtig ist, auch wenn es schwierig ist.
- Sie verbreiten ein Gefühl von Kraft und Zuversicht auch in schwierigen Zeiten, inspirieren damit andere Menschen und ermöglichen ihnen, mit anstehenden Herausforderungen besser umzugehen und kreative Lösungen zu finden.

Meditierende haben unglaubliche Beispiele von Energieausstrahlung demonstriert – wie zum Beispiel direkt in die Sonne zu schauen. Das Ziel der Herzrhythmus-Meditation ist nicht, Ihnen zu ermöglichen, über lange Zeit ohne Hilfsmittel in die Sonne zu blicken, sondern vielmehr die gleiche innere Kraft auf Ihre Alltagsprobleme anzuwenden – mit einem intensiven Blick und einer Haltung von Furchtlosigkeit und unbezwingbarer Freude. Denken Sie an eine Situation, in der Ihr Selbstvertrauen auf Null zurückgeht, an das, was Ihnen am schwersten fällt. Hier ein Beispiel.

In einer unserer Herzrhythmus-Meditationsübungen fragte ich drei Männer nach ihren Erfahrungen mit dem Mut des Herzens. Ein Unternehmer sprach darüber, wie er zu seinen Investoren gehen mußte, um um eine zusätzliche Investition zu bitten, weil sein Projekt sich verzögert hatte. Die Firma würde einen positiven Cash-Flow erst in weiteren sechs Monaten erreichen und benötigte dringend Geld, um diesen Zeitraum zu überbrücken. Es verlangte eine Menge Mut von ihm – es war nicht der einfache Weg –, aber er fand sein inneres Vertrauen, was ihm den Gang ermöglichte.

Ein Arzt sprach von einer Operation, die er gerade gemacht hatte und die nicht wirklich erfolgreich gewesen war. Er dachte, eine zweite Operation könnte dem Patienten die gewünschte Besserung bringen, aber es gab natürlich ein zusätzliches Risiko. Er mußte seine Klinikverwaltung wie auch die Familie des Patienten davon überzeugen, daß das Risiko gerechtfertigt war. Er hatte gezögert, diese Verantwortung auf sich zu nehmen, aber in seinem Herzen fühlte er, daß dies die richtige Entscheidung war. Die Operation war erfolgreich, und der Patient wurde wieder vollständig hergestellt.

> Ein Fondsmanager beschrieb eine Situation, mit der er klarkommen mußte, als seine Investitionsstrategie nach drei Monaten den Ertrag des Fonds nicht verbesserte. Er hatte Veränderungen in der Zusammensetzung seines Fonds vorgenommen und die Risikofaktoren entsprechend angepaßt, aber der kurzfristige Ertrag wurde davon nicht beeinflußt. Er fühlte, daß er diesen Kurs beibehalten und darauf bauen sollte, daß die Änderungen ihre Wirkung haben würden, aber dazu benötigte er das Vertrauen seines Vorgesetzten. Es gibt viele Möglichkeiten, das kurzfristige Abschneiden eines Fonds zu bewerten, aber was wirklich zählt, ist der langfristige Erfolg. So blieb er bei dem Entschluß, den er in seinem Herzen gefaßt hatte, und erklärte die Sachlage seinem Vorgesetzten einfach und klar, mit der Kraft, die aus wirklichem Vertrauen erwächst, ohne aufgesetztes Draufgängertum. Dadurch, daß er bei der einfachen Wahrheit seines Herzens blieb, inspirierte er seinen Vorgesetzten, auf der gleichen Ebene zu reagieren, und er bekam die Zeit, die er benötigte. Im nächsten Monat regelte der Markt sich selbst, was die Konkurrenz, aber nicht seinen Fonds in Mitleidenschaft zog und so die Gültigkeit seiner Strategie bewies.

Mut ist vergleichbar damit, eine Sonne in der Dunkelheit zu sein. Es genügt nicht, sich vorzustellen, die Kraft der Sonne in seinem Blick zu haben, es bedeutet vielmehr, zu handeln wie die Sonne selbst. Ein Meditierender wird wie die Sonne. Meditation hat mit Sein, nicht nur mit Denken zu tun.

Gefühle einsetzen (Wasser)

> Wenn das Herz erst einmal lebendig ist, eröffnet sich eine andere Welt. Was man normalerweise in seinem Alltag erfährt, ist auf die Wahrnehmung der Sinne beschränkt, und dahinter gibt es nichts. Aber wenn ein Mensch einmal die

feineren Gefühle des Herzens zu spüren beginnt, lebt er in einer anderen Welt, obwohl er weiter auf der gleichen Erde wandelt und unter der gleichen Sonne lebt. [HIK][2]

Wir mißtrauen unseren Gefühlen zuweilen, weil sie weder objektiv analysiert noch willentlich kontrolliert werden können. Im Geschäftsleben sagt man deshalb, daß persönliche Gefühle nicht mit in den Entscheidungsprozeß mit einfließen dürfen. Die erfolgreichsten Geschäftsleute jedoch geben offen zu, daß sie »aus dem ›Bauch‹ heraus« Entscheidungen treffen und auch andere nichtrationale Prozesse zur Entscheidungsfindung nutzen. Ein Mensch, der vorgibt, nur rationale Entscheidungen zu treffen, belügt sich in Wirklichkeit selbst.

Gefühle liegen hinter dem Denken. Wenn sich Ihre Emotionen ändern, wird der Fluß Ihrer Gedanken dem schnell folgen. Wenn Sie depressiv sind, haben Sie pessimistische Gedanken über alles und jedes, und wenn Sie glücklich sind, denken Sie mit Optimismus an die gleichen Dinge. Unser Ziel ist, unsere Gefühle mit der zu lösenden Aufgabe in Übereinstimmung zu bringen. Es kann sehr effektiv sein, eine Situation vollständig zu durchdenken, aber eine Situation zu »durchfühlen« involviert Sie sehr viel mehr und bezieht auch jenes Wissen ein, das jenseits Ihres Verstehens liegt.

- Um eine verfahrene Situation zum Besseren zu verändern, begeben Sie sich zuerst innerlich einmal in das »Katastrophengefühl« hinein, und weichen Sie nichts aus. Dann arbeiten Sie sich durch dieses Gefühl hindurch, bis Sie bei einem Gefühl der Hoffnung ankommen. Was immer für Sie persönlich funktionierte, Ihr Gefühl von Hoffnungslosigkeit in Hoffnung zu verwandeln, wird wahrscheinlich auch *die Situation selbst* verwandeln, wenn Sie in der Lage sind, eine angemessene »Übersetzung« zu finden.
- Um eine positive Situation voll auszuschöpfen, begeben Sie sich innerlich ganz in das Gefühl von Freude und Stolz hinein.

Drücken Sie dann diese Gefühle nicht nach außen hin aus, sondern setzen Sie sie in Aktivitäten um, die diese Emotionen angemessen zum Ausdruck bringen.

Die Schwierigkeit, seine Emotionen zu nutzen, besteht darin, daß man üben muß, sie beim Auftauchen zu beobachten, wie man auch erst lernen muß, sie zu unterscheiden. Wir tendieren dazu, uns mit unseren Gefühlen zu identifizieren. Wir denken, »Ich bin depressiv«, anstatt zu denken, »Ich fühle mich depressiv«, und das macht es sehr schwierig, mit Gefühlen zu arbeiten. Wenn man sich direkt mit seinen Emotionen identifiziert, bringt sie das zu nahe an einen heran, als daß man sie noch sehen könnte. Es gibt jedoch bestimmte Meditationsübungen, die es Ihnen erlauben, selbst sehr feine Emotionen sehr klar und deutlich wahrzunehmen und zu unterscheiden, ohne sich mit ihnen zu identifizieren. Man kann sich dann eine Art Vokabular für seine Gefühle zulegen.

Vielleicht fühlen Sie sich in einer bestimmten Lebenssituation betrogen, aber in einer anderen anerkannt. Sie sollten sich nur auf die der jeweiligen Situation angemessene Emotion konzentrieren, sonst bringen Sie Ihre Motivation und Ihre Handlungen durcheinander. Stellen Sie sich vor, daß jemand, der Sie persönlich sehr verletzt hat, die gleiche Idee wie Sie selbst unterstützt. Sie möchten eigentlich positiv und echt auf den Vorschlag reagieren und Ihre Gefühle der Verletzung vorübergehend zur Seite stellen, bis Sie mit der betreffenden Person allein sprechen können. Die Herzrhythmus-Meditation hilft Ihnen dabei, sich alle Gefühle bewußtzumachen, so daß Sie diese in der Art und Weise nutzen können, die Ihnen am meisten hilft.

Oft ist es so, daß ein Gefühl von einem anderen verdeckt ist. Zum Beispiel kann sich unter Ärger Verletzung verbergen. Wir fühlen den Ärger, aber darunter fühlen wir uns verletzt. Man fühlt sich vielleicht gut, wenn man den Ärger ausdrückt, aber es ist ehrlicher, die Verletzung zuzugeben. Die Aussage »Das hat mich verletzt« statt »Ich bin ärgerlich auf dich« hat eher ein Sichöffnen der anderen Person zur Folge, während die letztere eher zu einer defensiven Reaktion führen wird.

Indem man eine größere Aufnahmefähigkeit für Emotionen entwickelt, schafft man sozusagen einen Breitbandkanal der Kommunikation mit anderen. Eine Auswirkung kann sein, daß die Beziehung zu Ihrem Partner oder Ihrer Partnerin intimer wird. Ein anderes Resultat kann in der Entdeckung von tieferen und echteren Freundschaften liegen.

Marsha litt unter einer starken Depression, die sich in Antipathie gegen alles und jedes äußerte sowie in extremer Ermattung, ohne wirklich müde zu sein, außerdem in Pessimismus oder Gleichgültigkeit gegenüber allem, was sie früher gemocht hatte. Es gab keinen wirklichen Grund zur Unzufriedenheit – sie wünschte sich sogar, einen Grund zu haben, weil das vielleicht den Wunsch in ihr geweckt hätte, aufzustehen und etwas dagegen zu unternehmen. Es war ein völlig unspezifisches Gefühl der Unzufriedenheit. Ihre Depression war eigentlich kein Gefühl, sondern ein Mangel an Gefühl. Ihr Mann versuchte, sie zum Meditieren zu bringen, aber sie war nicht davon angetan und wies die Einmischung zurück. Sie fand jedoch schnell heraus, daß Meditation weder unangenehm noch anstrengend war. Außerdem entdeckte sie in ihrem Atem einen Rest von Gefühl, wie eine Erinnerung an etwas, das sie vor langer Zeit verloren hatte. Nachdem sie eine Zeitlang geübt hatte, fühlte sie, daß eine sehr starke Emotion unter einer Decke von Angst in ihr verborgen lag. Sie erkannte, daß die Schlacht zwischen dieser machtvollen Emotion und ihrer Angst ihr Lebensgefühl fast völlig auslöschte. Im Laufe der Meditation wurde diese tiefe Emotion immer stärker, aber gleichzeitig wuchs auch die Angst und hielt die Emotion unter der Schwelle der Bewußtheit.

Sie bekam Hinweise auf das, was sie sich nicht eingestehen konnte: eine tiefe Unzufriedenheit mit ihrem Leben und eine

> Sehnsucht nach etwas ganz anderem, auch wenn ihre Lebensumstände für viele andere erstrebenswert erscheinen mochten.
> Indem sie zuließ, daß die Meditation zu ihren unangenehmsten Gefühlen führte, konnte Marsha die Stimme unter ihrem inneren Schrei hören. Da wußte sie, mit wieviel Angst sie eine Änderung ihrer selbst erfüllte.

Ohne Meditation bekommen wir selten so viele Informationen über unser inneres Befinden. In zu vielen Fällen erhält der Notruf, den eine Depression darstellt, keine Antwort, und so existiert dieser Zustand weiter, manchmal für Jahrzehnte, und vergiftet schließlich den physischen Körper und verursacht Krankheit. In der Herzrhythmus-Meditation lernen wir jedoch, beides viel intensiver zu spüren: die Angst wie auch die Sehnsucht, die von der Angst unterdrückt wird, und das fördert eine natürliche Lösung. Wie zwei Krieger, die sich so gut kennengelernt haben, daß sie gegenseitigen Respekt, ja sogar Bewunderung füreinander entwickelt haben, erkennt die Angst den zwingenden Ruf der Sehnsucht, und die Sehnsucht hört die warnende Stimme der Angst, die vor der Zerbrechlichkeit des Lebens warnt. Schließlich tauchen sie zusammen als Verbündete auf und lösen die emotionale Blockade, die sie verursacht haben.

Andere Menschen einschätzen (Wasser)

Es gibt Menschen, die einen raffinierten Vorhang aus intellektuellen Überlegungen und Wortgewandtheit vor sich her tragen, um ihre Gefühle zu verbergen, manchmal sogar vor sich selbst. Viele kennen ihre eigenen Gefühle nicht. Und wenn sie sie doch kennen, teilen sie diese selten anderen Personen mit. Sie können Menschen dadurch helfen, daß sie die Emotionen spüren, die von ihnen selbst oft nicht wahrgenommen werden. Vielleicht machen sie nur vage verbale Andeutungen über ihre wirklichen Gefühle, aber es gibt einen Weg, Gefühle direkt und nonverbal wahrzunehmen:

- »Neutralisieren« Sie in einem ersten Schritt Ihre eigenen Gefühle, indem Sie eine Meditation machen, die Sie in Ihrem Herzen zentriert.
- Dann treten Sie in die kontemplative Phase der Herzrhythmus-Meditation ein, und Sie werden absolut rezeptiv der anderen Person gegenüber, ohne Widerstand, ohne Urteil. Sie können dann die Gefühle der anderen Person in sich aufsteigen spüren, als ob es Ihre eigenen Emotionen wären.
- Überprüfen Sie, was Sie gefühlt haben, indem Sie mit der anderen Person darüber sprechen. Beobachten Sie genau, ob die andere Person etwas mit dem anfangen kann, was Sie gefühlt haben.

Die Voraussetzungen für die Fähigkeit, Gefühle in anderen Menschen präzise wahrnehmen zu können, sind zum einen das Vermögen, feine Emotionen bei sich selbst wahrnehmen zu können, und zum anderen die eigene Vertrautheit mit einer großen Bandbreite von Emotionen. Wenn man in Gegenwart eines Pianos singt, schwingen nur die Saiten mit, deren Frequenzen mit denjenigen in der Stimme übereinstimmen. Ihre Reaktion kann so fein wie die eines musikalischen Instruments werden, so daß die emotionalen Schwingungen von anderen Menschen in Ihnen zur Resonanz kommen.

Stellen Sie sich vor, daß in der Klinik, in der Sie arbeiten, ein Feuer ausbricht. Man beschuldigt Dave, das Feuer gelegt zu haben, weil man ihn kurz zuvor an der Stelle sah, von wo sich das Feuer ausbreitete. Sie haben Dave immer gemocht. Er streitet jede Beteiligung ab und bittet Sie, ihm zu helfen, sich gegen die Anklage zur Wehr zu setzen, da sie möglicherweise seine Karriere ruiniert. Bei einem Treffen mit ihm werden Sie sehr rezeptiv, und dabei werden Sie von einem Gefühl überrascht: Sie fühlen sich schuldig, als ob Sie das Feuer selbst gelegt hätten. Dave scheint aufrichtig zu sein, und Sie fühlen mit ihm wegen der Konsequenzen, die er zu tragen haben wird, aber Sie müssen ihn dazu anhalten, für seine Tat die Verantwortung zu übernehmen. Sie wissen, daß er selbst sich schuldig fühlt.[3]

Sie haben Laura immer für eine vertrauenswürdige und loyale Mitarbeiterin gehalten, aber sie hat vor kurzem etwas getan, was Sie an ihrer Loyalität zweifeln läßt. Sie könnten den Vorgang leicht als einen Angriff werten, den sie aus einer egoistischen Motivation heraus begangen hat, vielleicht als einen Gefallen für Ihren Rivalen. Es ist wichtig für Sie, herauszufinden, ob Sie Laura weiter vertrauen und sich auf sie verlassen können oder ob Sie annehmen müssen, daß sie Sie hereinlegen will. Sie machen ein Treffen mit ihr aus und meditieren mit offenen Augen, während sie spricht. In diesem meditativen Zustand fühlen Sie nichts als Bewunderung und Loyalität für sie, was Sie als Lauras Gefühl Ihnen gegenüber interpretieren können, das sich in Ihnen reflektiert. Sie erkennen, daß sie noch immer loyal ist. Laura war sich einfach des Effekts ihrer Handlung nicht bewußt.

Kreativität und Charisma (Wasser)

Magnetismus ist ein gutes Beispiel für den Teil der Realität, den man fühlen, aber nicht sehen kann. Spezielle Instrumente wie auch manche Vögel und sensitive Menschen können Magnetismus wahrnehmen. Menschen, Pflanzen und Tiere besitzen ein magnetisches Feld, und sie tauschen magnetische Energie über diese Felder aus. Sie wissen, was es heißt, eine magnetische Persönlichkeit zu sein. Es gibt nun erste wissenschaftliche Methoden, diesen Magnetismus zu messen. Wenn man diese Energie in seinem Inneren behält, produziert das Kreativität, und wenn man sie nach außen hin ausdrückt, resultiert es in Charisma.

Was Menschen hauptsächlich von Ihnen wollen, ist Ihr Magnetismus, weil man sich dadurch mit Energie aufladen kann, so wie ein Dynamo Batterien lädt. Menschen, die physisch, mental oder emotional müde und erschöpft sind, brauchen die Energie, die sie durch Ihren Magnetismus bekommen können. Sie strahlen diesen Magnetismus durch Ihre Anwesenheit aus, was heißt, daß man Sie gerne um sich hat, durch die Augen, so daß man es mag, wenn Sie zuhören, durch Ihre Worte, so daß man Ihnen gerne zuhört, und durch Ihr Lächeln, so daß man Sie gerne glücklich sieht. Wenn man das Beste in seinen Mitarbeitern fördern will, muß man ihnen Magnetismus geben. Seinen eigenen Magnetismus lädt man durch Zugang zu seinen tiefen Emotionen auf, was am besten durch Meditation geschieht.

Vincent machte gerade eine Präsentation für ein Team eines wichtigen Kunden seiner Firma. Er sprach klar und überzeugend und fühlte sich sehr sicher. Dann begann man ihm Fragen zu stellen. Manche dieser Fragen konnte er ohne weiteres beantworten, aber einige kamen völlig unerwartet und zwangen ihn, sehr sorgfältig nachzudenken. Die Fragen schienen kein Ende zu nehmen, und jede Antwort führte zu einer weiteren Frage. Er begann sich ausgelaugt zu fühlen, und seine Redeweise wurde unkonzentriert. Sein Blick wurde unstet. Er fühlte sich angegriffen. Nichts, was er sagte, schien die Kunden wirklich zufriedenzustellen, und jede weitere Frage erschien ihm wie ein neuer Angriff.
Dann erinnerte er sich daran, was man wirklich von ihm wollte – Magnetismus, nicht einfach Antworten. Die Kunden wollten ihn auf die Probe stellen, herausfinden, wie sehr er sich seiner Sache sicher war. Es ging ihnen nicht in erster Linie um Fakten, die ihre Fragen beantworten würden – sie wollten Inspiration und Kreativität, die sie dann selbst auf ihre Probleme anzuwenden hofften. Vincent hörte auf, Antworten zu geben, die seine Zuhörer ohnehin nicht zufriedenstellten. Er sagte Dinge wie: »Wir werden das gemeinsam schon hinkriegen«, und lächelte sie an. Es war kein Verlegen-

heitslächeln, und es war nicht gestellt. Er fühlte seine echte Emotion, und sie erschien an der Oberfläche als ein Lächeln, das Vertrauen und Verbindlichkeit ausstrahlte. Der Strom der Fragen versiegte, und kurze Zeit später klappten die Besucher ihre Notizbücher zu und beendeten das Treffen völlig zufriedengestellt. Der Rest von Vincents Team war beeindruckt von der Art und Weise, wie er den »Angriff« der Kunden umgewandelt hatte. Die Kunden brauchten Energie in der Form von Inspiration, um eine schöpferische Lösung für ihr Problem zu finden. Vincent selbst fand wieder Zugang zu seinem Magnetismus mit Hilfe seiner tiefen Emotion. Die Kunden erfuhren dies als einen Energieschub, den sie für die Lösung ihrer Probleme nutzen konnten.

Es passiert ganz leicht, daß man von den Ansprüchen, die einem die Menschen in der eigenen Umgebung stellen, völlig ausgelaugt wird. Wenn Sie das zulassen, werden die Menschen soviel Magnetismus von Ihnen abziehen wie irgend möglich. Sie können dies zum Beispiel daran erkennen, daß Sie sich nach einem Treffen mit einem anderen Menschen leicht depressiv fühlen. Man kann seine emotionale Energie, die Quelle von Kreativität und Charisma, auch dann wieder aufladen, wenn andere gerade dabei sind, die Energie abzuzapfen. Der schnellste Weg dazu ist Meditation. Sie können das Resultat davon unmittelbar spüren, vor allem in Ihrem Brustraum, und andere können dieses Resultat bestätigen.

Glück (Wasser)
Und dann ist da natürlich die Frage nach Glück. Man denkt, daß man glücklich sein wird, wenn die Freunde nett zu einem sind, wenn andere Menschen einen wahrnehmen oder wenn man Geld bekommt. Aber dies ist nicht der Weg, wirklich glücklich zu werden. In manchen Fällen wird sogar das Gegenteil daraus. Wenn ein Mensch unglücklich ist, verleitet ihn das dazu, ande-

ren dafür die Schuld zuzuweisen, weil er glaubt, daß sie ihm im Weg stehen. In Wirklichkeit verhält es sich jedoch anders. Glück kann man nicht erlangen, aber man kann es entdecken.

> Das eigentliche Wesen des Menschen ist Glückseligkeit, und das ist der Grund dafür, warum er glücklich sein möchte. Wenn man die Tür seines Herzens schließt, schließt man auch die Tür zum Glück, und wenn das Herz nicht lebendig ist, gibt es kein wirkliches Glück. Manchmal ist das Herz nur teilweise lebendig, und es erwartet gleichzeitig Leben von dem Herzen eines anderen. Aber das wirkliche Leben des Herzens besteht darin, unabhängig in seiner eigenen Glückseligkeit zu leben, und das erreicht man durch spirituelle Weiterentwicklung, dadurch, daß man tief in seinem eigenen Herzen gräbt. [HIK][4]

Tatsächlich entsteht Glück aus dem eigenen Inneren, nicht durch äußere Ereignisse.

> Seit Christina mit der Herzrhythmus-Meditation begonnen hat, ist sie aufrichtig glücklich. Sie bringt dieses Glücksgefühl mit zur Arbeit. Wenn dort alles gutgeht, gefällt ihr das wie allen anderen. Wenn es nicht so gut läuft, bleibt sie hoffnungsvoll. Sie arbeitet nicht, um sich glücklich zu machen – sie ist davon unabhängig glücklich.
> Ihr Chef dachte zuerst, sie kümmere sich nicht wirklich um die Probleme der Firma. Aber im Laufe der Zeit erkannte er, daß sie Dinge tief empfindet – sie hat einfach einen solchen Reichtum an emotionaler Energie, daß Enttäuschungen sie nicht aus ihrem Gleichgewicht bringen. Dies ist die Art von Mitarbeiter, die nicht zu stoppen ist – die Quelle dafür ist Gefühlstiefe, nicht Willenskraft. Eines Tages fragte er sie: »Was ist die Quelle für deinen Optimismus?« »Optimismus kommt aus dem Herzen, nicht aus dem Kopf«, war ihre Antwort.

Die meisten Menschen glauben, sie benötigen dieses oder jenes, um glücklich zu sein, aber das stimmt nicht.

> Man mag zwanzig Jahre lang in einer Gemeinschaft leben, in der es immer Amüsement, Freizeitvergnügen, Fröhlichkeit und schöne Dinge gibt, und wenn man dann die Bewegung in der Tiefe des Herzens spürt, fühlt man, daß diese zwanzig Jahre ein Nichts waren. Ein Moment Leben mit einem lebendigen Herzen ist mehr wert als hundert Jahre mit einem toten. [HIK][5]

Glückseligkeit ist der natürliche Zustand des lebendigen Herzens.

> Es liegt ein großes Glück in der Erkenntnis, daß man keinen Grund braucht, um glücklich zu sein.[6]

In den Religionen wird persönliches Glück manchmal unterbewertet, und Ritual und Moral werden überbewertet. In der Mystik jedoch geht es um Glückseligkeit. Aber die religiösen Menschen brauchen sich keine Sorgen zu machen – es geht hier nicht um Hedonismus. Glückseligkeit – im Unterschied zum Vergnügen – wird nicht durch ein besonderes Gefühl oder ein Ereignis ausgelöst, nicht einmal davon, daß man seinen Willen durchsetzt oder daß die eigenen Wünsche erfüllt werden. Glückseligkeit ist die wahrhaft spirituelle Erfahrung, mit seinem Leben und sich selbst im Einklang zu sein.

Neben dem offensichtlichen Nutzen, den Glück für einen selbst hat, ist es auch eine Wohltat für andere. Glückseligkeit ist ein Zeichen eines lebendigen Herzens, ebenso wie Mitgefühl für andere. Wie man reich sein (oder sich fühlen) muß, um großzügig sein zu können, muß man auch glücklich sein, um Mitgefühl für andere empfinden zu können. Sonst nehmen einen die eigenen Probleme so sehr in Beschlag, daß kein Raum mehr bleibt für die Sorgen anderer Menschen.

Man kann einen solchen Menschen als lebendig bezeichnen, dessen Herz lebendig ist, und dasjenige Herz ist lebendig, das offen ist für die Sorgen und Nöte anderer. Ein Herz, das kein Mitgefühl kennt, ist schlimmer als ein Stein, denn der Stein hat seinen Nutzen, aber das Herz, das kein Mitgefühl kennt, erzeugt Antipathie. [HIK][7]

Der Sinn des Lebens ist, glücklich zu sein. Als Buddhist habe ich herausgefunden, daß die eigene Geisteshaltung der wichtigste Faktor ist, um auf dieses Ziel hinzuarbeiten. Wenn man die Bedingungen um sich herum ändern möchte, sei es die Umwelt, sei es die Beziehung zu anderen, ist es zuerst notwendig, sich selbst zu ändern. Innerer Friede ist der Schlüssel.

Der Dalai Lama[8]

Wenn Sie das finden können, was Sie wirklich glücklich macht, dann wird das Leben leicht für Sie werden. Die Herzrhythmus-Meditation kann Ihnen helfen, das Glück des Herzens zu entdecken, das so natürlich ist wie der Herzschlag.

Selbst wenn das physische Herz dem Körper entnommen wird, schlägt es rhythmisch weiter. Das ist die Eigenart der Muskelzellen des Herzens, sie lieben es, zu pulsieren. Der Herzmuskel hält den Herzschlag aufrecht, auch während des Schlafes und selbst dann, wenn man den Atem anhält. Es gibt zwei unterschiedliche Arten der Atemmuskulatur, aber der Herzmuskel hat kein Gegenstück. Das Leben des Herzens ist nicht langweilig, es muß sich den Notwendigkeiten der anderen Teile des Körpers anpassen. Manchmal schlägt es sehr schnell und beschleunigt seinen Rhythmus augenblicklich, dagegen schlägt es langsam, während man eine Nachtwache hält. Das Echo des Herzens wird in jeder Zelle gespürt.
Das Herz ist eine Metapher für Glückseligkeit: Tu das, was

du am liebsten tun möchtest. Tu es mit Leidenschaft. Tu es für dich selbst, ohne die Aufmerksamkeit anderer zu benötigen. Aber höre ihnen zu, und passe deine Tätigkeiten ihren wirklichen Bedürfnissen an. Sei dir der Reichweite deines Einflusses bewußt, und halte den Rhythmus in deiner Einflußsphäre aufrecht.

Konzentration (Luft)
Viele Leute, die denken, daß sie eine gute Konzentrationsfähigkeit besitzen, sind tatsächlich gut darin, auf Unterbrechungen zu reagieren. Die wesentliche Frage ist: »Führe ich dieses Geschäft, oder führt es mich?« Konzentration ist das Geheimnis des Erfolgs. Ihre Fähigkeit, sich zu konzentrieren, können Sie mit den Techniken der Herzrhythmus-Meditation dramatisch erhöhen.

In einem unserer Kurse lehrten wir eine Gruppe von leitenden Angestellten eine einfache Konzentrationsübung, die es offensichtlich werden ließ, wenn jemand die Konzentration verlor. Die Aufgabe war, dreißig Minuten lang still zu sitzen. Ungefähr die Hälfte der Teilnehmer war in der Lage, dies zu tun; die anderen zeigten entweder unbewußte Bewegungen oder fühlten sich bewußt unwohl, was sie zu irgendwelchen Bewegungen veranlaßte. Am Schluß dieser Übung war es völlig klar, wer zu welcher Gruppe gehörte, so daß ich nicht einmal erwähnte, wer die Übung richtig gemacht hatte und wer nicht. Ich bat die Gruppe dann, die Übung zu wiederholen, indem sie sich auf ihren Herzschlag konzentrierten. Normalerweise ist ein zweiter Versuch weniger erfolgreich als der erste, weil die Konzentrationsfähigkeit nachläßt, aber indem sie diese Technik der Herzrhythmus-Meditation benutzten, waren diesmal alle Teilnehmer fähig, die Übung zu machen. Die Teilnehmer, die es bereits beim erstenmal konnten, erfuhren die Wiederholung als angenehm statt schwierig, und die anderen waren froh, daß sie jetzt die Übung beherrschten, an der sie vorher gescheitert waren. (Die Anleitung zu dieser Übung finden Sie in Kapitel fünf.)

Ablenkung ist die Folge innerer und äußerer Eindrücke, aber ich habe herausgefunden, daß fortgeschrittene Meditierende, die unsere Methode benutzen, selbst in einer Atmosphäre von Tumult und Verwirrung meditieren können.

Die Menninger-Stiftung hat ein Labor, wo die Fähigkeiten von Meditierenden getestet werden. In einem Fall wurden drei Meditierende mit unterschiedlicher Meditationserfahrung jeweils an ein EEG (Elektroenzephalogramm) angeschlossen, um ihre Meditationsfähigkeit zu testen. Nachdem alle drei Personen im EEG die charakteristischen Gehirnwellen zeigten, die während der Meditation auftreten, wurde die Tür zum Testlabor aufgemacht und laut wieder zugeworfen. Den aufgezeichneten Gehirnwellen zufolge verlor der Anfänger seinen Meditationszustand und erreichte ihn nicht wieder. Die Person mit fortgeschrittener Meditationserfahrung zeigte für ein paar Sekunden abweichende Gehirnwellen und kehrte dann langsam wieder in den meditativen Zustand zurück. Der Meister hingegen zeigte in seinem EEG während des gesamten Vorfalls keinerlei Abweichung, was die Aufrechterhaltung der Konzentration belegt.

Einen Zustand tiefer Entspannung zu erreichen ist schwieriger, als es aussieht, denn man benötigt dafür eine Menge Konzentration. Unsere Muskulatur steht auch dann noch unter beachtlicher Spannung, wenn wir uns ganz still verhalten, und manche Muskelverspannungen können Jahre andauern. (Der Grad der Muskelspannung kann mit Hilfe einer elektrischen Spannungsmessung im Muskelgewebe bestimmt werden.) Mit einiger Übung

kann man »Tiefenentspannung« lernen, und es ist eine angenehme Art und Weise, seine Konzentrationsfähigkeit zu erhöhen.
Mit der Kraft Ihrer Konzentrationsfähigkeit können Sie Ihren mentalen Zustand von »ganzheitlich« auf »linear« umschalten und umgekehrt. Wenn die linke Gehirnhälfte das Denken beherrscht, ist das besser für logisches und lineares Denken, während die Dominanz der rechten Gehirnhälfte konzeptionelles und abstraktes Denken fördert. Eine einfache Meditation kann Ihnen zeigen, welche Gehirnhälfte gerade die aktivere ist, und sie erlaubt Ihnen auch, Ihre Gehirnaktivität auf die andere Seite zu verlagern. Eines Tages wird man diese Fähigkeit Schulkindern beibringen. In der Zwischenzeit werden diejenigen, die dies willentlich können, einen großen Vorteil haben.

> Susan verbrachte ihre Zeit wieder einmal in einer endlos scheinenden Sitzung – es ging darum, die beiden Abteilungen des Kaufhauses, für das sie arbeitete, zu integrieren. Man sprang von einem Detail zum nächsten, ohne die wirklich wichtigen Fragen zu lösen. Sie erkannte, daß diese detailorientierte Art, in der die Sitzung ablief, mit dem Umfang dessen zusammenhing, was die Anwesenden gerade zu begreifen in der Lage waren. Sie verlagerte ihre Konzentration auf die rechte Gehirnhälfte, indem sie eine einfache Atemtechnik anwandte, die sie im Rahmen der Herzrhythmus-Meditation gelernt hatte. Sie stellte sich dann die Zusammenlegung der beiden Abteilungen zu einem »Einkaufserlebnis« vor, das beide Abteilungen umfaßte. Sie begann, von diesem Standpunkt aus zu reden, und nahm alle Anwesenden mit in eine weit angelegte Analyse des gesamten Verkaufskonzeptes. So konnten sie sich auf die wesentlichen Aspekte einigen, und die Detaillösungen folgten mehr oder weniger natürlich. Die beiden Abteilungen wurden zu einer einzigen zusammengelegt. Der gemeinsame Verkaufserfolg war weit größer als derjenige der beiden getrennten Abteilungen.

Unser Verstand folgt der Art und Weise, wie unsere Gefühle eingestimmt sind. Wenn man seinen Verstand direkt zu beeinflussen versucht, entzieht er sich leicht. Aber das Denken folgt der Einstimmung des Herzens, wie ein Floß der Strömung folgt.

Einsicht (Luft)
Wir alle leben in derselben Welt, und doch nehmen wir sie unterschiedlich wahr. Meditierende entwickeln eine starke Einsichtsfähigkeit, die hinter das Erscheinungsbild der Dinge reicht. Wenn man einen Sinn für Schwingungen entwickelt hat, ist es möglich, die wesentliche Qualität von Dingen zu fühlen.

Jim war Einkäufer für ökologisch erzeugte Produkte. Der Grundsatz, gesunde Lebensmittel zu kaufen, war ihm sehr wichtig, aber er war sich auch der Tatsache bewußt, daß die höheren Preise, die mit ökologisch erzeugten Produkten erzielt werden konnten, auch weniger idealistische Bauern zum ökologischen Landbau hinzogen. Das führte dazu, daß er seine Produzenten sehr sorgsam auf ihre Produktionsmethoden hin prüfte. Während einer Inspektionsreise hatte er das Gefühl, daß der Bauer, mit dem er es gerade zu tun hatte, etwas vor ihm verbarg. Eines der Felder war gerade gedüngt worden, und Jim bestand darauf, es zu sehen. Er nahm eine Handvoll Erde auf. Der Bauer versicherte ihm, daß der angewendete Dünger hundertprozentig organisch sei, aber Jim hatte ein seltsames Gefühl in seiner Hand. Er stand da in der Sonne und meditierte, während seine Augen auf die Erde in seiner Hand gerichtet waren. Dann bemerkte er, wie sich ein schwacher, aber deutlicher schlechter Geschmack in seinem Mund entwickelte. Jim sagte dem Bauern daraufhin, er wisse, daß es kein organischer Dünger sei. Der Bauer fühlte sich ertappt und gab zu, daß er auch ein bißchen mineralischen Dünger benutzt habe, um einen besseren Ertrag zu bekommen. »Ich kann deine Erzeugnisse nicht kaufen«, war Jims Entscheidung.

Einsicht bezieht sich auch auf die Wahrnehmung der inneren Signale seines Selbst, die einen in Harmonie mit der aktuellen Situation bringen können und in situationsgerechtem Handeln resultieren.

Einsicht in das Wesen anderer Menschen erkennt nicht nur ihre aktuellen Stärken an, sondern erlaubt einem zu sehen, was sie sein könnten. Der Schlüssel dazu ist, mit seinem Herzen zu sehen, nicht mit seinen analytischen und urteilenden Fähigkeiten. Beziehen Sie in Ihre Betrachtungen die Motivation und die tiefen Wünsche von Menschen mehr ein als deren Worte und Taten.

> Als Charles die Stelle einer Assistentin der Geschäftsführung ausschrieb, wußte er, daß er eine Person suchte, die ihn in zehn Jahren ersetzen könnte. Wie konnte er diese Person aber unter denen finden, die sich beworben hatten? Er lud die Bewerber alle zusammen ein, gab jedem von ihnen ein Blatt Papier und bat sie, ihren Namen und ihre Qualifikationen darauf zu schreiben. Nachdem sie das getan hatten, forderte er sie auf, das Papier zusammenzuknüllen und es in den Papierkorb zu werfen. Dann fragte er jeden einzelnen, warum er oder sie das Papier in den Papierkorb geworfen habe. Jeder antwortete ungefähr das gleiche: »Weil Sie es mir gesagt haben.« Nur Alice sagte: »Weil ich es tun wollte.« Deshalb machte er Alice zu seiner Assistentin.[9]

Intuition (Luft)
Während des »Schwarzen Montags« an der New Yorker Börse wurden Karrieren vernichtet und Karrieren gemacht, je nachdem wer diese Entwicklung vorausgesehen hatte und wer nicht. Einige Leute hatten sie deutlich kommen sehen. Sie verkauften Aktien, verfaßten Rundschreiben und sprachen mit ihren Freunden darüber. Diejenigen, die den Börsencrash voraussahen, schrieben diese Fähigkeit nicht etwa außersinnlicher Wahrneh-

mung zu, sondern sie sprachen von ökonomischen Indikatoren und Vorahnungen. Es gibt keinen Zweifel darüber, daß wir manchmal oder auch häufiger so etwas wie Intuition haben, aber dieses intuitive Wissen kann im »Hintergrundrauschen« unserer anderen mentalen Prozesse verlorengehen.

Ich glaube nicht an Wahrsagerei, aber es gibt Faktoren, die unsere Zukunft mitformen und die heute bereits sichtbar sind. Meditation bringt uns dazu, in einer Art und Weise zu operieren, daß wir Faktoren, die logisch nicht miteinander verbunden sind, in ein gemeinsames Ganzes integrieren können. Meditation sollte Ihnen dazu verhelfen können, die verläßliche Stimme der Intuition von der unzuverlässigen Stimme der Phantasie und des Wunschdenkens zu unterscheiden. Als Folge davon wird Ihre Intuition öfter in Erscheinung treten und deutlicher werden.

Von Julius Cäsar stammt die Aussage: »Herrschen heißt, vorausschauen zu können.« Ihr Beruf mag von Ihnen verlangen, Hindernisse im voraus zu sehen und sie zu umschiffen, um Gefahr für Sie selbst und andere in Ihrem Verantwortungsbereich zu vermeiden. Sie wissen jetzt schon mehr, als Sie zu wissen glauben, und Meditation wird Ihnen helfen, sich dieses Wissen zugänglich zu machen.

Man kann seine Intuition auch dafür einsetzen, etwas zu sehen, das an einem anderen Ort stattfindet. Sie können lernen, eine Kollegin oder einen Kollegen an einem entfernten Ort zu erreichen und etwas von ihrer oder seiner Erfahrung direkt zu teilen.

> John hatte eine wichtige Verkaufsveranstaltung auf seinem Terminkalender. Er hatte Bob schon früher getroffen, aber er wußte nicht, ob dieser sich als freundlich oder feindlich gesinnt entpuppen würde. Deshalb war er sich auch nicht sicher, wie er das Treffen angehen sollte: Sollte er seinen Verkaufsvorschlag eher zurückhaltend vorstellen und auf alle zu erwartenden Probleme eingehen oder das Ganze eher als

eine günstige Gelegenheit präsentieren und alle Vorteile herausstellen. John meditierte auf Bob und erkannte, daß dieser ihn mochte und daß er eher Johns Begeisterung teilen würde, als ihm Stolpersteine in den Weg zu legen. So bereitete sich John auf einen freundlichen Zuhörer vor – den er dann auch bekam.

Nancy trug die Verantwortung für eine Abteilung ihrer Firma in Den Haag, mit der sie sich niemals persönlich getroffen hatte. Den Manager der Gruppe kannte sie nur oberflächlich von einigen wenigen Begegnungen, die sie an ihrem Firmensitz gehabt hatten. Sie erhielt seinen wöchentlichen Bericht und monatliche Zahlen von der Rechnungsabteilung, aber sie hatte nicht das Gefühl, daß sie wußte, was wirklich los war. Erzählte ihr der Manager einfach, was sie hören wollte? Unternahm er wirklich alle Anstrengungen, den Marktanteil der Firma zu erhöhen? Am Tag vor einer vorgesehenen Besprechung mit dem Manager machte sie wie gewöhnlich die Herzrhythmus-Meditation und dachte an ihren Mitarbeiter. Sie verspürte einen tiefen Konflikt in ihren Emotionen. Am nächsten Tag sprach sie ihn direkt darauf an, warum er sich in einem solchen Konflikt fühlte. Er erzählte ihr offen, daß er Vorgänge in der Firma entdeckt hatte, die seiner Meinung nach unethisches Verhalten darstellten. Dies habe ihn in einen schweren Gewissenskonflikt gebracht. Nancy brachte ihn dazu, dieses Wissen mit ihr zu teilen, und sie arrangierte ein Treffen mit dem Leiter des europäischen Zweigs der Firma, wo der Manager sein Wissen offenlegen konnte. Als Folge davon entwickelte sich zwischen dem Manager und Nancy eine Beziehung, die von Verständnis und Sicherheit geprägt war, und er zögerte nicht mehr, seine Bedenken und Probleme offen mit ihr zu teilen.

Meisterschaft über das Selbst (Erde)
Um Integrität zu entwickeln, muß man zunächst lernen, sich selbst zu meistern. Einer Person, der dies nicht gelingt, kann man nicht trauen. Ihre Absicht mag gut sein, aber ein Schnitzer kann alles ruinieren. Damit man Ihnen vertrauen kann, müssen Sie sich selbst vertrauen können und sich sicher sein, daß Ihre Absicht und Ihr Gewissen rein sind. Selbst Ihre unbewußten Handlungen werden dann mit dem Zweck Ihres Tuns übereinstimmen. Damit andere uns für verantwortungsbewußt halten, muß man Verantwortung für sich selbst übernehmen können.

Jack war in seiner Firma sowohl bewundert wie gefürchtet. Er konnte es fertigbringen, daß seine Mitarbeiter sich wie in einer Familie fühlten, oder er konnte sie dazu bringen, sich ganz verunsichert, bedroht und wütend zu fühlen. Das hing völlig von seiner Stimmung ab, und wovon die abhing, wußte niemand so genau. In einer Sekunde wollte er von einer Sache nichts wissen, und in der nächsten konnte er brüllen: »Warum hat mir das niemand gesagt?« Er feuerte Leute im Handumdrehen. Er fühlte sich niemals im Unrecht, schob aber die Schuld gewöhnlich seinen Mitarbeitern zu. Er handelte impulsiv, traf schnelle Entscheidungen, um sie dann ebenso schnell wieder rückgängig zu machen. Entscheidungen schienen davon abzuhängen, wer zuletzt mit ihm gesprochen hatte. In manchen Fragen zwang er anderen seine Sichtweise auf und klammerte sich an vorgegebene Konzepte, an die nur er selbst glaubte. Er polarisierte Menschen. Er hatte einen großen Kreis von Bewunderern, aber der Kreis seiner Feinde war noch größer. Obwohl er einen großen Erfahrungsschatz und Erfolge vorzuweisen hatte, konnte man ihm nicht trauen, denn er war ohne jede Selbstkontrolle.
Jack begann Selbstkontrolle mit Hilfe der Herzrhythmus-Meditation zu lernen. Es fiel ihm leicht zu üben, wenn er bei

guter Laune war, aber war das nicht der Fall, konnte er nicht einmal daran denken. Langsam begann sich der Effekt der Meditation jedoch auch von den gutgelaunten auf die schlechtgelaunten Zeiten zu übertragen. Sein Temperament ging immer noch öfter mit ihm durch, aber er war in der Lage, aus seiner Wut herauszufinden, wenn er an die Meditationsübungen dachte. Schließlich lernte er, seinen Atem zu beherrschen, und das half ihm, seine Stimmungen zu kontrollieren. Sein eigener Herzschlag sagte ihm, daß sein Herz viel weniger gestreßt war, und das galt auch für die Herzen seiner Mitarbeiter.

Die Herzrhythmus-Meditation ist eine Methode, Meisterschaft über sich selbst zu erlangen. Meisterschaft über das Selbst ist hier definiert als die Fähigkeit, das zu tun, was man tun möchte, anstatt das zu tun, was man nicht möchte. Zum Beispiel würde Ihnen Meisterschaft über das Selbst ermöglichen,
- Ihre Wünsche, Zwangsvorstellungen und Süchte zu meistern (wir alle haben irgendwelche Süchte)
- einen positiven, bewußten Effekt auf Ihre Gesundheit auszuüben, besonders auf Ihr Herz, Ihr Nervensystem und einige Drüsen
- diszipliniert und zielgerichtet mit Ihrer Zeit umzugehen, damit Sie Ihre Ziele erreichen können
- zu sagen, was Sie meinen, und zu meinen, was Sie sagen
- geduldig im Umgang mit anderen zu werden.

Selbst eine kleine Verbesserung Ihrer Fähigkeit, Meisterschaft über sich selbst auszuüben, wird einen deutlichen Effekt auf Ihre Leistungsfähigkeit und auf Ihr Selbstbild haben.

Die Voraussetzung, um Meisterschaft über sich selbst ausüben zu können, ist die Fähigkeit, seine Gedanken beeinflussen zu können, und um das zu tun, muß man seinen Körper bis zu einem gewissen Grad beherrschen. Der Schlüssel zur Beherrschung des Körpers ist die Kontrolle über das Nervensystem. Der Grad von Meisterschaft unter Meditierenden ist erstaunlich; manche sind in der Lage, Herzfrequenz, Blutdruck, Stoffwechsel, Körpertemperatur und selbst die Geschwindigkeit der Wundheilung zu beeinflussen. (Alle diese Fähigkeiten sind von verschiedenen medizinischen Institutionen bestätigt worden, insbesondere von der Menninger-Stiftung.)

Um das zu werden, was Sie sein möchten, brauchen Sie die Hilfe Ihrer nächsten Verbündeten: Ihres Körpers, Ihrer Gedanken und Ihrer Emotionen. Wenn Sie diese mit Hilfe von Konzentration und Rhythmus entsprechend trainiert haben, werden sie sich nach Ihren Wünschen richten.

Vertrauend und vertrauenswürdig (Erde)
Wir bauen Vertrauenswürdigkeit dadurch auf, daß unser Verhalten und unsere Beziehungen konsistent und stabil sind, aber unvorhergesehene Ereignisse stellen diese Vertrauenswürdigkeit gelegentlich auf die Probe.

Kathys Mutter starb, als Kathy noch sehr jung war, und ihr Vater, ein Alkoholiker, konnte ihr keinerlei emotionale Zuwendung geben. Da sie niemanden hatte, dem sie vertrauen konnte, lernte sie, völlig auf sich allein gestellt zu leben – ein Überlebensmechanismus, der sie daran hinderte, als Erwachsene befriedigende Beziehungen einzugehen. Sie war sehr mißtrauisch und glaubte nicht an Vertrauen, Dauerhaftigkeit und Nähe, weil sie diese in ihrer Kindheit niemals erfahren hatte. Aufgrund dieser Konditionierung erwartete sie unbewußt immer, verlassen zu werden, und konnte deshalb nicht akzeptieren, geliebt zu werden. Nachdem sie geheiratet hatte, testete sie ihren Ehemann laufend in seiner Zuneigung zu ihr. Sie machte ihn vor anderen lächerlich, kritisierte ihn in allem, was er tat, und entzog sich ihm emotional und sexuell. Die Beziehung überlebte diese Tests, aber sie war immer noch nicht zufrieden, weil sie weiterhin davon überzeugt war, daß er sie verlassen würde.

Als sie mit dem Meditieren anfing und versuchte, in ihr Herz hineinzuspüren, erschien ihr dies so schmerzhaft, daß sie glaubte, es nicht aushalten zu können. Glücklicherweise konnte ihr Meditationslehrer ihr dabei helfen, zu erkennen, daß die Anpassung an die Umstände, die sie in ihrer Jugend praktiziert hatte, sie davon abhielt, die Erfahrung des Herzens zu machen, nach der sie sich in Wirklichkeit sehnte.

Im Laufe der Jahre entwickelte sie langsam mit Hilfe der Herzrhythmus-Meditation die Fähigkeit zu vertrauen. Dies basierte auf der Erfahrung, daß ihr Herzschlag immer da war, wenn sie ihm zuhörte. Der emotionale Einfluß dieser doch so offensichtlichen Tatsache ist kaum faßbar für jemanden, der die Übung niemals gemacht hat oder für den Vertrauen kein Problem ist. Es ist keine Tatsache, die man in einem medizinischen Bericht nach einer Untersuchung aufzeichnen würde, es ist eine vertraute Erfahrung, sein Herz in nichtendender Bewegung im Inneren zu spüren. Kathy lernte, daß sie wenigstens dieser Tatsache vertrauen konnte – und mußte –, daß ihr Herz ihr Leben in jedem Moment erhält und daß ihr Unterbewußtsein ihren Herzschlag unterstützt.

Durch die direkte Erfahrung ihres Herzens wurde sie fähig, sich der Erfahrung der Liebe zu öffnen, durch die Dauerhaftigkeit ihres Herzschlags lernte sie zu vertrauen, und beides zusammen half ihr, die Liebe ihres Mannes anzunehmen. Indem sie die Übungen kontinuierlich vertiefte, konnte sie in ihrer Ehe vollständig präsent sein, konnte sich selbst als vertrauenswürdig akzeptieren und ihren alten Überlebensmechanismus hinter sich lassen.

Man hat Meditation damit verglichen, ein Schloß zu erforschen – das Schloß des eigenen Gemüts. Die Folge dieser Forschungsreise ist, daß das Gemüt eines Meditierenden weniger Überraschungen bereithält als dasjenige von Menschen, die nicht ihre eigenen Höhen und Tiefen erforscht haben. Eine Konsequenz ist, daß Meditierende auch im Falle überraschender Ereignisse zuverlässiger sind.

Vertrauen basiert auf Aufrichtigkeit und Gegenseitigkeit. Wir vertrauen jemandem nicht, der uns nicht vertraut. Wo aber beginnt Vertrauen? Es beginnt damit, daß man in sich etwas gefunden hat, dem man vertrauen kann – eine Qualität, die man auch in anderen sucht. Solche Personen besitzen oft »Tiefgang«, es sind Menschen, die über Dinge in der Tiefe nachdenken. Diese Qualität wird in der Meditation gestärkt.

> Ein Beispiel für einen solchen Menschen, dem vertraut wurde, ist Nikolaus von Flühe, ein Schweizer Mystiker. Im Jahre 1481 baten ihn die französisch- und deutschsprechenden Fraktionen um Vermittlung in ihrem Konflikt. Nikolaus schlug ihnen ein Bündnis vor, das nicht nur ihren Konflikt löste, sondern auch ein Modell für politische Zusammenschlüsse darstellt, einschließlich dem der Vereinigten Staaten von Amerika. Nikolaus wurde um Rat gefragt, weil beide Seiten ihm vertrauten. Er war als weise und fair bekannt, und er verfolgte keinerlei persönliche Ziele.

Wem vertraut man heutzutage? In Lateinamerika sind das in manchen Fällen römisch-katholische Bischöfe, die Friedensverhandlungen führen und die von beiden Seiten respektiert werden. Welche Qualitäten und Qualifikationen würde man jetzt und hier, in diesem Land benötigen, damit man weithin geachtet und für vertrauenswürdig befunden würde? Integrität ist heutzutage die am höchsten bewertete Qualität, und wer wirklich integer sein möchte, muß seine Selbstbezogenheit dafür opfern. Man beweist seine Fairneß damit, daß man in der Lage ist, kurzzeitig gegen seine persönlichen Interessen zu handeln.

Jeder in der Firma wollte als integer angesehen werden, aber niemand wollte dies jemand anderem zubilligen. Es war ein Ideal, das alle Angestellten wertschätzten wie eine Göttin, der man huldigt. Aber das Ideal wurde von niemandem erreicht, da es niemand definieren konnte und niemand eine Methode kannte, wie es zu entwickeln wäre. Aber alle konnten es spüren, und besonders den Mangel an Integrität. Jeder, der auch nur ein bißchen davon hatte, wurde zur Vertrauensperson und zu einem Mentor für andere.

Wissen um sich selbst (Erde)
Um aufrichtig im Umgang mit anderen zu sein, muß man ehrlich im Umgang mit sich selbst sein. Aber was ist das Selbst? Selbsterkenntnis kommt in erster Linie durch Meditation.

Ein Modell des Selbst, das durch Meditation entwickelt wurde, ist folgendes: Man versteht sich eher als eine Organisation von »Unterpersönlichkeiten«, und das Selbst leitet diese Organisation.

Stellen Sie sich vor, Sie haben die Aufgabe, ein Projekt durchzuführen, und dafür gibt es eine Menge zu tun: Leute treffen, Abläufe und Ereignisse koordinieren. Das Schwierigste von allem jedoch ist die Koordination ihrer eigenen internen Spezialisten. Der Schriftsteller in Ihnen möchte zufriedengestellt werden und würde gern ein paar Tage mit Schreiben verbringen. Der soziale Teil von Ihnen möchte plaudern, und das Projekt ist ein guter Vorwand. Das Kind in Ihnen möchte mit dem Modell spielen. Ihr Körper verlangt ebenso Ihre Aufmerksamkeit, und es gelingt ihm vielleicht, Sie durch einen Snack oder durch ein paar Körperübungen von der Arbeit abzuhalten. Der Finanzexperte in Ihnen hat gewöhnlich Angst und arbeitet nur unter Druck, so daß sein wichtiger Job vielleicht übersehen wird.

Alle diese Unterpersönlichkeiten können einen wichtigen Beitrag leisten, aber sie müssen koordiniert werden, damit Sie Ihr Ziel erreichen. Wenn der Körper nicht vom Gehirn koordiniert würde, könnte er nicht einmal gehen, auch wenn die einzelnen Teile ihre Funktion erfüllen. Das Selbst ist die koordinierende Instanz des ganzen Teams, aber gewöhnlich identifizieren wir uns nur mit einer bestimmten Unterpersönlichkeit. Der Teil, mit dem wir uns gerade identifizieren, ist derjenige, der die Kontrolle hat. So sagt man vielleicht: »Ich bin Schriftsteller«, wenn man gerade schreibt.

Dadurch, daß wir uns mit dem Koordinator und nicht mit einem einzelnen Teil identifizieren, erhalten wir unsere Integrität und erreichen unser Ziel. Wenn uns Integrität fehlt, folgen die verschiedenen Teile unseres internen Teams unterschiedlichen Richtungen, weshalb andere Menschen keine Beständigkeit in unseren Handlungen erkennen können. Es ist die Aufgabe des Selbst, das Team so zu koordinieren und zu dirigieren, daß es als ein Ganzes handelt, ohne versteckte Themen, sich widersprechende Ziele, widerstreitende Motivationen und so weiter. Eine koordinierende Instanz, die Stärke durch Meisterschaft und Einsicht durch Selbsterkenntnis gewonnen hat, kann das Team zur Kooperation motivieren.

In der Meditation kann man jedes einzelne Mitglied seines inneren Teams identifizieren und den Koordinator stärken, der das ist, was man das wahre Selbst nennt. Dieses Konzept des Selbst ist sehr alt, und es hat große Männer und Frauen der Vergangenheit in die Lage versetzt, die Verbindung von Respekt und Kontrolle zu erlernen, die man für sein Selbst benötigt. Diese Balance ist die große Kunst, die Kunst, die wir beherrschen müssen, um das zu sein, was wir sein können.

Seiner Natur gerecht werden (Alle Elemente)
Viele Wege führen zum Erfolg. Was für den einen Menschen angemessen ist, mag für jemand anderen nicht funktionieren. Sie werden dann erfolgreich sein, wenn Sie Ihrem eigenen Weg fol-

gen. Es gibt viele Arten der Meditation. Jeder Mensch braucht die Meditation, die seinem Weg gerecht wird und die das richtige Maß an Herausforderung beinhaltet. Gleich, ob man in seiner Karriere oder seiner persönlichen Entwicklung fortschreitet, in jedem Fall müssen die Übungen auf Ihren persönlichen Typ und Ihren gegenwärtigen Grad von Selbstbewußtheit zugeschnitten sein.

Durch die Erfahrung der vier Elemente in den speziellen Atemübungen in Teil III werden Sie ihr Selbst besser verstehen lernen. Man hat gewöhnlich ein Element, das schon entwickelt ist, und ein anderes, das man gerade zu entwickeln sucht. Ein Element, das in Ihrem Verhalten, Ihrer Haltung und Ihren Fähigkeiten nicht offensichtlich ist, kann durch ein anderes, besser entwickeltes überlagert sein. Um seine latenten Fähigkeiten zu erforschen, benötigt man einen nichtrationalen Entdeckungsprozeß. So verhindern wir, daß unsere kritischen und logischen Fähigkeiten ihrer Gewohnheit gemäß die feinen, aber wachsenden Aspekte unseres Selbst ersticken. Dies ist der Vorzug, den Meditation zur Erforschung des Selbst besitzt.

Sie könnten nun fragen, warum ein sich gerade entwickelnder Aspekt so wichtig ist, wenn er sich doch so schwer finden läßt in all der Komplexität und all dem Reichtum unserer Psyche. Die Antwort darauf ist, daß ihr »Wachstumspunkt« bewußt oder unbewußt Priorität in Ihrer Aufmerksamkeit und Ihrem Interesse hat. Daher hat er großen Einfluß darauf, wie Sie Entscheidungen treffen. Sie werden sich zu Menschen hingezogen fühlen, die diesen Aspekt, den Sie gerade in sich entwickeln, bereits verkörpern. Sie werden sich in Situationen wiederfinden, die diejenigen Elemente erfordern, die Sie in sich entwickeln möchten, und die Sie daher auch fördern werden.

> Bill ist Manager in einer international operierenden Firma. Als ich mit ihm über die Elemente sprach, betonte er das Feuerelement in sich. Gleichzeitig ist es so, daß seine Firma

das Feuerelement ihrer Manager hoch bewertet: die Fähigkeit, Risiken einzugehen, wird bewundert, übermenschliche Anstrengung erwartet, die Ziele werden sehr hoch gesetzt, und etwas anderes ist nicht akzeptabel. Bill hatte sich einen Managerstil angeeignet, der die Wettbewerbsorientiertheit und Aggressivität der Führungsebene, der er angehörte, nahtlos auf Untergebene übertrug.

In der Meditation erinnerte er sich wieder an Qualitäten des Elements Wasser, die er in seinem Beruf unterdrückt hatte, aber die sich für ihn natürlicher anfühlten als der Stil, den er sich angewöhnt hatte. Ich sagte ihm, daß der Schlüssel zu erfolgreichem Management darin liege, entsprechend seiner eigenen wirklichen Natur zu agieren. Es inspirierte ihn, zu entdecken, welcher Stil besser zum Wasserelement passen und ihm dennoch erlauben würde, seine Ziele zu erreichen.

Bill traf die bewußte Entscheidung, den Managementstil seiner Abteilung zu ändern. Er betonte jetzt Teamwork, gegenseitige Unterstützung, Beachtung und Lob, Problemlösungen ohne Schuldzuweisungen und Kundenzufriedenheit. Sein Vorgesetzter gab ihm die Chance, dies in seiner Abteilung zu versuchen und abzuwarten, zu welchen Resultaten die Veränderungen führten. Das Ergebnis war, daß nicht nur seine Abteilung Hervorragendes leistete, auch Bill war mit seinem Job zufriedener denn je.

Die Geschichte enthält keine implizite Bewertung von Wasser als »gut« und Feuer als »schlecht«. Für andere Manager ist der Feueratem bestätigend, erfrischend, anregend und macht Freude. Sie waren in der Lage, mit dem Feueratem ihre Tätigkeit besser zu fokussieren und die Energie, die der Atem produziert, produktiv zu nutzen. Sie werden später den Weg des Wassers schätzen lernen, wie Bill den echten Weg des Feuers lernen wird, nicht als eine angelernte Taktik, sondern als eine natürliche Erfahrung des Feueraspekts in sich. Erfolg stellt sich ein, wenn die innere Realität mit der äußeren übereinstimmt: Verhalten, das Verstehen ausdrückt, was wiederum Gefühl zum Ausdruck bringt.

Schließlich werden Sie alle vier Elemente in sich selbst entwickeln, aber die Reihenfolge und das Timing werden einzigartig für Sie selbst sein.

Ziele für die Herzrhythmus-Meditation

Nachdem Sie nun die Geschichten darüber gelesen haben, wie man die Herzrhythmus-Meditation anwenden kann, und Sie einige Aufzeichnungen über Ihre Reaktionen gemacht haben, überlegen Sie nun, welches der Elemente – Luft, Feuer, Wasser oder Erde – Sie in sich selbst entwickeln möchten und in welcher Weise Ihnen das helfen könnte. Wenn Sie sich ein bestimmtes Ziel setzen, wird Meditation für Sie einfacher sein, als wenn Sie es einfach ausprobieren, ohne ein bestimmtes Anliegen oder ohne Erwartung. Es folgen einige Beispiele für Ziele, die man sich in der Meditation setzen kann. Sie sind nach den Elementen Luft, Feuer, Wasser und Erde gruppiert. Je spezifischer Sie Ihre Ziele beim Erlernen der Herzrhythmus-Meditation formulieren können, um so mehr Motivation werden Sie haben.

Denken Sie eine Weile über die hier aufgeführten Ziele nach, die man durch die Herzrhythmus-Meditation erreichen kann, und wählen Sie dann entweder eines für sich aus, modifizieren Sie es, oder setzen Sie sich ein selbst ausgedachtes Ziel.

Vision (Luft)
- Schärfen und intensivieren Sie Ihre Konzentration.
- Werden Sie fähig, vom linearen zum ganzheitlichen Denken und wieder zurück zu wechseln.

- Erkennen Sie mehr von dem verborgenen Potential in anderen.
- Nutzen Sie ganz bewußt Ihre inneren Signale, um Entscheidungen zu treffen.
- Erkennen Sie den Sinn in Ihren jeweiligen Lebenssituationen.
- Werden Sie sich zukünftiger Trends durch Intuition bewußt.
- Entwickeln Sie eine persönliche Vision Ihres Lebenszwecks.

Energie (Feuer)
- Erholen Sie sich schneller von Streß.
- Erweitern Sie Ihre Fähigkeit, mit Streß umzugehen, indem Sie Ihr Herz stärken.
- Schlafen Sie weniger, und nutzen Sie die Zeit für Reflexion und Planung.
- Treten Sie Alltagssituationen mit mehr Mut gegenüber.

Emotionales Fassungsvermögen (Wasser)
- Nutzen Sie Ihre feineren Gefühle als Ihren »sechsten Sinn«.
- Werden Sie fähig, sich intensiver auf andere einzulassen.
- Gewinnen Sie ein klareres Gefühl für die emotionalen Zustände Ihrer Mitmenschen.
- Seien Sie kreativer.
- Werden Sie eine Führungspersönlichkeit mit magnetischer Ausstrahlung.

Integrität (Erde)
- Verbessern Sie Ihre Selbstdisziplin und Ihre Meisterschaft.
- Nehmen Sie bewußt positiven Einfluß auf Ihre Gesundheit.
- Gehen Sie diszipliniert und zielstrebig mit Ihrer Zeit um.
- Sagen Sie, was Sie meinen, und meinen Sie, was Sie sagen.
- Seien Sie geduldiger mit anderen.
- Seien Sie vertrauenswürdiger und vertrauensvoller.
- Managen Sie Ihre vielen Eigenschaften und Fähigkeiten so, daß Sie sie auf einen höheren Zweck ausrichten.

Teil II
Die Übungen

3

Der Einfluß von Körperhaltung und Umgebung: Die Vorbereitung

Der zweite Teil des Buches beschreibt die Theorie und die Techniken der Herzrhythmus-Meditation in sieben Schritten. Wenn man Meditation bei einem Lehrer lernt, was dem traditionellen Sufi-Weg entspricht, wird einem der Lehrer ununterbrochen Feedback geben. Wenn man jedoch Meditation anhand eines Buches erlernen möchte, benötigt man deutlich mehr Hintergrundinformation, um auf diese Weise sozusagen das Feedback eines Lehrers – wenigstens teilweise – zu ersetzen.

Die größten Probleme, die Sie in der Meditation haben werden, sind diejenigen, deren Sie sich nicht bewußt sind. Wenn Sie nicht vollständig ausatmen, werden Sie das wahrscheinlich nicht bemerken. Wenn Sie einschlafen, werden Sie es kaum vorhersehen. Wenn Sie einmal die Herzrhythmus-Meditation erlernt haben, ist es sehr erhebend, die Übungen allein zu machen. Um jedoch damit zu beginnen und einige wohlbekannte Schwierigkeiten auf dem Weg zu überwinden, braucht man Hilfe. Die Anleitungen in diesem Buch können zum Meditieren allein oder in einer Gruppe benutzt werden. (In Kapitel sechzehn finden Sie genauere Anleitungen für Einzel- und Gruppenmeditation.) Wenn Sie allein mit den Übungen beginnen, hoffe ich, daß Sie möglichst bald eine Gruppe zum gemeinsamen Üben finden.

Wenn man bei einem der im folgenden beschriebenen Meditationsschritte einem Problem begegnet, kann man beispielsweise versuchen (neben der Möglichkeit, sich um Hilfe zu bemühen), einfach zum nächsten Schritt überzugehen. Man lernt Meditation tatsächlich nicht in einer so linearen Reihenfolge, wie ich sie hier beschreibe. Manchmal fällt einem ein Schritt, der erst später beschrieben wird, leichter als ein anfangs vorgesehener. Es kann auch sein, daß Ihnen die Tatsache, einen schwierigeren Schritt angegeben zu haben, dabei hilft, einen leichteren zu bewältigen. Umgekehrt sollten Sie, nachdem Sie alle Schritte einzeln durchlaufen haben, noch einmal am Anfang beginnen, so daß sich Ihnen jede der einzelnen Stufen in einer neuen und tieferen Weise erschließt. Wenn Ihnen die Übungen einmal geholfen haben, Ihr Herz zu finden und stark zu machen, werden die in Teil III beschriebenen Elemente des Herzens zu Werkzeugen, mit deren Hilfe Sie Ihr Herz in Ihrem Alltag *einsetzen* können.

Aufrechte Haltung

Zuerst ist es notwendig, den Körper zu entspannen, es sich bequem zu machen, aber nicht in der Weise, daß man in einem weichen Sessel sitzt oder indem man sich hinlegt, weil die Entspannung, die der Körper in der Meditation erfährt, nicht die gleiche wie im Schlaf ist. Der Zweck spirituellen Trainings ist, den Körper zu einem Tempel Gottes zu machen, und deshalb darf man ihn nicht vernachlässigen.

Wenn man meditieren möchte, muß man seine Aufmerksamkeit zuerst auf den Körper richten und ihn in eine entspannte und bequeme Position bringen. Das Sitzen in einem weichen Sessel fördert Schläfrigkeit, und wenn der Stuhl, den man benutzt, zu hart ist, fühlt man sich unbequem. Ein gewisses Maß an Haltung ist wünschenswert, ob man auf einem Stuhl sitzt oder in einer Meditationshaltung. Der Raum sollte weder zu heiß noch zu kalt sein, und ganz allgemein ist es am besten, wenn man weder zu hungrig noch zu satt ist. Allerdings fällt einem die Meditation nach einer vollständigen Mahlzeit nicht leicht, und sie hat auch nicht so viele Vorteile. [HIK][1]

Wenn man sich hinlegt, ändert dies die Richtung der Herzströme, und dies ist nicht erwünscht. Außerdem schläft man leichter ein, und das macht Meditation natürlich unmöglich. [HIK][2]

Wenn Sie Ihrem Herzschlag zuhören möchten, muß sich Ihr Oberkörper in einer aufrechten Haltung befinden, nicht in einer gebeugten. Wenn Sie sich hängen lassen, üben Sie Druck auf Ihre Brust und Ihr Herz aus. Dieser Druck wird den Herzschlag schwächen, und es wird schwierig sein, ihn zu fühlen. Wenn man aufrecht sitzt, die Schultern leicht zurückgenommen, nimmt dies den Druck vom Herzen, und der Herzschlag kann in Ihrer Brust widerhallen. Wenn Sie Probleme damit haben, Ihren Herzschlag zu hören, sollten Sie zuerst Ihre Haltung überprüfen.

Ein zweiter Grund dafür, eine aufrechte Haltung einzunehmen, ist der, daß diese Haltung Ihrer Zwerchfellmuskulatur während der Einatmung erlaubt, sich am weitesten auszudehnen. Eine gebeugte Haltung drückt auf den Magen und verhindert seine Ausdehnung. (Mehr darüber in Kapitel sechs.)

Ein dritter Grund ist darin zu sehen, daß die Wirbelsäule sich in einer aufrechten Haltung befinden muß, um als optimaler Kanal zur Energieübertragung zu dienen. Ein Forscher hat herausgefunden, daß während der Meditation eine Niederfrequenzschwingung im Rückenmark resoniert.[3] Um diese Resonanzschwingung zu ermöglichen, muß die Wirbelsäule entspannt sein. Genau wie bei einer schwingenden Saite führt erhöhte Spannung in der Wirbelsäule zu einer höheren Resonanzfrequenz. Man entspannt die Wirbelsäule dadurch, daß man sie gerade hält. Sich nach vorne beugen, sich hängen lassen, die Beine zu nahe an sich heranziehen – das alles führt zu erhöhter Spannung in der Wirbelsäule und erhöht daher Ihre Resonanzfrequenz, was es erschwert, die in der Meditation erwünschte Niederfrequenzschwingung zu erreichen.

Die Wirbelsäule hat eine natürliche Krümmung. Eine »aufrechte« Wirbelsäule bedeutet also nichts anderes, als daß die Wirbelsäule ausschließlich ihre natürliche Krümmung aufweist.

Die wissenschaftliche Begründung für die Vorteilhaftigkeit einer Niederfrequenzschwingung im Rückenmark ist spekulativ. Vielleicht ist es so, daß die Niederfrequenzschwingungen, die das Gehirn in der Meditation erzeugt, sich leichter im Rückenmark fortpflanzen und sich auch horizontal im Körper ausbreiten können. Es könnte auch sein, daß die Wirbelsäule wie eine Antenne funktioniert, die in der Lage ist, Energie aus dem Universum aufzufangen, wenn sie eine niedrige Resonanzfrequenz hat. In manchen Situationen verhält sich das Rückenmark auch wie ein elektrisches Kabel, indem es Energie überträgt und transformiert.

Die Sitzhaltung

ÜBUNG | Sitzen Sie aufrecht, ohne sich anzulehnen. Die Oberschenkel müssen sich entweder parallel zum Boden befinden oder einen spitzen Winkel mit diesem bilden, so daß das Wirbelsäulenende aufrecht ist. (Wenn die Oberschenkel einen spitzen Winkel mit dem Oberkörper bilden, ist das Ende der Wirbelsäule gekrümmt.) Die Wirbelsäule wird durch Entspannung der Schultern noch weiter aufgerichtet.

Ziehen Sie Ihre Schultern hoch, als ob Sie Ihre Ohren damit berühren wollten. Während sich die Schultern immer noch in dieser Haltung befinden, ziehen Sie Ihre Schulterblätter so weit zurück, daß sie sich hinter Ihrem Rücken fast berühren. Halten Sie Ihre Schulterblätter in dieser Position, lassen Sie dann die Schultern nach unten sinken, und entspannen Sie sich. Sie werden sich dann in einer königlichen Haltung befinden, mit exponierter Brust, aber ungezwungen.

Legen Sie jetzt Ihre Hände in Ihrem Schoß zusammen, oder legen Sie Ihre Hände auf die Oberschenkel.

Erinnern Sie sich daran, daß Sie Muskeln – in diesem Fall die Schultermuskulatur – grundsätzlich nicht dadurch entspannen können, daß Sie sie ruhig halten. Entspannung folgt auf Spannung. Wenn Sie einen Muskel dehnen, ist danach die Entspannung viel besser.

Der Zweck der Körperhaltung ist, den Körper im Gleichgewicht zu halten, ohne daß man sich hin- und herbewegen muß und ohne Zwang auf sich auszuüben. [HIK][4]

Die richtige Meditionshaltung einzunehmen, fällt leicht auf einer nach vorn geneigten Sitzbank. Die Seiten haben gerade genug Höhe, um eine korrekte Sitzhaltung zu ermöglichen. Knien Sie sich hin, und stellen Sie die Sitzbank so hin, daß sie sich über Ihren Waden befindet, und setzen Sie sich darauf. Die Bank nimmt das Gewicht von Ihren Beinen. Wenn Sie das Gefühl haben, zuviel Druck auf Ihren Knien zu haben, können Sie sich Kissen unterlegen. Sie können die Beine auch unterschlagen, wie folgende Abbildung zeigt.

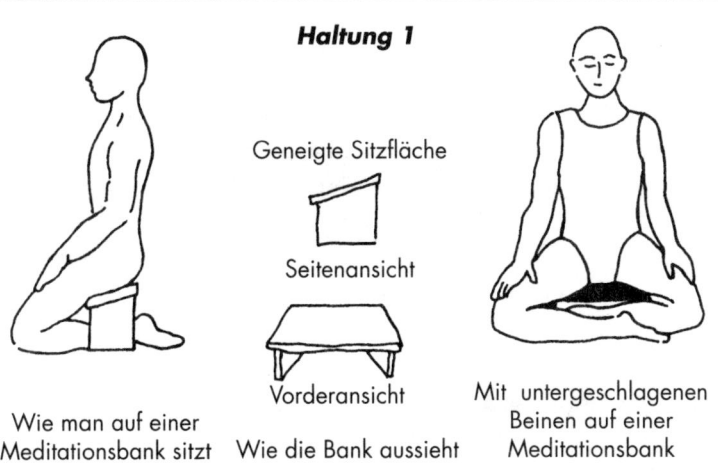

Haltung 1

Geneigte Sitzfläche

Seitenansicht

Vorderansicht

Wie man auf einer Meditationsbank sitzt

Wie die Bank aussieht

Mit untergeschlagenen Beinen auf einer Meditationsbank

Haltung 2

 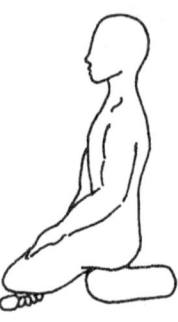 

Problemhaltung: | Lösung: | Man kann auch ein
Knie zeigen | Man setzt sich auf | zusätzliches Kissen
nach oben | den Rand des Kissens | nehmen

Wenn auch die Sitzbank eine großartige Sache ist, so ist sie doch nicht für jedermann geeignet. Manche Athleten können ihre Knie nicht so weit beugen, und manche Leute können ihre Füße nicht hinter Ihren Körper bringen. Es gibt dann zwei Möglichkeiten: entweder ein Stuhl oder ein Sitzkissen.

Das Kissen benutzt man, um dem Körper so viel Unterstützung zu geben, daß man seine Füße unterschlagen kann. Man kann ein oder mehrere Kissen benutzen, vorzugsweise auf einem dicken Teppich. Zumindest ein Knie sollte den Boden berühren, was das Wirbelsäulenende gerade macht.

Einen Stuhl können Sie benutzen, wenn Sie sich auf die Vorderkante setzen und sich nicht anlehnen. Die Oberschenkel sollten parallel zum Boden sein oder einen spitzen Winkel mit ihm bilden. Die Meditationshaltung sollte bequem, stabil und aufrecht sein.

Wenn Sie einmal gelernt haben zu meditieren, ist die Haltung nicht mehr so wichtig – aber eben nur ein bißchen weniger wichtig. Selbst wenn man seit zwanzig Jahren meditiert, erzielt man

Haltung 3

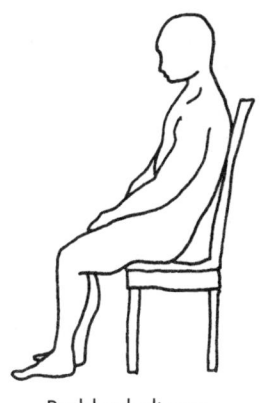
Problemhaltung:
Man lehnt sich zurück

Lösung: Man setzt sich auf
die Stuhlkante

die besten Resultate, wenn die richtige Haltung die Konzentration *unterstützt*. Wenn man zu meditieren beginnt, hat eine gute Haltung einen solch machtvollen Effekt, daß es sich nicht lohnt, ohne eine solche Haltung überhaupt zu beginnen. Statt zu versuchen, eine schlechte Haltung mit mehr Konzentration auszugleichen, ist es viel besser, sich einige Minuten der richtigen Haltung zu widmen und dann auf der Woge der Energie zu reiten, die daraus resultiert.

Andere Haltungen

Es gibt vier grundsätzliche Meditationshaltungen. Eine wird die »Haltung des Cupido« genannt. Dies ist eine Haltung, die das Herz weich macht. In dieser Haltung sitzt man mit gekreuzten Beinen. Man »umfaßt« dann mit zwei Zehen des rechten Fußes (mit der großen Zehe und der daneben) die obere der beiden Oberschenkelsehnen des linken

Beins. Diese Haltung beeinflußt das Herz und macht es empfänglich.

In der zweiten Haltung sitzt man einfach mit gekreuzten Beinen, mit den Händen auf den Knien. Diese Haltung ermöglicht Leichtigkeit, Bequemlichkeit, Inspiration und Frieden. Sie wird »die Haltung des Königs oder der Königin« genannt, denn sie bringt denjenigen, die gut mit gekreuzten Beinen sitzen können, Glück und Zufriedenheit.

Dann gibt es eine dritte Haltung: Man sitzt auf der linken Ferse und plaziert die rechte Ferse auf der linken Wade. Das ist die »Haltung des Adepten«, der sich in Selbstdisziplin übt und dabei ist, Kontrolle über sich selbst zu gewinnen.

Die vierte Haltung ist »Die Haltung des Weisen« (der Lotussitz), und die Haltung besteht darin, beide Füße auf den jeweils gegenüberliegenden Oberschenkel zu plazieren. Es ist eine sehr schwierige Haltung, aber es ist eine Haltung, mit der man Vollkommenheit erreicht. Sie könnten sich fragen, was der Grund dafür ist. Der Grund ist, daß beide Füße Ströme darstellen, die vom Herzen ausgehen, wie auch die Hände. Dadurch, daß man die beiden Fersen auf die Oberschenkel legt, hindert man diese Ströme am Fließen, und indem man seine Hände ballt, mit den Daumen nach innen, schließt man auch die beiden anderen Ströme. Dann hat das Herz, die Sonne, keine Möglichkeit, seine Ströme auszusenden. Was ist die Folge davon? Die Folge ist, daß es sich auszudehnen beginnt, daß es größer wird, daß es erleuchteter und kraftvoller wird. Alle latente Kraft kommt so zum Ausdruck, und man erreicht Vollkommenheit.

Dies sind vier wundervolle Haltungen, die man im Gedächtnis behalten sollte. [HIK][5]

Ich erwähne diese klassischen Meditationshaltungen der Vollständigkeit halber, ohne eine davon besonders zu empfehlen. Die Haltung des Cupido, für manche Menschen schwer auszuführen, ist unbequem für meine Füße. Die Haltung des Königs ermüdet meine Arme. Die Haltung des Adepten mag ich sehr, und ich habe sie selbst auf einem Holzfußboden angewandt, aber sie ist schmerzhaft für den linken Fuß. Was den Lotussitz angeht, kann ich nur sagen, daß es ein Glück ist, daß man meditieren lernen kann, ohne diese Haltung zu beherrschen.

Auf einem Stuhl zu sitzen ist durchaus in Ordnung, um Herzrhythmus-Meditation zu lernen, unter der Voraussetzung, daß Sie sich nicht anlehnen. Ich empfehle diese Haltung für Anfänger.

Den Körper ruhig halten

Eine Hand in der anderen zu halten, die Hände zu falten oder die Beine unter dem Körper zu kreuzen, selbst knien, sind Haltungen, die den Magnetismus des Körpers davor bewahren, zerstreut zu werden... Der Magnetismus verläßt den Körper durch die Nasenlöcher, die Finger, die Augen, die Ohren, die Zunge, die Lippen, die Füße und durch die gesamte Körperoberfläche. Die Kontrolle dieser Zentren und Organe macht den Körper zu einem Tempel Gottes. Rhythmisches Atmen und Übungen, die Rhythmus unterstützen, sind ebenso vorteilhaft. [HIK][6]

Auch wenn Sie am Anfang eine bequeme Haltung eingenommen haben, werden Sie sich bald unbehaglich fühlen, wenn Sie nicht den Sprung von Ihrem Alltagsbewußtsein ins Meditationsbewußtsein machen. Der Körper möchte sich bewegen, er ist für Bewegung geschaffen, und Bewegung verschafft ihm Energie. Es ist schwer, den Körper ruhig zu halten, aber wenn Sie es schaffen, wird die Energie des Körpers in brillante gedankliche Energie verwandelt.

> **ÜBUNG** Wenn Sie ganz still sitzen, werden Sie sehr bald den Impuls verspüren, sich zu bewegen. Wenn Sie diesen Impuls beobachten können, ohne ihm nachzugeben, wird er bald aufhören, und mehr Energie wird von Ihrem Körper in Ihre Gedankenwelt übergehen. Stellen Sie sich vor, daß Ihr Körper in den Boden sinkt. Sein Gewicht stellt eine Anziehungskraft für die Erde dar, die ihn in sich hineinzieht. Der Körper ist aus dem gleichen Stoff wie die Erde gemacht. Erfahren Sie Ihren Körper als einen schweren Felsen, einen wunderbar starken und schweren Felsen, einen Felsen, der glücklich ist, ein Fels zu sein.

Ich möchte hier ein wesentliches Konzept der Herzrhythmus-Meditation unterstreichen: *Die Existenz einer physischen Realität wird nicht negiert.* Die Pioniere der Meditation aus dem Osten fanden heraus, daß eine effektive Technik, um Meditation zu lernen, darin besteht, daß man sich nicht mit seinem Körper identifiziert. (Das ist die echte Selbstverleugnung, die von Menschen, die nicht mit Meditation vertraut sind, oft mißverstanden wurde. Selbstverleugnug bedeutet in Wirklichkeit, daß man sein Selbstkonzept in Frage stellt.) In der Herzrhythmus-Meditation wird die starke Verbindung zwischen dem Körper und unserer Vorstellungs- und Gedankenwelt betont. Der physische Körper ist eine Schöpfung unserer Gedanken- und Vorstellungswelt, und umgekehrt beeinflußt der Zustand des physischen Körpers unsere Gedanken- und Gefühlswelt.

Die beiden Zitate weiter unten beschreiben diese Interaktion zwischen Gedanken- und Gefühlswelt und Körper, dem Inneren und dem Äußeren. Im ersten Beispiel zeigt uns Rumi, wie unsere physischen Sinne uns zur Entdeckung unserer Innenwelt verhelfen können.

> *Ein Gefühl der Zufriedenheit entsteht,*
> *Aber gewöhnlich braucht es Brot, damit es entsteht.*
> *Schönheit umgibt uns,*

Aber gewöhnlich braucht es einen Spaziergang im Garten,
sie zu erkennen.
Der Körper selbst ist ein Schutz, der uns umgibt und zugleich
ein Teil des Lichtes enthüllt,
Welches in uns lodert. Wasser, Geschichten, der Körper, alles,
was wir tun,
Sind Mittel, die verhüllen und doch zeigen, was verhüllt ist.
Studiere sie sorgfältig, und freue Dich daran, von einem
Geheimnis umspült zu sein,
Das wir manchmal kennen, und dann wieder nicht.

Rumi[7]

Umgekehrt stimmt es auch, daß wir unsere tiefen Gefühle brauchen, um unsere äußere Wahrnehmung anzuregen.

Überall hingen Glocken,
Aber ich hörte sie niemals läuten.
Nein, niemals.
Bis ich dich fand.[8]

Die Hindu-Mystiker sagen: »Dies ist nicht mein Körper«, oder »Ich bin nicht dieser Körper.« Buddhistische Mystiker sagen: »Löse deine Identifizierung mit allem, was vergänglich ist.« Da sich unser Körper dauernd verändert, kann er nicht unser wirkliches Selbst sein, also ziehe dich von ihm zurück. Dies ist eine sehr effektive Technik, um einen Meditationszustand zu erreichen, aber es ist nicht wirklich wahr; wir *sind* unsere Körper. Die Buddhisten sehen das Selbst als dasjenige, was konstant und ewig ist im Gegensatz zu den Veränderungen, die unser Leben erfährt. Pir Vilayat Inayat Khan dagegen lehrt, daß auch das ewige Selbst dem Wechsel unterworfen ist, daß wir eine »Kontinuität im Wandel« sind. Nichts ist statisch.

Weit davon entfernt, den Körper zu vernachlässigen, sind die Menschen unserer Zeit mehr und mehr von der eingeborenen Intelligenz selbst einer einzelnen Körperzelle beeindruckt. Wir wissen, daß unsere Gedanken- und Gefühlswelt die physische Substanz unseres Körpers verändern kann und daß der Körper »die Verdrahtung« für Gedanken und Gefühle darstellt. Im genetischen Code erkennen wir eine unglaubliche Anhäufung von Erfahrung, die im Laufe der Geschichte unserer Spezies und darüber hinaus im Laufe der Entwicklung allen Lebens angehäuft wurde. Daher kann ich der Aussage »Ich bin dieser Körper« nicht widersprechen. Ich kann sagen, daß es darüber hinaus sehr viel mehr gibt, was mich ausmacht, mehr als das, was in einer physischen Form erscheint. Aber die physische Form repräsentiert alle nichtphysischen Ebenen unseres Wesens.

Sheila ist eine schöne Frau, intelligent und wach. Sie schminkt sich gern, benutzt Parfums, schöne Kleidung und Schmuck. Beatrice, die sich überhaupt nicht schminkt, kritisiert sie als eitel und töricht.

»Du bist ein unbewußtes Opfer der Mode- und Reklameindustrie«, sagte Beatrice ihr. »Die Zeit, die du mit der Pflege deiner Erscheinung verbringst, beuten diejenigen aus, die ein Bild von dem geschaffen haben, was als schön zu gelten hat und dem du gleichen sollst. Daß du dich den von der Werbeindustrie geschaffenen Bildern so unterwirfst, zeigt, daß du nicht weißt, wer du wirklich bist. Dein Bedürfnis, dein Aussehen künstlich zu verbessern, zeigt einen Mangel an Vertrauen in deine natürliche Schönheit.«

»Im Gegenteil«, sagte Sheila, »ich habe eine Vision meiner Seele, und diese Vision ist außerordentlich schön. Alles, was ich in der physischen Welt als schön ansehe – die Harmonie der Farben, die Symmetrie der Formen, die Grazien der Linien –, ist nichts im Verhältnis zu der leuchtenden Schönheit, die ich in mir fühle. Es ist nur natürlich, daß ich ein Bedürfnis habe, diese Schönheit auszudrücken.«

»Du bist verblendet von unserer Kultur, wenn du denkst, du mußt dich besonders herrichten, um attraktiv zu sein. Tatsächlich ist es eher so, daß derjenige, der Schönheit sieht, schön wird«, erwiderte Beatrice.

»Damit stimme ich überein«, sagte Sheila, »und wer immer diese Schönheit ausdrückt, macht es anderen leichter, sie zu sehen.«

»Aber dein Körper hat eine natürliche Schönheit, auch ohne daß du dich herausputzt«, entgegnete Beatrice.

»Ich habe ein Bedürfnis, es zu tun. Eine Dichterin mag eine wunderbare Einsicht haben, doch dann drückt sie diese in noch schöneren Versen aus. Ein Fotograf bringt die Schönheit einer Landschaft noch besser dadurch zum Ausdruck, daß er sie unter einem besonderen Blickwinkel fotografiert. In gleicher Weise möchte ich teilnehmen und beitragen zu der Schönheit, die Gott geschaffen hat. Es ist die Aufgabe der Kunst, Natur zu verschönern«, sagte Sheila. »Ich versuche, Schönheit in meiner Persönlichkeit, in meiner Umgebung, in meinen Kindern zum Ausdruck zu bringen. Warum nicht auch in meinem Körper?«

»Du solltest Menschen nicht darin bestärken, Oberflächliches wertzuschätzen«, war Beatrices Entgegnung, »Menschen sollten lernen, tiefer zu schauen und die Essenz wertzuschätzen.«

»Na gut«, sagte Sheila, »wir sollten dann also Blumen verbannen und statt dessen den Tisch mit Samen dekorieren.«

Einheit ist die Realität des Mystikers, und sie ist unser Ziel. Die Erfahrung der Einheit fühlt man überall: Sie ist nicht nur eine mentale, sondern auch eine physische Erfahrung. In der Meditation werden Sie zu einer Wahrnehmung von Einheit in Ihrer Körpererfahrung gelangen. Ihr Körper wird sich anders als gewöhnlich anfühlen – größer, grenzenlos, mehr Schwingung als feste Substanz.

Die Haut hat die Fähigkeit, Druck, Temperatur und Schmerz zu fühlen. Die Druckrezeptoren in der Haut ermöglichen Ihnen zu erkennen, ob Sie sitzen oder stehen und wo Ihre Hände Ihre Beine berühren. Es ist jedoch so, daß die Wahrnehmung von Empfindungen, die über längere Zeit konstant bleiben, nachläßt. Es kann also sein, daß Sie nach einer Weile des Stillsitzens die Position Ihres Körpers nicht mehr spüren. Jede Bewegung wird jedoch irgendwo eine Druckveränderung bewirken und damit die Körperempfindung unmittelbar zurückbringen.

Wir beginnen damit, unser Bewußtsein auf unseren Körper zu konzentrieren, in der Absicht, ihn für längere Zeit ruhig zu halten. Zuerst wird er sich sehr schwer anfühlen und dann monolithisch, wie ein einziger undifferenzierter Block. Wenn Sie zwanzig Minuten lang still sitzen können, werden Sie nicht »Dumpfheit«, sondern eben diese monolithische Empfindung verspüren. In diesem Zustand können Sie immer noch Hände und Füße spüren, aber Sie spüren nicht mehr, daß sie sich berühren. Es scheint eher so zu sein, daß sie ineinander übergehen. Es ist nicht mehr zu unterscheiden, wo Ihre Hände aufhören und Ihre Füße beginnen, weil Sie weder den Druck spüren, den Ihre Beine auf die Druckrezeptoren in Ihren Händen ausüben, noch den Ihrer Hände auf Ihren Beinen. Zuerst waren Sie noch in der Lage, zu unterscheiden, ob Ihre Handflächen nach oben oder nach unten zeigten und wo genau sie auf Ihren Beinen lagen. Nun können Sie es nicht mehr mit Ihrem Gefühl allein entscheiden, Sie müssen sich Ihre Hände ansehen, um zu wissen, wo sie sind. Wenn Sie sie ein wenig bewegen, kommt das Gefühl für die Position Ihrer Hände sofort zurück.

| ÜBUNG | Wenn Sie völlig still sitzen, wird sich Ihr Körpergefühl dramatisch ändern. Nach ungefähr zwanzig Minuten schalten die Druckrezeptoren der Haut ab, und während Sie sich immer noch Ihres Körpers, speziell des Körperinneren, bewußt sind, wird sich Ihr Körper monolithisch anfühlen – das heißt, wie ein einziger Block. Durch Fühlen allein werden Sie jetzt nicht mehr entscheiden können, wo Ihre Hände sind und wie Ihre Sitzposition ist.

Genießen Sie die Freiheit vom physischen Empfinden, wenn dieses Gefühl eintritt. Ihre Gedankenwelt wird Ihnen »aufgeladen« vorkommen, da die Aufmerksamkeit, die Sie gewöhnlich Ihren Körperempfindungen zuwenden, jetzt auf Ihr kreatives Denken gerichtet ist. Jede körperliche Bewegung wird diesen Zustand unmittelbar verändern.

Stillsitzen ohne jede Unterstützung ist eine schwierige Übung. Es ist leichter, wenn man sich dabei auf seinen Atem konzentriert, wie es im nächsten Schritt, »Sich nach innen wenden«, beschrieben wird.

Wie still sollte man sein? Sie können atmen, und Sie können schlucken. Wenn Ihre Augen offen sind, bewegen Sie die Augäpfel nicht. Versuchen Sie, nicht zu blinzeln. Suchen Sie sich einen festen Punkt auf einer Wand aus, auf den Sie sich konzentrieren.

Wir sind gewöhnt, entweder wach und in Bewegung oder schlafend und ruhig zu sein. Wach und unbewegt zu sein ist ein ungewöhnlicher Zustand. Nach zwanzig Minuten wird es leichter, still zu sitzen, weil die physischen Impulse, die die Bewegungen verursachen, langsam weniger werden. Sie wissen, daß Sie Ihren Körper bewegen können, aber Sie haben kein Bedürfnis, es zu tun. In den ersten zwanzig Minuten werden Sie Schwierigkeiten haben, weil der Körper öfter von Ihnen verlangt, sich zu bewegen. Wenn Sie in der Lage sind, diese Impulse zu kontrollieren, zeigen Sie damit Willensstärke und Selbstdisziplin, Qualitäten, die notwendig sind, um Erfolg zu haben.

Ich lehrte einmal Meditation in einer Gruppe leitender Angestellter einer New Yorker Bank. Ich stellte diesen sehr disziplinierten und erfolgreichen Leuten die Aufgabe, zwanzig Minuten lang still zu sitzen. Sie versuchten es, aber nur die Hälfte von ihnen war in der Lage, es zu tun. Es ermüdet unsere Gedankenkraft sehr, weil es soviel Konzentration erfordert. Es ist, als ob man mit sich selbst ringen würde. Es wird vorkommen, daß ein Impuls Ihrer Aufmerksamkeit entgeht und Sie eine Bewegung machen, die Sie erst im nachhinein merken.

Als ich dann den Bankangestellten sagte, sie sollten zwanzig Minuten lang ihren Atem beobachten, waren alle in der Lage, es zu tun, trotz der mentalen Ermüdung durch den ersten Versuch.

Die »monolithische Körperempfindung« ist das erste deutliche Anzeichen, daß etwas passiert, während Sie sitzen! Dadurch, daß ein Wechsel in Ihrer sinnlichen Wahrnehmung stattfindet, entfernt sich Ihr Bewußtsein von seiner Körperzentriertheit. Das ist noch nicht Meditation, es ist Konzentration, aber es ist ein Meilenstein, den man feiern darf. Die Fähigkeit, still zu sitzen, ist nicht nur notwendig für die nächste Ebene der Herzrhythmus-Meditation, sie ist eine Kraft für sich.

In den späten sechziger Jahren hörte ich eine Vorlesung an der *University of Pennsylvania*, wo ich studierte. Ich war ziemlich früh, um einen guten Sitz zu bekommen, und sah, daß der Gastvortragende bereits da war. Er stand vorn im Vorlesungssaal, neben dem Labortisch, seine Augen auf die Zuhörer gerichtet. Er stand einfach da, nicht steif, aber vollständig still. Es ist ungewöhnlich, daß man irgend jemanden so still sieht, besonders vor einer Zuhörerschaft. Einfach still zu stehen, mit geöffneten, aber unbewegten Augen, hatte zur Folge, daß sich die gespannte Aufmerksamkeit der Zuhörer auf ihn richtete. Bevor er irgendein Wort gesagt hatte, war ich auf ihn eingestimmt und bereit, allem zuzuhören, was er zu sagen hatte. Ich wußte, daß er Meister über seinen Körper und seine Gedanken war.

Die Mystiker beschrieben bestimmte Haltungen, um den Körper in einem stabilen Zustand zu halten. Dieser stabile Zustand des Körpers hat seinen Einfluß auf Gedanken und Gefühle und macht auch sie stabil. Gedanken- und Gefühlswelt und Körper reagieren aufeinander. Deshalb hat ein meisterlicher Mensch, der Kontrolle über seinen Körper und seine Gedanken- und Gefühlswelt hat, Gleichgewicht und Weisheit. Weisheit folgt auf Beständigkeit, und Einsicht folgt der Weisheit.[9]

Man kann seinen Verstand viel besser kontrollieren, wenn man in der Lage ist, seinen Körper zu kontrollieren. Man kann es mit der Fähigkeit, reiten zu können, vergleichen: Bevor man über Hindernisse springt, muß man die Grundlagen des Reitens beherrschen.

 Ziel: Sitzen Sie zwanzig Minunten lang absolut still oder so lange, bis die »monolithische Körperempfindung« auftritt.

*

Sich nach innen wenden

Die Tür der Sinne sollte geschlossen sein, und es ist auch von Nutzen, die Augen ganz oder teilweise zu schließen. Der Raum sollte weder zu hell noch zu dunkel sein, aber eigentlich schließt man durch Selbstdisziplin äußere Einflüsse aus. Nichtsdestotrotz ist besonders am Anfang ein ruhiger Ort wünschenswert. [HIK][10]

Die Sinneseindrücke, die wir mit unseren Augen aufnehmen, üben eine starke Anziehung aus – sie lenken unser Bewußtsein von uns selbst ab. In der Meditation treffen wir die bewußte Entscheidung, unsere Wahrnehmung für eine bestimmte Zeit von

Bildern und Geräuschen abzuwenden und sie statt dessen auf das zu richten, was Bilder und Geräusche interpretiert. Wir tun dies in der Absicht, die Welt als das zu erkennen, was sie wirklich ist, nachdem wir unsere Augen wieder geöffnet haben: als vielfache Repräsentation einer einzigen Ganzheit mit unbegrenztem Potential. Aber wie können wir wissen, daß diese Sichtweise realistischer ist? Die Antwort darauf ist, daß wir besser fähig werden, mit der Realität umzugehen, wenn wir sie korrekt interpretieren, und so leichter erreichen können, was wir zu erreichen wünschen, und leichter zu dem werden, was wir zu werden wünschen.

ÜBUNG | Schließen Sie Ihre Augen. Ihre Aufmerksamkeit wird sich dann sehr schnell auf das richten, was in Ihnen ist, und von dem weg, was Sie umgibt. Zuerst wird die Welt um Sie herum noch den Hauptteil Ihrer Aufmerksamkeit beanspruchen, nur daß Sie sich im klaren darüber sind, daß es nicht »Ihre Umgebung« ist, sondern die Welt, die Sie durch Ihr Denken kreieren.

»Umgeben Sie sich mit einer Zone der Stille« – das ist eine Anweisung des Buddha. Die Stille, die Sie in der Meditation brauchen, schaffen Sie selbst, sie kann nicht für Sie geschaffen werden. Nutzen Sie diese Zone der Stille, um einen Raum zu schaffen, der ruhiger und friedvoller ist als jeder Platz, den Sie sonst finden können. Machen Sie dies einfach dadurch, daß Sie Ihre Aufmerksamkeit von Geräuschen abwenden und sie auf das richten, was diese Geräusche interpretiert. Fühlen Sie, wie Ihr Ohr auf Schwingungen reagiert, beobachten Sie, wie Ihr Verstand diese Schwingungen mit Gedanken assoziiert. Wenn Sie einmal verstehen, wie das funktioniert, könnten Sie sich fragen, warum Sie Ihrem Denken erlauben, von ein paar Schallwellen dominiert zu werden. In Wirklichkeit ereignet sich so viel mehr als das enge Spektrum von Schallwellen, welches das Ohr empfangen kann. Bei allem Respekt für die Ohren: Glauben Sie, daß es richtig ist, daß Ihr Denken so sehr von den Schallwellen beeinflußt wird, die sich gerade zufällig in Ihrer näheren Umgebung ausbreiten? Wie steht es dagegen mit den kosmischen Strahlen, die tief aus dem Weltall stammen und Ihren Scheitel treffen? Was ist mit den Empfindungen all Ihrer anderen Körperorgane und den Gedanken, die sie auslösen?

Obwohl Sie sich der Geräusche um Sie herum bewußt sind, können Sie doch Ihre Aufmerksamkeit von Ihrer Umgebung auf Ihr Inneres richten. Wenn Sie das tun, werden Sie feststellen, daß Geräusche viel weniger Einfluß auf Ihr Denken haben.

Im Laufe der Meditation wird sich die Welt von Ihnen zurückziehen und eine Art Horizont um Ihr inneres Selbst bilden. Ihr Denken wird auf der persönlichen Ebene sehr viel tiefer werden. Letztendlich liegt im Kern des Inneren die Essenz all dessen, was »innen« und »außen« existiert. Die Reise nach innen bringt kein isoliertes Individuum hervor. Sie resultiert vielmehr in der Entdeckung, daß dasjenige, was am persönlichsten und intimsten ist, gleichzeitig auch universell ist.

Ich verbrachte einmal 28 Tage in einem Meditationsretreat in einer Höhle in den französischen Alpen. Ich schaute aus der Höhle auf das Tal von Chamonix und zum Mont Blanc, Europas höchstem Berg, der nur ein wenig höher als meine Höhle zu sein schien. Weit über der Baumgrenze und über den meisten Wolken blickte ich auf eine himmlische Welt unglaublicher Schönheit. Ich kann mir keinen idealeren Ort für Meditation vorstellen, und in Gedanken kehre ich sehr oft an diesen Ort zurück. Aber auch dort war es nicht völlig still. Es gab Geräusche von Flugzeugen und Hubschraubern, das Pfeifen der Murmeltiere, das Tropfen des Wassers und häufiges Donnern. Es war nicht bequem, es war kalt, die Felsen waren hart, und Fliegen landeten auf meinem Gesicht. Sowohl die Schönheit des Ortes wie auch seine Geräusche und Unbequemlichkeit hielten mich vom Meditieren ab. Oft setzte ich mich mit dem Gesicht zur Höhlenwand, um nicht von dem großartigen Anblick des Mont Blanc gefangengenommen zu werden. Selbst an diesem Ort mußte ich meine eigene Zone der Stille schaffen.

Was mir dabei letzten Endes am meisten half, war die große Nähe zu meinem Lehrer, Pir Vilayat Inayat Khan, die erhebende Energie der Bergwelt und die Atmosphäre, die diejenigen geschaffen hatten, die vor mir in der Höhle meditiert hatten.

 Aufgabe: Sitzen Sie in einem Zustand der Stille und der Konzentration nach innen. Nehmen Sie den Unterschied wahr, der zwischen der physischen Aktivität des Hörens und der mentalen Aktivität, Gedanken mit Geräuschen zu assoziieren, besteht.

Der Einfluß der Ernährungsweise

Wir beginnen die Reise zu Spiritualität und Ganzheit, indem wir die physische, die mentale und die emotionale Ebene unseres Wesens einbeziehen. Nichts kann auf dieser Reise außer acht gelassen werden. Meditation ist keinesfalls nur eine gedankliche Übung, sie hat auch Auswirkungen auf die Physis. Man unterstützt sie durch eine gute Gesundheit und eine angemessene Wahl von Lebensmitteln.

Sufis sind charakteristischerweise undogmatisch, was die Ernährung angeht, und sie stimmen mit dem Spruch von Jesus Christus überein:

> Nicht das, was in den Mund hineingeht, verunreinigt den Menschen, denn es passiert den Körper und wird ausgeschieden. Es ist das, was aus dem Munde herauskommt, was den Menschen verunreinigen kann.[11]

Man sollte jedoch die Anweisungen der Propheten Moses und Mohammed ebenfalls beachten. Diese Propheten verboten beide viele der gleichen Speisen, insbesondere Schweinefleisch.

Die Sufi-Herangehensweise an die Ernährung ist die folgende: Beobachten Sie, was das jeweilige Lebensmittel in Ihnen auslöst, physisch, mental und emotional. Dann wählen Sie diejenigen Lebensmittel aus, die Sie darin unterstützen, Ihre Ziele zu erreichen. Jedes Lebensmittel hat seine Vorzüge, viele haben jedoch auch Nachteile. Wenn Sie die Wirkung des jeweiligen Lebensmittels feststellen können, können Sie sie für Ihre Zwecke benutzen.

Man muß dabei jedoch beachten, daß es Lebensmittel gibt, die bei häufigem Genuß einen Menschen so desensibilisieren können, daß es schwierig ist, den Effekt von anderen Nahrungsmitteln festzustellen. Wenn Sie die Wirkungen überprüfen möchten, sollten Sie während dieser Zeit die folgenden Lebens- oder Genußmittel nicht zu sich nehmen: Tabak, rotes Fleisch, insbesondere Schweinefleisch und alles, was fermentiert ist, einschließlich Essig und Alkohol. Es kann eine Woche dauern, bis die desensibilisierende Wirkung dieser Produkte aufhört und Sie die Wirkung anderer Nahrungsmittel auf sich feststellen können.

Der Effekt eines Lebensmittels ist am stärksten, wenn Sie es ausschließlich zu sich nehmen. Machen Sie zuerst eine Probe mit den wahrscheinlichsten Problemlebensmitteln: Schokolade, Milch, Weizen, Hefe, Mais, Schalentiere, Kaffee, Eier. Nehmen Sie jeweils eine gute Portion zu sich, und meditieren Sie darüber. Während Sie mit geschlossenen Augen schweigend sitzen, beobachten Sie jede Wirkung auf Ihren inneren Zustand. Wenn Sie sich schwindelig, benommen, schläfrig, aufgeregt, ängstlich, sorgenvoll oder ärgerlich fühlen, wenn sich Ihr Gesicht gerötet oder juckend anfühlt, wenn Ihr Magen in Aufruhr gerät oder Ihre Zunge brennt oder Sie Ihre Kehle reinigen müssen oder Schluckbeschwerden bekommen: Setzen Sie in jedem dieser Fälle das spezielle Lebensmittel auf die »Verdächtigenliste«. Essen Sie dann andere Lebensmittel, und versuchen Sie die auf Ihrer Liste einige Tage später. Probieren Sie schließlich die oben beschriebenen desensibilisierenden Nahrungsmittel jeweils einzeln aus, und stellen Sie deren Wirkung auf sich fest.

Vielleicht finden Sie heraus, daß Sie, anders als die meisten Menschen, überhaupt keine negative Reaktion auf eines der desensibilisierenden Lebensmittel wie Essig zeigen. Aber es ist wahrscheinlich, daß manche Lebensmittel wie beispielsweise Milch oder Weizen, die für viele Menschen harmlos sind, auf Sie einen negativen Effekt haben.

Wenn Sie herausgefunden haben, welche Wirkung beispielsweise Fleisch und Alkohol auf Sie haben, wissen Sie, in welchen Situationen der Genuß ebendieser Lebensmittel angebracht ist, und Sie können sie in diesen Situationen zu sich nehmen. Ein Sufi ist gegen gar nichts – es gibt nichts, was nicht für irgend jemanden zu einer bestimmten Zeit einen Wert hat. Es gibt Situationen, wo es gut ist, unempfindlich zu sein und zu handeln, ohne groß über die Konsequenzen nachzudenken. Allgemein gesagt ist es besser, Lebensmittel zu sich zu nehmen, die nähren und Energie geben, ohne die Wachheit zu beeinträchtigen. Dem heiligen Markus zufolge kann man aber mit ausreichender spiritueller Kraft selbst Gift verdauen.[12]

Fleisch ist eine hochkonzentrierte Form von Getreide und Gemüse und hat einen sehr starken erdenden Effekt. Es gibt Menschen, die Fleisch in ihrer täglichen Nahrung brauchen, besonders solche, die genetisch nicht sehr stark sind, oder solche, die durch Mißbrauch oder Krankheit geschwächt sind, so daß ihre physische und mentale Stabilität nicht besonders hoch ist. Unglücklicherweise können Hormone und Rückstände von Medikamenten in Fleisch unnatürliche physische und mentale Wirkungen haben. Manche Menschen absorbieren auch die Angst und die Panik des geschlachteten Tieres wie auch seine Verzweiflung aufgrund der unnatürlich beengten Lebensverhältnisse in ihren eigenen emotionalen Zustand, wo sie in einer unterdrückten Form als Depression oder Ängstlichkeit fortbestehen. Wir können aber ebenso positive Eigenschaften von Tieren und Vögeln, die wir essen, absorbieren, besonders wenn diese Tiere mit Mitgefühl behandelt wurden. Aus einer ökologischen Perspektive ist es jedoch klar, daß der Konsum von Fleisch anstelle des Getreides und des Wassers, das die Tiere zu sich nehmen, völlig ineffizient ist und selbst reiche Nationen sich das kaum leisten können.

Ein Sufi achtet sehr auf sein Essen und Trinken. Alkoholische Getränke und Getränke, die aus gärenden Früchten zubereitet sind, machen den Atem unrein; ebenso hat Tabakrauchen eine schlechte Wirkung auf den Atem. Diejenigen, die alle mystischen Regeln beachten, achten sorgfältig darauf, kein Fleisch zu sich zu nehmen, nicht einmal Eier. Es gibt keinen Zweifel darüber, daß weißes Fleisch rotem vorzuziehen ist, denn rotes Fleisch enthält Partikel, welche die Atemkanäle blockieren. Das ist der Grund dafür, warum die Propheten des Volkes Israel Schweinefleisch verboten haben. Es gibt keinen Zweifel, daß dem Reinen alles rein ist, aber um rein zu werden, muß man die Regeln der Reinheit beachten.

Man sollte die spirituelle Entwicklung eines Menschen jedoch nicht danach beurteilen, was er ißt und trinkt, denn das eine hat mit dem anderen nichts zu tun. Shiva, der Gott der Yogis, aß Fisch, und Wein wurde in der Kirche Christi als Sakrament gegeben. Deshalb hat niemand das Recht, seine Mitmenschen danach einzuschätzen, was sie essen oder trinken. Aber jeder Mensch, der dem spirituellen Pfad folgen möchte, sollte das mystische Gesetz beachten, was einem erlaubt, schneller voranzuschreiten. Es muß daran erinnert werden, daß am wichtigsten ist, an seinem spirituellen Ideal festzuhalten; was man ißt und trinkt, ist sekundär. Jeder Disput darüber ist unnötig. [HIK[13]

Der Schlaf

Jeder nervöse Mensch sollte lange schlafen, und selbst wenn man nicht so lange schlafen kann, ist es äußerst hilfreich, im Bett zu liegen. Wenn der Körper ruht, werden Kreislauf und Rhythmus des Herzschlags reguliert. Dabei werden ähnliche Resultate erzielt wie bei manchen Yogaübungen.

Diejenigen, die einen Mittagsschlaf von einer bis anderthalb Stunden nötig haben, sollten ihn auch machen.

Es ist nicht immer gesagt, daß man in der Meditation unbedingt vermeiden sollte zu schlafen. Wenn man während der Meditation einschläft, kann das sehr gut sein, denn die Meditation setzt sich während des Schlafes im Unterbewußtsein fort. Wenn ein Schüler vor dem Schlafengehen eine bestimmte Meditation macht und dadurch einschläft, hat diese Meditation einen hundertmal größeren Effekt, als wenn der Schüler zwischen Meditation und Einschlafen noch einer anderen Aktivität nachginge.

Man sollte seinen Schülern auch empfehlen, morgens sofort nach dem Aufwachen bestimmte Übungen zu machen und ebenso unmittelbar vor dem Zubettgehen. Es geht darum, alle Übungen in sein Unterbewußtsein »einzugravieren«, denn das ist der Ort, wo das Phänomen verborgen ist. [HIK][14]

Meditation ist sehr verschieden von Schlaf, aber Meditation kann zu einem wundervollen Schlaf führen. Einzuschlafen heißt, einen abrupten Übergang von einem Bewußtseinszustand in einen anderen zu machen. Das gilt auch für Meditation. Der dritte große Übergang ist der Tod. Von diesen dreien ist Meditation der bewußteste Übergang, und der am wenigsten absichtliche ist der Tod. Man kann vermeiden zu meditieren, aber Schlaf braucht man nach kurzer Zeit. Man kann lernen, den Übergang ins Meditationsbewußtsein beinahe willkürlich zu machen, aber

Schlaf ist viel weniger willkürlich. Übung in der Meditation erleichtert die Übergänge von einem Bewußtseinszustand in einen anderen, und so gewinnt ein Meditierender ein größeres Maß an Kontrolle darüber, wann er schlafen möchte. Schlafen ist eine der großen Freuden des Lebens, und an einer Schlafstörung zu leiden ist ein schrecklicher Verlust. Zu lernen, wie man seinen Schlaf verbessert, hat große Vorteile. Im folgenden liste ich einige Punkte auf, die ich von meinem Lehrer gelernt habe.

1. Erinnern Sie sich Ihres gegenwärtigen Lebenszieles, kurz bevor Sie ins Bett gehen oder unmittelbar nachdem Sie zu Bett gegangen sind.
2. Meditieren Sie einige Minuten vor dem Einschlafen in aufrechter Haltung. Sie können dabei Ihr Kissen zum Sitzen benutzen. Sie könnten beispielsweise den Atem des Elements Luft machen (wie in Kapitel 14 beschrieben). Ehe Sie diesen beherrschen, hören Sie einfach Ihrem Herzschlag zu.
3. Legen Sie sich sofort nach dem Meditieren auf Ihre rechte Seite. Die Folge davon ist, daß die Atmung durch Ihr linkes Nasenloch verstärkt wird, was wiederum die Gehirnaktivität der rechten Gehirnhälfte fördert. Dies ist ein sehr empfänglicher Zustand und ideal, um einzuschlafen.
4. Drehen Sie sich mitten in der Nacht auf die linke Seite. Das wird die Atmung durch Ihr rechtes Nasenloch verstärken und die Gehirnaktivitäten der linken Seite erhöhen, was Ihre gedankliche Konzentration zur Vorbereitung auf den kommenden Tag erhöht.
5. Wenn Sie mitten in der Nacht aufwachen und nicht wieder einschlafen können, legen Sie sich wieder auf die rechte Seite. Wenn das nicht hilft, versuchen Sie es mit der linken. Wenn das auch nicht hilft, setzen Sie sich hin und beginnen wie ab Punkt 2 beschrieben zu meditieren, außer daß Sie die Übung jetzt vielleicht ein wenig länger machen. Wenn Sie immer noch nicht schlafen können, erfreuen Sie sich einfach daran, Ihrem Herzschlag zuzuhören.

6. Benutzen Sie einen Wecker nur dann, wenn Sie am nächsten Tag einen dringenden Termin haben. Es ist sehr viel besser, wenn Ihr Unterbewußtsein Sie aufweckt. (Wenn Sie regelmäßig einen Wecker zum Aufwachen brauchen, haben Sie wahrscheinlich ein Schlafdefizit. Dieses Problem können Sie lösen, wenn Sie sich den Wecker stellen, um rechtzeitig ins Bett zu gehen, nicht, um aufzuwachen.) Setzen Sie sich aufrecht hin, sobald Sie richtig aufwachen. Aufstehen direkt nach dem Aufwachen ist ein Akt persönlicher Meisterschaft, und es ist wichtig, den Tag mit solcher Meisterschaft zu beginnen.
7. Meditieren Sie ein paar Minuten lang unmittelbar nach dem Aufwachen, wenn Sie gerade aufgestanden sind und sich noch in einem Übergangszustand zwischen Schlaf- und Wachbewußtsein befinden. Achten Sie auf Ihr Herz und Ihren Atemrhythmus. Meditieren Sie, bis Sie ganz wach sind.
8. Stehen Sie nun auf und ziehen Sie sich an. Ich mache meine tägliche Meditation an diesem Punkt, was ungefähr eine halbe Stunde dauert. Zum Abschluß denke ich wieder an mein Lebensziel und daran, was ich gerade jetzt dafür tun kann, ihm näher zu kommen.

4
Bewußtes Atmen:
Die Reinigung der Gedanken

Atmen ist die erste Lektion, und es ist auch die letzte. [HIK][1]

Was ist Atem?

Atem ist das wirkliche Leben in allen Wesen, und seine Kraft hält selbst die Körperpartikel zusammen. Wenn diese Kraft abnimmt, verliert der Wille seine Macht über den Körper. So wie die Gravitationskraft der Sonne die Planeten zusammenhält, so hält die Kraft des Atems die Organe zusammen. Zudem reinigt der Atem den Körper, indem man neues Leben einatmet und alle Gase ausatmet, die verbraucht sind. Er ernährt den Körper, indem er Geist und Substanz absorbiert, die beide notwendig sind, notwendiger als alles, was der Mensch ißt und trinkt. [HIK][2]

Ein Teil dessen, was Mystiker meinen, wenn sie *Atem* sagen, ist der Luftstrom durch Mund und Nase in die Lungen und wieder heraus. Dasselbe Wort Atem wird benutzt, um den kontinuierlichen Strom von Sauerstoff zu bezeichnen, der vom Blut im Körper transportiert wird. Der Atem ist der Hauptmechanismus des Körpers in seiner Interaktion mit der Umwelt. Atem ist auch das Vehikel, welches uns erlaubt, Energie mit der Welt und insbesondere mit anderen Menschen auszutauschen. Das Wort Atem bezieht sich auch auf den Energiezufluß zwischen dem eigenen Selbst und jemand anderem oder der Natur, deren Energie auf dem Luftstrom »reitet«. Energieaustausch und Austausch des Atems geschehen synchron.

Atem ist eine Brücke, die Individuen miteinander verbindet, und der Raum zwischen ihnen macht keinen Unterschied, wenn die Verbindung durch den Atem einmal hergestellt ist. Wenn es sich um eine Verbindung zweier Herzen handelt, die sich sympathisch sind, wird die Kommunikation sicher und klar sein. Es gibt viele Gemeinsamkeiten in der Lehre von der Elektrizität und der Lehre des Atems. Der Tag ist nicht sehr weit entfernt, wenn Wissenschaft und Mystik sich auf der gleichen Grundlage treffen, was die Erkenntnis der Elektrizität, die im Atem verborgen ist, angeht. [HIK][3]

Atemluft einatmen bedeutet sprichwörtlich, die Luft und die Atmosphäre eines Ortes tief in die empfindlichen Schleimhäute unseres Körpers hineinzuziehen, sie im Blutstrom zu absorbieren und sie in jede Zelle unseres Körpers zu bringen. Das Ausatmen sammelt die in den Zellen verbrauchten Gase, konzentriert die Verbrauchsprodukte in der Lunge und entläßt sie dann in die Welt, wo sie von Pflanzen und anderen Lebewesen aufgenommen werden. Atem ist ein sehr intimer Austausch. Wenn Sie sich in einem Raum mit anderen Menschen befinden, recycelt man deren Atem viele Male in den eigenen Lungen. Wir absorbieren jeder des anderen Atem.

Man sagt, daß der Geruchssinn zehntausendmal so empfindlich ist wie der Geschmack. Die Grenze, bis zu der die menschliche Nase den Geruch eines so wohlbekannten Geruchsstoffs wie Ethylmercaptan (was man beispielsweise in verdorbenem Fleisch findet) wahrnehmen kann, soll bei dem 400 000 000stel eines Milligramms pro Liter Luft liegen.[4]

Nun ist es nicht nur so, daß unser Geruchssinn extrem sensibel ist. Chemische Verbindungen können uns auch dann unbewußt beeinflussen, wenn Sie jenseits der Wahrnehmungsgrenze liegen. Die Gehirnzellen reagieren darauf und produzieren ihrerseits chemische Verbindungen. Diese chemischen »Gedankenprodukte« werden in den Blutstrom entlassen, zu den Lungen transportiert, werden ausgeatmet und erreichen so die Nasen und Lungen anderer. So gelangen die chemischen Produkte, die sich im Blutstrom eines Menschen befinden, mit Hilfe des Atemvorgangs in denjenigen eines anderen Menschen. Dies erklärt zum Teil den Reichtum an Erfahrung, den wir in Gegenwart eines anderen Menschen machen.

Der Atem überträgt so die chemischen Produkte der Erkennung eines anderen, die in den Blutstrom eines Menschen gelangt sind, durch das Medium Luft – welches diese Stoffe verdünnt, aber nicht verändert – in den Blutstrom eines anderen Menschen. So verbindet der Atem unsere individuellen Kreisläufe zu einem einzigen großen Kreislauf.

> Atem ist Leben, und seine Funktion besteht darin, den inneren Zustand nach außen zu bringen und den Zustand der Umgebung in sein Inneres zu holen. Wenn man ausatmet, drückt man damit die Harmonie oder die Disharmonie seiner Seele aus, und deren Einfluß wirkt sich zuerst auf das eigene Gemüt, dann auf die Gedanken- und Gefühlswelt, dann auf den Körper und schließlich auf die Umgebung aus. Wenn man einatmet, zieht man damit den Zustand seiner Umgebung in sich hinein, deren Harmonie oder Disharmonie wie auch die dort vorhandenen Gedanken und Gefühle. Zuerst wirkt all das auf den Körper, dann aufs Gemüt und schließlich auf die Seele und versetzt diese entweder in einen Zustand von Stille oder von Aufruhr. [HIK][5]

Luft hat so etwas wie einen gedanklichen und emotionalen Inhalt, den man mit der Einatmung einatmet und zu dem man bei der Ausatmung beiträgt. Dieser Prozeß wird nicht oft bemerkt, weil er in den meisten Situationen keine große Rolle spielt. Aber manchmal geschieht es, daß einer Gruppe von Menschen eine Inspiration widerfährt, die alle erfahren, aber jeder in seiner eigenen Art und Weise. Bei einer Person mag sich das als Witz ausdrücken und bei einer anderen als Einsicht, eine dritte wird sich eines Liedes wiedererinnern, wieder jemand anders wird die Lösung eines Problems finden und so weiter. In einer solchen Atmosphäre scheinen Gedanken nur so aufzublitzen. Vielleicht drückt das lateinische Wort *inspirare* (einatmen) eine Wahrheit aus: daß Inspiration nämlich etwas ist, das wir einatmen.

Im Gegensatz zum Deutschen, wo das Wort »inspirieren« nicht in der Bedeutung von einatmen gebraucht wird, ist im Englischen diese Bedeutung erhalten. So hat »*to inspire*« folgende Bedeutungen im Englischen:

1a: mit Hilfe übernatürlicher oder göttlicher Führung beeinflussen, leiten oder lenken
1b: einen belebenden, ermunternden oder erhebenden Einfluß ausüben
1c: antreiben, motivieren
1d: beeinflussen
2a: archaisch: auf etwas atmen oder in etwas hineinatmen
2b: archaisch: einhauchen (Leben) durch Atmen
3a: mit einem Mittler übernatürlich kommunizieren
3b: etwas hervorbringen (seine Gedanken wurden durch den Besuch der Kathedrale inspiriert)
4: einatmen.[6]

Zusätzlich zu der Tatsache, daß der Atem den »Inhalt« der Luft überträgt, ist er auch Vermittler eines anderen Austausches zwischen Menschen. Atem ist das Medium, das den Zwischenraum zwischen allem anderen füllt. Wenn wir Fische wären, würden wir den Ozean »Atem« nennen. Wir sind sehr sensibel für sehr feine Druckveränderungen in diesem allesumgebenden Gas, und deshalb hat ein niedriger Luftdruck einen deprimierenden Effekt, wohingegen hoher Luftdruck einen erhebenden Effekt hat. Alles, was die Luft irgendwo in unserer Umgebung bewegt, bewegt auch die Luft, die uns direkt umgibt. Wie wenn man mit jemandem auf einem Wasserbett schläft, so erfahren wir die Verbindungen mit anderen durch die Veränderung des Luftdrucks. Durch diese sehr feinen Druckveränderungen kann man beispielsweise fühlen, wenn sich einem jemand von hinten nähert, und man kann die grazilen Bewegungen eines Tänzers als völlig anders als die aggressiven Bewegungen eines Angreifers spüren. Der Druckunterschied, der vom Atem verursacht wird, kann ohne weiteres über einen ganzen Raum hinweg wahrgenommen werden wie eine Tonwelle, die im Prinzip auch eine Druckdifferenz darstellt. Eine Atemwelle gleicht exakt einem sehr lauten, niederfrequenten Ton.

Gewöhnlich ist Ihr Atem ruhig, und so ist der auf die Umgebung ausgeübte Druck gering; und meist ist Ihr Atem auch unbewußt, und daher bewegt er sich auf den Wellen des Atems anderer auf und ab wie ein Korken, der auf dem Ozean schwimmt. Es gibt jedoch einige Arten des Atems, die plötzlich und stark sind, und diese haben einen telepathischen Effekt auf andere. Gähnen, Seufzen, wenn einem der Atem vor Entsetzen stockt, und Lachen sind Beispiele für Atemarten, die andere Menschen in Ihrer Umgebung direkt beeinflussen.

Dann gibt es noch eine sehr viel subtilere Art, in der Atem als ein Medium für Kommunikation zwischen Menschen dient: Er beeinflußt das magnetische Feld des Körpers. Der physische Körper hat ein bedeutendes magnetisches Feld, das zu einem großen Teil durch die im Nervensystem und in den Muskeln fließenden elektrischen Ströme verursacht wird. Wie alle anderen Muskeln wird auch der Herzmuskel elektrisch angeregt, und bei einem Menschen im Ruhezustand wird er zum Zentrum des magnetischen Feldes. Dieses Feld pulsiert mit der Herzfrequenz, und es kann mit Hilfe von Ein- und Ausatmung vergrößert werden. Der menschliche Körper ist ziemlich empfindlich für magnetische Felder, und wir werden mit dieser Eigenschaft in Kapitel 9 experimentieren.

Die letzte Eigenschaft des Atems hat noch mehr Bedeutung als die bisher angeführten physischen Charakteristika. Das lateinische Wort für Atem, *spiritus*, bedeutet ebenso »Geist«. Dies reflektiert die Einsicht des Mystikers, daß der Atem ein Strom des Geistes ist, der Leben auf alles Lebendige überträgt und damit alle Lebewesen miteinander verbindet und erhält.

Unbewußtes bewußtmachen

Gewöhnlich atmen wir unbewußt, was bedeutet, daß die Atemmuskulatur von unserem Unbewußten gesteuert wird und der Atemrhythmus automatisch ist. Aber Atmen ist die einzige Körperfunktion, die von zwei unterschiedlichen Arten der Muskulatur ausgeführt werden kann, der längs- und der quergestreiften. In der Meditation übertragen wir die Atemkontrolle vom Unbewußten ins Bewußtsein, welches die quergestreifte Muskulatur kontrolliert. Dies führt zu einer Befreiung des Teils des Unbewußten, welcher die Atmung kontrolliert. Dieser kann somit eine andere Aufgabe übernehmen. Er wird zu einer Art Brücke zwischen Bewußtem und Unbewußtem, auf der sich Gedanken hin- und herbewegen. Als Folge wird ein Teil dessen, das vorher unbewußt war, bewußt, und bewußte Gedanken erhellen das Unbewußte.

Die Herzmuskeln sind glatte Muskeln, die vom Unbewußten kontrolliert werden. Als Konsequenz kann man seinen Herzschlag nicht im selben Ausmaß wie den Atem kontrollieren. Beispielsweise können Sie absichtlich sehr schnell oder sehr langsam atmen, oder Sie können Ihren Atem für eine bestimmte Zeit anhalten. Diese Art Kontrolle haben Sie über Ihren Herzschlag nicht, aber Sie können eine Art indirekte Kontrolle ausüben. Wenn Sie Ihren Herzschlag beschleunigen möchten, können Sie sich eines besonders angstvollen Moments erinnern oder Phantasien erzeugen, die starke Emotionen auslösen, und diese Emotionen werden die Herzfrequenz beschleunigen. Wenn Sie Ihren Herzschlag verlangsamen möchten, können Sie dies mit Hilfe von Entspannungstechniken wie der Herzrhythmus-Meditation tun. Sie können so eine ruhige Emotion hervorrufen, und diese Emotion verlangsamt den Herzschlag. (In der fortgeschrittenen PSI-Meditation gibt es sogar eine Technik, die den Herzschlag durch Herzflimmern ersetzt.) Während Sie also den Herzmuskel nicht direkt kontrollieren können, können Sie das beeinflussen, was den Herzmuskel kontrolliert. Herzrhythmus-Meditation hat leichte Veränderungen in Ihrer Herzfrequenz zur Folge, auch ohne den Versuch der direkten Beeinflussung, einfach dadurch, daß Sie sich Ihres Herzschlags bewußt sind. In Ihrem Nervensystem wird es ebenfalls Veränderungen geben, da das Signal, das Ihren Herzschlag kontrolliert, einem effizienteren und bewußteren Weg folgt. Dies ist eine zweite Art und Weise, wie die Herzrhythmus-Meditation das Unbewußte bewußtmacht.

Der praktische Nutzen der Tatsache, daß man Unbewußtes bewußtmacht, liegt darin, daß Lebenserfahrungen schneller und effizienter verarbeitet werden, was in einem tieferen Verständnis des Lebens und weniger ungelösten emotionalen Konflikten resultiert. Das reinigt das Herz und entfaltet Weisheit. Die meisten von uns sind nicht so weise, wie sie aufgrund ihrer Lebenserfahrung sein könnten, weil wir nicht die richtigen Schlußfolgerungen aus diesen Erfahrungen ziehen. Manchmal verneinen wir, daß das Leben uns überhaupt etwas zu lehren hat, und manchmal sind wir uns sicher, daß wir schon alles gelernt haben. Oft hat man auch das Gefühl, daß es sehr schmerzhaft wäre, eine bestimmte Lektion zu lernen, oder daß es schwierige Änderungen zur Folge hätte und wir uns unbequemen Fragen zu stellen hätten. Seine Sichtweise zu ändern ist mit Unannehmlichkeiten verbunden, aber diese Veränderungen zu machen, läßt uns weiser werden.

Es geschehen Ereignisse im Laufe eines Tages, die man nicht

so ohne weiteres in seine gerade vorherrschende gedankliche Konstruktion der Welt integrieren kann. Das Bild einer Katastrophe im Fernsehen, der Anblick eines Autowracks, eine schmerzende Geschichte über einen Freund, eine Begegnung, die mit Angst verbunden war – vielleicht können Sie sich nicht eingestehen, daß solche Dinge passieren. Sie unterstützen nicht unbedingt Ihr Verstehen von sich und der Welt. Daher unterdrücken Sie sie, oder Sie überdenken eine Sache wieder und wieder, bis Sie sie so interpretieren können, daß sie in Ihr Weltbild paßt, oder Sie modifizieren Ihr Bild von der Welt, um sie integrieren zu können.

> Als ich meinen Lehrer zum ersten Mal traf, hatte ich keine Ahnung, wie ich mich ihm gegenüber verhalten sollte, denn ich hatte bis dahin niemals jemanden getroffen, der ihm auch nur entfernt ähnlich gewesen wäre. Er hatte keinerlei Ähnlichkeit mit meinem Vater oder irgendwelchen alten Freunden oder mit Christus oder mit einem Schullehrer. Da ich keine mentale Konstruktion hatte, die auf ihn paßte, projizierte ich unterschiedliche Rollenmodelle auf ihn, die mir zur Verfügung standen. Ich fand, daß er für mich war, was immer ich auf ihn projizierte. Welches Bild auch immer ich benutzte, es blieb haften, und das fand ich ganz außerordentlich. Im Laufe der Zeit baute ich mir ein neues Modell eines spirituellen Lehrers, was als ein Charakteristikum hat, daß das Herz wie ein Spiegel ist und daher dem Lehrer erlaubt, als das zu erscheinen, was der Schüler gerade braucht. Und trotzdem war es so, daß mein Lehrer, immer wenn ich dachte, ich hätte ihn vollständig verstanden, das Bild, das ich gerade von ihm hatte, wieder zerstörte, indem er mir einen Wesenszug von sich offenbarte, den ich vorher nicht gesehen hatte.

Wenn man bewußt atmet, projiziert das Unbewußte ziemlich leicht Bilder ins Bewußtsein. Das Unbewußte kann diese Funktion dazu nutzen, ungelöste Erfahrungen schnell zu sortieren und zu speichern. Indem sie so integriert werden, entsteht Ordnung im Durcheinander der Eindrücke und Erinnerungen.

Der Akt, neue Erfahrungen in die eigene Weltsicht zu integrieren, erfordert beträchtliche Anstrengung, aber er führt zu Persönlichkeitswachstum. Wenn alles, was Sie sehen und tun, Ihr gerade vorherrschendes Realitätsmodell bestätigt, wird das Leben vorhersehbar und langweilig. Eine unserer Lebensaufgaben ist, immer mehr der verwirrenden Lebensereignisse in ein einziges ganzes Verstehen zu integrieren. Dann wird aus Verwirrung Einfachheit. Wenn wir aber die Vielfalt der Erfahrungen, denen wir in unserem Leben begegnen, einfach zu unterdrücken versuchen, können wir nicht weise werden, und Weisheit ist unser Ziel.

Wenn Sie nicht verstehen wollen, werden Sie nicht verstehen. Der Mensch, der die Idee der Einheit nicht in sich aufsaugt, wird eines Tages von der Einheit aufgesaugt werden. [HIK][7]

Sortieren und Abspeichern ist die Aufgabe des Unbewußten, das heißt, unsere Wahrnehmungen, Emotionen und Interpretationen in ein Ganzes zu transformieren, das wir Erkenntnis nennen. Wenn man etwas wirklich erkennt, ist diese Erkenntnis jenseits von Argumenten, jenseits von Zweifeln und jenseits von Glauben. Jede einzelne Körperzelle weiß es: Es ist Realität.
Es gibt immer noch eine tiefere Ebene der Erkenntnis, bis wir schließlich erkennen:

Wenn wir uns dem Phänomen des Lebens
immer intensiver widmen,
werden wir zu einem Ort kommen, an dem sich uns
die gesamte Natur des Seins
enthüllt, und wir werden fähig zu sagen,
»Nichts existiert außer Gott«. [HIK][8]

ÜBUNG Nehmen Sie eine Meditationshaltung ein, wie in Kapitel drei beschrieben. Beobachten Sie jetzt Ihren Atem. Seien Sie sich jeder Einatmung und Ausatmung bewußt. Dies wird eine subtile, aber wichtige Veränderung in Ihrem Nervensystem zur Folge haben. Machen Sie keine Anstrengung, Ihre Atemweise zu verändern, während Sie Ihren Atem weiter beobachten; seien Sie sich Ihres Atems einfach bewußt. Er erfolgt in dem Rhythmus, den Ihr Unbewußtes vorgibt.

Erwarten Sie nicht, daß Sie jetzt keine Gedanken mehr haben. Ihr Verstand wird weiter funktionieren und Bilder und Erinnerungen erzeugen, wie er es normalerweise tut. Bekämpfen Sie Ihre Gedanken nicht, beobachten Sie diese. Wie Sie sehen werden, wird sich die Art und Weise Ihres Denkens um so mehr verändern, je länger Sie Ihren Atem beobachten. Ihre Gedanken werden weniger mit der Umgebung zu tun haben, in der Sie sich gerade befinden, obwohl Sie sich nach wie vor Ihrer Umgebung bewußt bleiben können, wenn Sie das wollen.

Vielleicht tauchen Erinnerungen auf, die Sie überraschen. Der Verstand nutzt diese Zeit, um den »Schreibtisch aufzuräumen«, also zu sortieren und abzulegen. Ehe wir aus dem Stapel unverarbeiteter Erinnerungen eine als unwichtig ablegen oder neu einsortieren können, muß sie zuerst im Bewußtsein oder im Unbewußten erscheinen, wo man sie ansehen kann. Die Konzentration auf den Atem hält wach, aber die Bilder, die auftauchen, sind ähnlich wie beim Träumen. Das ist noch nicht Meditation, aber es hilft und heilt.

Der Atemrhythmus

Gewöhnlich wird der Atem vom Unbewußten gesteuert. Es gibt viele Dinge, die den Atemrhythmus beeinflussen: der Sauerstoffbedarf der Muskeln, die Verdauung, Schläfrigkeit und so weiter. Man sollte nicht direkt nach einer Mahlzeit meditieren, aber man sollte meditieren, ehe man schläfrig wird. Nachdem man eine Weile still gesessen hat, ist der emotionale Zustand fast ausschließlich verantwortlich für den Atemrhythmus. Deshalb wird der Atemrhythmus zu einem Barometer für den jeweiligen emotionalen Zustand. Indem Sie Ihren Atemrhythmus beobachten, können Sie eine Menge über Ihre Emotionen lernen. Jede Emotion hat den ihr eigentümlichen Atem.

| ÜBUNG | Fahren Sie mit der Übung fort, und beobachten Sie die folgenden vier Phasen Ihres Atems:

- Ihr Atem steigt bei der Einatmung auf.
- Beobachten Sie, ob Sie den Atem am Ende der Einatmung anhalten.
- Ihr Atem fällt mit der Ausatmung.
- Beobachten Sie, ob Sie den Atem am Ende der Ausatmung anhalten.
- Beobachten Sie ebenfalls die drei folgenden Merkmale Ihres Atems:
- Länge – die Zeit, die Sie für jede einzelne Atemphase brauchen
- Tiefe – das Luftvolumen, das Sie während der Einatmung oder Ausatmung bewegen
- Richtung – ob Sie durch die Nase oder den Mund ein- oder ausatmen.

Mit Hilfe des Atemrhythmus überträgt das Unbewußte eine Menge Informationen an unser Bewußtsein. Das Unbewußte liegt allen unseren Gedanken, Haltungen und allem nichtwillentlichen Verhalten zugrunde. Normalerweise drückt sich unser Unbewußtes in Träumen aus, die uns einen Einblick in unsere Wünsche, Bedürfnisse, ungelösten Konflikte und Wunden geben. Der Atem ist ein anderes unmittelbares und bewußtes Tor zum Unbewußten, da er Signale aus dem Unbewußten enthält. Umgekehrt kann man auch durch bewußtes Atmen Signale in sein Unterbewußtsein senden, indem man willentlich bestimmte Atemrhythmen einsetzt. Man muß nur die chiffrierte Sprache des Atems kennen, um sie zu nutzen.

| ÜBUNG | Der Akt bewußten Atmens allein verhindert Schläfrigkeit und fördert Tiefenentspannung. Bewußter Atem rührt ebenso an das Unbewußte, was psychologische Vorzüge hat.

Während Sie weiterhin Ihren Atem beobachten, seien Sie sich der relativen Länge der vier Phasen des Atemzyklus bewußt. Hier zähle ich einige Möglichkeiten auf:

- Eine lange Pause am Ende der Ein- oder Ausatmung. (Es ist wichtig festzustellen, ob Sie Ihren Atem am Ende der Ausatmung anhalten. Aber unterstützen Sie das nicht bewußt, denn es ist gefährlich.)
- Kurze Ein- und Ausatmung ohne Pausen
- Gleichmäßiger Atem, Ein- und Ausatmung haben dieselbe Länge
- Einatmung durch den Mund, kürzer als die Ausatmung, oder genau umgekehrt (Einatmung durch die Nase, länger als die Ausatmung)
- Ein- und Ausatmung durch den Mund
- Unregelmäßiger Atemzyklus
- Kaum hörbares (leichtes) oder deutlich hörbares (schweres) Atemgeräusch.
- Der Versuch, den Atem zu kategorisieren, hilft Ihnen, sich darauf zu konzentrieren. Versuchen Sie noch nicht, Ihren natürlichen Atemrhythmus zu verändern. Beobachten Sie einfach seine Merkmale als Signale Ihres Unbewußten.

Im Laufe der Zeit wird sich Ihr Atem ändern. Wenn Sie mehr Atem brauchen, werden Sie durch den Mund atmen. Das verursacht einen Sprung auf einen höheren Energielevel, wie wenn Elektronen auf eine höhere Schale springen. Gelegentlich werden Sie seufzen und durch den Mund ausatmen. Das Seufzen zeigt an, daß der Widerstand gegenüber der Übung nachläßt und Sie besser entspannen. Einatmen durch den Mund beschleunigt Veränderung, während die Einatmung durch die Nase stabilisierend wirkt.

Eine plötzliche Einatmung ist der Atem der Überraschung. Gähnen ist eine starke und langanhaltende Einatmung durch den Mund, auf die eine kurze Ausatmungsphase folgt. Eine schnelle und kurze Ausatmung ist wie ein Alarmschrei. Ein von Panik geprägter Atem ist durch sehr schnelle Ein- und Ausatmung gekennzeichnet. Ein Atem, der Erregung anzeigt, besteht aus einer Reihe starker Einatmungen. Ein Seufzer ist eine lange Ausatmung. Jede dieser Atemweisen hat einen Effekt auf die Umgebungsluft und verursacht Druckwellen in alle Richtungen. Je kürzer der Atem, um so größer die Wirkung auf die umgebende Luft, vergleichbar einem kurzen Tonimpuls, der ein weites Spektrum von Grundfrequenzen enthält. Diese Atemimpulse erreichen andere Menschen und lösen das gleiche Atemmuster in Ihnen aus.

Wenn sich zwei Menschen treffen, hat jeder ursprünglich seinen eigenen Atemrhythmus. Vielleicht erscheint der eine davon mit einem angeregten Atem, der andere mit einem ruhigen, konservativen Rhythmus. Im Laufe des Treffens werden sich ihre jeweiligen Atemrhythmen ändern, so daß am Ende ein gemeinsamer Atemrhythmus vorherrscht. Vielleicht werden beide angeregt sein, oder beide vorsichtig. Der bewußtere Atemrhythmus wird dominieren, und die Person, die bewußter atmet, wird mehr Einfluß ausüben. Der unbewußtere Atem der anderen Person wird sich dem bewußteren Atem angleichen.

 Ziel: Werden Sie fähig, Ihren Atem zu beobachten und seinen Rhythmus zu kategorisieren.

Gedanken und Emotionen beobachten

ÜBUNG Beobachten Sie Ihren Atem so leidenschaftslos wie möglich. Ihr bewußter Atem wird einen Gedankenstrom aus der Tiefe Ihres Herzens an der Oberfläche Ihres Bewußtseins erscheinen lassen.

Manche dieser Gedanken werden interessant, vielleicht sogar spannend sein. Wenn Sie jedoch Ihre Aufmerksamkeit auf einen bestimmten Gedanken richten, wird der Strom der Inspiration unterbrochen. Sie können jetzt entweder Zugang zum ganzen Strom oder zu einem einzigen Tropfen haben. Wenn Sie sich auf ein Bild, eine Erinnerung, einen Gedanken oder eine Erfahrung konzentrieren, unterbrechen Sie den Strom und gehen in die Emotion dieses Moments. Dann nimmt der Atem den Rhythmus dieser Emotion an, und die Emotion baut sich weiter auf und nimmt Sie vollständig ein. Es gibt viele ungelöste emotionale Erfahrungen, die Ihrer Aufmerksamkeit bedürfen. Jede dieser Erfahrungen, der Sie erlauben aufzutauchen, erreicht Ihr Bewußtsein. Indem Sie einer unterdrückten Erinnerung erlauben, bewußt zu werden, bringen Sie diese einer Bearbeitung näher.

Es gibt zwei Methoden, um mit diesen emotional belasteten Gedanken und Erinnerungen, die in der Herzrhythmus-Meditation auftauchen, umzugehen.

Eine davon besteht darin, die Übung zu unterbrechen, intensiv in diese Erinnerung hineinzugehen und die Gefühle, die Sie in der Vergangenheit hatten, wieder zu erleben und die Situation und sich selbst so zu sehen, wie Sie es damals getan haben. Sie können sich in diese Erfahrung noch intensiver hineinbegeben, indem Sie darüber Tagebuch führen, sich Ihrer Träume zu dem Thema erinnern oder eine Therapie machen. Wenn Sie diesen Weg beschreiten wollen, wird Ihnen die Herzrhythmus-Meditation in Ihrer Fähigkeit helfen, diese ungelösten Erfahrungen und Ängste in sich auftauchen zu lassen und sie zu konfrontieren. Aber wenn Sie die Herzrhythmus-Meditation in dieser Weise anwenden, kann sie schnell zu einer schweren Last werden. Es kann sein, daß Sie die hohen emotionalen Kosten nicht bezahlen möchten und einfach aufhören, bevor Sie die Wunden Ihres Herzens geheilt haben.

Die zweite Methode ist diejenige, nach dem zugrundeliegenden Thema der emotionalen Erfahrungen zu suchen. Dieses Thema wird nicht ohne weiteres offensichtlich sein, und daher erfordert diese Methode Einsicht und Übung. Zum Glück wächst die Einsicht mit der Übung, und diese Umgehensweise ist viel weniger aufreibend als die erste. Hier, wie in der ersten Methode, widmen Sie sich dem emotional aufgeladenen Gedanken, während er zum ersten Mal auftaucht. Wenn Sie erkennen, daß Sie dies tun, kehren Sie wieder zu Ihrer Meditationsübung zurück. Sehr bald wird ein anderer Gedanke auftauchen, der dasselbe Gefühl erzeugt wie der erste Gedanke. Jetzt haben Sie ein Thema, mit dem Sie arbeiten können.

| ÜBUNG | Es kann geschehen, daß während Ihrer Meditation ein Gedanke auftaucht, der Sie so fesselt, daß er Ihre Meditation bestimmt. Es kann eine Erinnerung aus der Vergangenheit, eine Sorge über die Zukunft oder ein gerade aktuelles Dilemma sein. Wenn ein solcher Gedanke die Meditation zu dominieren beginnt, erkennen Sie das an der Veränderung Ihrer Atmung. Ihr Atem nimmt den Rhythmus an, der mit der Emotion korrespondiert, die den Gedanken kreiert hat.

Wenn das geschieht, brauchen Sie nicht darüber enttäuscht zu sein, daß es Ihnen nicht gelungen ist, Ihre Gedanken von sich fernzuhalten. In einem zwingend erscheinenden Gedanken manifestiert sich eine ungelöste Erfahrung an der Oberfläche Ihres Bewußtseins, die bisher in Ihrem Unbewußten verborgen war und darauf wartete, eine Gelegenheit zu finden, um wiedererlebt und integriert zu werden. Dadurch, daß Sie einem solchen Gedanken erlauben aufzutauchen und ihm einen Weg in Ihr Bewußtsein ermöglichen, leisten Sie einen wichtigen Beitrag zur Gesundheit Ihres Herzens und Ihres Gemüts.

Nutzen Sie die Herzrhythmus-Meditation für so viele emotionale Erfahrungen, wie Sie nur können, ohne zu tief in sie hineinzugehen. Vielleicht bemerken Sie, daß sie themenweise auftauchen. Zum Beispiel:
- Ihre Eltern/Ihre Kinder
- Ihr Lebenszweck
- Ihre Ängste
- Traumatische Erfahrungen, die Sie nicht verstehen können
- Dinge, die Sie bedauern, ihr Groll, Schuldgefühle
- Ihr schlechtes Selbstbild.

Sie können mit der Herzrhythmus-Meditation weitermachen, während diese emotional aufrührenden Gedanken auftauchen, indem Sie diese als einzelne Punkte eines Kontinuums auffassen, die durch ein Thema miteinander verbunden sind. Sie können die Situationen, die diese Gedanken ausgelöst haben, nicht mehr ändern, aber Sie können das Thema lösen, so daß es keine solch traumatischen Ereignisse mehr erzeugt.

Franks Vater starb, als Frank noch sehr jung war. Vor zehn Jahren wurde Frank aus seinem Job gefeuert. Das verletzte nicht nur sein Selbstvertrauen, wie dies bei jedem Menschen der Fall wäre, es verstärkte auch sein Lebensthema »Verlassenwerden«. Jetzt, zehn Jahre später, hat Frank erkannt, daß er mit Zurückweisung nicht so leicht fertigwird wie manch andere Menschen, und er leidet immer noch an der Tatsache, daß er entlassen wurde, weil diese Erfahrung für ihn zu einem so wichtigen Lebensthema gehört. Oft, wenn er die Herzrhythmus-Meditation macht, begegnet er diesem Thema des Verlassenwerdens und den damit verbundenen Gefühlen. Aber jetzt kann er da bewußt hindurchgehen, und jedesmal, wenn er es tut, hat dies ein wenig mehr Heilung zur Folge.

In der griechischen Mythologie wird der Zugang zum Hades, den unbewußten Tiefen des Herzens, von zwei fürchterlichen Hunden bewacht. Diese Hunde stehen symbolisch für die Wunden, die unerlösten Erfahrungen der Vergangenheit, und für die Ängste, die sie in der Gegenwart erzeugen. Wenn Sie weiter die Tiefen Ihres Herzens erforschen wollen, müssen Sie einen Weg an den Hunden vorbei finden, das heißt, Sie müssen Frieden mit ihnen schließen. Die einzig andere Alternative ist, sich von Ihrem Herzen abzuwenden, es hart und bitter werden zu lassen, und damit wird Ihnen seine Macht unzugänglich. Um mit den Hunden Frieden schließen zu können, müssen Sie ihre Namen kennen.

Was verursacht Ihnen Angst? Klagen Sie nicht darüber, daß Sie Angst haben, sondern entdecken Sie, warum Sie Angst haben, und feiern Sie dann die Entdeckung. Sie können das aber nicht mit Ihrem Verstand herausbekommen. Um sich darüber klarzuwerden, wie Ihr Herz verwundet wurde, brauchen Sie die Führung des Herzens selbst. Ihr Herz wird es Sie wissen lassen, wenn Sie seinem Rhythmus zuhören.

> Als ich mit knapp dreißig Jahren zu meditieren begann, ohne viel Anleitung und praktisch ohne Feedback, war ich darüber erstaunt, wieviel Angst in mir hochkam, wann immer ich mich zum Meditieren hinsetzte. Nach und nach kam ich in die Lage, einen Großteil meiner Ängste auf ein einziges Ereignis zurückzuführen: die Trennung von meiner Tochter im Babyalter, die jetzt bei ihrer Mutter lebte. Meine verschiedenen Ängste teilten mir nicht offen mit, daß es dieses Erlebnis war, was sie verband, sie schienen im Gegenteil von einer Vielzahl unterschiedlicher Ärgernisse verursacht. Zum Beispiel war ich ärgerlich auf meine Mutter wegen einer Kleinigkeit auf meinem Hochzeitsempfang. Es war an sich nichts Besonderes, aber es war mit meiner Hochzeit verbunden, die

wiederum mit meiner Ehe verbunden war und damit mit meiner Tochter, und so war diese Kleinigkeit emotional stark aufgeladen. Ich arbeitete daran, meiner Mutter zu vergeben, bis ich meinen arroganten Irrtum entdeckte: Ich war nicht wirklich ärgerlich auf meine Mutter, ich trauerte wegen meiner Tochter.

Nachdem ich dieses Thema erkannt hatte, wußte ich, daß ich etwas tun mußte, um der Liebe, die unter meiner Verzweiflung verborgen war, Ausdruck zu geben, ehe sich mein Herz in Frieden und Mitgefühl öffnen konnte. So sandte ich die Hälfte meines Einkommens meiner Tochter und ihrer Mutter, was mir half. Ich trampte 1000 Kilometer, um sie zu besuchen, was meinem Herzen ein ganzes Stück weiterhalf. Dadurch, daß ich meine Beziehung zu ihr aufrechterhielt, ihrer Mutter half, auf mein Herz meditierte und versuchte, anderen zu helfen, begann mein Herz zu heilen und sich zu öffnen. Nachdem ich mehr Zugang zu meinem Herzen gefunden hatte, hatte es mehr Einfluß in meinem Leben. Es kämpfte nicht mehr mit mir in der Meditation, sondern es hob mich hoch und zog mich in seinen eigenen Strom.

Herzrhythmus-Meditation half mir dann, mit einer anderen Quelle von Angst in meinem Leben umzugehen. Selbst nach zwanzig Jahren ist dieser Prozeß nicht beendet, aber er ist tiefer geworden. Der lang andauernde Friede, den ich jetzt fühle, ist stärker als die kurzen Momente des Friedens, die ich damals kannte.

| ÜBUNG | Bringen Sie Frieden in die Übung, indem Sie Ihren Atem feinhalten: unhörbar, gleichbleibend, eine sanfte Bewegung ohne plötzliche Änderungen. Ein feiner Atem kann nicht von einer Emotion überwältigt werden, weil er bereits das Ergebnis der stärksten Emotion überhaupt ist: Friede. Friede schafft feinen Atem, und einen feinen Atem annehmen schafft Frieden.

Wenn plötzlich Erinnerungen aus dem Unbewußten auftauchen und den emotionalen Zustand wieder herbeiführen, der sie gefangen hatte, bewahren Sie ein Gefühl von Frieden aufgrund Ihrer Fähigkeit, zu akzeptieren und zu vergeben. Diese natürlichen Qualitäten des Herzens werden durch die Herzrhythmus-Meditation gestärkt.

 Ziel: Beruhigen Sie Ihre Emotionen mit Hilfe des feinen Atems, so daß Sie die Konzentration auf die Herzrhythmus-Meditation zwanzig Minuten lang beibehalten können.

Erinnerungen an glückliche Zeiten sind sehr viel einfacher zu integrieren als mit Angst verbundene, und daher werden erstere nicht so häufig auftauchen. Aber was jetzt als Unglück erscheint, mag sich letzten Endes als Glück erweisen.

> Man muß fähig werden, den Schmerz in der Freude und die Freude im Schmerz zu sehen, den Gewinn im Verlust und den Verlust im Gewinn. [HIK][9]

Wir sind keine besonders guten Richter in bezug auf das, was gut für uns ist, wir wissen nur, ob wir etwas wollten oder erwartet haben, oder wir wissen um den Effekt auf unsere kurzfristige finanzielle Lage. Aber das, was wir wollen, verändert sich. Erinnern Sie sich an etwas, das Sie gerne haben wollten und nicht bekommen haben, und jetzt sind Sie froh darüber, daß Sie es nicht haben?

ÜBUNG   Hat Ihnen in der Vergangenheit jemand etwas angetan, das Sie nicht vergeben können? Sie müssen nicht die Tat gutheißen, um dem betreffenden Menschen vergeben zu können. Wie der Ozean einen Tropfen Tinte aufnehmen kann, so kann der Ozean unserer Lebenserfahrung alle Tropfen von Enttäuschung und Groll aufnehmen. Wieviele Atemzüge haben Sie in Ärger, Haß oder Erniedrigung wegen dieses Vorfalls gemacht? Wieviele Atemzüge in Liebe, Freude, Frieden und Schönheit haben Sie vor und nach diesem Ereignis gemacht?

Können Sie immer noch nicht vergeben? Hat derjenige, der Sie so verletzt hat, dies wirklich beabsichtigt? Oder war es einfach so, daß Sie derjenige waren, der gerade da war und auf den sich der Ärger entladen konnte? Hat sich irgend etwas Positives aus diesem Vorfall entwickelt, entweder in späteren Ereignissen oder in bezug auf die Stärkung Ihrer inneren Qualitäten? Alles, was Sie durchgemacht haben, hat Sie an diese Stelle Ihrer spirituellen Entwicklung gebracht, und Ihr Sehnen ist jetzt auf wirkliche Erfüllung gerichtet. Selbst wenn Ihre Vergangenheit eine unerquickliche Reise war, können Sie jetzt, nachdem Sie in der Gegenwart angelangt sind, so sehr über den Fahrer klagen, der Sie hierhin gebracht hat? Und wer ist der Fahrer überhaupt? Ist es nicht derselbe, den Sie suchen?

An diesem Punkt haben Sie die Wahl, wie Sie vorwärtsgehen möchten. Sie können einen langsamen Weg, einen schnelleren, einen sicheren, einen aufregenden, einen Weg allein, einen Weg mit einer Karawane von Reisenden oder irgendeinen anderen wählen. Können Sie sehen, daß Sie diese Wahl durch Ihre Haltung machen? Die Wahl, die Sie jetzt machen, wird einen Einfluß auf die Art von Problemen haben, denen Sie sich auf der nächsten Etappe Ihrer Reise gegenübersehen werden.

Fortschritte in Einsicht, Selbstdisziplin, Liebe und innerem Frieden sind das, worum es geht. Die Probleme im Leben sind Übungen, um diese Qualitäten zu entwickeln. Die Ziele, die man im Leben erreicht, sind wertvoll, weil sie etwas im Inneren aufbauen, für sich genommen sind sie wertlos. Sie selbst sind das Produkt Ihres Lebens, Sie sind der Beweis für die Herangehensweise, die Sie gewählt haben. Wenn Sie das, was bis jetzt aus Ihnen geworden ist, nicht mögen, dann können Sie sich jetzt für eine andere Haltung entscheiden. Das wird Ihre Persönlichkeit verändern, so sicher wie der Wagen dem Pferd folgt.

Haben Sie selbst jemanden verletzt? Wenn ja, müssen Sie diese

Schuld bezahlen. Fassen Sie jetzt einen Entschluß, und führen Sie ihn sofort nach Beendigung der Meditation aus. Nehmen Sie mit der Person, der Sie Unrecht getan haben, Kontakt auf und bitten Sie sie um Vergebung. Tun Sie dies in aller Aufrichtigkeit, entweder persönlich oder in einem Brief. Bitten Sie die betreffende Person, Ihnen diese spezielle Sache zu verzeihen, an die Sie sich jetzt erinnern. Selbst nach vielen Jahren ist es möglich, Menschen zu finden. Wenn der betreffende Mensch bereits tot oder absolut unauffindbar ist, können Sie einen Beitrag für solche Menschen leisten, die unter einer ähnlichen Ungerechtigkeit gelitten haben. Wenn Ihr Entschluß fest, klar und ernsthaft ist, wird Ihnen Ihr Gewissen erlauben, diese Emotion und die Erinnerung daran als gelöst zu betrachten, und Sie werden den Frieden der Meditation noch tiefer erfahren.

Man kann sein Unbewußtes nicht betrügen. Entweder beschäftigen Sie sich mit den Gefühlen, die in der Meditation auftauchen, oder Sie werden aufhören zu meditieren. Jeder Fortschritt, den Sie in dieser Beziehung machen, wird lang anhaltende Vorteile haben. Beginnen Sie mit den kleinen Wunden, der kleinen Schuld und dem Groll, so daß sie langsam die Fähigkeit erwerben, sich selbst zu konfrontieren und Verantwortung für Ihr Leben zu übernehmen. Die anderen werden sich mit ihrem eigenen Gewissen auseinanderzusetzen haben, aber wenn Sie sich als ihr Opfer sehen, geben Sie ihnen Macht über Ihr Leben, und als Folge werden Selbstmitleid, ein Gefühl der Machtlosigkeit und ein schlechtes Selbstbild den Schaden nur vergrößern.

Wenn in der Meditation oder in Ihrem Leben eine Schwierigkeit auftaucht, ist die folgende Meditation besonders heilsam:

| ÜBUNG | Denken Sie während des Aus- und Einatmens an Ihre Magengegend, den Bereich vom Ende der Rippen, unterhalb des Zwerchfells – des Muskels, der Ihre Lungen bewegt – bis zum Nabel.

Füllen Sie während des Einatmens die Magengegend mit

Ihrem Atem. Atmen Sie sehr tief aus. Werden Sie sich beim Einatmen der Gefühle bewußt, die in dieser Region des Körpers gespeichert sind. Atmen Sie sanft aus, und lassen Sie Ihre Bedenken und Ängste sich in einem See der Zufriedenheit auflösen.

Weiter gibt es dazu keine Anleitung – denken Sie einfach weiter daran, in die Magengegend zu atmen.

Diese Übung ist ein kleines Juwel. Selbst wenn Sie sich nicht weiter mit Meditation befassen als bis zu dieser Übung, werden Sie von der Bauchatmung profitieren. Manche Menschen erfahren diese Atmung als eine sehr bewegende emotionale Erfahrung, die sie zu Tränen rührt. Sie löst keine Traurigkeit aus, es ist eher das Gefühl eines Kindes, das in den Armen seiner Mutter gehalten wird. Es gibt ein Bedürfnis in uns, getröstet zu werden, und diese einfache Übung läßt ein tiefes Gefühl des Trostes in uns entstehen. Sie können diese Übung machen, so oft Sie möchten.

Nachdem nun der Bauchatem die Schmerzen des Herzens getröstet hat, können wir zum feinen Atem zurückkehren, der die Wunden des Herzens heilt.

ÜBUNG Konzentrieren Sie sich wieder auf Ihren Atem. Seufzen Sie tief, und atmen Sie alles aus, was Ihren Frieden stört. Diese Seufzer werden die Last von Ihrem Herzen nehmen und es leichter machen denn je. Diese Leichtigkeit ist das physische Gegenstück zu einem Zustand des Friedens. Jetzt ist der Atem sehr fein – unhörbar, langsam und fließend. Der Wechsel von der Einatmung zur Ausatmung ist leicht. Er ist nicht mit Anstrengung verbunden, nicht geräuschvoll, schnell oder plötzlichen Änderungen unterworfen.

Atem wird von Sufis als grob oder fein kategorisiert. Grober Atem ist ein Atem, der geräuschvoll und mühsam ist und der die Nerven und die Lungen strapaziert. Übungen zur Stärkung des groben Atems sind nützlich, um die Muskulatur zu stärken und um Kontrolle über das Nervensystem zu erlangen; sie unterstützen die Lungenfunktion wie auch die physische Gesundheit. Für die spirituelle Entwicklung jedoch ist es notwendig, den Atem fein zu machen, da er sonst die feinstofflichen Körper und den Kern des eigenen Wesens nicht erreicht.

Für den Sufi stellt der Atem die Brücke zu Gott dar; er ist für ihn wie ein Seil, das vom Himmel herabhängt. Der Sufi klettert an diesem Seil empor. [HIK][10]

Sich dem Atem hingeben

Die Beobachtung des Atems ist sowohl während der Meditation wie auch im Alltag von großer Bedeutung. Indem man seinen Atem beobachtet, lernt man, sein Ego zu kontrollieren, und von einem praktischen Standpunkt aus gesehen wird man sehr effizient in seinen Handlungen.

ÜBUNG | In der Meditation sollte man seinen Atem so lange beobachten, bis Gedanken und Gefühle beruhigt sind. Wenn dies nicht möglich ist, sollte man einfach seinen Atem weiter beobachten. Es kann dann sein, daß der Atem nach einiger Zeit von selbst feiner und feiner wird. Dann wird man Schwierigkeiten haben, seinen Atem weiter zu beobachten, und in der Tat ist es nicht mehr notwendig, das zu tun, wenn man den Zustand wirklicher Stille erreicht hat. [HIK][11]

Wie der Mensch in den Zustand der Stille eintritt, so tritt auch die Stille in ihn ein. Im gleichen Maße, wie er eins wird mit dem Universum, wird auch das Universum eins mit ihm. Dies ist wahr, was immer auch der Weg oder die Ausbildung eines Menschen sein mögen. Letztendlich erreicht er sein Bestimmungsziel. Das ist der Zustand der Stille allen Lebens, und man kann sagen, daß in diesem Zustand alles enthalten ist, obwohl er nichts enthält. [HIK][12]

Während Sie Ihren Atem beobachten, wird er sich ändern. Wenn Sie Ihre Gedanken beobachten, werden diese sich ändern. Diese Änderungen folgen einem allgemeinen Prinzip: Was immer man beobachtet, wird durch den Akt der Beobachtung verändert.[13]

Man kann also seinem Atem gegenüber nicht völlig passiv sein und ihn gleichzeitig beobachten. Das Bewußtsein, das ihn beobachtet, wird die unbewußte Kontrolle des Atems beeinflussen. Dies ist kein Verlust – wir können unsere Zeit in der Meditation sehr viel besser nutzen, als einfach nur zu beobachten. Obwohl es einen Wert hat, sein Unterbewußtsein im Atemrhythmus reflektiert zu sehen, liegt ein noch höherer Wert darin, seinem Unterbewußtsein ein bestimmtes Maß an Richtung zu geben. Wie können wir das machen?

ÜBUNG   In diesem Stadium der Herzrhythmus-Meditation verändert man seinen Atem nicht, noch zwingt man seine Gedanken in eine bestimmte Richtung. Die Gedanken, die in der Meditation auftauchen, werden von Ihren unbewußten Wünschen bestimmt.

Denken Sie daran, daß die Zeit, die Sie für Meditation zur Verfügung haben, sehr wertvoll ist. Jetzt sind die Tore zwischen Himmel und Erde und Bewußtsein und Unterbewußtsein offen. Wie wollen Sie diese Zeit verbringen? Warum meditieren Sie?

Erinnern Sie sich der Ziele. Sie möchten:
- die Wunden des Herzens heilen
- die einzelnen Anteile Ihres Lebens zu einem Ganzen integrieren
- ein besseres Verständnis Ihres Lebens und mehr Kraft erlangen, so daß Sie Ihr Potential voll entfalten können.

 Ziel: Ergeben Sie sich Ihrem Atem, »lassen Sie sich atmen«, und bleiben Sie ganz aufmerksam dabei.

5

Der rhythmische Atem: Den Gedanken eine Richtung geben

Ein Mensch mit dauernd wechselndem Atemrhythmus kann weder meditieren noch irgendeine andere Tätigkeit ausüben. [HIK][1]

Im Atem kann man drei verschiedene Rhythmen unterscheiden:

den Rhythmus, bei dem man Ein- und Ausatmung nicht unterscheiden kann [der feine Atem];
der zweite Rhythmus, bei dem man deutlich den Wechsel von Einatmung und Ausatmung unterscheiden kann [bewußtes Atmen];
den dritten Rhythmus, der in der Gleichmäßigkeit des Atems besteht [rhythmisches Atmen].

Diejenigen, die ihren Atem nicht gemeistert haben, stehen unter dem Einfluß dieser drei Rhythmen. Sie beeinflussen ihre Gesundheit, ihre Laune wie auch ihre Lebensumstände. Aber diejenigen, die den Atem meistern, können ihm willentlich jeden dieser drei Rhythmen aufprägen, und wenn diese Meisterschaft erreicht ist, hat der Heiler den Schlüssel zu jeder Tür in der Hand. [HIK][2]

Passives, bewußtes Atmen ist eine ebenso schöne wie aufschlußreiche Übung. Es erlaubt dem Unbewußten, zu uns zu sprechen. Wenn wir diesen Segen entdeckt haben, schreiten wir fort zur nächsten Stufe, zum rhythmischen Atem, wo wir ein bißchen Kontrolle über den Atem ausüben. Auf diese Weise entwickeln wir einen inneren Dialog, und wir hören unserem Unbewußten nicht nur zu, wir sprechen auch zu ihm.

Konzentration

Nichts in dieser Welt kann ohne Konzentration wirklich gut erreicht werden, weder bei der Arbeit noch im Geschäft oder in der Meditation. Diejenigen, die im Geschäft oder im Beruf nicht erfolgreich sind, sind diejenigen, deren Konzentration nicht in Ordnung ist. Und viele, die Erfolg im Leben haben, verdanken dies der Tatsache, daß sie über eine gute Konzentrationsfähigkeit verfügen. Ein Künstler kann mit Hilfe seiner Konzentrationsfähigkeit wunderbare Kunstwerke schaffen, ein Wissenschaftler kann auf diese Weise große Entdeckungen machen, ein Dichter wird im Zustand der Konzentration leicht Gedichte schreiben können, bei einem Mystiker wird die mystische Inspiration ohne Anstrengung fließen; aber ein Mensch ohne Konzentrationsfähigkeit, wie begabt er sonst auch sein mag, wird nicht in der Lage sein, diese Begabung zu seinem besten Nutzen anzuwenden, eigentlich kann man ihn kaum begabt nennen. [HIK][3]

Bei diesem Schritt konzentrieren wir uns auf den Atem als eine Vorübung für die Konzentration auf den Herzschlag, die später erfolgt. Der Atem ist leicht zu beobachten, der Herzschlag ist schwieriger zu finden. Konzentration erfordert Anstrengung, resultiert aber in Entspannung, in einer Entspannung, die tiefer reicht, als einfach nur still zu sitzen ohne besonderen Brennpunkt der Konzentration. Diese Wirkung mag überraschend klingen, macht aber Sinn, wenn Sie Gedankentraining mit körperlichem Training vergleichen.

> Wie entspannt man seine Gedanken? Die Methode besteht darin, zuerst seinen Verstand zu ermüden. Wenn man die Methode, seinen Verstand zu ermüden, nicht kennt, wird man niemals zu tiefer Entspannung fähig sein. Konzentration ist die größte Anspannung, die man seinem Verstand zumuten kann, denn dabei muß man ihn auf eine bestimmte Sache fixiert halten. Danach wird er natürlicherweise entspannen, und in dieser Art von Entspannung liegt alle Kraft verborgen. [HIK][4]

Um mit dem Verstand arbeiten zu lernen, muß man mit Konzentration beginnen. Es mag Ihnen erscheinen, daß Ihr Verstand schon überstrapaziert ist, zu beschäftigt und zu müde, um sich noch konzentrieren zu können; beladen mit einer ganzen Menge von Dingen, die Ihre Aufmerksamkeit erfordern. Sie werden vielleicht denken, daß Sie Entspannung Ihrer Gedanken brauchen, friedvolle Gnade, kosmische Liebe, nicht noch eine zusätzliche Anstrengung. Dazu werden wir später kommen, aber zuerst müssen Sie sich konzentrieren. Warum? Weil Entspannung auf Spannung folgt.

Um Ihren Arm zu entspannen, spannen Sie ihn zuerst so sehr an, wie Sie können, bis er sich ganz hart anfühlt. Dann lassen Sie plötzlich los. Er wird unmittelbar in einen Zustand tiefer Entspannung übergehen. Ihr Verstand funktioniert auf die gleiche Weise.

»Aber ich war den ganzen Tag über konzentriert«, mögen Sie einwenden. »Zählt das gar nichts?« Wahrscheinlich haben Sie sich ein wenig konzentriert, gefolgt von ein wenig Entspannung. Aber das ist nicht, was wir wollen. Sie können lernen, Ihren Verstand sehr viel mehr zu fokussieren, und das direkt auf Ihre Arbeit anwenden, und Sie werden mit einer sehr viel tieferen Entspannung belohnt. Meditation zu praktizieren entwickelt und verbessert die Konzentrationsfähigkeit. Mit einer verbesserten mentalen Kraft und mehr Klarheit wird das, was früher anstrengend war, nicht mehr so anstrengend sein. Das stimmt für jede Art von Training: Wenn Sie anfangen zu laufen, wird Sie das zuerst ziemlich anstrengen, bis Sie in Form kommen, und dann wird es Sie statt dessen beleben und kräftigen.

| ÜBUNG | In dieser Übung werden wir uns bewußter als je zuvor auf den Atem konzentrieren. Dadurch wird der Atem rhythmisch, und der rhythmische Atem hält die Gedanken fokussiert und erleichtert intensive Konzentration. Es scheint so, als ob Sie nur bewußt atmen müßten und der Rest vom Atem erledigt wird.

Manchmal ist man so sehr von der mentalen Ebene absorbiert, daß der physische Körper für kurze Zeit nicht zu existieren scheint. [HIK][5]

Rhythmisches Atmen macht Konzentration leicht, ohne diese Art der Atmung ist Konzentration sehr schwierig. Deshalb kann Musik mit einem sehr stetigen Rhythmus Lernen erleichtern und Arbeit effizienter werden lassen. Wenn der Rhythmus oft wechselt oder überhaupt nicht stetig ist, erzeugt dies Chaos und Unordnung. Wenn der Rhythmus sich ständig beschleunigt wie in Ravels *Bolero*, bringt das die Zuhörer in einen Zustand der Raserei. Dies stimmt auch für den Herzrhythmus.

In der Meditation wird die Kontrolle über den Verstand mit Hilfe des Atems und durch den Verstand selbst ausgeübt. Man hält den Atem rhythmisch und fein, und so verfeinert er sich immer mehr, da das Bewußtsein auf ihn gerichtet bleibt und sich das Licht des inneren Wesens des Menschen im Atem manifestiert. Wenn man den Atem nicht rhythmisch hält, werden immer wieder Gedanken auftauchen, und diese Schlacht gegen seine Gedanken, besonders die des eigenen Egos, ist die Schlacht, welche die Heiligen und Weisen dauernd zu führen haben. Dazu benötigt man Willenskraft. [HIK][6]

Freiheit von äußeren Einflüssen

Durch die Anstrengung, den Atem im Rhythmus zu halten und seinem Herzschlag zuzuhören, hält man den Verstand auf ein Ziel gerichtet, und der unmittelbare Nutzen besteht in der Befreiung von den Hindernissen, die man sich selbst aufbaut.

Der Weg der Freiheit führt zur Gefangenschaft; es ist der Weg der Disziplin, der zur Freiheit führt. [HIK][7]

Der Atemzyklus wird so stark, daß man ihn mit einem Ozeandampfer vergleichen kann, der die Wellen des Lebens schneidet, oder mit einer Dampfwalze, die über Erhöhungen und Vertiefungen walzt, im Gegensatz zu einer Boje, die auf den Wellen tanzt. Der stetige Atem erzeugt sein eigenes Trägheitsmoment, die Fähigkeit, sich trotz aller Hindernisse einfach in der einmal eingeschlagenen Richtung weiterzubewegen. Indem Sie so den Weg verbreitern und bequemer machen, fällt der Widerstand in sich zusammen und folgt Ihrem Pfad. Freiheit ist eine Folge des Immunseins gegen Einflüsse, die einen anderenfalls zum Stolpern oder zur völligen Aufgabe des gewählten Ziels bringen würden.

| ÜBUNG | Werden Sie sich jetzt zusätzlich Ihres Herzschlages bewußt. Das wird Ihre Aufmerksamkeit von den Störungen durch die Umgebung ablenken und hin auf die persönliche Erfahrung der Gegenwart des Herzschlags in Ihrer Brust. Wenn Sie sich sicher und aufgeladen fühlen, können Sie Ihre Aufmerksamkeit wieder auf die Umgebung richten. Beob-

achten Sie dann, ob Sie eine Veränderung in dem, was Sie sehen und wie Sie es sehen, bemerken. ⬜

Wenn ein Mensch sich oft gestört fühlt, zeigt es, daß seine Konzentrationsfähigkeit nicht sehr ausgeprägt ist, was wiederum auf fehlende Willensstärke hindeutet. Deshalb ist das beste Mittel gegen Störungen, die Kraft der Konzentration zu entwickeln, so daß sich Willensstärke natürlich entfalten kann und man lernt, mit allen Störungen umzugehen, die daraus entstehen, daß man mitten im Leben steht.

Das beste Heilmittel für Gedanken, die unkonzentriert umherschweifen, ist natürliche Konzentration, was heißt, daß man seinen Verstand nicht zu bestimmten Gedanken zwingt. Man sollte zuerst den Verstand normal arbeiten lassen und über das nachdenken, worüber man sowieso gern nachdenkt. Warum sollte man über etwas nachdenken wollen, das man nicht mag? Das wäre unnatürlich – es ist, wie wenn man etwas ißt, das man nicht mag, es wird nicht assimiliert werden können und keine guten Ergebnisse zeigen. Man sollte an etwas denken, das man liebt, dann kann man lernen, sich zu konzentrieren. [HIK][8]

Versuchen Sie nicht, sich von der Umgebung abzuschotten. Konzentrieren Sie sich einfach auf den Atem und später auf den Herzschlag, mit großem Interesse und Faszination. Der Atem erzählt Ihnen so viel, daß sie nichts davon missen möchten. Es kann wohl sein, daß Sie von anderen um sich herum beeinflußt werden – Sie sind schließlich kein Stein. Aber was interessant daran ist, ist die *Art und Weise*, wie es Sie beeinflußt. Wenn Sie die kleinen Veränderungen in Ihrem Atem genau beobachten, gibt Ihnen dies eine Idee davon, wie sehr Sie von äußeren Einflüssen gestört werden. Wenn Sie sich so beobachten, läßt die Intensität Ihrer Reaktion nach. So können Sie sensibel und friedvoll zur gleichen Zeit sein.

Ziel: Bleiben Sie in der Herzrhythmus-Meditation, während Sie von Geräuschen und anderen Menschen umgeben sind.

Der Rhythmus des Lebens

Eine nachdenkliche Person wird unschwer einsehen, daß es im Leben Zyklen der Veränderung gibt. Mystiker, die das Leben am vollständigsten erfahren, da es für sie ein Ganzes darstellt, haben die Existenz zweier unterschiedlicher Rhythmen im Leben betont. Der erste ist ein aufsteigender und fallender Rhythmus: Aufbau und Abbau, Erwerben und Verlieren, Erfolg und Verzicht, Handeln und Planen. Der zweite ist ein Rhythmus des Gebens und Nehmens: Kaufen und Verkaufen, Lehren und Lernen, Lieben und Geliebtwerden. Das Zusammenspiel dieser beiden Rhythmen in den unterschiedlichen Lebensabschnitten hat die Mannigfaltigkeit und Abwechslung im Leben zur Folge.

Man kann sich das Wissen um diese Lebenszyklen zunutze machen. Wir können dadurch Erfolg haben, daß wir im Einklang mit unserem gerade vorherrschenden Lebensrhythmus sind, oder dadurch, daß wir unseren Lebensrhythmus der Aufgabe anpassen, die wir zu bewältigen haben. Aufsteigende Meditation ist sehr gut geeignet, um herauszufinden, in welchem Lebenszyklus wir uns gerade befinden, und die abwärts gerichtete Meditation ist ein gutes Werkzeug, um unseren Rhythmus zu ändern.

Wir sind uns alle bewußt, daß wir Stimmungsschwankungen unterliegen, und manchmal hat man einfach keine Lust, das zu tun, was man tun sollte oder tun muß. Aber wir nutzen selten diese Zeit der Inaktivität. Andauernde Aktivität ist nicht natürlich, wir brauchen genauso Zeiten der Reflexion. Wenn wir diesen Teil unseres Lebenszyklus schlichtweg negieren, kann das

Zynismus, eine selbstzerstörerische Haltung, Entfremdung oder Krankheit zur Folge haben. Genauso ist es nicht natürlich, sein ganzes Leben nur in der Betrachtung zuzubringen. Wir brauchen Zeiten, wo wir aktiv Ziele verfolgen, und wenn wir diesen Teil unseres Lebenszyklus negieren, verursacht das Eifersucht, Neid, Groll oder Rebellion.

Leben kann nicht immer nur Aufbau sein, es muß auch Zeiten des Abbaus geben. Aber das, was man aufgebaut hat, ist nicht notwendigerweise das, was zerstört wird. Der Abstieg nach dem Aufstieg, das Verlieren nach dem Gewinnen unterscheidet das Echte vom Falschen, das Wesentliche vom Unwesentlichen. Die Lektion, wie man erfolgreich wird, ist gelernt, auch wenn das Objekt des Erfolges vielleicht verlorenging.

Bewußtes Atmen ist eine Lektion, die man oft wiederholt: Das Leben vollzieht sich in Zyklen. Der Schritt aufwärts ist von einem Schritt abwärts gefolgt, jede Niederlage von einem Erfolg. Es ist nicht weise, der ausgeatmeten Luft nachzutrauern oder sie zu halten; es wird eine andere Einatmung folgen. Warum sollte man sich beim Einatmen wünschen auszuatmen? Warum an das Einatmen denken, während man ausatmet? Machen Sie alles zu seiner Zeit, und nichts anderes.

> Es war einmal ein König, der die weisen Männer und Frauen seines Landes um sich versammelte und sprach: »Ich fühle mich manchmal depressiv, so als ob alles, was schiefgehen kann, schiefgegangen ist, und zu anderen Zeiten wiederum bin ich so glücklich, daß ich in meinem Übermut falsche Entscheidungen treffe. Ich bitte euch, macht mir einen Zaubertrank, der mir in meiner Traurigkeit Glück bringt und mich, wenn ich übermütig vor Glück bin, in Schranken hält.« Sie berieten eine Weile und überreichten dem König schließlich einen »magischen Ring«. Wann immer er sich zu glücklich oder zu traurig fühlte, sah er sich den Ring an. Dieser trug die Inschrift: »Auch dies wird vorübergehen.«

Es gibt Menschen, bei denen bewußtes Atmen Angst auslöst. Diese Angst liegt in der Sorge begründet, der Atemzyklus könne aufhören und sie würden irgendwann nicht genug Luft bekommen.

Zu beobachten, wie viele Atemzüge kommen und gehen, baut Vertrauen auf. Auch im Leben gibt es unaufhörliche Wellen, die sich erheben und sich wieder zurückziehen. Es gibt aber auch etwas, das von ihnen nicht berührt wird, und etwas, das auf den Wellen schwimmt.

Meditierende sind nicht immun gegenüber den Lebenszyklen, aber sie sind sich deren bewußter und eher in der Lage, diese Zyklen zu nutzen. Man kann sowohl in der Aufbauphase der Lebensenergie als auch der Abbauphase erfolgreich sein, wenn man nur seine Aktivitäten entsprechend anpaßt.

Es gibt Rhythmen, die täglich wiederkehren, so daß bestimmte Aktivitäten besser morgens beziehungsweise abends gemacht werden. Andere wiederum, wie der Wechsel der Gehirnaktivität von der rechten auf die linke Seite und zurück, haben noch kürzere Zyklen und vollziehen sich mehrmals am Tag. Viele andere Rhythmen sind bedeutend länger und korrespondieren mit unseren aktuellen Herausforderungen und unserem langfristigen Entwicklungszyklus. Meditierende sind sich dieser unterschiedlichen Rhythmen außerordentlich bewußt, da sie über eine einfache Methode verfügen, sie zu überwachen. Durch die Beobachtung des Atems und des Herzrhythmus sowohl im Laufe eines Tages wie auch über längere Zeit erlangt man Aufschluß darüber, wie sich die Lebensrhythmen in einem selbst reflektieren.[1]

> [Mit Hilfe von Atemübungen] gibt der Sufi seinem Atem den richtigen Rhythmus, und wenn dies zur täglichen Gewohnheit wird, wird das ganze Leben harmonisch und regelmäßig, weil sich der Atem mit der Zeit an diesen Rhythmus gewöhnt. Ob im Schlafen oder im Wachen, der Atem bleibt rhythmisch, alles Pulsieren ist rhythmisch, und

darauf beruht ein guter Gesundheitszustand. Der Rhythmus, den man so erzeugt hat, hält die Gedanken in Ordnung, den Willen stark, das Gedächtnis frisch, die Gefühle normal, und so können die Lebensumstände in eine perfekte Ordnung gebracht werden. [HIK][9]

In einem fortgeschrittenen Stadium können Sie Ihren Lebensrhythmus Ihrem Lebenszweck anpassen und nicht nur Ihre Aktivitäten Ihrem Lebensrhythmus. Das ist die praktische Entsprechung des Wunders, das Christus bewirkte, als er den Sturm beruhigte. Der erste Schritt ist derjenige zu lernen, in Harmonie mit den aufsteigenden und fallenden Rhythmen des Lebens zu gelangen und beide Teile des Zyklus wie Schritte mit dem rechten und linken Fuß zu nutzen, um seinem Ziel näher zu kommen. Diese Harmonie steht in Kontrast zur gewöhnlichen Arbeitsweise der meisten Menschen, die darin besteht, einen bestimmten persönlichen Stil zu entwickeln und den zu jeder Zeit auf alle Lebenssituationen anzuwenden.

Peter, der ein kreativer und mutiger Mensch war, hatte eine Produktidee entwickelt, die vielen Menschen helfen konnte. Er machte alle Anstrengungen und war in der Lage, genug Investitionskapital zur Gründung seiner Firma zu bekommen. Kurz nachdem die Firma gegründet wurde, änderte sich sein Lebensrhythmus und wechselte von einer aktiven, aufbauenden Phase in eine reflektive, abbauende Phase. Dieser Wechsel beeinflußte sein ganzes Leben, nicht nur seine Firma, und führte dazu, daß er sein bisheriges Leben überdachte. Seine Energie war jetzt nach innen statt nach außen gerichtet. Zur gleichen Zeit machte die neue Firma große Fortschritte in ihrer Forschung und Entwicklung, und zwar in einer nicht auf Logik beruhenden, sondern mehr intuitiven Art und Weise, was mit einigen wichtigen Entdeckungen in einer kurzen Zeitspanne verbunden war. Das Produkt, das so entstand, war sehr innovativ und nützlich, aber die Firma ging trotzdem in Konkurs, weil sie nicht genügend Kraft hatte, das Produkt auf den Markt zu bringen. Im fallenden Teil des Zyklus kann Forschung sehr erfolgreich sein, wie wenn sich ein Embryo zu einem Fötus entwickelt, aber es ist nicht die richtige Zeit für die Geburt. Im Geschäft wie im Leben ist richtiges Timing alles.

Da er sich der Rhythmen des Lebens nicht bewußt war, gründete Peter in der gleichen Phase seines Lebensrhythmus eine zweite Firma. Diese zeichnete sich wiederum durch exzellente Forschung aus und entwickelte ein innovatives Produkt. Aber diesmal änderte sich sein Lebensrhythmus zum richtigen Zeitpunkt, er ging in eine Aufbauphase über, und seine Firma brachte das Produkt auf den Markt und war erfolgreich damit. Wenn ein Mensch immer wieder die gleiche Methode anwendet, wird sein Lebensrhythmus letztendlich einmal in einer Phase sein, die ihn erfolgreich werden läßt. Besser noch als Beständigkeit ist es, Feingefühl für den eigenen natürlichen Rhythmus zu entwickeln und diejenigen Tätigkeiten auszuwählen, die zu genau diesem Zeitpunkt angemessen sind.

Wenn Peter sich seines Lebensrhythmus beim Aufbau der ersten Firma gewahr gewesen wäre, hätte er seine zur Schau gestellte Tollkühnheit wie auch die ihn antreibende Gier loslassen können. Das hätte ihm erlaubt, die Forschungsphase durch Kürzung der Ausgaben zu verlängern. Wenn sein Energiezyklus sich dann wieder geändert hätte, wäre er fähig gewesen, die sich aufbauende Energie sinnvoll zu nutzen. Seine Firma machte bankrott, weil die Firma und er selbst sich nicht in der gleichen Phase ihres Lebenszyklus befanden.

In seinem Buch »*Seasons of Man's Life*« (*Jahreszeiten des menschlichen Lebens*) dokumentiert der Psychologe und Forscher Daniel Levinson die Langzeitrhythmen des Lebens, mit deutlich unterschiedlichen Perioden von der Kindheit bis ins hohe Alter. Die klassische chinesische Medizin kennt fünf Kurzzeitrhythmen, die am Puls ablesbar sind und von denen jeder seine bestimmte Bedeutung hat.

Die Mystiker vieler unterschiedlicher Kulturen haben gefunden, daß ihr innerer Zustand mit den äußeren Lebensumständen korrespondiert, und deshalb diesen Zusammenhang sorgfältig studiert. Manche dieser inneren Zustände können mit Hilfe des Herzschlags bestimmt werden, manche durch den Atem und andere durch den Zustand des Drüsen- oder des Nervensystems. Die Mystiker erfreuen sich daran, die Phasen der äußeren Lebensumstände als Enthüllungen der Phasen ihres inneren Zustandes zu betrachten, und sehen ihre inneren Zustände projiziert auf der Leinwand der äußeren Lebensphasen.

Zuerst mag es den Anschein haben, daß die Ereignisse und die Situationen unseres Lebens einen größeren Einfluß auf unsere innere Verfassung haben als umgekehrt. Wenn man befördert wird oder wenn das eigene Kind eine neue Fähigkeit erlernt, wenn das Auto auf der Autobahn eine Panne hat oder wenn uns ein Freund zurückweist – immer ist der daraus resultierende emotionale, mentale und physische Zustand leicht erkennbar. Wir sind uns zumeist der Wirkung, die die Lebensumstände auf uns haben, sehr bewußt. Aber für den Mystiker ist der umgekehrte Effekt stärker – so viel stärker, daß er ihn für den wichtigeren hält. Unser innerer Zustand schafft in einer gewissen Weise unsere Lebensumstände. In der Geschichte von Peter zeigt sich dies so, daß jedes Ereignis mit einem bestimmten inneren Zustand verbunden war, der dieses Ereignis wahrscheinlich verursachte.

Die Frequenz, mit der wir atmen, beeinflußt den Stoffwechsel, der wiederum unsere physischen und mentalen Rhythmen beeinflußt. Viele Menschen sind nicht in der Lage, ihre Emotionen zu spüren, bis sie der Auswirkungen gewahr werden. Sie streiten ab, depressiv zu sein, wissen nicht, wenn sie den Kontakt zu anderen verlieren, und beginnen vielleicht sogar Gefallen an dem Gefühl der Isolation zu finden. Aber ohne Gefühle zu leben ist eine Krankheit des Herzens.

 Ziel: Machen Sie sich so vertraut damit, Ihren Atem zu beobachten, daß Sie fähig werden, die Veränderungen in Ihren Emotionen und Ihrer Energie im Laufe des Tages bewußt wahrzunehmen.

Die Anwendung der Atemrhythmen

Wer von seinen Atemrhythmen gelenkt wird, ist der Sklave des Lebens, und wer seinen Atem kontrolliert, ist sein Meister. Die Worte »von seinem Atemrhythmus gelenkt« bedeuten, daß es der Atem ist, seine Geschwindigkeit und seine Veränderung in unterschiedliche Elemente und Richtungen, der die Lebensumstände bestimmt. Der Mensch, der sich dieser Tatsache nicht bewußt ist, wird von seinem Atem gelenkt und erfährt die Lebensumstände, wie sie ihm gerade widerfahren, und deshalb wird das Leben nicht sein Königreich, sondern sein Gefängnis.

Wenn sich der Mensch dieser Tatsache bewußt wird, entsteht der Wunsch, Kontrolle über seine Gedanken, Gefühle, Leidenschaften und seine Lebensangelegenheiten zu erlangen. [HIK][10]

| ÜBUNG | Erkennen Sie, daß Sie in allen Ihren Lebenssituationen Teilnehmer sind und daß die Art und Weise Ihrer Teilnahme alles, was geschieht, beeinflußt. Nichts »widerfährt Ihnen«, alles geschieht »mit Ihrer Teilnahme«. Sie sind in alles vollständig involviert, und jeder Atemzug und insbesondere die *Art und Weise*, wie Sie atmen, ist eine der Kräfte, die bestimmen, was geschieht. Halten Sie Ihren Atem gleichmäßig, um Gefühle von Angst, Machtlosigkeit und Furcht zu zerstreuen.

Man kann sowohl zu sensibel wie auch zu unsensibel werden. Leben ist Fließen, wie ein Strom. Geben und Nehmen ist ein Teil davon. Dieser Zyklus funktioniert am besten, wenn Geben und Nehmen sich im Gleichgewicht befinden. Überlegen Sie, welcher Teil des Zyklus leichter für Sie ist: Einatmung (Nehmen) oder Ausatmung (Geben). Wenn man immer nur an einen Teil des Zyklus denkt, verursacht das Streß. Können Sie zuhören und annehmen, was andere beizutragen haben, ohne dominieren zu müssen? Nehmen Sie die Meinungen und Handlungen anderer so wichtig, daß Sie nicht kreativ handeln können?

Atmen Sie aus mit der Vorstellung, durch Ihre Brust nach vorn zu atmen und anderen stumme und überpersönliche Inspiration zu geben. Atmen Sie ebenso in Ihre Brust ein, und akzeptieren Sie alles, was Sie aus dem Herzen anderer auf dem Wege des Atems erreicht.

Der schwingende Atem

Denken Sie an ein Pendel in der Form einer Schaukel als ein Modell rhythmischer Bewegung. Wenn Sie jemanden auf einer Schaukel anstoßen, müssen Sie dies zu exakt dem richtigen Zeitpunkt machen. Tun Sie es zu früh, hindern Sie die Schaukel daran, weiter nach oben zu schwingen, und Sie verlangsamen tatsächlich deren Bewegung. Tun Sie es zu spät, hat der Rückschwung bereits begonnen, und Sie müssen mehr Kraft aufwenden. Nur ein kleiner regelmäßiger Anstoß zu genau dem richtigen Zeitpunkt ist nötig, um die Schaukel in Bewegung zu halten.

| ÜBUNG | Stellen Sie sich eine Schaukel direkt vor Ihnen vor. Ihre Ausatmung veranlaßt die Schaukel, sich nach vorn zu bewegen, und mit der Einatmung ziehen Sie sie zu sich zurück. Mit Hilfe dieser Schaukel können Sie mit Ihrem Unbewußten kommunizieren.

Geben Sie der Schaukel bei der Ausatmung eine Frage mit auf den Weg. Der Gedanke, den Sie der Schaukel mitgegeben haben, wird ihr Unbewußtes erreichen. Die Schaukel trägt Ihren Gedanken weg von Ihnen, und er verschwindet im Nebel am Ende des Bogens, den die Schaukel beschreibt. Wenn Sie einatmen, kehrt die Schaukel zu Ihnen zurück. Schließlich wird Sie eine Antwort aus Ihrem Unbewußten zu Ihnen zurückbringen, die Sie dann in Ihr Bewußtsein aufnehmen können.

Durch Wiederholung können Sie Botschaften aus dem Bewußtsein an das Unbewußte senden. Daher müssen Sie mit jeder Ausatmung genau den gleichen Gedanken wieder aussenden.

Die Antwort aus dem Unbewußten kommt unerwartet. Die Botschaft erscheint als Gedanke, der ganz spontan auftaucht und der von zwingender Kraft und Klarheit gekennzeichnet ist. Imaginieren Sie nicht und denken Sie nicht nach, denn der Gedanke ist immer überraschend. Das Denken des Unbewußten funktioniert völlig anders als das logische Denken, und selbst wenn unser Denken bestätigt wird, geschieht dies von einem anderen Gesichtspunkt aus. Man erkennt eine Botschaft aus dem Unbewußten daran, daß sie plötzlich und aus einem anderen Blickwinkel kommt.

| ÜBUNG | Irgendwann in der Zeit, in der Sie Ihren Atem »schwingen« und die Frage wiederholen, wird die Antwort auftauchen. Suchen Sie sie nicht, denn das kann dazu führen, daß Sie eine Antwort imaginieren. Atmen Sie einfach weiter in einem gleichmäßigen Rhythmus ein und aus, ständig mit Ihrer Konzentration auf der ausgeatmeten Frage. Wenn die Antwort kommt, wird sie Ihre Aufmerksamkeit so sehr beanspruchen, daß sie Ihnen nicht entgehen wird. Sie wird nicht als eine Stimme von außen kommen, sondern aus Ihrem Inneren. Sie wird ähnlich einem Gedanken sein, aber mit mehr Kraft. Was immer es auch ist, akzeptieren Sie es, und gestatten Sie Ihrem Atem, die Antwort tief in Ihr Gedächtnis einzuprägen.

Sie können diese Übung noch weiterführen und sie auf die Kommunikation mit anderen anwenden:

> **ÜBUNG** Geben Sie während des Ausatmens der Schaukel einen Gedanken mit in die Welt hinaus.

Lassen Sie bei jedem Ausatmen die Schaukel weiter und weiter schwingen, bis Ihre Ausatmung die Botschaft zum Horizont und darüber hinaus trägt und Sie so mit der ganzen Welt durch die Schaukel Ihres Atems kommunizieren.

Die Entfernung, die der Atem so erreichen kann, ist unbegrenzt. Wenn Sie an einen noch weiter entfernten Ort denken, wird Ihr Atem auch dorthin reichen. Wie weit Sie ihn auch schicken, der Atem wird noch weiter gehen.

Dies mag als eine ganz grundsätzliche Übung erscheinen, aber das ist sie nicht. Die Meister unter den spirituellen Lehrern benutzen ihren Atem, um ihren Schülern Segen und Inspiration zuteil werden zu lassen. Sie können diesen Atem benutzen, um diejenigen zu erreichen, die in weiter Entfernung von Ihnen leben, sei es physisch oder emotional, solange Sie sich Ihnen innerlich eng verbunden fühlen.

Indem Sie nur ein wenig Kontrolle über Ihren Atem ausüben, können Sie die enorme Macht des Atems in eine bestimmte Richtung lenken. Wie Herkules einen Fluß umlenkte, um die Augiasställe auszumisten, können wir mit einer einfachen Konzentrationsübung den machtvollen Strom des Atems, der durch uns fließt, in eine bestimmte Richtung lenken.

 Ziel: Kommunizieren Sie mit Ihrem Unbewußten durch Ihren Atem – senden Sie ihm eine Frage, empfangen Sie eine Antwort – mit einem Ergebnis, das beweist, daß Ihr Unbewußtes Dinge weiß, die Ihrem Bewußtsein nicht zugänglich sind.

6
Vollständige Ausatmung: Verwirklichung

Es gibt [Schüler], die nicht tief atmen können, und es gibt welche, die Probleme mit ihren Lungen haben. In diesen Fällen muß man den Atemrhythmus ändern. Zweifellos sind für diejenigen, deren Atemtechnik nicht gut ist oder die Probleme mit ihren Lungen haben, Atemübungen essentiell wichtig; aber dies muß sehr langsam geschehen, sie müssen mit wenigen Atemzügen beginnen. [HIK][1]

Sich seiner Angst stellen

Gewöhnlich ist unser Atem flach, und ein Großteil unserer Lungenkapazität bleibt ungenutzt. Zum Teil tun wir das aus Bequemlichkeit, denn es bedarf zusätzlicher Anstrengung, um vollständig zu atmen. Ein anderer Grund dafür ist jedoch unsere unbewußte Angst. Vollständige Ausatmung läßt uns für einen Augenblick verletzlich sein. Wenn keine Luft zum Einatmen da wäre, hätte der Körper ein unmittelbares Sauerstoffdefizit. Unsere Angst, daß sich eine sauerstofflose Situation ergeben könnte, führt dazu, daß wir immer einen Sauerstoffvorrat in unseren Lungen mit uns herumtragen, der schal wird. Es ist die Angst, die vielen Menschen die Änderung ihres Atemmusters so schwermacht. Aber sich dieser Angst zu stellen und sie zu besiegen, setzt Kräfte frei, die für die Erreichung der Ziele im Leben eingesetzt werden können. Im Englischen ist der Zusammenhang zwischen ausatmen und sterben noch deutlich, denn das englische Verb »*to expire*« hat sowohl die Bedeutung von »sterben« wie auch von »ausatmen«.

Es gibt Meditiationsschüler, die Schwierigkeiten damit haben, ihre Lungen wirklich zu leeren. Sie haben einen starken Widerstand dagegen, mehr als nur eine symbolische Menge der in den Lungen vorhandenen Atemluft auszuatmen. Solche Schüler mögen zunächst den Eindruck haben, daß sie die Übung richtig machen und daß sie ihre Lungen tatsächlich geleert haben, wenn sie in Wirklichkeit immer noch 25 oder 50 Prozent ihrer nutzbaren Lungenkapazität nicht genutzt haben.

Die Angst, die man vor der vollständigen Ausatmung hat, ist eigentlich Todesangst. Dieser Punkt im Atemzyklus hat eine der Hauptbedingungen mit einem toten Körper gemeinsam – keinen Atem. Atem ist Leben. Wenn ein Körper stirbt, gibt er für immer seine Atemreserven auf. Es ist keine Übertreibung zu behaupten, daß die vollständige Ausatmung (auch für eine sehr kurze Zeit) die Simulation des Todes ist.

> Wir erfahren den Tod, indem wir Leben spielen, und wir erfahren das Leben, indem wir den Tod spielen. [HIK][2]

Diese Übung ist wie ein Impfstoff gegen Todesangst. Unser Ziel ist, vollständiger zu leben, und wir können nicht erkennen, wie sehr unser Leben eingeschränkt und begrenzt ist, bis wir zur vollständigen Ausatmung fähig sind.

Viele Meditierende hören an diesem Punkt auf; entweder ziehen sie sich auf den angenehmen und entspannenden rhythmischen Atem ohne vollständige Ausatmung zurück, oder sie machen überhaupt keine Übungen mehr. Selten, wenn überhaupt, würden sie Angst als Grund dafür angeben, nicht mehr zu meditieren. Zeitdruck ist meist der Grund, es gibt ja auch so viele andere Dinge zu tun. Wenn das Herz sich ängstigt, bemüht sich der Verstand um Ablenkung und Entschuldigungen für ebendiese Ablenkung.

Meditation beginnt erst wirklich, wenn man durch diese Furcht hindurchgeht. Die vollständige Ausatmung ist der einzige Weg, vollständig einzuatmen. Die vollständige Einatmung ist notwendig, um den Sprung im Bewußtsein herbeizuführen, der Meditation eigentlich ausmacht. Wenn die vollständige Einatmung erreicht ist, entwickelt Meditation eine lebensverändernde Kraft.

Man besiegt die Todesangst nicht in diesem Stadium der PSI-Meditation. Das erfordert eine fortgeschrittene Aufwärts-Meditation, die später gelehrt wird. Aber mit der Erfahrung eines kurzen Zeitpunktes ohne Atem am Ende der Ausatmung beginnt der Prozeß, seine Angst zu überwinden.

Die erste Intervention in den Atemrhythmus

| ÜBUNG | Die erste direkte Intervention in den Atemrhythmus ist, ganz auszuatmen. Bis jetzt bestanden die Übungen darin, den Atem so bewußt wie möglich zu machen, aber wir haben nicht direkt in den Atemrhythmus eingegriffen. Jetzt werden Sie zum ersten Mal absichtlich eine kleine Veränderung in der Art und Weise vornehmen, wie Sie atmen. Dies wird Übung erfordern, denn Sie werden Ihren Atem umerziehen.

Lassen Sie Ihren Atem bis zu dem normalen Endpunkt der Ausatmung kommen. Jetzt verlängern Sie Ihre Ausatmung um drei Sekunden, und leeren Sie in dieser Zeit Ihre Lungen soweit wie möglich. Begrenzen Sie Ihren Eingriff auf diese wenigen Sekunden während jedes Atemzuges, und atmen Sie ansonsten ganz normal. Halten Sie Ihren Atem niemals am Ende der Ausatmung an.

Es ist leicht, sehr viel länger auszuatmen, als man das normalerweise tut. (Es kann sein, daß Sie dazu Hilfe benötigen, denn diejenigen, die eine Luftreserve in den Lungen behalten, merken das normalerweise nicht.) Vermeiden Sie aber jede Anstrengung, die Ihren Atem hörbar oder schwer macht.

Diese Übung können Sie auch im Liegen machen. (Meditation im Liegen empfehle ich nicht, da man leicht dabei einschläft, aber diese vorbereitende Übung bildet eine Ausnahme.) Legen Sie sich auf Ihren Rücken, und legen Sie die Hand ohne Druck auf Ihre Magengegend. Fühlen Sie, wie Ihre Hand sich mit dem Atem auf und ab bewegt.

Während der Ausatmung sollten Sie beobachten können, wie Ihre Hand unter die Rippenhöhe sinkt. Bei der Einatmung sollte sie höher als die Rippen sein. Es ist so, als ob Sie da einen Ballon hätten, der sich mit Luft füllt und wieder leert.

Sehen Sie sich einmal die Atembewegungen eines kleinen Kindes im Schlaf an, um sich inspirieren zu lassen. Der Bewegungsspielraum des Zwerchfells ist in der Tat sehr groß.

Setzen Sie sich jetzt wieder auf, und benutzen Sie die vollständige Ausatmung, um Ihren Atem rhythmisch zu machen. Diese einzige Intervention in den letzten Sekunden der Ausatmung genügt, um den ganzen Atemzyklus zu vollenden, ähnlich der Fußbewegung, die ein Spinnrad in Gang hält, oder wie ein Dampfkolben die Räder einer Lokomotive bewegt, oder wie der Verbrennungsvorgang in einem Automotor, der die Kolben veranlaßt, die Kurbelwelle zu drehen.

Begrenzen Sie die Anzahl der Atemzüge, die Sie in dieser Weise machen, auf zehn. Es ist sehr wichtig in der Meditation, ganz auszuatmen, aber es ist nur ein Teil des Vorgangs. Eine zweite Intervention, die wir im nächsten Abschnitt beschreiben, komplementiert die vollständige Ausatmung. Für den Augenblick machen Sie die vollständige Ausatmung nur für eine begrenzte Anzahl von Atemzügen.

Ein Energieschub

Einatmen energetisiert, es löst einen »Schub« im Nervensystem aus, den man emotional erfassen kann. Im Englischen bedeutet das Verb »*to inspire*« sowohl »inspirieren« wie auch »einatmen«. Die Einatmung, die auf die vollständige Ausatmung folgt, ist besonders kraftvoll. Sie scheint *aufzusteigen,* im Gegensatz zur Ausatmung, die *herabzusteigen* scheint.

| ÜBUNG | Atmen Sie immer unmittelbar nach Beendigung der Ausatmung ein. Machen Sie keine Pause nach dem letzten Moment der Ausatmung, denn das führt zur Erschöpfung. Lassen Sie die Einatmung ganz natürlich aufsteigen, ohne zu versuchen, sie zu beschleunigen oder zu verlangsamen, um so den Atemzug vollständig zu machen. Ihr Atem verwandelt sich dann sanft in eine Ausatmung. Er sollte immer sanft und leise sein.

Sie wissen, daß Sie die Einatmung richtig machen, wenn sie einen Energieschub in Ihnen auslöst. Es ist damit vergleichbar, von einem Sprungbrett zu springen und am Ende der Ausatmung den Grund des Schwimmbeckens zu berühren, sich dann vom Boden abzustoßen und mit der Einatmung schnell wieder aufzutauchen. Bleiben Sie nicht auf dem Grund – berühren Sie ihn nur –, und erlauben Sie dann der Einatmung, sich von dort abzustoßen.

Dies ist eine belebende und erfrischende Art zu atmen. Es läßt alles neu und frisch aussehen. Ein vollständiger Atem führt zu einem vollständigen Leben, im Gegensatz zu dem oberflächlichen Leben, das der flache Atem erlaubt. Wenn Sie den Übungen auch nur bis hierher folgen, werden Sie doch immens von dem positiven und kraftvollen Einfluß profitieren, den vollständige Aus- und Einatmung haben. Zeiten des Übergangs werden angenehm werden, und Veränderungen werden Sie nicht mehr zu vermeiden suchen.

| ÜBUNG | Beginnen Sie jeden einzelnen Atemzug, indem Sie die Zwerchfellmuskulatur ausdehnen (den Bauch so weit wie möglich ausdehnen), in den letzten Sekunden der Ausatmung nutzen Sie auch die Brustmuskulatur. Mit jeder Einatmung sollte sich die Magengegend deutlich heben. Um ein möglichst großes Luftvolumen einzuatmen, dehnen Sie Ihre Brust am Ende der Einatmung aus. Dann beginnt wieder die Ausatmung mit Hilfe des Zwerchfells. Drücken Sie die Brustmuskulatur nur am Ende der Ausatmung leicht zusammen.

Wenn Sie diesen Rhythmus mit einer bewußt vollständigen Ausatmung in Ihrem Atem beibehalten, werden Sie in der Meditation nicht schläfrig werden. Die Atemenergie wird Sie wachhalten. Schlaf benötigt eine Art des Atems, die den »Grund« nicht berührt, wenn er es doch täte, würden Sie von der Einatmung aufgeweckt.

Meditation ist ein Weg, den Atem bewußtzumachen. Ein anderer ist körperliches Training. Vom mystischen Standpunkt aus ist der Nutzen körperlichen Trainings, daß es die Aufmerksamkeit auf den Atem lenkt. Also hat körperliches Training in mancher Beziehung den gleichen Nutzen wie Meditation, besonders insofern, als es das Unterbewußte aufwühlt und ungelöste Konflikte ins Licht des Bewußtseins bringt. Diese Wirkung wird jedoch eingeschränkt durch die Anstrengungen des körperlichen Trainings mit ihren physischen Anforderungen an den Atem.

> Es gab eine Zeit, in der ich mich fragte, warum mir körperliches Training und Sport soviel Spaß machten, während Rasenmähen mich so erschöpfte. Ich mochte die Turnhalle und haßte den Rasenmäher, aber warum beeinflußten diese Gefühle meine Kraft und meine Ausdauer so sehr? Eines Tages beobachtete ich meinen Atem, während ich den Rasen mähte. Ich atmete aus, und dann machte ich eine lange Pause, bevor ich wieder einatmete. Ich entdeckte zwei Unterschiede zwi-

schen meinem »Rasenmäheratem« und meinem »Trainingsatem«. Zum einen war mein »Rasenmäheratem« unbewußt, wohingegen mein »Trainingsatem« mit meiner Körperbewegung koordiniert war, und daher war er sowohl bewußt wie auch rhythmisch. Zum anderen führte meine ausgeprägte Abneigung gegen Rasenmähen dazu, daß ich unbewußt den »Todesatem« annahm, der in jedem Menschen mit Sicherheit Erschöpfung auslöst. Beim »Todesatem« atmet man aus und macht dann eine lange Pause, bevor man einatmet.

Das englische Wort »*exhaustion*« hat sowohl die Bedeutung von Ausatmung wie auch von Erschöpfung. Ohne Atem zu sein führt zur Erschöpfung. Es simuliert den Todeszustand, in dem es überhaupt keinen Atem mehr gibt. In diesem Zustand zu bleiben nimmt die Lebensenergie. Nachdem ich das beobachtet hatte, änderte ich meinen Atem so, daß die Einatmung unmittelbar auf die Ausatmung erfolgte, ohne jede Pause. So wurde Rasenmähen zu einer Art Training anstatt einer Plackerei.

Eine Atemübung im Gehen

Eine andere Methode, den vollständigen Atem zu üben, ist diejenige, seinen Gang mit dem Atem zu koordinieren. Das wird Ihren Atem sowohl bewußt wie auch rhythmisch machen.

| ÜBUNG | Lassen Sie beim Gehen Ihren Atem Ihren Schritten folgen. Atmen Sie ein, während Sie je zwei Schritte mit dem rechten und mit dem linken Fuß machen (rechts-links-rechts-links), dann atmen Sie aus und machen wieder vier Schritte in der gleichen Reihenfolge (rechts-links-rechts-links). Behalten Sie diesen Rhythmus bei: einatmen – vier Schritte, ausatmen – vier Schritte.

Beziehen Sie die vollständige Ausatmung in die Übung mit ein. Beginnen Sie beim dritten Schritt der Ausatmung, Ihr Zwerchfell auszudehnen (zusammenzudrücken), so daß mit dem vierten Schritt die Ausatmung komplett ist. Halten Sie Ihren Atem nicht an.

Sie können diese Atmung auch praktizieren, während Sie laufen. In diesem Fall werden Sie jedoch mehr Luft brauchen, so daß Sie Ihren Atemrhythmus mit jeweils zwei Schritten koordinieren. Diese Koordination von Atem und Bewegung wird Ihren Lauf kraftvoller werden lassen.

> Eines Tages ging ein Sufi in die Stadt, und als er zurückkehrte, sagte er: »Ich bin voller Freude. Es gab eine solche Begeisterung in der Stadt.« Sein Schüler dachte: »Oh, wie wunderbar! Das muß ich auch sehen!« Er ging in die Stadt, und als er zurückkehrte, sagte er: »Schrecklich, wie fürchterlich ist doch diese Welt! Jeder scheint dem anderen an die Kehle zu wollen. Das ist es, was ich gesehen habe. Ich fühlte nur Depression, so als ob mein ganzes Wesen in Stücke gerissen würde.« »Ja«, sagte der Sufi. »Du hast recht.« »Aber dann erkläre mir, warum du so begeistert warst und ich mich in Stücke gerissen fühlte.« »Du bist nicht in dem Rhythmus durch die Stadt gegangen, in dem ich durch die Stadt ging«, war die Antwort. [HIK][3]

Ein Ziel erreichen

Es ist nicht damit getan, Gedanken zu unterdrücken, es geht vielmehr darum, die Einstimmung zu ändern. Auch wenn man sagen muß, daß es ungeheuer schwierig ist, seine Gedanken zu beherrschen und Meister seines Verstandes zu werden, so muß man sich doch dieser Schlacht stellen.

Wenn man jedoch einschläft, in einen Traumzustand übergeht, oder wenn man in seinen Gedanken versunken ist, entspannt sich der Verstand zwar, aber nicht völlig. Das heißt vor der Schlacht davonzulaufen und zu denken, man habe gewonnen. Man mag zwar denken, daß man die Schlacht gewonnen hat, aber was hat man wirklich gewonnen? Die Antwort ist einfach, wenn man sich die großen Aufgaben ansieht, welche nach Meditation vollbracht wurden. Das zeigt, daß Meditation eher positive Aktion als einfache Entspannung ist. [HIK][4]

Es gibt eine Verbindung zwischen Ihrer Fähigkeit, vollständig auszuatmen, und Ihrer Fähigkeit, Dinge im Leben zu erreichen.

Als Meditationslehrer habe ich beobachtet, wie unterschiedlich die Fähigkeit von Menschen ist auszuatmen. Ich gewöhnte mich an das sehr verbreitete Problem mit der vollständigen Ausatmung, an die Angst vieler Menschen, auch nur einen Moment ohne Atem zu sein. In der Zeit, in der ich Meditation in Firmen lehrte, erwartete ich, das gleiche Problem bei den leitenden Angestellten zu finden. Aber bei denen, die gleichzeitig verantwortlich für ihr Geschäft waren und Interesse an Meditation zeigten, fand ich dieses Problem nicht. Diese Gruppe wußte, daß sie Risiken eingehen und Ängsten begegnen mußte und daß sie keine andere Wahl hatte, als Dinge ganz zu tun. Daher war sie fähig, den vollständigen Atem zu machen. Unter den Älteren in der Gruppe war das jedoch anders, denn sie waren zu einem früheren Zeitpunkt in ihrer Karriere Risiken eingegangen und hatten seitdem eine eher konservative Haltung eingenommen. Sie hielten mehr an Erreichtem fest und waren kaum bereit dazuzulernen. So hatten sie auch wieder die Tendenz, den Atem zurückzuhalten, und waren nicht sehr an Meditation interessiert.

Vollständig auszuatmen ist notwendig, aber nicht hinreichend, wenn Sie sich Ihre tiefen Wünsche erfüllen wollen. Ein echtes Ziel zu erreichen, verlangt an einem bestimmten Punkt, daß Sie sehr viel mehr geben, als Sie ursprünglich geplant hatten. Es verlangt von Ihnen, über sich hinauszuwachsen. Sie können das machen, wenn Ihnen die Kraft, die am Ende der Ausatmung verborgen liegt, vertraut ist. Menschen, die außerordentliche Dinge vollbracht haben, haben diese Kraftreserve gefunden und angewendet – ausgeatmet in ihr Werk.

In der Rückschau scheint die Anstrengung, die man gemacht hat, um ein Ziel zu erreichen, oft größer zu sein, als das Ziel es eigentlich erforderte. Ehe man es erreicht hat, scheint es der Mühe wert zu sein, doch hinterher scheint es zuviel gekostet zu haben. Die Mystiker weisen darauf hin, daß man, indem man ein Ziel erreicht, sehr viel mehr als das Objekt seiner Wünsche, die neue Position oder die öffentliche Anerkennung erlangt hat. Der unsichtbare, aber wertvollste Gewinn ist die Fähigkeit an sich, Ziele zu erreichen. Sie wird Meisterschaft genannt, und sie wird mit jedem Ziel, das man erreicht, weiterentwickelt. Meisterschaft führt zu Vertrauen ins Selbst, und das ist die Definition von Glaube für einen Mystiker.

Der Komiker sagt: »Weißt du, was die Definition eines Atheisten ist? Jemand ohne unsichtbare Hilfsmittel.«

Wenn unser Atem vollständig ausgeschöpft ist, haben wir alles gegeben, keine Reserve zurückbehalten. Warum produziert dieses Bemühen Resultate, was ist ihre Ursache? Sie kommen daher, daß das Pendel, das wir angeschoben haben, zu uns zurückschwingt.

> Vertraue auf Gott zu deiner Unterstützung, und sieh seine verborgene Hand durch alle Quellen wirken.
> Gib alles, was du hast, und nimm alles, was dir gegeben wird. [HIK][5]

| ÜBUNG | Nehmen Sie diesen Atem als Modell für Ihr Leben: Nehmen Sie alles in sich auf, widerstehen Sie nichts, geben Sie alles, was Sie zu geben haben, halten Sie nichts zurück. Vergrößern Sie den Fluß, erhöhen Sie Ihr Engagement.

Vereinfacht gesagt wirkt die Einatmung auf die innere Welt und die Ausatmung auf die äußere Welt, auf Umstände und Umgebung. Atem ist ein Austausch zwischen den beiden Welten. Wenn Sie das erkennen, können Sie auch sehen, warum Ausatmung und Erfolg zusammenhängen.

Das Ende der Ausatmung ist ihr machtvollster Teil, die Vollendung. Aber die meisten Menschen nutzen diesen Teil ihres Atmens nicht, außer wenn sie ärgerlich werden und zu schreien anfangen. Der Schrei leert die Lungen und vervollständigt die Atmung und erlaubt daher dem Gefühl hinter der Ausatmung seinen ganzen Ausdruck. Allerdings entwickelt man das Gefühl, daß »hier nichts getan wird, wenn ich nicht rumschreie«, wenn man schreit. Tatsächlich passiert etwas aufgrund der vollständigen Ausatmung, nicht aufgrund der Emotion. Die vollständige Ausatmung projiziert das innere Bedürfnis in die äußere Welt.

> Howard wollte gern ein freundlicher Vater sein, und er war voller Groll darüber, daß seine Frau und seine Kinder dies nicht zuzulassen schienen. Seine Frau hatte in der Familie die freundliche und sanfte Rolle, und Howard fühlte sich gezwungen, den strengeren Part zu übernehmen, wenn Dinge schiefgingen.
> »Ich will überhaupt nicht ausrasten«, sagte er, »aber wenn ich es nicht tue, passiert auch nichts. Ich weiß nicht, wie ich sonst etwas bewegen sollte.« Sein Problem bestand darin, daß er nicht vollständig ausatmen konnte, ohne zu schreien. Seine vollständige Ausatmung war so kraftvoll, daß sie etwas bewirkte trotz all der negativen Reaktionen, die von seinem ungezügelten Temperament verursacht wurden. Sein Einfluß

und seine Macht waren eine Folge des Atems, nicht des Ärgers.

Howard kam in einen Meditationskurs und erzählte seine Geschichte. Neben seiner Unwissenheit über die Kraft seines Atems mußte er auch noch eine alte Gewohnheit überwinden, nämlich die Befriedigung aufgeben, eine starke Emotion auszuleben. Aber er war entschlossen, es zu tun, seiner Kinder zuliebe – sie waren traumatisiert von seinen Wutausbrüchen.

»Es funktioniert, wie du sagst«, erzählte mir Howard später, »es ist der Atem, der die Dinge bewegt.«

 Ziel: Gewöhnen Sie sich so sehr an die vollständige Ausatmung, daß Sie den Punkt, wo Sie keinen Atem mehr zurückhalten, leicht in zehn aufeinanderfolgenden Atemzügen erreichen können.

Veränderungen bewirken

Es gibt Leute, die sagen, niemand könne sich wirklich ändern. Andere sagen, daß niemand derselbe bleiben kann, weil Änderung unvermeidlich ist. Wiederum andere sagen, daß »je mehr sich die Dinge ändern, desto mehr bleiben sie dieselben«. Der Grund, warum Sufis Dogmen vermeiden, ist der, daß sie wissen, daß sich eine Wahrheit verändern können muß, wenn es dieselbe Wahrheit bleiben soll.

Die spannende Frage ist: »Kann *ich* mich ändern?« Alle oben beschriebenen Standpunkte können auf diese Frage angewandt werden. Können Sie Ihr Verhalten ändern? Sie können lernen, sich unterschiedlich zu verhalten, aber wenn sich Ihre grundlegende Haltung und Ihre Identität nicht verändern, werden Sie nicht in der Lage sein, Ihr neues Verhalten in allen Situationen beizubehalten.

Eine Frau hatte einen Hund, den sie ankleidete und behandelte wie einen Menschen. Sie lehrte ihn, auf einem Stuhl zu sitzen und anständig von einem Teller an ihrem Tisch zu essen. Sie erzählte jedem, daß ihr Hund in Wirklichkeit ein Prinz in einem Hundekörper sei und entsprechend behandelt werden sollte, und nicht wie ein Tier. Eine Sufi-Meisterin hörte die Geschichte und ging hin, um sie zu untersuchen. Eine Katze folgte ihr, und als sie an der Tür der Frau ankam, stand die Katze neben ihr an der Tür. Als die Frau die Tür öffnete, sah ihr Hund die Katze und jagte sie sofort auf die Straße. Die Meisterin sagte zu der Frau: »Entschuldigen Sie bitte, ich wollte den Hund mit der Natur eines Prinzen sehen, aber nun sehe ich, daß Ihr Prinz die Natur eines Hundes hat.«

Man kann selbst einem Hund beibringen, sich wie ein Edelmann zu benehmen, bis er einer Katze begegnet.

Andererseits ist Veränderung unvermeidlich, alles Leben verändert sich. Man ist dem Wechsel einfach unterworfen.

Ein Sufi zeigte einmal eine Axt, die George Washington gehört hatte. »War das wirklich die Axt von George Washington?« fragte sein skeptischer Schüler. »Natürlich«, war die Antwort, »obwohl ich zugebe, daß sie seither drei neue Schneiden und vier neue Stiele bekommen hat.«

»Man kann das doch nicht Washingtons Axt nennen, wenn kein einziges Teil mehr original ist«, erklärte der Schüler. »Warum nicht«, erwiderte der Lehrer. »Nicht eine einzige deiner Körperzellen ist jetzt dieselbe, wie sie bei deiner Geburt war. Sie sind alle von anderen ersetzt worden. Trotzdem behauptest du, derselbe zu sein.«

Obwohl Veränderung unaufhörlich stattfindet, hat sie doch Kontinuität. Die Änderung, die man wirklich ersehnt, ist diejenige, das zu werden, was man immer war. Wenn Sie eine Ahnung davon entwickeln, was das ist – Ihre grundlegende Identität –, werden Sie damit einverstanden sein und sogar danach streben, alles andere zu ändern.

> Ein Rabbi erklärte stolz, daß die ewige Flamme in der Synagoge schon seit 215 Jahren ununterbrochen brannte. Sein Schüler fragte ihn: »Da du von Zeit zu Zeit das Öl erneuerst und da die Flamme ein Teil der Substanz ist, die verbrennt, ist die Flamme nicht die gleiche, nicht wahr? Und da man jetzt ein anderes Öl benutzt als vor hundert Jahren, ist nicht einmal die Art der Flamme gleich. Manchmal wird selbst die Lampe ersetzt, so daß die Grundlage für die Flamme nicht dieselbe ist. Was ist es dann an der ewigen Flamme, das sich nicht verändert hat?«
> »Das Licht«, antwortete der Rabbi.

Wenn Sie einmal Ihre Lichtnatur entdeckt haben, werden Sie glücklich sein, sich so verändern zu können, daß Sie strahlender werden. Es ist eine ekstatische Erfahrung, daß man trotz aller Wunden, fauler Kompromisse oder aller Schäden immer noch der glückliche und strahlende Mensch werden kann, der man sein möchte. Dann wird man das Wesen, das man schon immer war. Wenn Sie sich an dieses Wesen erinnern können oder wenn Sie eine Vision davon haben, haben Sie die Chance, es wieder zu werden, denn diese Erinnerung oder die Vision ist das Ergebnis einer inneren Wirklichkeit. Menschen haben sehr unterschiedliche Vorstellungen von der idealen Person, die sie sein würden, wenn sie es könnten, was zeigt, daß das Ideal einer jeden Person ihr eigenes wirkliches Wesen ausdrückt.

»Meister«, platzte einmal ein Schüler heraus, »ich habe eine Vision davon gehabt, ein spiritueller Lehrer zu werden.« »Ruhe!« sagte der Sufi, der beim Meditieren war. Die Kraft, mit der der Lehrer dies sagte, nahm dem Schüler den Atem. Er war sprichwörtlich sprachlos vor Entsetzen. Der Schüler, ein sehr intellektueller und redegewandter Mann, sprach oft vor Hunderten von Menschen und zog sie mit seinen Vorträgen in seinen Bann. Nach der Zurechtweisung durch den Lehrer jedoch fühlte er keine Notwendigkeit mehr zu reden, und so hielt er von diesem Moment an Stille. Die Kraft, die er vorher in seine Verstandestätigkeit und seine Rede gesteckt hatte, bewahrte er jetzt, und sie wurde unvergleichlich größer. Er traf seine Zuhörerschaft immer noch, aber anstatt zu reden, sah er seine Zuhörer jetzt nur noch an. Die Menschen sagten, daß sie mehr Wohltaten von seinem Blick als von seinen Worten empfingen. Sein Blick wurde zu einer spirituellen Kraft, und Tausende von Menschen kamen, ihn zu sehen, was ihnen ermöglichte, sich selbst zu erkennen.

Veränderung kann bewußt wie auch unbewußt erfolgen. Um bewußte Veränderung zu bewirken, müssen Sie eine Vision davon haben, wie Sie sein möchten, und einen Katalysator, der die Veränderung erleichtert. Der Katalysator ist das vollständige Ausatmen, der Atem, bei dem nichts zurückgehalten wird. Atmen Sie vollständig aus, um Änderung zu stimulieren, zu ermutigen und letztendlich zu bewirken. Die Einatmung, die auf eine vollständige Ausatmung erfolgt, ist so machtvoll, daß sie in der Lage ist, jede Änderung zu vollziehen, die Sie sich vorstellen können. Diese beiden Voraussetzungen, Vision und Ausatmung, sind in der oben erzählten Geschichte zu erkennen.

Jeder Mensch verfügt über bestimmte Mechanismen, die Veränderungen verhindern, wie auch über solche, die Veränderungen stimulieren. Wenn man sich bedroht fühlt, greift man zu vorbeugenden Maßnahmen, die Stabilität und Überleben sichern.

Wenn man sich sicher fühlt, kann man eher Methoden zur Verbesserung der eigenen Persönlichkeit den Vorrang geben. (Das Gegenteil kann jedoch auch wahr sein: Man verändert sich nur unter Druck und stabilisiert sein Verhalten, wenn keine Herausforderung dazu besteht.)

Die Herzrhythmus-Meditation ist eine Methode, sich seines Herzschlags und seines Atems bewußt zu werden, und sie ermöglicht bewußte Veränderungen. Diese Veränderungen sind weder zufällig wie die des Windes noch periodisch wie die der Jahreszeiten. Sie haben einen Zweck, und sie gehen in eine bestimmte Richtung. Sie helfen Ihnen, das zu werden, was Sie wirklich sein möchten. So können Sie die innere Vision von sich selbst realisieren, die Vision, die Ihre ewige Seele enthüllt.

7

Den Atem anhalten: Energie konservieren

Die zweite Intervention in den Atemrhythmus

Die Einatmung ist wie ein aufsteigender Quell von Energie, die Ausatmung ist wie ein herabstürzender Wasserfall. Dazwischen hat der Atem einen »Gipfel« und einen »Boden«. Der Gipfel ist der Zeitpunkt nach der Einatmung und vor der Ausatmung. Den normalen Atem kann man sich wie eine Ellipse vorstellen, und die erste Intervention in den Atem verlängert diesen zu einer längeren Ellipse.

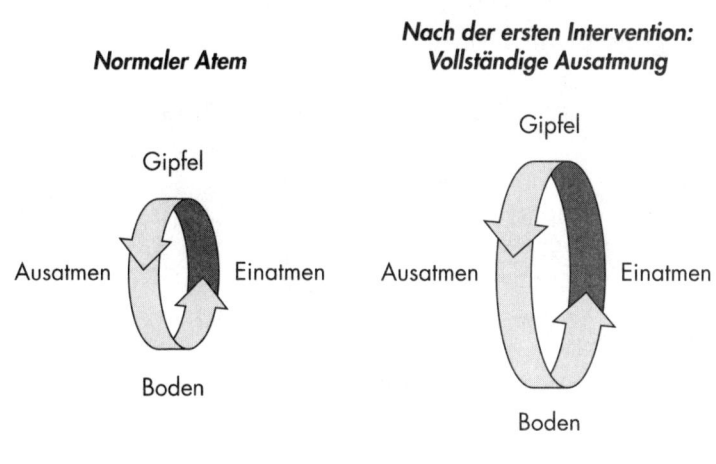

Jetzt ist es notwendig, eine zweite Intervention in den Atemrhythmus zu machen, nämlich den Atem auf dem Gipfel des Zyklus anzuhalten. Der praktische Grund dafür ist, Hyperventilation zu vermeiden, die dann eintritt, wenn man aufgrund der kraftvollen Einatmung zuviel Sauerstoff aufnimmt. Die vollständige Ausatmung bewirkt, daß man mit der vollen Lungenkapazität einatmet und damit seinem Körper mehr Sauerstoff zuführt, als er gewohnt ist. Anfangs können Gehirn und Nervensystem gut damit umgehen, aber nach einer Weile sinkt der Sauerstoffbedarf wieder, auch wenn man sich auf einer höheren Stufe von Aufmerksamkeit und Vitalität befindet.

Durch das Anhalten des Atems gleicht man Angebot und Nachfrage nach Sauerstoff aus, ohne wieder in den flachen Atem mit all seinen Unzulänglichkeiten zu verfallen.

Das Bild des Atems sieht jetzt aus wie eine Ellipse mit einem Dach. Die Länge der Linien repräsentiert die Länge jedes einzelnen Teils eines Atemzuges. Halten Sie Ihren Atem niemals auf dem »Boden« des Atemzuges am Ende der Ausatmung an.

ÜBUNG | Nachdem Sie ganz *ein*geatmet haben, halten Sie Ihren Atem für eine Zeitlang an, ohne sich übermäßig anzustrengen. Je länger Sie ausatmen, desto länger können Sie im Anschluß einatmen.

Vollständige Atmung mit Anhalten des Atems

Zweite Intervention
Gipfel — Gipfel
Ausatmen — Einatmen
Boden

Den Atem anzuhalten verlangsamt den Atemrhythmus und verhindert Hyperventilation. Die Kombination von vollständiger Ausatmung und dem Anhalten des Atems nach der Einatmung kann praktisch unbegrenzt lange wiederholt werden. ▢

Es kann sein, daß das Halten des Atems anstelle einer Empfindung von Frieden ein Gefühl des Bedrängtseins in Ihnen bewirkt. Das kann daher kommen, daß Sie einen Druck verspüren, unbedingt atmen zu müssen. Sie können dieses Gefühl damit in den Griff bekommen, daß Sie die Ausatmung noch ein wenig verlängern, so daß es einfacher wird, den Atem anzuhalten. Mit der Zeit werden Sie sich daran gewöhnen, den Atem anzuhalten.

 Ziel: Entwickeln Sie einen sehr stetigen Atem mit Hilfe der vollständigen Ausatmung und des Atemanhaltens. Werden Sie so vertraut mit diesem stillen Atem, daß die Übung für Sie eine Zeit des Friedens wird.

Energie konservieren

Wenn man den Atem anhält, unterbricht man jede Art des Ausdrucks nach außen und stellt alle äußeren Aktivitäten für einen kurzen Zeitraum ein. Die Folge ist, daß man all seine Energie bewahrt. Die erste Stufe dieser Art der Energiekonservierung besteht darin, seinen Körper ganz ruhig zu halten, und die zweite Stufe ist das Anhalten der Atembewegung. Die inneren Prozesse werden damit nicht unterbrochen, aber aller Austausch mit der äußeren Welt erfährt eine Pause. So kann sich die innere Kraft sehr schnell aufbauen und wird nicht durch die folgende Ausatmung erschöpft. Es gleicht dem Ladevorgang einer Batterie.

Wenn man Magnetismus braucht oder ihn sich wünscht, gibt es kein besseres Mittel dazu als Meditation. Man lädt damit die Batterie auf, der soviel Energie durch Gedanken, Worte und Taten entnommen wurde. [HIK][1]

Beachten Sie den Unterschied zwischen dem Anhalten des Atems in der Meditation und dem Atem während des Schlafs. Im Schlaf gibt es eine kurze Pause am Ende der Ausatmung, niemals auf dem Gipfel am Ende der Einatmung. Das hat einen ganz anderen Effekt und zeigt uns, daß Schlaf weniger dazu dient, Energie zu konservieren, als vielmehr dazu, Tageserlebnisse zu verarbeiten, ähnlich dem Widerkäuen einer Kuh. Diese Konservierung der Energie durch Anhalten des Atems geschieht nur in der Meditation und resultiert in einem machtvollen Aufbau von Energie. Meditierende, die bis jetzt noch nicht den vollständigen Atem mit Anhalten des Atems ausprobiert haben, werden von der Kraft dieser einfachen Technik überrascht sein.

Bei allem unserem Tun, bei allem, was wir denken und uns vorstellen, verbrauchen wir Energie. Dieser Energieverbrauch schwächt und verursacht Alterung. Im Gegensatz dazu kann Meditation die Übel des Menschen heilen, was immer auch diese sein mögen.

Wenn wir den Atem rhythmisch und fein halten, wird der Magnetismus, der normalerweise verschwendet oder verbraucht wird, bewahrt und bleibt der persönlichen Atmosphäre erhalten. Man wird dadurch zu einer Art Batterie für Leben ... Durch Zustände der Stille und das Beruhigen von Gedanken und Gefühlen wird man fähig, sich der endlosen Ressourcen des Universums zu bedienen. [HIK][2]

| ÜBUNG | Nehmen Sie diesen Atem als ein Modell für Ihr Leben: Es ist unmöglich, auf Dauer erfolgreich zu sein, persönlich zu wachsen oder dauernd Energie auszustrahlen, wenn Sie nicht in der Lage sind, Energie zu konservieren.

Wenn die Zeit stillzustehen scheint

Die Kraft der Einatmung hat uns ermöglicht, den Aspekt der Zeitlosigkeit zu erfahren, der dann erfahrbar wird, wenn der Atem stillsteht. Anhalten des Atems scheint den Effekt zu haben, daß die Zeit langsamer vergeht. Sie beginnen jetzt, einen anderen Aspekt Ihres Selbst zu fühlen, einen Aspekt, der keiner oder jedenfalls kaum einer Veränderung unterworfen ist.

Ihre Atemfrequenz beeinflußt Ihre Stoffwechselrate, die wiederum auf Ihre körperlichen wie auch mentalen Rhythmen einwirkt. Die Atemfrequenz ist eine der beiden Uhren des Körpers. Die andere ist die Herzfrequenz. Wenn wir langsam atmen, verlangsamen wir unsere Wahrnehmung von der Zeit und nehmen eine Langzeitperspektive ein.

Die Erfahrung, den Atem anzuhalten, verdeutlicht, welchen Einfluß unsere Zeitempfindung auf die Wahrnehmung von uns selbst und der Welt hat. Albert Einstein entdeckte die Prinzipien der Relativitätstheorie, indem er sich vorstellte, mit Lichtgeschwindigkeit auf einem Photon zu reiten.

Wenn man sich bewegt, scheinen andere Objekte still zu stehen. Wenn man auf einem Punkt verharrt, scheint sich alles andere zu bewegen. Wenn man völlig still ist, kann man die Bewegung der Sonne spüren, das Wachsen eines Baumes, den Tanz einer Blume und selbst das langsame Wachstum eines Felsens.

Der Augenblick ist kurz, wenn der Atem schnell ist,
Die Vergangenheit lange her, die Zukunft ungewiß.
Wenn der Atem langsam ist, wird Gegenwart so weit,
Daß Sie die Vergangenheit enthält und ihr die Zukunft gehört.
Kannst nicht kennen den Fluß von einem kleinen Boot, das flußabwärts treibt,
Steig ab von der Zeiten Fluß, laß ihre Wasser unter dir durchfließen.
Auf einer Brücke stehen wir, die fließende Gegenwart anzusehen.

Jeder Tropfen der Vergangenheit wird zu einem Tropfen der Zukunft,
Wir betrachten sie alle, und wir nennen sie Fluß.

Wie aber können wir die Länge des Flusses Zeit erkennen?
Die Sicht ist zu kurz auf der Brücke des Augenblicks.
Die Brücke sieht nicht, woher die Tropfen des Flusses stammen,
In den Farben der Erze der Erde – wie hat ihre Vergangenheit sie getönt!
Sie sieht keine Tropfen, verdunstet in der Sonne,
Tropfen entschwinden der Sicht, obwohl die Brücke jeden einzelnen zählt.

Was kann sie sehen und erkennen, die Natur des Flusses?
Das Bett und die Ufer, die Arme der Erde, die ihn halten?
Ruhig und ewig erstrecken sie sich vom Quell in den Bergen
Hin bis zum Ziel, dem Ozean, tragen ihn jede Meile.
Sie machen den Fluß, Wasser füllt nur die Gefäße.

Unter dem Fluß, dem endlosen Fluß der Zeit,
Ist die zeitlose Erde, die ihn kennt seit Ewigkeit.

Wenn ein Meditierender Fortschritte macht, ändert sich seine Persönlichkeit. Zuerst nimmt die Persönlichkeit einige der reinen Qualitäten des Tierreichs an. Später wird sie bereichert durch die Qualitäten von Pflanzen, dann die der Felsen, dann durch die der Sonne und des Mondes.

Ein Reh im Wald kann völlig still stehen. Da seine Augen darauf spezialisiert sind, Bewegung zu erkennen, sieht es potentielle Räuber am besten, wenn es selbst ganz still ist. (Es sieht Dinge aber auch dann, wenn es sich bewegt.) Wenn es still steht, wird es Teil des Waldes eben wegen seiner völligen Ruhe, und es vermag seine Umgebung so zu sehen, wie nur wenige Tiere und noch weniger Menschen ihre Umgebung sehen können. Der Baum aber sieht den Wald noch deutlicher, denn er wuchs mit den anderen Bäumen und steht mitten unter ihnen, die Wurzeln seit Jahrzehnten ineinander verwoben, und viele Rehe wurden und vergingen in dieser Zeit. Das Reh sieht den Wald so, wie er ist, die Bäume sahen, wie der Wald wuchs.

Noch unbeweglicher sind die Felsen. Sie sahen die Wälder kommen und gehen. Sie leben in einer geologischen Zeit, die sich nach Jahrtausenden bemißt.

Je mehr man weiß, desto weniger sagt man.

Die Schweigsamkeit der Felsen verbirgt ihre Weisheit, aber jeder Stein verkörpert die Erde als Ganzes und trägt in sich die Erinnerung an die Geburt und die Entwicklung des Planeten. Um sein Wissen zu erfassen, muß man in sein Zeitbewußtsein eintreten. Der Felsen spricht sanft, ohne Energieverschwendung, und speichert seine Erfahrung in der Anordnung der Moleküle. So verändert er seine Zusammensetzung, Resonanzfrequenz und den Grad der Lichtundurchlässigkeit. Im Laufe der Zeit entwickelt sich der Felsen zu einem Kristall, der Reinheit, Durchsichtigkeit und eine einzige Resonanzfrequenz besitzt, die Kristallisation seiner gesamten Existenz.

| ÜBUNG | Während Sie den Atem anhalten, stellen Sie sich vor, daß Sie sich auf einer langsameren Zeitskala befinden, wie etwa der eines Baumes oder eines Felsens.

Mit jedem Atemzug vergeht die Zeit langsamer und langsamer; schließlich scheint sie stillzustehen. Als Folge davon werden Sie sich Ihres ewigen Anteils bewußt.

Die Verbesserung der Erinnerungsfähigkeit

Wir nehmen Zeit nicht als ein einförmiges Kontinuum wahr. Das heißt, es gibt Minuten, die langsamer zu vergehen scheinen als andere. Ebenso ist unser Gedächtnis den Ereignissen in unserem Leben nicht gleichmäßig zugeordnet. Es gibt Momente, die einen großen Anteil unseres Gedächtnisses beanspruchen, während andere kaum registriert werden. Der Grad der Wachheit ist wie ein Vervielfacher, den man auf sein Gedächtnis anwendet. Wenn unser Bewußtsein erhöht ist, kann ein Ereignis, das nur einen kurzen Moment gedauert hat, viel Raum in unserem Gedächtnis beanspruchen, so als wäre es in Zeitlupe aufgenommen worden. Wenn man still ist, vergeht die Zeit langsam, so daß Wahrnehmungen und Gedanken in unserem Gedächtnis vergrößert werden, die wir dann sehr detailgenau erinnern können.

Das erklärt, warum eine halbe Stunde Meditation den Ablauf eines ganzen Tages beeinflussen kann. Die Wachheit in der Zeit der Meditation bewirkt, daß diese Zeit in unserer Erinnerung verlängert wirkt. Der Rhythmus während des Meditationszustandes prägt sich unserem Unterbewußtsein so sehr ein, daß man das Echo im Rhythmus des gesamten Tagesablaufs wiederfindet.

Die Stärkung des Gedächtnisses durch die Meditation, zusammen mit einem außerordentlichen Gefühl von Nähe, das man in einer Gruppe von Menschen entwickelt, die zusammen die Herzrhythmus-Meditation machen, führt dazu, daß die Teilnehmer ihrer Meditationsgruppe große Bedeutung beimessen. Die Erfahrungen in der Meditation sind sehr tiefgehend, und zusammen mit dem Vervielfachereffekt, den die Meditation auf das Gedächtnis hat, werden diese Erlebnisse zu wesentlichen Lebensereignissen.

Sich über die Umstände erheben

Man kann sein Ego dadurch trainieren, daß man sich den Dingen gegenüber geduldig verhält, die einem in seiner Umgebung auf die Nerven gehen. Jede Erschütterung der Seele irritiert das Ego. Wenn man seiner Irritation Ausdruck gibt, entwickelt man eine unangenehme Natur; wenn man die Irritation kontrolliert und nicht ausdrückt, dann zerstört man damit sein Ego innerlich. Die Idee ist, sich über all solche Irritationen erheben zu können. [HIK][3]

Das Anhalten des Atems hilft uns, das Gefühl des »Erhobenseins« zu erhalten, das wir in der Meditation durch die aufsteigende Einatmung entwickeln. Um in diesem Gefühl zu bleiben, muß man vollständig ausatmen, denn es ist die Länge des Ausatmens, die bestimmt, wie lange man den Atem anhalten kann. Die zweite Intervention erlaubt uns, vollkommenen Nutzen von der Einatmung zu haben, da wir so in dem erhobenen und verfeinerten Zustand bleiben können, in den uns die Einatmung hebt.

Auf diese Weise findet man eine sprichwörtliche Bedeutung in dem Ausdruck »sich über die Umstände erheben«. Es kommt daher, daß man die Einatmung als einen Aufstieg begreift. Den Atem anhalten heißt tatsächlich, daß man in einem hohen Zustand *(high)* bleibt. Daher stellt man sich den Himmel metaphysisch auch als einen hochgelegenen, erhabenen Ort vor. Schwerkraft zieht die Dinge dagegen nach unten, und so wird dies die Grundposition. Um »unten« *(down)* zu sein, bedarf es keiner Anstrengung. Schwerkraft erfaßt alles, was Materie ist; die Auftriebskraft des Geistes allein ist immun gegen Schwerkraft und folgt der entgegengesetzten Richtung: aufsteigend.[4]

Eine weitere Entdeckung ist diejenige, daß »sich über Umstände erheben« genau das Gefühl beschreibt, das man hat, wenn man am Ende der Einatmung seinen Atem anhält. Es ist so, als ob man die Welt vom Flugzeug aus sähe: Was wichtig war, während man sich auf dem Boden befand, ist jetzt unwichtig, und was am Boden unwichtig, sogar unbegreiflich war, ist jetzt überaus wichtig. Sich zu erheben erlaubt uns zu sehen, was wirklich wichtig ist und was nicht, wo unser Engagement benötigt wird und wie wir uns am besten engagieren, wie wir Menschen am besten helfen können. Jemandem wirklich zu helfen, erfordert große Einsicht. Um in einen See hinabblicken zu können, muß man sich über ihm befinden, nicht am Rand. Die Sicht aus der Höhe erlaubt, in die Tiefe zu blicken.

Nach dieser hohen Erfahrung folgen Sie Ihrer Ausatmung beim Abstieg in das Konkrete, das Besondere und das Unmittelbare. Aus der Zeitlosigkeit treten Sie wieder in den Zustand ein, in dem Zeit kritisch ist. Ihre Fähigkeit, Prioritäten zu setzen, sich trotz häufiger Störungen an das zu erinnern, was wirklich wichtig ist, und auch in diesen Situationen Ihrer Einsicht zu folgen, das ist der Test für Ihr Mitgefühl für andere Menschen und für Ihr Verantwortungsgefühl. Die Erfahrung der Zeitlosigkeit wird Ihre Fähigkeit, mit der eigenen Zeit verantwortlich umzugehen, stark verbessern. Ohne die Erfahrung der Höhe erscheint das Leben ziemlich flach, mit wenig Unterschied in der Bedeutung von Dingen, und die Erfahrung des Moments wird die Realität dominieren. Aus der Höhe können Sie sehen, wie Ihre früheren Gewohnheiten die Gegenwart beeinflussen und Ihre Zukunft vorherbestimmen. Die Zukunft, die Sie sich ersehnen, wird nur dann aufgebaut werden können, wenn Sie sich neu orientieren.

Menschen, die keine Erfahrung mit der Höhe Ihres Bewußtseins haben, fällt es schwer, zwischen Wichtigem und Unwichtigem zu unterscheiden. In einer größeren Firma zum Beispiel wurde eine halbe Stunde darüber diskutiert, ob man am Eingang des Firmensitzes Fahrradständer aufstellen sollte. Aber man verständigte sich fast ohne Kommentar darauf, einen Konkurrenten aufzukaufen und eine neue Zweigstelle einzurichten. Für die Zukunft des Unternehmens, die damit verbundenen Kosten und seinen Ruf war die Firmenübernahme sehr viel bedeutender als der Fahrradständer.

Ein anderes Beispiel dafür ist ein Mann, den ich kenne. Er verwendet viel Zeit und Aufmerksamkeit auf seine Liste von Prioritäten, die normalerweise mehr als dreißig Punkte enthält. Er zerbricht sich den Kopf über die Punkte, die er auf den nächsten Tag verschieben sollte, und verändert laufend seine Prioritäten. Es wäre besser für ihn, einige Minuten mit der Herzrhythmus-Meditation zu verbringen, um in die Lage zu kommen, zwischen dem Wichtigen, dem Unwichtigen und dem Dringenden zu unterscheiden. Dann könnte er sich besser auf die Aufgaben konzentrieren, deren Erledigung seinen Zielen wirklich weiterhilft.

| ÜBUNG | Ziehen Sie den Atem aufwärts bei der Einatmung, wie wir das bei der letzten Übung gemacht haben. Erlauben Sie dem Zentrum Ihres Bewußtseins, sich von dem aufsteigenden Atem hochheben zu lassen und in einem Zustand zu verharren ähnlich einem Tennisball, der auf der Fontäne eines Brunnens tanzt. Halten Sie Ihren Atem an, und halten Sie Ihr Bewußtsein oben, direkt über Ihrem Kopf. Wenn Sie dann ausatmen, halten Sie Ihr Bewußtsein weiter oben, und lassen Sie den Atem von dort herabsteigen.

Wenn Sie selbst und Ihre Welt aus Ihrem Bewußtsein entschwunden sind, richten Sie Ihre Aufmerksamkeit nach unten. Aus der Höhe, in die Sie Ihr Atem gehoben hat, sehen Sie auf sich selbst und Ihre Lebensumstände herunter. Überdenken Sie Ihre jetzige Lebenssituation von diesem Standpunkt aus, erkennen Sie, wie die Gegenwart das natürliche Produkt Ihres ganzen bisherigen Lebens ist und gleichzeitig ein notwendiges Stadium in der Entwicklung der Qualitäten und Fähigkeiten, die Sie benötigen, um den Zweck Ihres Lebens zu erfüllen.

Diese Erfahrung wird Sie ganz natürlich dazu bringen, die Richtung in Ihrem Leben wie auch die Prioritäten zu überdenken, so daß Ihre Aufmerksamkeit in der Gegenwart die Saat der Zukunft nährt, die Sie sich ersehnen.

Warnung: Wenn diese Übung Kopfschmerzen, Furcht oder irgendein anderes unerwünschtes Gefühl in Ihnen erzeugt, hören Sie entweder mit der Übung ganz auf oder ersetzen die Konzentration auf den Atem mit dem Gedanken an Licht. Licht ist eine besonders sichere Form der Energie. Man braucht beträchtliche Erfahrung, um mit innerer Energie in ihrer allgemeinen Form umgehen zu können.

 Ziel: Erfahren Sie das Anhalten der Einatmung als ein Aufsteigen in die zeitlose Höhe des Bewußtseins, von wo Sie herunterschauen können und Einsicht in Ihr Leben gewinnen!

8
Atem und Herzschlag: Friede

Es ist unser künstliches und hochspezialisiertes intellektuelles Leben mit seinen unnötigen Bedenken und Sorgen, das den Rhythmus des Herzschlags stört und es sehr schwierig macht, das Zentrum der »Schwerkraft« der Persönlichkeit dorthin zu plazieren, wo es hingehört. Schlaf verschafft im besten Fall eine teilweise Entlastung. Meditation führt dazu, daß das Bewußtsein nicht mehr vom Ego gefangengehalten wird. Diese Gefangenschaft jedoch ist das größte Hindernis für Ruhe und Frieden. [HIK][1]

Seinen Herzschlag finden, während man den Atem anhält

Meditation ist die Herausforderung, der Kontrolle seines Ego zu entkommen und im Herzen zu leben. Nur wenn das Bewußtsein im Herzen konzentriert ist, kann die Seele frei sein. Hier ist nicht nur das physische Herz gemeint, sondern alles, was auf der physischen Ebene mit dem Herzen verbunden ist, und gleichzeitig alle höheren Emotionen, die reinen Gedanken und tiefe Intuition. [HIK][2]

| ÜBUNG | Halten Sie am Ende der *Einatmung* den Atem an, und forschen Sie nach Ihrem Herzschlag, wo immer Sie ihn in Ihrem Körper finden. Je länger Sie den Atem anhalten, um so deutlicher wird der Herzschlag werden. Wenn Sie Ihren Herzschlag nicht spüren können, halten Sie Ihren Atem länger an. Um Ihren Atem länger anhalten zu können, müssen Sie länger ausatmen und dann wieder einatmen. (Halten Sie Ihren Atem niemals nach der Ausatmung an.)

Wenn Sie Ihren Herzschlag einmal gefunden haben, ist es leicht, ihn wiederzufinden. Es genügt dann zu wissen, wie er sich anfühlt und wo man suchen muß.

Dadurch, daß Sie sich Ihres Herzschlags bewußt werden, werden Sie sich Ihres Herzens und allem, was »Herz« bedeutet, viel bewußter.

> Das Leben im Herzen beginnt, wenn das Bewußtsein im Fühlen konzentriert wird. [HIK][3]

Ein Arzt, den ich kenne, behandelt Herzprobleme seiner Patienten, indem er sie ihrem eigenen Herzschlag zuhören läßt. Dafür gibt er ihnen ein Stethoskop. Dieser bewußte Akt der Aufmerksamkeit scheint das Unbewußte, das den Herzschlag kontrolliert, zu stabilisieren und zu stärken. Der Arzt erzählte mir, daß er gute Resultate mit der Methode erzielt. Ich sagte ihm daraufhin, daß sich Mystiker seit Jahrtausenden den Herzschlag bewußtgemacht haben, ohne Stethoskop, sowohl um ihre spirituelle Entwicklung zu fördern als auch der physischen Gesundheit und Stärke wegen. Er fragte mich, wie es möglich sei, den Herzschlag zu hören. Ich sagte ihm, ich könne meinen Herzschlag sehr deutlich spüren und seine beiden Phasen unterscheiden. Er nahm an, daß ich entweder phantasierte oder irgendeine übernatürliche Kraft beschrieb, die für seine Patienten irrelevant wäre. Aber ich erklärte ihm, daß man die Fähigkeit, den eigenen Herzschlag zu hören, ziemlich einfach erwerben kann, wenn man nur diese beiden Interventionen in den Atem macht: die vollständige Ausatmung und das Anhalten des Atems.

Wenn Sie Ihren Herzschlag zum ersten Mal entdecken, kann es sein, daß Ihnen das angst macht. Diese Entdeckung kann sehr plötzlich kommen. In einem meditativen Zustand ist das Bewußtsein so sehr geschärft, daß die Tatsache, plötzlich ein deutliches Gefühl Ihres Herzens zu haben, wie es eigenständig in Ihrer Brust schlägt, sehr überraschend sein kann. Zweitens kann es Furcht auslösen, das Herz in Aktion zu erleben: wie es auf dynamische Weise Blut pumpt, um Ihr Leben zu erhalten. Manchmal sorgen sich Nichtmeditierende, daß ihr Herz aufhören könnte zu schlagen, und dann vergessen sie diesen Gedanken wieder. Aber wenn Sie die Herzrhythmus-Meditation machen, können Sie die Gefühle nicht vergessen, die Sie bezüglich Ihres Herzens und seiner Zerbrechlichkeit haben, gleich welcher Natur sie sind. Aber genauso, wie wir gelernt haben, vollständig auszuatmen, indem wir darauf vertrauen, daß beim nächsten Atemzug wieder genug Luft zum Atmen da ist, können Sie lernen, sich Ihres Herzschlags bewußt zu sein und darauf zu vertrauen, daß sein Pulsieren andauern wird.

| ÜBUNG | Wenn diese Übung Ihnen Angst einflößt, machen Sie sich keine Vorwürfe, sondern versuchen Sie, mehr über die Angst zu erfahren. Wiederholen Sie die Übung. Mit jedem Fortschritt wird Ihr Vertrauen zunehmen und Ihre Furcht abnehmen.

In der Herzrhythmus-Meditation entwickelt man Vertrauen dadurch, daß man eine beständige Sicherheit darüber besitzt, daß das Herz schlägt und weiterschlagen wird. Wenn man mit seinem Herzen nur selten Kontakt hat, kann dieser gelegentliche Kontakt irritierend sein, aber durch dauernden Kontakt entwickelt man Vertrautheit mit seinem Herzen. Die anfängliche Angst wird ersetzt durch das Vertrauen, daß Ihr Herz noch für eine lange, lange Zeit schlagen wird. Dieses Vertrauen basiert nicht auf einer theoretischen Wahrscheinlichkeitsberechnung, sondern auf der Erfahrung des direkten Kontakts mit Ihrem Herzen, die sich Tag für Tag wiederholt.

Glaube kann in zwei Worten definiert werden, »Selbstvertrauen« und »Gewißheit in der Erwartung«. Die großen Menschen dieser Welt, die allergrößten, sind mehr als durch irgend etwas groß durch ihr Vertrauen, denn vor allem sind große Menschen Wagnisse eingegangen, und um das zu tun, braucht man Vertrauen, nichts sonst. [HIK][4]

ÜBUNG   Achten Sie sehr genau darauf, wo in Ihrem Körper Sie Ihren Herzschlag spüren. Es könnte fast überall sein: in den Händen, in den Ohren, im Magen. Darin ist Information enthalten: Ihr Unterbewußtsein lenkt Ihre Aufmerksamkeit auf eine Körperregion, die sie braucht. Überlegen Sie, welche Botschaft gerade dieser Körperteil für Sie haben könnte. Warum braucht er die Aufmerksamkeit? Welche vergangenen Eindrücke sind dort gespeichert? Welchen Hinweis gibt er Ihnen in bezug darauf, wie Sie diesen Teil des Körpers besser für Ihre Ziele nutzen können?

Sich den Herzschlag kontinuierlich bewußtmachen

Der gesamte Mechanismus des Körpers arbeitet in Rhythmen, der Pulsschlag, das Herz, der Kopf, die Blutzirkulation, Hunger- und Durstgefühle – alle sind rythmisch, und wenn diese Rhythmen unterbrochen werden, nennt man das Krankheit. [HIK][5]

| ÜBUNG | Nachdem Sie Ihren Herzschlag beim Anhalten des Atems gefunden haben, könnte es sein, daß Sie ihn beim Ausatmen wieder verlieren. Die Bewegung bei der Aus- und Einatmung kann Ihren Herzschlag maskieren, aber er wartet wieder auf Sie, sobald Sie den Atem wieder anhalten.

Merken Sie sich den Rhythmus Ihres Herzschlags, und fangen Sie dann an, während der Aus- und Einatmung in diesem Rhythmus zu zählen. Dieses Zählen wird Ihnen erleichtern, den unter der Aus- und Einatmung verborgenen Herzschlag zu finden, bis der Atem wieder still ist.

Atmen Sie sehr fein und sehr langsam, so daß Sie sich Ihres Herzschlags während des gesamten Atemzyklus bewußt sind. Auch wenn der Atem fein ist, beenden Sie ihn trotzdem mit einer vollständigen Ausatmung. Mit zunehmender Übung werden Sie Ihren Herzschlag immer klarer wahrnehmen können, und er wird Ihnen ein zuverlässiger Wegbegleiter werden.

Beachten Sie zwei deutlich unterscheidbare, aber miteinander verbundene Erfahrungen in der Herzrhythmus-Meditation: die außerordentliche Verletzlichkeit des fühlenden Herzens, die Ihnen Zugang zu Ihren tiefsten Gefühlen erlaubt, und die machtvolle Energie, die in Ihre unmittelbare Umgebung ausstrahlt. Das erste Gefühl ist oft mit einem leichten Schmerz im Herzen verbunden. Das zweite Gefühl kann mit einer unmerklichen Schaukelbewegung des Oberkörpers verbunden sein. Beide Gefühle sind Meilensteine auf dem Weg der Herzrhythmus-Meditation.

 Ziel: Fühlen Sie den Herzschlag in Ihrer Brust, wenigstens in der Atempause nach dem Einatmen.

Wenn es eine Form der Konzentration gibt, die man in der Meditation anwenden sollte, so besteht diese zuerst darin, in den Rhythmus seines Herzens zu gelangen, indem man seinen Herzschlag beobachtet, ihn fühlt und sich mit ihm in Harmonie bringt. [HIK][6]

Koordinieren Sie die beiden maßgeblichen Rhythmen Ihres Körpers, indem Sie den Herzschlag als Taktgeber für den Atem verwenden.

| ÜBUNG | Zählen Sie die Anzahl der Herzschläge während einer Ausatmung, und denken Sie daran, bis zum Ende auszuatmen.

Wenn Sie am Ende der Ausatmung angelangt sind, beginnen Sie zu zählen, wie viele Herzschläge Sie für eine Einatmung benötigen. Wenn Sie vollständig eingeatmet haben, beginnen Sie wieder bei eins und zählen, wie viele Herzschläge lang Sie Ihren Atem anhalten. Jetzt haben Sie drei Zahlen, von denen jede die Länge eines der drei Teile eines Atemzugs beschreibt. Machen Sie diese Übung eine Zeitlang.

Der Vierecksatem

Die erste Erkenntnis, die in der Meditation notwendig ist, ist, daß sie ein Akt der Einstimmung ist, der Einstimmung mit Gott. Wiewohl es notwendig ist, sich zu entspannen, die Emotionen wie auch den Ausdruck von Körper und Gemüt zu kontrollieren, so ist es ebenfalls notwendig, sein Herz sozusagen auf eine höhere Resonanzfrequenz einzustimmen, damit diese Einstimmung ermöglicht wird. [HIK][7]

Hier führen wir nun die dritte und letzte Intervention in den Atemrhythmus ein, die den Atem in harmonische Resonanz mit dem Herzen bringt. Es gibt dem obigen Zitat eine sprichwörtliche Bedeutung, welche uns seine metaphysische Bedeutung erschließt. Bis jetzt haben Sie durch Ihre Meditationsübungen Bewußtheit des Atems und des Herzrhythmus erreicht. Sie haben erfahren, wie Ihr Atem Ihren inneren Zustand widerspiegelt, und Sie wissen, daß der Herzschlag allein vom Unterbewußtsein kontrolliert wird. Indem man diese beiden Rhythmen in Harmonie miteinander bringt, harmonisiert man Bewußtsein wie Unterbewußtsein. Nachdem Sie in der Meditation Entspannung erfahren haben, wissen Sie auch, daß Meditation sehr viel mehr als Entspannung allein ist; sie erlaubt Ihnen eine Balance von Fühlen und Denken, Kontemplation und Aktion. Was diese Einstimmung letztendlich ermöglicht, ist die Erhöhung der »Resonanzfrequenz«, des Grades der Intensität, mit dem Sie Ihren Herzschlag bewußt erleben.

> Rhythmus ist absolut entscheidend bei [Atemübungen], denn man sollte eine Balance in seinem Atem haben. Einatmung und Ausatmung müssen den gleichen Rhythmus haben, aber die Zeit, in der man den Atem anhält, sollte nicht notwendigerweise gleich lang wie Ausatmung und Einatmung sein. Dann würde man nämlich drei Takte eines gleichmäßigen Rhythmus erhalten, aber drei Takte machen einen Vers oder einen Satz in der Musik ungerade. Um Gleichmaß zu erreichen, braucht man vier Takte. Deshalb sollte die Zeit, in der man den Atem anhält, genauso lang sein wie Einatmung und Ausatmung zusammen, so daß man vier Takte erhält. [HIK][8]

Die dritte Intervention dient dazu, die drei Anteile eines Atemzugs mit einem Rhythmus von vier Takten in Einklang zu bringen. Dieser Rhythmus wird Vierecksatem genannt. Die Länge der Ausatmung bestimmt die Gesamtlänge eines Atemzuges. Man kann es mit der Seitenlänge eines Quadrats vergleichen. Die Länge einer Seite entspricht der Ausatmung, die Länge der zweiten Seite der Einatmung, und die Zeit, in der man den Atem anhält, komplettiert das Quadrat, da sie so lang ist wie Aus- und Einatmung zusammen. Diese Art des Atmens ist in zweierlei Hinsicht ausgewogen: Die Länge der Einatmung entspricht der Länge der Ausatmung, und die Länge der Atembewegung entspricht der Zeit, in der man den Atem anhält.

Der Viereckatem ist nicht nur in sich ausbalanciert, sondern befindet sich auch in Harmonie mit dem Herzschlag, da der Puls das Tempo zum Zählen vorgibt. Wenn die Länge der Ausatmung sechs Herzschläge beträgt, dann hat eine Seite die Länge sechs, und die gesamte Länge eines Atemzuges beträgt vier mal sechs oder 24 Herzschläge. Jetzt sind die beiden »Hauptuhren« des Körpers miteinander synchronisiert. Das Viereck könnte auch längere Seiten haben; wichtig ist die gleichmäßige Form, nicht die absolute Länge einer Seite.

ÜBUNG Der Viereckatem: Geben Sie die Länge der Ausatmung mit sechs Herzschlägen vor. Nutzen Sie die letzten drei Herzschläge, um die Ausatmung zu vervollständigen. Machen Sie die Einatmung ebenfalls sechs Herzschläge lang. Dann halten Sie Ihren Atem für zwölf Herzschläge an.

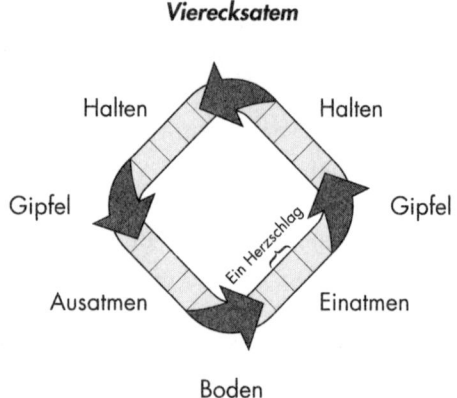

Viereckatem

Wenn solch ein Atemzug zu lang für Sie ist, atmen Sie vier Herzschläge lang aus, vier Herzschläge lang ein, und halten Sie den Atem acht Herzschläge lang. Wenn sechs Herzschläge als Grundlage für sie zu kurz sind, atmen Sie acht Herzschläge lang aus, und verfahren Sie im gleichen Verhältnis wie vorher (was in 32 Herzschlägen je Atemzug resultiert). Ein relativ kurzer Atem hat vier Herzschläge als Grundlage, sechs ist der Durchschnitt, und acht ist etwas länger als gewöhnlich.

Das eingeatmete Luftvolumen ist nicht das gleiche je Zeiteinheit. Am Beginn der Einatmung nimmt man mehr Luft auf, aber fahren Sie mit dem Einatmen fort, wenn auch nur im Gefühl, bis Sie zu Ende gezählt haben. Erst dann beginnen Sie, die Herzschläge beim Anhalten des Atems zu zählen. Ebenso wie bei der Einatmung wird bei der Ausatmung die meiste Luft zu Anfang abgegeben, aber das Zählen zu beenden ist trotzdem von Bedeutung.

Der Atem sollte regelmäßig sein. Verändern Sie seine Länge nur langsam. Der Atem sollte auch fein sein. Vermeiden Sie abrupte Veränderungen, Keuchen und schweres Atmen; atmen Sie so leise wie möglich.

 Ziel: Machen Sie den Vierecksatem 15 Minuten lang ohne Unterbrechung.

Die Kontrolle des Herzschlags

Man muß sich daran gewöhnen, Macht über oder Einfluß auf seinen Kreislauf und den Puls auszuüben, und dies tut man mit der Kraft seiner Gedanken und mit Willenskraft in Verbindung mit dem Atem. Mit Hilfe der Willenskraft ist es möglich, den Körper in einen Zustand zu bringen, der einen bestimmten Rhythmus des Kreislaufs zur Folge hat. Man kann dessen Rate willentlich herabsetzen. Das gleiche kann man mit seinem Puls machen.

Entspannt zu sein bedeutet also nicht, einfach ruhig zu sitzen. Es bedeutet, in der Lage zu sein, Spannung von allen Körperfunktionen zu entfernen, vom Kreislauf, vom Puls, vom Nervensystem wie auch von der Muskulatur. [HIK][9]

Wenn Herzschlag und Atem im gleichen Rhythmus arbeiten, beginnt sich die Spannung in Ihrem Körper aufzulösen. Ein machtvolles Gefühl des Friedens wird Sie überkommen. Dieser Friede ist nicht nur Emotion, sondern eine starke Kraft. Eine der Auswirkungen davon ist, daß sich der Herzschlag verlangsamt. Wenn dies geschieht, müssen Sie Ihren Atemrhythmus anpassen.

| ÜBUNG | Wenn Sie jetzt mit dem Vierecksatem fortfahren, werden Sie bemerken, daß Ihr Atem, der jetzt direkt mit dem Herzschlag verbunden ist, zu kurz wird. Wenn Sie entspannen, benötigen Sie weniger Atem, was zu dem Gefühl beiträgt, daß Sie Ihre Atemzüge verlängern möchten. Daher sollten Sie die Anzahl der Herzschläge pro Atemzug erhöhen. Wenn Sie acht Herzschläge für die Ausatmung zählen, erhöhen Sie auf zehn. Zehn Herzschläge für die Ausatmung machen vierzig Herzschläge für den ganzen Atemzyklus, was ziemlich lang ist. Wenn Sie schon bei zehn waren, erhöhen Sie auf zwölf. ⬜

Verlängern Sie Ihre Atemzüge nur langsam, und nur dann, wenn notwendig. Gehen Sie sicher, daß Sie das neue Tempo ohne Streß halten können. Im gleichen Maße, wie sich Ihre Herzfrequenz und Ihr Atem verlangsamen, wird sich auch Ihr Zeitgefühl »verlangsamen.«

Wenn der Wille einmal Kreislauf und Puls kontrolliert, kann man stundenlang meditieren. Weil sie ihren Kreislauf beherrschen, können Weise stundenlang meditieren. Sie atmen schneller oder langsamer, wie sie es gerade wünschen. Wenn keine Spannung im Nervensystem oder in der Muskulatur vorhanden ist, bewirkt das eine Art der Erholung, die man in zehn Tagen Tiefschlaf nicht erreichen kann. [HIK][10]

Frieden ausstrahlen

Frieden kommt, wenn das Selbst sich in Harmonie mit dem Rhythmus des Herzens befindet. Das läßt sich auf zwei Wegen erreichen. In der stillen Meditation stoppt man alle Schwingung und tritt in den Lebensstrom des Herzens ein. In der Musik richtet man Rhythmus und Harmonie auf und in das Herz, so daß es den richtigen Rhythmus annimmt. [HIK][11]

Wenn man Herzschlag und Atem synchronisiert, schafft das eine kraftvolle Ausstrahlung: die Ausstrahlung des Friedens. Friede strahlt mit dem Pulsieren Ihres Herzens in die Sie umgebende Atmosphäre. Er wirkt auf den Raum und kann über große Entfernungen gefühlt werden. (In Kapitel vier ist das magnetische Feld des Herzens beschrieben.)

ÜBUNG Während Sie im Zuge des Vierecksatems ausatmen, breitet sich der harmonische Rhythmus, den Sie in Ihrem Inneren erfahren, im Raum um Sie herum als Frieden aus. Dieser Friede ist eine machtvolle, beständige Schwingungswelle, die alles, was sie berührt, in Harmonie mit sich selbst bringt.

Dieser Vorgang beginnt dann, wenn der Rhythmus des Herzschlags in Harmonie mit der Atemfrequenz ein Gefühl des Friedens in Ihnen entstehen läßt. Diese Emotion dehnt sich in Ihrem Körper als eine einzige pulsierende Welle aus. Dann expandiert sie nach außen, ohne daß Sie Ihren Atem nach außen »zwingen«.

Jede Person, die dieser Atem erreicht, wird innerlich harmonischer, da der Ursprung des Friedens Rhythmus ist. Friede hat die Macht, Frieden in anderen zu schaffen, da er jeden Menschen in seine Einstimmung mit einbezieht.

Ich habe in Kapitel vier erwähnt, daß sich beim Treffen zweier Menschen ihre Atemweise angleicht. Der stärkste – das heißt, der am meisten bewußte – Rhythmus setzt sich durch, und der Atem der anderen Person paßt sich dem an. Der Viereckatem ist die machtvollste Atemweise von allen, und er paßt alle anderen Atemweisen seinem Rhythmus an, da sein Rhythmus der des Friedens ist. Die Art und Weise, wie er das macht, ist kein Geheimnis – es geschieht auf ähnliche Weise, wie der Schlag der Trommel den Rhythmus in einem Ensemble etabliert oder wie eine klare Stimme die Stimmlage im Chor anführt. Weil der Viereckatem so extrem stabil ist, stellt er die kraftvollste aller Atemweisen dar. Das wiederum rührt daher, daß er eine so enge Verbindung mit dem Herzschlag hat, dessen Rhythmus in der Meditation selbst sehr stabil ist.

Ihr Atem sendet sehr niederfrequente Druckwellen aus, genau wie Tonwellen, die den Raum um Sie herum ausfüllen. Gleichzeitig senden Sie magnetische Wellen im Rhythmus des Herzschlags aus. Die Koordination dieser beiden Rhythmen ist für jedermann erfahrbar, wenn auch unbewußt. Um Einfluß zu haben, muß der Atem Energie einer Frequenz aussenden, die dem Empfänger angepaßt ist. Ein schneller Atemzug, wie etwa wenn einem der Atem vor Erstaunen stockt, hat wenig Einfluß. Andere Menschen nehmen einen solchen Atem nicht an. Die Energie eines schnellen Atemzuges koppelt nicht an die Atmung anderer an, es sei denn, er wird oft wiederholt, wie etwa beim Lachen oder wenn Parolen skandiert werden. (Ein Atem, der mit Lachen verbunden ist, kann sich auf eine Gruppe von Menschen übertragen und produziert ein Gefühl des Amüsiertseins, das noch mehr Lachen erzeugt.)

Die langsamsten Rhythmen sind diejenigen mit dem meisten Einfluß. Gähnen zum Beispiel ist eine sehr ansteckende Art des Atmens. Selbst ein einzelnes Gähnen kann andere dazu veranlassen mitzugähnen.

Diese Beispiele mögen erklären, warum der Viereckatem soviel Macht hat, andere Menschen zu beeinflussen. Es ist ein stetig wiederholter Atem einer einzigen niedrigen Frequenz im Rahmen der möglichen Atemfrequenzen, langsamer und stabiler als jeder andere Atem. Sein Effekt besteht darin, daß er den Atem anderer verlangsamt und stabilisiert. In der Konsequenz produziert der Vierecksatem in anderen all die Emotionen und Erfahrungen, die mit dieser Atmung korrespondieren, insbesondere ein Gefühl von Frieden.

 Ziel: Erfahren Sie ein außerordentlich starkes Gefühl von Frieden in sich, und verbreiten Sie dieses als eine Kraft in den Sie umgebenden Raum.

9

Der gerichtete Atem: Heilung

Den Puls überall spüren

Jede Kontraktion des Herzens sendet eine Blutwelle durch die Arterien. Wie eine kleine Wellenmaschine verwandelt die Pumpe den sanften Blutfluß, der aus den Venen in das Herz eintritt, in Wellen. Diese Blutwellen verzweigen sich dann in den baumähnlichen Strukturen der Arterien und werden durch immer kleinere Kanäle gepumpt, bis die Wellen zuletzt die Kapillaren erreichen. Diese haben einen so kleinen Querschnitt, daß sie nur von einer einzigen Blutzelle gleichzeitig passiert werden können. Eine Blutwelle trifft diese Verengungen wie eine Meereswelle, die auf eine Mauer trifft. Sie »kracht« in die Kapillaren, und dieser Krach wird als Druckdifferenzial im Gewebe um die Kapillaren herum registriert. Daher kann man den Puls in jedem Teil des Körpers spüren, einfach indem man seine Aufmerksamkeit dorthin richtet.

| ÜBUNG | Machen Sie den Vierecksatem, und denken Sie dabei an Ihre Fingerspitzen. Durch Ihre Konzentration machen Sie Ihre Fingerspitzen sehr sensibel, und deshalb werden Sie den Puls in Ihren Fingerspitzen spüren können.

Sie können den Herzschlag vielleicht zuerst in der Magengegend oder in den Ohren oder in den Beinen fühlen. Das ist individuell sehr unterschiedlich. Richten Sie Ihre Aufmerksamkeit auf die Füße, und achten Sie auf den Puls dort. Wenn Sie ihn dort gefunden haben, achten Sie auf den Puls in Ihren Schläfen. Er ist einer bestimmten Art von Kopfschmerz ähnlich, jedoch ohne die Schmerzen. Es pocht einfach nur. Sie werden überrascht sein, wie stark der Puls in den Schläfen ist, und sich wundern, daß er überhaupt zu verschwinden scheint. Gleich wo Sie Ihren Herzschlag gefunden haben: Jede Erfahrung davon hilft, das Bewußtsein für ihn zu verstärken. Fahren Sie aber damit fort, die Quelle dieses Pulses in Ihrer Brust zu suchen.

Nun konzentrieren Sie sich sowohl auf die Brust als auch auf die Fingerspitzen. Achten Sie zur gleichen Zeit auf den Herzschlag in Ihrer Brust und in den Fingerspitzen. Mit einiger Übung werden Sie feststellen, daß der Puls in den Fingerspitzen den Bruchteil einer Sekunde später spürbar wird als der Herzschlag.

Versuchen Sie schließlich, den Puls an all den erwähnten Punkten zur gleichen Zeit zu spüren. Wenn Sie das können, scheinen alle Teile des Körpers auf einmal zu pulsieren, besonders der Oberkörper und der Kopf und leicht verzögert Hände und Füße.

 Ziel: Fühlen Sie Ihren Herzschlag in Ihren Händen, Ihren Füßen und Ihren Schläfen.

Den Atem im Inneren lenken

Atem- und Kreislaufsystem sind einander komplementär. Der Kreislauf setzt im Blutstrom das fort, was in der Atmung beginnt. Atmen ist ein Prozeß des Austauschs mit der Umgebung, während der Kreislauf ein innerer Prozeß ist. Der Vierecksatem synchronisiert dieses System mit Hilfe des Herzschlags zu einem einzigen Rhythmus.

Der Blutstrom trägt buchstäblich den Atem durch den Körper.

Bei der Ausatmung kann man eine Welle des Atems spüren, die sich aus der Brust nach außen bewegt und durch den Körper streicht. Dieser Welle können Sie mit Hilfe Ihrer Konzentration eine Richtung geben, so daß Sie beispielsweise den Atem durch Ihre Hände streichen fühlen.

Einer der wesentlichen Fortschritte in der Meditation ist die Erfahrung, durch eine Körperregion aus- und einatmen zu können. Die Luftkomponente des Atems tritt natürlich weiterhin durch Mund und Nase aus und ein, aber man kann fühlen, wie die Energiekomponente des Atems in und durch einen besonderen Körperteil, wie etwa die Brust oder die Hände, hindurchfließt.

Krankheit entsteht in erster Linie dadurch, daß der Atem den erkrankten Körperteil nicht erreichen kann. Indem man sich auf einen bestimmten Punkt im Körper oder auf der Haut konzentriert, kann man den Atem dort hindurchfließen lassen. Sie werden dies als Energiefluß fühlen. Dieses sehr natürliche Gefühl, das in keiner Weise seltsam oder unangenehm ist, fühlt sich in der Tat an, als ob Atem durch den Bereich strömt, auf den Sie sich konzentrieren.

Biomagnetismus

Der menschliche Körper hat ein meßbares magnetisches Feld. Im Verhältnis zum Magnetfeld der Erde, das in der Lage ist, eine Kompaßnadel zu bewegen, ist dieses Feld schwach. Im Verhältnis zur Größe des Körpers jedoch – verglichen mit der Erde – ist das Magnetfeld des menschlichen Körpers enorm. Das irdische Magnetfeld ist vielleicht zehntausendmal stärker als das eines Individuums, aber die Erdmasse ist etwa zehnmillionenmal so groß wie die eines Individuums. Der Ursprung des Magnetfelds der Erde ist ihr Eisenkern, aber der Ursprung des magnetischen Felds des menschlichen Körpers sind die darin fließenden elektrischen Ströme. Jeder Strom erzeugt ein magnetisches Feld entlang seiner Flußrichtung, und im Körper fließen viele solcher Ströme in den Muskeln und Nerven.

> Das magnetische Feld des Körpers kann leicht beobachtet werden, wenn andere Felder zuverlässig abgeschirmt werden. Das *Harold Bitter Magnetic Laboratory* des *Massachusetts Institute of Technology* besitzt einen Faradayschen Käfig, einen geschlossenen Raum, der externe Felder zuverlässig von internen abschirmt. In diesem Raum kann das magnetische Feld einer Person auf eine Entfernung von drei Metern mit konventionellen Meßinstrumenten gemessen werden. Eine Demonstration in diesem Institut bestätigte, was die Mystiker aufgrund ihrer eigenen Erfahrung über die Pole des magnetischen Feldes und die Richtung des magnetischen Flusses berichtet haben: Der Körper hat zwei magnetische Pole, einen im Herzen und einen im Kopf, und der magnetische Fluß hat das Herz als Zentrum.
> Der menschliche Körper ist sehr viel sensibler für magnetische Felder als konventionelle Meßinstrumente. Er ist zumindest so sensibel dafür wie eine Pflanze. Forschung in diesem Bereich hat gezeigt, daß Pflanzen eine hohe Sensibilität für das magnetische Feld von Menschen haben, was sich in einer Veränderung des elektrischen Widerstandes der Blattoberfläche zeigt. Diese Reaktion wird beim Menschen »Elektrischer Hautwiderstand« genannt und ist eine Schlüsselkomponente bei Tests mit Lügendetektoren. Von der Messung des Widerstandes der Blattoberfläche einer Pflanze kann man die Wahrnehmung der Pflanze für den Magnetismus eines Menschen ableiten.[1]

Die folgende Meditation, die mich Pir Vilayat gelehrt hat, demonstriert in ziemlich dramatischer Weise die Realität des magnetischen Feldes des Körpers.

| ÜBUNG | Machen Sie die Meditation mit dem Vierecksatem, und konzentrieren Sie sich auf Ihre Hände. Achten Sie besonders auf zwei Empfindungen: Die erste ist der Puls, die zweite ist eine Energie, die sich wie ein elektrisches Feld anfühlt, eine Lebensenergie, ein leichtes Kribbeln oder ein leichtes Druckgefühl in den Händen.

Wenn sich diese Empfindungen nicht sofort einstellen, üben Sie Geduld. Wenn Sie sie erst einmal gespürt haben, kommen die Empfindungen sehr leicht wieder. Man hat das Gefühl eines Durchbruchs, wie wenn man zum ersten Mal Fahrrad fährt. Erinnern Sie sich noch, wie schwierig es war, das zu lernen?

Öffnen Sie Ihre Augen und betrachten Sie Ihre Hände. Heben Sie dann eine Hand vor Ihr Kinn, mit der Handfläche nach oben, die Finger vom Körper weg zeigend und leicht aufwärts gekrümmt. Nun blasen Sie ganz vorsichtig über die Handfläche bis zu den Fingerspitzen. Richten Sie Ihre Augen auf das Ziel Ihres Atems, die Fingerspitzen. Nachdem Sie das mit einer Hand gemacht haben, machen Sie es auch mit der anderen. Nehmen Sie nach ein paar Minuten die Hände nach unten und betrachten Sie sie wieder. Sie werden fühlen, daß sich eine starke Sensibilität in Ihren Händen entwickelt, eine Sensibilität für Magnetismus.

Jetzt halten Sie Ihre Hände so vor die Brust, daß sich die Handflächen gegenüberliegen (im Gegensatz zu vorher sind die Handflächen nun um 90 Grad gedreht und daher vertikal) und etwa dreißig Zentimeter voneinander entfernt sind. Bringen Sie jetzt langsam Ihre Hände näher zueinander und stoppen Sie, kurz bevor sich die Handflächen berühren. Beachten Sie das leichte Druckgefühl zwischen den Handflächen, so, als ob Sie einen Gummiball zusammendrücken würden. Wenn Sie durch diesen Widerstand »hindurchdrücken«, hört der Widerstand plötzlich auf und baut sich dann in einer kürzeren Entfernung wieder auf, so, als ob es einen kleineren Ball in dem größeren gäbe.

Entfernen Sie jetzt langsam Ihre Hände voneinander, bis zu einer Distanz von maximal einem Meter, und bringen Sie sie wieder zusammen. Wiederholen Sie das. Machen Sie es ein bißchen schneller; es kann Ihnen helfen, den Druckunterschied leichter zu spüren.

Die Energie, die Sie in Ihren Händen spüren, ist Atemenergie. Weil Sie Ihre Gedanken und Ihren Blick auf Ihre Hände konzentrieren, verstärken Sie Ihren Atem in diesem Bereich. Das macht die Hände sensibler für Magnetismus.

Alle Gegenstände haben ein sie umgebendes magnetisches Feld, und wenn die Hände sensibel dafür sind, kann man Schichten dieses Feldes spüren, besonders an den Kanten. Jede Hand fühlt das magnetische Feld der anderen. Da das magnetische Feld Schichten von Intensität hat (den magnetischen Kraftlinien folgend), kann man auch Schichten im Widerstandsgefühl zwischen den Händen fühlen, wenn man die Entfernung verändert.

 Ziel: Fühlen Sie die magnetische Energie in Ihren Händen.

Selbstheilung

Wenn Sie fühlen können, wie der Atem einen bestimmten Teil Ihres Körpers durchströmt, können Sie ihn für Selbstheilungszwecke nutzen. Indem Sie den Atem in eine Körperregion richten, können Sie Gesundheit und Stärke dorthin übertragen. Wenn Sie Ihren Atem in einer Körperregion spüren, erhöhen Sie die Rate des Kreislaufs dort, fokussieren das Immunsystem dorthin und entfernen Schadstoffe mit der Ausatmung.

| ÜBUNG | Setzen Sie sich in eine Meditationsstellung, und beginnen Sie mit dem Vierecksatem. Forschen Sie

in Ihrem Körper nach Stellen, die sich unbequem oder schmerzvoll anfühlen. Es kann sein, daß Sie in der Meditation an einer Stelle Ihres Körpers Schmerz empfinden, wo es normalerweise nicht schmerzt. Dieser Schmerz kann eine physische Empfindung sein, er kann aber auch eine nichtphysische Ursache haben. Es kann ein Zeichen für eine emotionale Qual sein, ein gedanklicher Konflikt, Druck, der aus sich widersprechenden Verpflichtungen resultiert, oder ein existentielles Gefühl des Leidens, in anderen Worten, gedanklicher oder emotionaler Streß.

Wenn Sie solch eine schmerzvolle oder unbequeme Stelle finden, schicken Sie Ihren Atem sanft an genau diese Stelle. Stellen Sie sich diese Stelle vor: Richten Sie Ihren Atem in die angemessene Tiefe auf die Haut, den Muskel, das innere Organ oder den Knochen. Wenn Sie ein deutliches Schmerzgefühl haben, wissen Sie genau, wohin Sie den Atem zu richten haben. Wenn Sie das nicht haben, wissen Sie auch nicht genau, welches Gewebe schmerzt. Senden Sie dann Ihren Atem ganz allgemein in Richtung des Schmerzes. Ein Effekt des Atems ist der, daß er Ihre Gefühle dort klären hilft. Wenn das Schmerzgefühl verschwindet, gehen Sie zu einer anderen Stelle über.

Wenn Sie überhaupt keine Stelle Ihres Körpers finden, die Atem benötigt, sollte Sie das mißtrauisch machen. Achten Sie genau auf die Stelle zwischen Ihren Schulterblättern oder in Ihrem Nacken oder gerade oberhalb der Magengegend. Dies sind alles sehr sensible Stellen.

Menschen in unterschiedlichen Berufen können die Herzrhythmus-Meditation ihren jeweils unterschiedlichen Bedürfnissen anpassen.

Athleten: Die Herzrhythmus-Meditation kann die physische Stärke und die Koordinationsfähigkeit verbessern, wenn man körperliches Training im Rhythmus von Atem und Herz macht. Als erstes gehen Sie noch einmal zurück zu dem Atem im Gehen, wie er in Kapitel sechs beschrieben ist. Nutzen Sie zum zweiten die Herzrhythmus-Meditation, um sich auf die Muskeln zu konzentrieren, die Sie stärken möchten. Die Einatmung hat einen verjüngenden Effekt, wohingegen mit der Ausatmung Toxine aus den Muskeln entfernt werden. Wie alle Zellen haben auch Muskelzellen ein Erinnerungsvermögen. Sie können durch Erinnerungen geschwächt oder gestärkt werden. Sie reagieren unmittelbar auf Ihren emotionalen Zustand. Muskeln haben einen sehr hohen Sauerstoffbedarf, aber es gibt nur wenige Athleten, die lernen, richtig zu atmen. Ein beständiger Atemfluß durch das Muskelgewebe ernährt und reinigt es auf der physischen, mentalen und emotionalen Ebene.

Wissenschaftler: Das Gehirn entwickelt sich nicht gleichmäßig ohne Meditation. Senden Sie Atem in den Stirnbereich, in den Bereich der großen Fontanelle, den obersten Teil des Kopfes, den Bereich oberhalb des Nackens (wo sich der Atlas befindet) und den rechten und linken Schläfenbereich. Fühlen sich diese Bereiche unterschiedlich »offen« für den Atem an? Wenn Sie Atem in diese Bereiche senden, werden Sie beide Gehirnhälften entwickeln und so Ihrem Verstand helfen, sowohl Details wie auch umfassende Konzepte zu verstehen.

Künstler: Die linke Seite des Herzens wird durch Harmonie und Schönheit berührt, während die rechte Seite für deren Ausdruck nach außen zuständig ist. Die linke Seite empfängt Inspiration, die rechte ist schöpferisch. Reicht Ihre Leidenschaft für Kunst tief genug? Können Sie Ihre Leidenschaft so darstellen, daß andere das empfinden können, was Sie beim Akt des Entstehens fühlen? Schicken Sie Ihren Atem durch die linke Seite Ihrer Brust, oberhalb der Brustwarze, aber nicht ganz so weit links. Dann schicken Sie Ihren Atem auf die genau gegenüberliegende rechte Seite. Widmen Sie der Hälfte, die weniger empfänglich ist, mehr Zeit. Wiederholen Sie das, bis sich ein Druckgefühl unter den Rippen aufbaut und Sie das Gefühl haben, daß sich Ihr Brustkorb rechts und links vom Zentrum Ihrer Brust ausdehnt. Dies ist ein Indikator für verbesserte Qualitäten des Herzens.

Manager: Atmen Sie durch den Solarplexus ein, direkt unterhalb der Rippen. Dann atmen Sie im Bereich des Magens, unterhalb des Solarplexus, aus. Das wird Ihre Kontrollfähigkeit und

Ihre Präsenz stärken. Die Einatmung wird Sie sensibler machen für Ihre »Bauchgefühle« von Intuition – Ihren inneren Kompaß, der Ihnen sagt, ob die eingeschlagene Richtung richtig oder falsch ist. Die Ausatmung wird Ihre innere Meisterschaft und Ihr Gefühl für Ordnung in die Welt senden. Da die äußere Welt ein Produkt der inneren ist, stärkt dies den Prozeß, sein Leben als Projektion seiner inneren Wünsche zu gestalten. (Es ist auch angenehm, den Atem direkt in die Magengegend zu richten.)

Helfende Berufe: Ohne die linke Seite des Herzens in seine Entscheidungen mit einzubeziehen, würde man ein Bürokrat werden, der unfähig ist, mit den Menschen mitzufühlen, die einem anvertraut sind. Wenn man die rechte Seite nicht mit einbezieht, ist die Folge emotionale und physische Überanstrengung (»Burnout«). Es ist notwendig, zu seinen Patienten, Klienten oder Schülern einen gewissen Abstand zu halten, aber machen Sie das in einer solchen Weise, daß es leicht ist, die Verbindung wiederherzustellen. Ebenso ist es notwendig, seine Einsicht zu vertiefen, denn wenn Sie nicht erkennen, was diese nicht sehen, können Sie ihnen nicht helfen. Wenn Ihre Klienten Sie dazu bringen, Dinge so zu sehen wie sie selbst, können Sie ihnen auch nicht helfen. Die Fähigkeit, mitfühlende Einsicht zu verbessern, entwickelt man dadurch, daß man sowohl durch die Mitte der Stirn als auch durch das Zentrum der Brust atmet – das »Dritte Auge« und das »Herz-Chakra« der Mystiker. Atmen Sie durch das Zentrum Ihrer Stirn ein und durch Ihre Brust aus. Wiederholen Sie das so lange, bis Sie das, was Sie intuitiv wissen, auch in Ihr Fühlen integriert haben und das, was Sie in Ihrem Herzen fühlen, auch verstehen.

 Ziel: Fühlen Sie sich, als ob Sie durch irgendeine Stelle Ihres Körpers aus- und einatmen, nicht durch Nase oder Mund. Atmen Sie zum Beispiel durch Ihre Brust.

Heilung

Das Funktionieren des ganzen Körpers basiert auf der Kraft des Atems, und jede Störung im Zusammenspiel dieses Mechanismus wird durch eine Unregelmäßigkeit im Atem verursacht. Deshalb können Ärzte Gesundheitsstörungen durch Fühlen des Pulses oder des Herzschlags erkennen. Der Arzt wird sagen, daß die physische Krankheit des Körpers die Veränderung im Puls oder im Herzschlag verursacht hat, aber der Mystiker weiß, daß sie durch den Atem verursacht wird. [HIK][2]

Sie können Ihren Atem so lenken, daß Sie damit die Heilung anderer beschleunigen helfen. Sie können Ihren Atem auch zu deren Atem »hinzufügen« und so den Atem verstärken und ihn rhythmischer und ausgewogener machen.

Wenn der Patient seinen Atem an die erkrankte Stelle im Körper hätte lenken können und einen Atem entwickelt hätte, der bewußt, rhythmisch und vollständig gewesen wäre, und sich an die Notwendigkeit erinnert hätte, diesen Atem für persönliche Heilung einzusetzen, dann wäre die Krankheit möglicherweise nicht aufgetreten. Wie auch immer, Ihr vereinigter Atem ist stark und kann vielleicht die Krankheit erreichen, was der Atem des Patienten allein nicht vermochte.

| ÜBUNG | Sie können die heilende Wirkung des Atems zum Wohle eines anderen einsetzen, indem Sie durch Ihre Hände atmen. Nachdem Sie die Hände mit Energie aufgeladen haben, legen Sie Ihre Fingerspitzen auf die kranke Stelle des Patienten.

Sagen Sie dem Patienten, er solle einatmen, wenn Sie ausatmen, und ausatmen, wenn Sie einatmen. Dann nehmen Sie einen rhythmischen Atem an, der nicht zu lang ist, so daß der Patient Ihnen folgen kann. Machen Sie in diesem Fall nicht den Viereksatem, und halten Sie Ihren Atem nicht an. So können sie dem Patienten den Atemrhythmus zum Beispiel dadurch signalisieren, daß Sie Ihre Hand leicht von seinem Körper wegziehen, wenn Sie einatmen, und beim Ausatmen den Druck erhöhen. Wenn der Patient Ihre Hände nicht sehen kann, benutzen Sie ein Wort oder einen Ton, um zu signalisieren, wann sich die Richtung des Atems ändert, um so die Koordination zu ermöglichen.

Wenn Sie ausatmen, richten Sie Ihren Atem durch Ihre Fingerspitzen und stellen sich dabei einen kühlenden Sprühnebel heilender Energie vor. Wenn Sie einatmen, atmen Sie durch Ihre Fingerspitzen ein, und absorbieren Sie die verunreinigte Energie des Patienten. Achten Sie darauf, daß Ihr Atem leise ist. (Wenn der Atem hörbar ist, ist damit immer ein Problem verbunden.)

Nach fünf bis zehn Atemzügen nehmen Sie Ihre Hände von dem Patienten weg und schütteln sie kräftig, um den verunreinigten Magnetismus zu entfernen, den Sie absorbiert haben. Sie können auch Ihre Hände unter fließendem Wasser reinigen oder sie in Wasser tauchen. Dann legen Sie die Hände dem Patienten wieder auf und fahren mit der Behandlung fort.

Eine Verstärkung dieser Übung besteht darin, sich mehr auf eine Hälfte des Atems als auf die andere zu konzentrieren. Ihre Ausatmung wird Energie übertragen, ihre Einatmung verunreinigte Energie absorbieren. Wenn der kranke Körperteil des Patienten Stärkung braucht, ist Ausatmung angezeigt. Manche Krankheiten wie Kopfschmerz, eine Schwellung oder ein Tumor resultieren aus einem Überschuß an Energie. In solchen Fällen ist Einatmung angezeigt.

Natürlich muß Ihr Atem durch den vollen Zyklus gehen, was bedeutet, daß Sie auch dann ausatmen müssen, wenn Sie sich beispielsweise auf die Einatmung konzentrieren.

Diese Methode wirkt, weil Ihre Hand tatsächlich Energie ausstrahlt. Die Existenz dieser Energie ist mit Hilfe der Kirlian-Fotografie dokumentiert worden, die bestätigte, daß von den Fingerspitzen eines Heilers lange Energiestrahlen ausgehen. Es ist noch nicht wissenschaftlich nachgewiesen, wie diese Energie den Körper beeinflußt, aber die Mystiker sagen, daß es die Lebensenergie selbst sei. Man hat sie auch als biomagnetische Energie bezeichnet, denn sie verhält sich in biologischen Objekten etwa so, wie sich Magnetismus in ferromagnetischen Stoffen verhält.

Es wäre ein Fehler anzunehmen, daß sogenannte Heiler Menschen mit besonderer Gabe seien. Heilung ist eine natürliche Kraft, die jedermann eingeboren ist, allein durch die Tatsache, daß man atmen kann. Es gibt Menschen, deren Konzentration und Atem so weit entwickelt sind und deren Energiekanäle vom Herz in die Hände so offen sind, daß sie mit der natürlichen Heilwirkung ihres Atems anderen helfen können. Jeder Mensch, der ein Kind, Eltern, eine Geliebte oder einen Geliebten oder Freunde hat, hat sowohl ein Bedürfnis wie auch einen Ansporn, diese Fähigkeit zur Heilung in sich zu fördern.

Den Atem auf den Raum außerhalb des Körpers richten

Das magnetische Feld ist nicht beschränkt auf den Raum, der sich innerhalb der Haut befindet – es kann sehr effektiv über die Begrenzungen des Körpers hinaus in den umgebenden Raum gerichtet werden. In der Tat überschreitet das magnetische Feld diese Grenze und bildet einen ausgedehnten magnetischen Körper.

Es ist eine wissenschaftlich gesicherte Tatsache, daß der Körper ein magnetisches Feld besitzt und daß dieses Feld mit dem Herzschlag pulsiert. Wenn sich der Körper in Ruhe befindet, hat dieses Feld zwei Pole: das Herz und das Gehirn. Das magnetische Feld des Herzens ist hundertmal stärker als das des Gehirns. Das magnetische Feld des Körpers wird vorwiegend durch die Elektrizität verursacht, die in den Muskeln fließt. Das Herz ist der einzige Muskel, der unablässig kontrahiert und entspannt, so daß es das magnetische Feld eines ruhenden Menschen dominiert.

In mystischer Sicht ist das magnetische Feld nicht das Produkt des physischen Körpers, sondern sein Ursprung. Statt die Energie, den Magnetismus oder die Schwingung zu sehen, die eine Person ausstrahlt, sieht der Mystiker die Energie, den Magnetismus und die Schwingungen, die beständig diese Person *werden*. Dies ist die von oben nach unten gerichtete Sicht der Herzrhythmus-Meditation: Der Körper wird beständig aus den Gedanken geschaffen, die beständig aus den Emotionen geformt werden, die beständig aus Energie oder Magnetismus geformt werden, die beständig aus dem Bewußtsein geformt werden. Anstatt zu denken, daß Sie das magnetische Feld Ihres Körpers aus den Fingerspitzen austreten fühlen, könnten Sie denken, daß Sie in den Fingerspitzen die Intensivierung des magnetischen Feldes spüren, das Ihr Körper wird. Der magnetische Körper ist nicht eine Ausdehnung des physischen Körpers, sondern der physische Körper kann eher als eine Verdichtung des magnetischen Feldes betrachtet werden.

Diese subtile Betrachtung gewinnt in einem weiter fortgeschrittenen Stadium der Meditation an Bedeutung, da sie zur Kontemplation überleitet. Im Anfangsstadium hilft sie die Ansicht überwinden, daß diese magnetische Energie »meine eigene« ist.

Hier folgt nun die nächste Meditation zum magnetischen Körper.

ÜBUNG Beginnen Sie mit dem Vierecksatem und zählen Sie Ihre Herzschläge, um den Atemrhythmus zu harmonisieren. Dann achten Sie auf den Herzschlag in Ihrem ganzen Körper gleichzeitig: in der Brust, in den Händen, in den Füßen, überall.

Versuchen Sie dann, den Herzschlag in der Haut und auf der ganzen Körperoberfläche zu finden.

Bemerken Sie jetzt, daß sich Ihre Haut nicht mehr wie die

Oberfläche Ihres physischen Körpers anfühlt. Sie fühlt sich eher wie die Haut oder die Oberfläche eines sehr viel größeren »bauschigen« Körpers an. Das ist der magnetische Körper. Ihr physischer Körper befindet sich in diesem magnetischen Körper, wie sich die Erde in ihrem Magnetfeld befindet. Dieser Magnetismus umgibt nicht einfach nur physische Körper, er durchdringt sie auch.

Erlauben Sie dem magnetischen Körper, sich nach außen auszudehnen und sehr viel größer, aber gleichzeitig auch sehr viel diffuser zu werden. Wenn Sie jetzt einatmen, ziehen Sie diesen magnetischen Körper wieder nach innen. Durch diese Konzentration wird er wieder dichter, bis er sich als Ihr Herz materialisiert (nicht *in* Ihrem Herzen, sondern *als* Ihr Herz).

 Ziel: Fühlen Sie den Herzschlag auf der Haut (Oberfläche) Ihres magnetischen Körpers.

Meditation mit Pflanzen

Es gibt ein mystisches Prinzip, das besagt, daß man einen Empfänger braucht, um Energie zu senden. So können wir mit der Übung des Magnetismus fortfahren, wenn wir etwas haben, dem wir diesen Magnetismus senden. Wie Sie in dem Abschnitt über Heilung erfahren haben, wird die Energie, die Sie spüren, dann intensiviert, wenn sie einem Zweck dient. In dieser Übung haben Sie ausschließlich die Energie Ihrer Hände angewendet. Jetzt werden wir das ganze magnetische Feld nutzen, nachdem wir gerade entdeckt haben, wie wir es finden können. In der unten beschriebenen Übung benutzen Sie eine Pflanze als Empfänger Ihrer Energie.

ÜBUNG Stellen Sie eine Topfpflanze etwa zwei Meter entfernt vor sich hin. Wiederholen Sie die Übung, die zuletzt beschrieben wurde, um Ihr magnetisches Feld zu spüren. Dehnen Sie bei der Ausatmung Ihr magnetisches Feld in Richtung der Pflanze aus; bei der Einatmung ziehen Sie das magnetische Feld der Pflanze in sich hinein.

In einer zweiten Meditation stellen Sie die Pflanze in die gegenüberliegende Ecke des Raumes, oder setzen Sie sich einer Pflanze gegenüber, die gerade vor Ihrem Fenster steht. Dehnen Sie Ihr magnetisches Feld wieder in Richtung der Pflanze aus, während Sie ausatmen, und ziehen Sie den Magnetismus der Pflanze in Ihr Herz, während Sie einatmen.

In Experimenten, die ich mit Meditierenden und Pflanzen ausgeführt habe, konnten die Meditierenden fühlen, ob eine Pflanze Wasser benötigte oder nicht.

ÜBUNG Wenn Sie mit der Pflanze Magnetismus austauschen, werden Ihre Identität und diejenige der Pflanze eins, und Sie beginnen zu spüren, was die Pflanze fühlt. Achten Sie darauf, ob sich Ihre Kehle trocken und durstig anfühlt, oder ob Sie leicht Speichel produzieren. Fühlen Sie sich schwach und kraftlos oder vital und reich? Haben Sie Empfindungen wie kratzende Haut oder wunde Gliedmaßen?

Überprüfen Sie den Zustand der Pflanze, nachdem Sie die Meditation beendet haben, und versuchen Sie, Ihre Erfahrung in der Meditation mit dem Zustand der Pflanze in Verbindung zu bringen.

Teil III
Die Elemente des Herzens

10

Die vier Elemente

Nachdem Sie gelernt haben, Atem und Herzschlag miteinander zu koordinieren, ist jetzt das Ziel, die Qualitäten des Herzens zu entwickeln. Das Herz hat vier Aspekte, vier Richtungen und vier Elemente, die man entfalten kann.

> Das Konzept der vier Elemente, welches die Mystiker seit langer Zeit haben, kann nicht in wissenschaftlichen Begriffen erklärt werden, denn die Mystiker haben ihr besonderes Verständnis davon. »Wasser« ist nicht Wasser, wie wir es normalerweise in der Umgangssprache verstehen, es ist eher ein flüssiger Zustand. »Feuer« wird ebenso anders verstanden; es bedeutet Glühen oder Hitze oder Trockenheit oder Ausstrahlung, alles, was lebendig ist. [HIK][1]

Man kann das Herz in vier Richtungen entfalten: Höhe, Tiefe, Breite, vorwärts und nach innen, wie die folgenden Abbildungen zeigen.

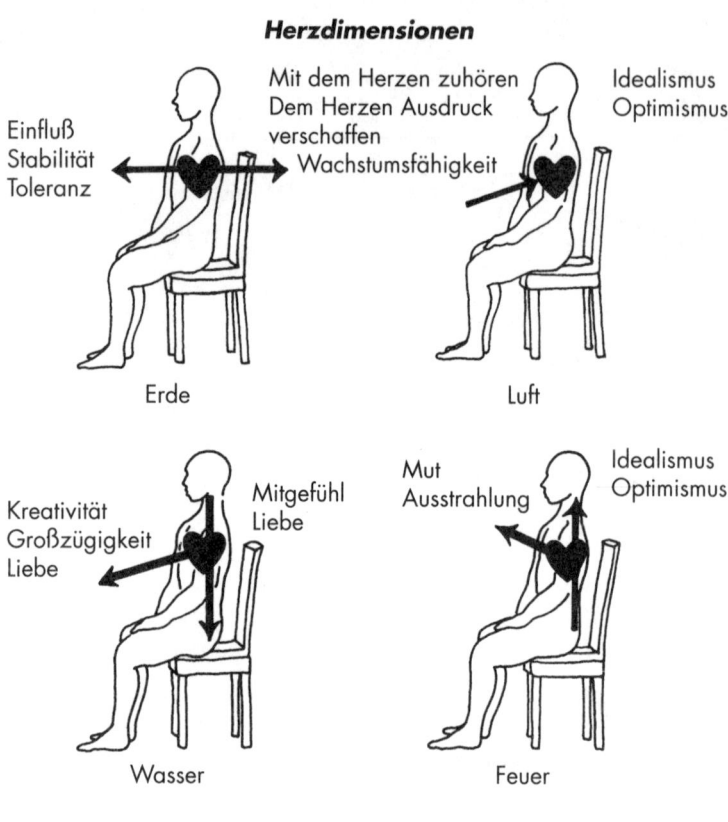

Diese unterschiedlichen Richtungen des Herzens korrespondieren mit den vier mystischen Elementen – Erde, Wasser, Feuer und Luft, wie in der folgenden Tabelle dargestellt:

Element	Richtung	Wirkung auf das Herz
Luft	Nach innen	Mit dem Herzen zuhören, die Gefühle des Herzens in Worten ausdrücken, die Fähigkeit zu persönlichem Wachstum öffnen
Feuer	Aufsteigend und nach vorn	Kraft im Herzen aufbauen, Mut und Ausstrahlung
Wasser	Fließend und vorwärts	Kreativität, Großmut, Mitgefühl und Liebe entwickeln
Erde	Ausdehnung, Breite	Einfluß ausdehnen, Stabilität, Toleranz

Zuerst reinigt jedes Element das Herz in seiner ihm eigenen Art und Weise: Filtern (Erde), Waschen (Wasser), Schmelzen (Feuer) oder Ausdehnen (Luft). Dann haben die Elemente einen weiteren Effekt auf das Herz: Sie helfen, es in eine der vier Richtungen, in die es entfaltet werden kann, weiter zu entfalten. Zum Beispiel wird das Wasser-Element benutzt, um die Qualitäten des Wassers – Kreativität, Großmut, Mitgefühl – zu entwickeln. Diese Anwendung der Elemente auf die menschliche Entwicklung war eine der großen Entdeckungen der Sufis, die sie in der mystischen Kunst der Alchimie ausdrückten, dem Prozeß der Transformation bleierner Herzen in goldene.

Indem wir die vier Elemente in die Herzrhythmus-Meditation einbeziehen, haben wir ein noch mächtigeres Werkzeug zur Verfügung, welches wir anwenden können, um uns unserer Herzen noch bewußter zu werden und aus dem Herzen zu leben. Man bezieht die vier Elemente in die Herzrhythmus-Meditation mit ein, indem man den Atem verändert und mit Visualisierung arbeitet. Es gibt vier verschiedene Atemformen, und jede korrespondiert mit einem Element.

Element	Einatmung	Ausatmung
Luft	Mund	Mund
Feuer	Mund	Nase
Wasser	Nase	Mund
Erde	Nase	Nase

Dies sind die vier Möglichkeiten zu atmen. Man atmet immer in einer dieser vier Atemformen, und die jeweilige Atmung stimmt Sie auf das korrespondierende Element ein.

Bei jedem Wechsel des Elements im Atmen verändert sich die Laune des Menschen – und das geschieht oft, tagsüber wie nachts –, seine Wünsche, seine Neigungen, sein Ausdruck, selbst seine Atmosphäre verändert sich. Ebenso hat jedes Element, in dessen Einstimmung er atmet, einen Effekt auf jede der Angelegenheiten, mit denen er sich beschäftigt. [HIK][2]

ÜBUNG
- Der Erd-Atem ist die Atemform, in der man dann atmet, wenn man ruhig allein sitzt. Er ist sehr beruhigend. Das ist auch eine Atmung, die man in einer Krise benutzt. Sie hilft einem, die Situation zu überstehen. Wenn Sie Angst haben oder vermeiden wollen, daß man sie bemerkt, atmen Sie durch die Nase ein und aus, wobei Sie den Mund geschlossen halten.
- Der Wasser-Atem ist der Atem eines spontanen Seufzens: Man entledigt sich der Last in einem kurzen, aber sehr betonten Ausatmen durch den Mund. Der Wasser-Atem wird auch bei der Heilung benutzt. Es ist der Atem, den man anwenden sollte, wenn man seine Kinder zu Bett bringt, denn das ist der Atem, in dem sie schlafen.
- Der Feuer-Atem gibt einem den notwendigen Anschub, beispielsweise wenn man überrascht ist – er besteht aus einer

sehr schnellen Einatmung durch den Mund. Gewichtheber praktizieren den Feuer-Atem, unmittelbar bevor sie die Gewichte stemmen, oder Spieler beim American-Football direkt vor dem Spiel. Er verursacht einen plötzlichen Energieschub.
- Der Luft-Atem wird oft von Computerprogrammierern benutzt, die dazu tendieren, durch den Mund zu atmen. Er versorgt den Verstand, die »Oberfläche« des Herzens, mit Energie. Wenn man desorientiert ist und seine Fassung wiedergewinnen möchte, atmet man mit offenem Mund, vielleicht schneller als normal.

Im Laufe eines Tages atmen wir in verschiedenen Atemweisen, und jede drückt einen unterschiedlichen Zustand aus. Sie unterscheiden sich nicht nur in Länge (Rhythmus) und Intensität (Tiefe der Ausatmung), sondern auch im Wechsel der Betonung auf Einatmung oder Ausatmung. Es gibt vier mögliche Kombinationen von Betonung im Atmen: auf der Einatmung, auf der Ausatmung, auf beiden, oder beide sind unbetont. Der betonte Atem ist kürzer und durch den Mund. Wenn Sie Ihren Atem beobachten, werden Sie diese und andere Beispiele der vier Atemrhythmen feststellen.

Jede dieser Atemweisen intensiviert auch den Herzschlag in unterschiedlichen Regionen des Körpers.

Element	Atemrhythmus	Herzschlag
Luft	Keine Pause, leichter Atem	Jenseits der Haut
Feuer	Einatmung betont, dann Pause	Kopf
Wasser	Keine Pause, Ausatmung betont	Hände
Erde	Vierecksatem	In der Brust

Wir werden mit dem Viereckatmen beginnen, mit der Betonung auf der Brust, wie wir das zuletzt gemacht haben, und fügen dann dem Viereckatem eine Konzentrationsübung hinzu. Als zweite Übung werden wir zum Wasser-Atem wechseln und durch den Mund ausatmen und so das Wasserelement einführen. Das dritte ist das Feuerelement, und zuletzt folgt das Luftelement.

Die Art des Atems, die man anwendet, ändert sich im Laufe des Tages, entsprechend den Stimmungsschwankungen und der Aufmerksamkeit. Der Atem zeigt an, wie man sich fühlt, wie man zu einem bestimmten Zeitpunkt eingestimmt ist. Daher kann er Ihnen auch Aufschluß geben über die Aktivitäten, die gerade angemessen sind. Unpassende Aktivitäten haben eine geringere Chance, erfolgreich durchgeführt zu werden. Mit Seufzern werden Sie keine Berge besteigen, sondern sich entspannen, vielleicht sogar einschlafen. Wenn Sie schnell einatmen, können Sie nicht ruhig sitzen, Sie müssen handeln! Durch Meditation auf die Elemente werden Sie vertraut mit den täglichen Atemrhythmen, denen wir unterworfen sind. Sie enthalten wesentliche Informationen, die uns erlauben, die richtigen Dinge zur rechten Zeit zu tun. Wenn Sie die Elemente in Ihrem Atem erkennen, können Sie diejenigen Aktivitäten auswählen, die Ihrem jeweiligen inneren Zustand gerade am angemessensten sind.

In den folgenden Kapiteln werden die einzelnen Elemente und die mit jedem Element verbundene Haltung detailliert beschrieben.

> Denken Sie beim Einatmen daran, daß Sie etwas erhalten, beim Ausatmen, daß Sie etwas ausstrahlen. Was ist es, daß man ausatmet und ausbreitet? Die göttliche Kraft des Raumes, die unser Leben reinigt und wiederbelebt, die inspiriert und der Seele ermöglicht, sich zu entfalten. Dieser Gedanke sollte während der Übung beständig festgehalten werden. Es gibt sehr viele Formen dieser Erfahrung, aber dies ist die allgemeine Beschreibung. [HIK][3]

Hazrat Inayat Khan empfahl seinen Meditationsschülern, die Atemübungen mit den Elementen jeden Tag zu praktizieren. In der kürzesten Form macht man mit jedem Element fünf Atemzüge.

Es ist notwendig für den Anfänger wie für den in der Meditation am weitesten Fortgeschrittenen, die zwanzig Atemzüge mit den Elementen [täglich] zu machen. [HIK][4]

Die Elemente der Gesundheit

Reinigung des Atems führt nicht nur zu einer guten Gesundheit von Gemüt und Körper, sondern sie verleiht auch jugendliche Frische und langes Leben. [HIK][5]

Die erste Wirkung der Elemente ist die physische und emotionale Reinigung des Herzens, wodurch sie den Gesundheitszustand verbessern. Sie erhöhen ebenso das allgemeine Wohlbefinden und helfen, das Entstehen von Krankheiten zu verhindern.

Es gibt Krankheitskeime und Fremdkörper, aber es gibt auch die Elemente, um sich von ihnen zu reinigen. Krankheitskeime sind nicht nur aus den vier Elementen Erde, Wasser, Feuer und Luft, von denen die Mystiker sprechen, zusammengesetzt, sondern sie können auch mit deren Hilfe zerstört werden, wenn der Mensch nur wüßte, wie man die vier Elemente nutzen kann, um Körper und Geist mit ihnen zu reinigen. [HIK][6]

Eine kurze Erklärung für diese Wirkung der Elemente besteht darin, daß sie natürliche Eigenschaften des Reichs der Gedanken und Emotionen sind, und wenn eines dieser Elemente zu schwach ist, wird Krankheit die Folge sein. Eine längere Erklärung ist folgende: Wenn man die verschiedenen Fähigkeiten und Funktionen des Geistes, der Gedanken- und Gefühlswelt entsprechend den Elementen kategorisiert, kann man mit einem solchen Modell einen »Behandlungsplan« für Störungen erstellen. Wenn Sie sich das Leben durch die Linse der Elemente ansehen, werden Sie beginnen, Krankheiten als einen Mangel bestimmter Elemente zu begreifen. Wenn Sie über eine Methode verfügen, welche die Elemente in einem Menschen entwickelt, können Sie einen Behandlungsplan entwerfen. Zum Glück ist die Herzrhythmus-Meditation sehr effektiv in bezug auf die Entfaltung dieser Elemente sowohl im Körper wie auch im Denken.

> Genau wie Pflanzen Licht und Wasser für ihr Wachstum benötigen, benötigen Menschen die vier Elemente, um bei guter Gesundheit zu bleiben. Eine Person, die den Atem perfekt beherrscht, kann den Körper vor jeder Verunreinigung schützen. Selbst der Geist profitiert davon, denn er besteht ebenfalls aus den vier Elementen, den Elementen in ihrem subtilsten Zustand. [HIK][7]

Einige häufig vorkommende geistige und emotionale Störungen, die man durch die Herzrhythmus-Meditation mit Hilfe der Elemente behandeln kann, sind folgende:

Element	*Hilfreich gegen*
Luft	Schuld, Verzweiflung, Trauer, Leugnen
Feuer	Depression, Gefühl des Eingesperrtseins, Pessimismus
Wasser	Engstirnigkeit, Sturheit, Groll, Rückzug
Erde	Mangelnder »Bodenkontakt«, Angst, Gefühl der Sinnlosigkeit

Zum Teil ist es deswegen so schwierig, sich eine gute Gesundheit zu erhalten, weil wir zumeist kein Modell dafür haben, wie wir Gesundheit erkennen und Abweichungen davon gleich im Anfangsstadium feststellen können. Typischerweise stellt man sich Gesundheit als die Abwesenheit physischer Krankheit vor. So betrachtet man das Problem von der falschen Seite, vom Effekt, anstatt von der Ursache her. Wenn der Geist eine gesunde Haltung hat, wird letzten Endes der Körper darunter leiden. Das aber nimmt wahrscheinlich eine so lange Zeit in Anspruch, daß man den Ursache-Wirkungs-Zusammenhang nicht mehr erkennt. Was wir benötigen, ist eine nach vorwärts gerichtete Sichtweise, ein Indikator, der uns führt, das Ideal einer gesunden Haltung, mit dem wir uns vergleichen können. Wenn wir dann den Beginn ungesunder Zustände wahrnehmen wie beispielsweise diejenigen, die in der obigen Tabelle aufgeführt sind, können wir dies als ein Frühwarnsystem begreifen für das, was letztendlich zu Krankheit führen wird. Wir können dann unmittelbar an diesem Zustand etwas verändern, bevor sich eine Krankheit manifestiert.

> Es ist leicht zu erkennen, daß eine Person, die sich oft mit unharmonischen Gedanken beschäftigt, schnell gekränkt ist, es braucht nicht lange, bis man sie gekränkt hat; eine kleine Störung hier oder da führt schon zur Irritation, denn die Irritation existiert schon vorher, sie braucht nur einen kleinen Anstoß, um zu einer noch tieferen Irritation zu werden. [HIK][8]

Einer der Vorteile der Herzrhythmus-Meditation ist der, daß sie uns ein Modell bietet für das, was Gesundheit ist. Dieses Modell wird in Teil III dieses Buches in Zusammenhang mit den Elementen näher beschrieben. So ist beispielsweise Optimismus Teil einer gesunden Psyche. Wenn die Situation nicht gut aussieht, weiß der Optimist, daß er oder sie eine Menge tun kann, persönlich und ganz direkt, um ein schlechtes Resultat zu vermeiden. Wir verlieren diese Geisteshaltung nur dann, wenn wir geschlagen werden, solange wir unseren Optimismus haben, sind wir am Gewinnen. Wenn wir unseren Optimismus verlieren, beginnen Zynismus, Groll, Frustration und selbstzerstörerisches Verhalten unsere Haltung zu bestimmen. Auf diese Störungen des Geistes folgt häufig physische Krankheit. Herzrhythmus-Meditation kann den Optimismus des menschlichen Geistes wiederherstellen, wie auch die Klarheit der Vision, die die Basis des Optimismus darstellt. Andererseits ist das Verleugnen aktueller Probleme eine andere Art von Krankheit. Was ist es, das einem Menschen erlaubt, optimistisch zu bleiben, ohne Probleme zu verleugnen? Es ist die Kraft des Herzens.

Ein anderer Vorzug der Herzrhythmus-Meditation ist der, daß sie die Entwicklung unserer emotionalen Tiefe fördert.

> Für einen Wissenschaftler ist die emotionale Seite des Menschen nicht von Interesse. Wenn der Körper entsprechend seiner Idee von Gesundheit funktioniert, denkt er, daß der Mensch gesund ist. Aber vom Standpunkt des Mystikers aus betrachtet ist es so, daß auch dann, wenn der Mensch körperlich stark ist, seine emotionale Natur aber »begraben« liegt, er nicht als gesund bezeichnet werden kann. [HIK][9]

Ich bin sicher, daß Sie viele Menschen kennen, die voller Energie und intellektueller Klarheit zu sein scheinen und die dennoch ihre Gefühle unter einem »Charakterpanzer« begraben. Trotz ihrer Überzeugung, daß es ihnen ja gutgehe, wissen solche Leute nicht, was sie vermissen. Einer der Gründe dafür ist, daß man ihnen nur schwer nahekommen kann.

Der natürliche Zustand eines menschlichen Wesens ist der, ein offenes Herz zu besitzen, das leicht bewegt werden kann, das sich von Schönheit berühren läßt, das auf einfache menschliche Freundlichkeit reagiert, sich eher verletzlich als defensiv zeigt, tiefer Gefühle fähig ist und großzügig gegenüber anderen. Diese natürliche Qualität versiegt, wenn der Schmerz ein geöffnetes, fühlendes Herz überwältigt. Herzrhythmus-Meditation kann Ihr Herz so sehr stärken, daß es geöffnet bleibt und dennoch in der Lage ist, in der Welt zu funktionieren. Tatsächlich ist das offene Herz von großem Vorteil, selbst im Geschäftsleben.

11

Das Element Erde

[Die Farbe] Gelb zeigt, daß es sich um das Element Erde handelt. Dieses Element verspricht Nutzen, denn die Erde ist produktiv, stabil und kräftig. [HIK][1]

Was die Erde ist

Wissenschaftler, die auf Feuchtgebiete spezialisiert sind, und biologische Gärtner wissen, daß die Erde die Fähigkeit hat, Abfall durch Absorption und Filterung zu reinigen. In diesem Abschnitt der Herzrhythmus-Meditation wenden wir diese Fähigkeit der Erde an, um das Herz zu reinigen und weiterzuentwickeln. Jeder Kubikzentimeter Erde des Planeten enthält Milliarden von Mikroorganismen, und die Körper dieser Mikroorganismen sind ein integraler Bestandteil des Bodens. Sie helfen, neue Erde zu schaffen, und sie binden Erde durch ihre Aktivität. Die gesamte Biosphäre, einschließlich unserer eigenen Körper, ist voll von diesen Mikroorganismen, die helfen, unsere Nahrung zu erzeugen und Nahrung für uns zu verdauen. Letztendlich werden sie auch unsere Körper zersetzen, wenn wir gestorben sind. Das Element Erde wird repräsentiert durch die Masse dieser Mikroorganismen in uns und um uns, aus denen die Erde und alles, was lebt, besteht.

Obwohl die Erde kurzfristig durch menschliche Aktivität vergiftet werden kann, hat sie die Fähigkeit, Umweltverschmutzungen zu absorbieren und in sich selbst, in Erde, zu transformieren. Das ist das Prinzip der Kompostierung, durch die organische Abfälle in Erde verwandelt werden können.

Die Erde kann diese Transformation beeinflussen, weil sie lebendig ist. Die Mikroorganismen der Erde verdauen alle organische Masse, mit der sie in Kontakt kommen, um ihre eigene Körpermasse aufzubauen und damit auch die der Erde. Wenn auch die Erde sprichwörtlich unsere Körper verdaut, so versorgt sie sie auch mit der Substanz, den Nährstoffen und den Elementen, die sie benötigen. Ihre Existenz auf der physischen Ebene ist das Resultat des Gleichgewichts dieser beiden Aktivitäten: Ihrer Versorgung wie auch Ihrer Verdauung durch die Erde.

Die Meditationsübungen mit dem Element Erde sind die Erfahrung der biblischen Weisheit »Aus Staub [Element Erde] bist du, und zum Staube wirst du zurückkehren«. Mit dieser Übung verbessern wir unsere Beziehung zur Erde, unserer großen Mutter, und stärken Psyche und Körper.

Sortieren und Filtern

Hier nun der erste Schritt in den Übungen mit dem Element Erde in der Herzrhythmus-Meditation:

| ÜBUNG | Atmen Sie ein und aus durch die Nase. Halten Sie Ihren Atem im Gleichgewicht, jeden Atemzug gleich lang, und betonen Sie weder Aus- noch Einatmung. Atmen Sie vollständig aus.

Benutzen Sie die Ausatmung, um alles loszuwerden, was Sie nicht brauchen, physisch, mental und emotional. Nutzen Sie die Einatmung zur Erneuerung und zum Wiederaufbau all dessen, was Sie wirklich brauchen.

Machen Sie das mehrere Atemzüge lang, und denken Sie an alles, was sie loswerden wollen, und alles, was Sie erneuern möchten. Das ist die vereinfachende Wirkung des Elements Erde: das Baumaterial vom Abfall trennen oder filtern.

Durch diese Art des Atmens werden Sie lernen, zu unterscheiden – zu erkennen, was aufzugeben ist und was angenommen werden sollte. Dieser einfache Akt der Unterscheidung gestaltet letztendlich Ihr Leben. Was für den einen ein Nahrungsmittel ist, kann für den anderen ein Gift sein, was den einen Menschen anzieht, kann den anderen abstoßen. Was einer als anregend empfindet, kann für den anderen todlangweilig sein. Was der eine als Fluch auffaßt, ist für den anderen ein Segen. So sortieren und filtern Sie alles, was Ihnen in Ihrem Leben begegnet, und gestalten auf diese Weise Ihr ganz individuelles Leben. Sie nehmen alles in sich auf und absorbieren das, was Sie brauchen und schön finden, und Sie verbannen alles, was Sie nicht brauchen und nicht mögen. Ihr Herz macht dies mit Hilfe seiner Fähigkeit, Wesensverwandtes zu erkennen. Wenn Ihr Herz stark ist, übt es diese Funktion sehr gut aus und füllt Ihr Leben mit allem, was Ihnen attraktiv und vertraut erscheint, und macht das Leben zum Paradies. Wenn Ihr Herz schwach ist, ist es nicht fähig, das anzuziehen oder zu halten, was ihm gleicht. Ohne diese kohäsive Kraft verliert das Leben seine natürliche Integriertheit und das natürliche Glück.

Gleich, wie verletzt und verwundet das Herz ist, gleich, wie schwach, bitter und verhärtet, es kann sich trotzdem erholen. Wir können uns vom Element Erde inspirieren lassen: Die Mikroorganismen der Erde haben eine ungewöhnliche Fähigkeit, sich wieder zu erholen, unter allen Umständen zum Wachstum fähig zu sein, zu gedeihen, wenn es auch nur die geringste Möglichkeit dazu gibt. Orchideen wachsen auch mit wenig Erde, Moos mit wenig Licht und Kakteen mit wenig Wasser, auch wenn Erde, Licht und Wasser für Pflanzenwachstum erforderlich sind. Wenn die äußeren Bedingungen für die Heilung Ihres

Herzens nicht gut sind, können Sie sich immer noch innere Bedingungen schaffen, die Ihr Herz nähren. Das Herz zu heilen und zu entfalten heißt, seine Aufmerksamkeit darauf zu richten und direkt durch es hindurch zu atmen, wie wir das in der Herzrhythmus-Meditation praktizieren.

| ÜBUNG | Bleiben Sie im Rhythmus des Vierecksatems (Kapitel 8) während der Übung der Herzrhythmus-Meditation mit dem Element Erde, und seien Sie sich des Herzschlags in Ihrer Brust bewußt.

Um sich Ihres Herzschlags bewußt zu werden, müssen Sie Zugang zum Unbewußten finden. Wenn Sie diesen einmal gefunden haben, werden Sie Ihren Herzschlag fühlen. Vielleicht werden Sie an diesem Punkt keinen anderen Effekt neben der Bewußtheit für Ihren Herzschlag feststellen, aber irgendwann werden Sie bemerken, daß Ihr Denken sich verändert hat. Zugegebenermaßen ist das nicht leicht festzustellen, da diese Gedanken natürlich auch Teil Ihres gesamten Denkprozesses werden. Aber Sie können auf den »Gedankenstrom« zurückblicken, den Sie produziert haben, und bemerken, daß Sie an Dinge denken, an die Sie normalerweise nicht denken, und weiter, daß Sie von einem anderen Gesichtspunkt aus denken. Wenn Sie mehr Erfahrung mit der Herzrhythmus-Meditation haben, werden Sie noch sehr viel mehr Indikatoren und Resultate für diesen meditativen Zustand finden.

Austausch mit der Erde

| ÜBUNG | Der nächste Schritt besteht darin, den Prozeß des Loswerdens und Erneuerns als einen Austausch mit der Erde zu betrachten. Alles, was Sie loswerden, absorbiert die Erde, und alles, was Sie aufnehmen, ist ein Geschenk, pro-

duziert aus dem Überfluß der Erde. Was Sie selbst nicht mehr brauchen, kann an anderer Stelle verwendet werden, und was Sie selbst brauchen, ist ein Nebenprodukt von anderen Lebensprozessen.

Ihr Atem bestimmt die Richtung des Austauschs, der Herzschlag treibt ihn an.

Was wird nun tatsächlich ausgetauscht, neben der Tatsache, daß wir »Austausch« als Metapher für Ausdehnung des Bewußtseins gebrauchen? Wechselt tatsächlich irgend etwas zwischen Ihnen und der Erde hin und her? Die Erde hat einen sehr charakteristischen Geruch, und so nehmen wir beispielsweise auf dem Land deutlich den Geruch des Bodens wahr. Unser Atem trägt ihn in unseren Körper und läßt ihn dort zirkulieren. Dieser Geruch wird vorwiegend von den Mikroorganismen produziert, die vom Boden in die Luft gelangen. Ihre Einatmung ist also buchstäblich eine Aufnahme der Substanz der Erde, da die Erde Bakterien, Pilze, Schimmelpilze und viele andere Mikroorganismen enthält, welche die Erde durchdringen und deren Körper ein wesentlicher Bestandteil der Erde sind. Einige dieser Mikroorganismen in unserem Körper sind verantwortlich für die Verdauung. Was unseren Körper verläßt und in den Abfall gelangt, ist eine reiche Stickstoffquelle für die Mikroorganismen, die neue Erde schaffen. Nachdem unser Abfall von der Erde verdaut ist, wird er wieder zu Wasser, Kohlendioxid für Pflanzen und fruchtbarem Boden.

Die Tatsache, daß wir die Substanz der Erde in uns aufnehmen, ist am offensichtlichsten in der Ernährung. Das Wunder einer Möhre besteht für mich darin, daß ihr Samen irgendwie die Mikroorganismen der Erde veranlaßte, die chemischen Elemente im Boden so zu verändern, daß Moleküle geschaffen werden, die vorher nicht da waren, wie etwa Beta-Karotin, sowie lebende Zellen in ihrer charakteristischen orangen Farbe und ihrer besonderen Form anzuordnen. Es gibt nicht viel in der Möhre, das nicht vorher in der Erde war.

So ernähren wir die Erde und essen sie gleichzeitig. Bei der Meditation kann man sich bewußt darüber werden, daß dieser Prozeß kontinuierlich ist. Nicht nur jede Mahlzeit, die Sie einnehmen, sondern jeder Atemzug, den Sie machen, ist ein Austausch mit der Substanz der Erde, unserer Biosphäre.

> Der heilige Franziskus saß einmal im Wald, umgeben von Tieren, mit Vögeln auf Schultern und Händen, als sich ihm ein Mann aus dem nahe gelegenen Dorf näherte. Sofort flohen alle Tiere wie auch die Vögel. »Warum blieben sie bei dir, hatten aber Angst vor mir?« fragte der Mann. »Was hast du zu Mittag gegessen?« fragte der heilige Franziskus zurück.

Magnetismus der Erde

ÜBUNG Beim nächsten Schritt dieser Übung machen wir uns die Ausdehnung der Erde, auf der wir leben, bewußt. Denken Sie an Orte, wo Sie gewesen sind, an andere, von denen Sie gehört haben, und an immer größere Räume, die Sie überhaupt nicht kennen. Denken Sie ebenso an die Bevölkerung des Planeten, an die Tiere, Fische, Insekten und Pflanzen, mit denen wir die Erde teilen.

Während Sie ausatmen, betrachten Sie sich selbst nur als eines dieser unzähligen Wesen in der riesigen Biosphäre. Während der Einatmung sehen Sie sich als eine Verkörperung der Erde und von allem, was in deren Bereich liegt. Die Erde hat mit ihrer eigenen Substanz dazu beigetragen, daß sich Ihr Körper formen konnte. Ihre Zellen enthalten ihre Proteine, die sich im Verlaufe von Äonen in DNS entwickelt und organisiert haben. Sie profitieren direkt von der Erfahrung der Erde, und Sie sind Teil des Mechanismus, mit der die Erde ihre Erfahrung weitergibt.

Wenn Sie sich der ungeheuren Größe der Erde bewußt werden, hilft das Ihrem Bewußtsein, an die Schwelle von Materie zu Energie zu gelangen. Neben der riesigen Masse, die den physischen Körper der Erde ausmacht, besitzt sie ein noch weitaus größeres magnetisches Feld, das ihren magnetischen Körper bildet. Der Austausch zwischen Ihnen und dem Planeten geschieht auf der magnetischen wie auf der chemischen und biologischen Ebene, und es ist hilfreich für die Meditation, sich diesen Austausch von Magnetismus bewußtzumachen.

Wenn Sie einen Eisenstab nehmen und diesen eine Zeitlang in einer Richtung über einen Magneten reiben, wird er magnetisiert. In diesem Prozeß wird der Magnetismus des ursprünglichen Magneten jedoch nicht verringert. Magnetismus ist das Resultat der physischen Ausrichtung der Moleküle einer magnetischen Substanz. Der Magnetismus eines Eisenstückes ist in der Lage, diese Ausrichtung der Moleküle in einem anderen Eisenstück zu bewirken, und das Resultat ist eine Vergrößerung des Gesamtmagnetismus. Ein Magnet kann seinen Magnetismus auch verlieren, wenn man ihn längere Zeit intensiv schüttelt.

Wir haben in Kapitel 9 gesehen, daß der menschliche Körper ein magnetisches Feld hat. Die Korrelation zwischen dem magnetischen Feld des Menschen und seiner Gesundheit und seinem Einfluß war bisher nicht Gegenstand wissenschaftlicher Untersuchung, aber intuitiv assoziieren wir das magnetische Feld mit Charisma, da wir charismatische Menschen auch Menschen mit »magnetischer Ausstrahlung« nennen.

Wenn sich ein elektrischer Leiter, wie etwa ein Draht, innerhalb eines sich bewegenden magnetischen Feldes befindet, induziert das einen elektrischen Strom im Leiter. Immer wenn ein Strom in einem elektrischen Leiter fließt, erzeugt das ein magnetisches Feld um den Leiter herum. Das sind Prinzipien des Elektromagnetismus, die in allen elektrischen Generatoren und Motoren angewendet werden. Diese Prinzipien zeigen auch, wie Magnetismus ausgetauscht werden kann. Das magnetische Feld der Erde hat stets die gleiche Ausrichtung, aber langsame Fluktuationen in der Feldstärke. Das magnetische Feld des Menschen ist auch recht konstant in seiner Ausrichtung, aber die Feldstärke verändert sich mit dem Herzschlag. Sowohl die Erde als auch der Mensch erzeugen sich bewegende magnetische Felder. Daher werden diese Felder in einem festen Leiter mit richtiger Ausrichtung einen elektrischen Strom erzeugen. Die menschliche Wirbelsäule hat diese korrekte vertikale Ausrichtung, und das Rückenmark überträgt elektrische Signale. Auf der Zellebene können selbst Mikrovolt von erheblicher Bedeutung sein.

Diese Überlegungen führen zu folgender Übung:

ÜBUNG Denken Sie beim Einatmen an das magnetische Feld der Erde, an die Kraftlinien, die den Globus umspannen, senkrecht zu Ihrer Wirbelsäule. Ihre Wirbelsäule erstreckt sich von einem Bereich schwächeren Erdmagnetismus um Ihren Kopf zu einem Bereich relativ stärkeren Erdmagnetismus am unteren Ende der Wirbelsäule, das dem Zentrum der Erde einige Dezimeter näher ist. Selbst diese kurze Entfernung und der geringe Unterschied in der magnetischen Feldstärke erzeugen einen elektrischen Strom in Ihrer Wirbelsäule, die sich wie ein biologischer Supraleiter verhält, wenn Sie in einem meditativen Zustand sind.

Sie können den Energiefluß in Ihrer Wirbelsäule beim Einatmen erhöhen, indem Sie sich vorstellen, daß Ihre Einatmung die magnetische Energie der Erde in Ihre Wirbelsäule hochzieht. Dieses Bild scheint den Widerstand der Wirbelsäule auf ein Minimum zu reduzieren und erlaubt daher einen größeren Energiefluß in Aufwärtsrichtung. Die Energie, die durch Ihre Wirbelsäule fließt, scheint direkt der Erde zu entstammen.

Der Energiefluß durch Ihren Körper verstärkt Ihr magnetisches Feld. Indem man Magnetismus der Erde aufnimmt, verstärkt man seinen persönlichen Magnetismus.

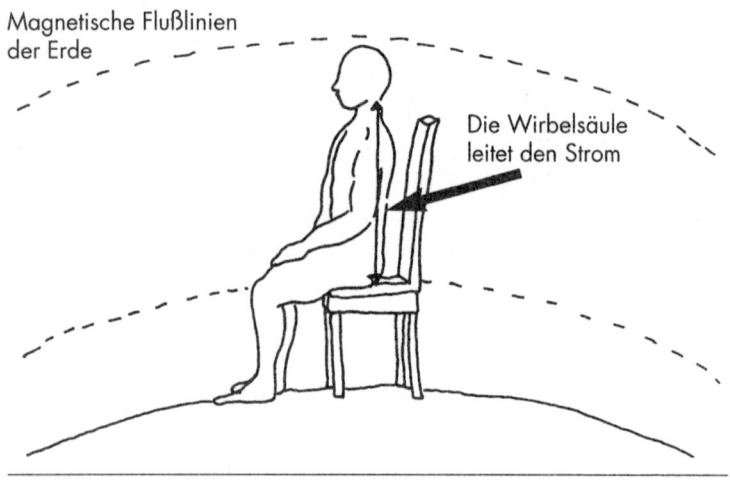

Sie können Magnetismus nicht direkt fühlen, weil es keinen speziellen »magnetischen Sinn« (wie etwa den Tastsinn) dafür gibt. Sie spüren ihn nur indirekt, als Druckgefühl und mit Hilfe verschiedener anderer Anzeichen. Zuerst einmal scheint es so zu sein, daß die »Haut«, in der Sie Ihren Puls fühlen, die »Haut« Ihres magnetischen Körpers (siehe auch Kapitel 9), sehr viel größer ist als Ihr physischer Körper. Zweitens können Sie ein Prickeln und einen Druck in Ihren Händen spüren. Drittens scheint Ihr Herzschlag »größer« zu sein, sein Schlagen deutlich stärker und mehr nach außen gerichtet. Viertens fühlen Sie sich kraftvoll und so stark, daß Sie Großzügigkeit der ganzen Welt gegenüber verspüren.

ÜBUNG Wenn Sie jetzt ausatmen, stoppt der aufsteigende Energiefluß, und Ihr magnetisches Feld wird schwächer und zieht sich zusammen. Dieses Zusammenziehen wird begleitet von einem Gefühl, als ob man in die Erde sinkt. Das ist natürlich kein Sinken im physikalischen Sinne. Das Gefühl wird vielmehr von dem sich verkleinernden magnetischen Feld Ihres Körpers verursacht. Wenn Ihr Feld stark ist, können

Sie es leicht von dem magnetischen Feld der Erde unterscheiden. Aber wenn Ihr Feld kleiner wird, wird Ihr Magnetismus von dem der Erde überwältigt. Das ist der Grund für das Gefühl des Sinkens oder der Hingabe oder der Absorption durch die Erde.

Man kann elektrischen Strom (der ein sich bewegender Strom von Elektronen ist) durch ein sich bewegendes magnetisches Feld oder einen sich bewegenden elektrischen Leiter in einem statischen magnetischen Feld erzeugen. Beim Menschen verursacht der Atem die Bewegung des magnetischen Feldes. Der Magnetismus der Erde ändert sich nur langsam, und Ihre Wirbelsäule, die als elektrischer Leiter wirkt, befindet sich im Ruhezustand. Ich vermute, daß man den elektrischen Widerstand des Rückenmarks dadurch verringern kann, daß man in es hineinatmet, und daß diese Erscheinung ursächlich für die Erfahrung des Aufbaus und Zusammenfallens des magnetischen Feldes ist. Der exakte physikalische Mechanismus ist noch nicht bekannt, aber die Erfahrung ist sehr wohl bekannt.

ÜBUNG Stellen Sie sich während der Einatmung vor, daß Sie den Magnetismus der Erde in sich hochziehen und so Ihr eigenes magnetisches Feld verstärken.

Bei der Ausatmung stellen Sie sich vor, daß Ihr magnetisches Feld in dasjenige der Erde hineinfällt.

Durch den Aufbau und den Abbau Ihres magnetischen Feldes erzeugen Sie einen Energiestrom zwischen sich und der Erde.

 Ziel: Erfahren Sie einen Energiestrom, der zwischen Ihnen und der Erde hin- und herpendelt, während Sie ein- und ausatmen.

Das Wesen der Erde

Das Wesen, das die Erde ist, hat viele Namen; fast jede Kultur hat ihren eigenen Namen für sie. Die Zoroastrier (zu ihnen gehörten die Heiligen Drei Könige) nannten das Wesen, dessen Körper die Erde ist, *Zamiat*. Ihre Religion, ähnlich wie die spirituelle Tradition der *Native Americans* (Indianer), hält alle Teile der Natur für lebendig: die Flüsse und Berge, selbst Feuer, Wasser, Luft und Erde sind alle große Lebewesen. Diese Ansicht korrespondiert mit der Weltsicht der Mystiker, die sagen, daß Intelligenz, Selbstbewußtsein, Selbsterhaltung, Selbstausdruck und die Verfolgung eines Daseinszwecks Wesenszüge eines jeden lebenden Wesens sind und daß alles lebt. Ich denke an Zamiat als das Element Erde, einen einzigen gigantischen Organismus, dessen Zellen die Mikroorganismen in und um den Planeten sind und die Biosphäre formen. *Gaia* ist ihr griechischer Name, der heute wieder in modernen Theorien über das Wirken der Erde Verwendung findet.

| ÜBUNG | Wenn Sie sich Zamiat, des Erzengels der Erde, bewußt sind, können Sie das Element Erde der Herzrhythmus-Meditation in das Reich der Emotion erheben. Dann wird der Austausch zwischen Ihnen und der Erde eine Beziehung zwischen zwei Wesen.

Spüren Sie die Ausatmung als Hingabe an Zamiat, und erlauben Sie sich, in ihren Armen zu liegen. Machen Sie die Übung weiter, und versuchen Sie, jeden Widerstand, den Sie gegen diese Umarmung haben, aufzugeben.

Bei der Einatmung verwandelt sich die Hingabe in den tiefen Wunsch, der Erde zu dienen, aus Liebe zu dem Wesen, das Ihnen von seiner eigenen Substanz gegeben hat, damit es Ihre Substanz werden konnte.

Am Ende der Einatmung fühlen Sie die Kraft und Weisheit der Erde in sich aufsteigen. Sie werden der Repräsentant von Zamiat und fühlen intuitiv ihre Sorgen und Wünsche.

Ich begegnete Zamiat in einem Retreat in den Alpen im Jahre 1984. Nachdem ich viele Tage lang meditiert hatte, erreichte ich einen Zustand in der Tiefe meines Herzens, der mir bisher unbekannt gewesen war. Ich gab mich dieser Erfahrung völlig hin (das heißt, ich verpflichtete mich vor mir selbst, mich in diese Erfahrung ohne Unterbrechung einzulassen), wie lange sie auch immer dauern würde. Es war, als ob ich in die Erde gezogen und von ihr umfaßt würde. Ich fühlte mich immer weiter werden und dabei gleichzeitig unbeweglich. Dann gab ich meinen Körper hin, indem ich jedes Bedürfnis nach Bewegung aufgab.

Nach Stunden, in denen sich die Erfahrung immer mehr intensivierte, fühlte ich, daß noch mehr Hingabe notwendig sei, und ich gab meine Fähigkeit auf, wahrzunehmen und zu analysieren. Das heißt, ich verpflichtete mich dazu, daß ich weder nachdenken noch beobachten würde, was mit mir geschähe, ich würde es nur in der Gegenwart fühlen, ohne eine Ahnung zu haben, wohin es mich führen würde. Dann begann ich die Gegenwart eines ungeheuren Wesens zu spüren, in mir und um mich herum, das ich war und das gleichzeitig mehr war als ich. Mehr Hingabe war verlangt, und ich gab auch meine Zukunft auf. Das heißt, ich wußte, daß diese Erfahrung mein ganzes zukünftiges Leben verändern könnte. Immer noch mehr war verlangt, und ich gab den Begriff auf, ein unabhängig existierendes Wesen zu sein. Eine ungeheuer weite Emotion überkam mich. Immer noch mehr Hingabe war gefragt, und so gab ich die letzte Zuflucht auf, mein Gefühl eines unabhängigen Lebens. Ich starb nicht, aber ich war willens, es zu tun, mein Leben durch ein Teilen allen Lebens zu ersetzen. Da erkannte ich, daß ich völlig in dem Bewußtsein von Zamiat absorbiert worden war. Ich dachte ihre Gedanken und fühlte ihre Gefühle. Später in der Nacht wich dieses Gefühl langsam, und ein großer Teil meines Individualitätsgefühls kehrte zurück.

> Von dieser Zeit an änderte sich mein Leben dramatisch. Jeder Aspekt meines äußeren Lebens unterlag einer bedeutsamen Veränderung: meine Arbeit, meine Beziehung, meine Lebenssituation, meine Gemeinschaft. Mein inneres Leben verbesserte sich durch die tiefe Erfahrung des Durchbruchs, die mich schließlich in meinem Herzen zentrierte und mir neues spirituelles Verständnis eröffnete. Ein paar Jahre später wurde ich aufgefordert, ein Angebot für die Entwicklung der Computersteuerung einer Kompostierungsanlage abzugeben. Meine Begeisterung bei der Vorstellung des Konzepts war so groß, daß der Kunde keine anderen Angebote einholte. Ich war mir sofort völlig klar darüber, daß ich dieses Projekt machen wollte, aufgrund meiner Erfahrung mit Zamiat. Es ist der Gipfel meiner technischen Karriere als Softwaremanager und Technikdesigner geworden.

Zwei der großen Emotionen des Lebens sind Hingabe und Anbetung. Hingabe ist nicht Niederlage oder Mißerfolg, es ist der einfache Akt des Anerkennens, daß man Teil einer großartigen und ungeheuer großen Sache ist, die jeden demütig macht. Durch Hingabe seines persönlichen Stolzes kann man die Großartigkeit des Ganzen erleben. Das Kind gibt sich den Eltern hin, der Liebende der Geliebten. Der Geschäftsführer unterwirft sich den Kunden oder dem Markt. Der Arzt unterwirft sich der Fähigkeit des Körpers, sich selbst zu heilen.

Hingabe beginnt als Überraschung, wird dann aber zu Anerkennung und Akzeptanz. Die Folge davon ist die erhebende Emotion, daß man nicht allein ist oder allein handelt, sondern als Teil einer großen Bewegung oder eines Systems. Hingabe ist das Anerkennen einer größeren Macht, die den eigenen Bemühungen im Wege steht, aber sie endet nicht in der Niederlage. Sie führt zu einer Neuorientierung und letztlich zu einem größeren Sieg.

Hingabe an das Element Erde bei der Herzrhythmus-Meditation erlaubt Ihnen eine Neuausrichtung Ihres Lebenszwecks, was wiederum der Kraft und der Weisheit der Erde ermöglicht, Ihre Bemühungen zu unterstützen und zu verstärken. Sie wissen, was es bedeutet, gegen Ihren Körper zu arbeiten, wie wenn man beispielsweise eine ganze Nacht aufbleibt, um ein Papier zu Ende zu schreiben, oder versucht, trotz Grippe zu arbeiten oder mit einem verletzten Knie zu laufen. Stellen Sie sich nun das Gegenteil vor, daß Ihr Körper die Zusammenarbeit unterstützt. Dann bewegen sich Ihre Muskeln ohne größere Anstrengung, eine Dusche inspiriert einen schöpferischen Gedanken, Ihre gute Gesundheit verleiht Ihnen Ausdauer, oder eine gemeinsam eingenommene Mahlzeit führt zu neuer Zusammenarbeit.

Arbeiten Sie nicht gegen Ihren Körper, lassen Sie vielmehr Ihren Körper Ihre Arbeit unterstützen.

Ihr Körper, der ein natürliches Produkt der Erde ist, besitzt Kraft und Weisheit wie die Erde. Auf lange Sicht ist es nicht möglich, den Körper zu mißachten und Erfolg zu haben. In gleicher Weise kann kein Unternehmen den Effekt ignorieren, den es auf die Erde hat, und doch überleben, es sei denn, die Ergebnisse dieses Tuns werden durch politische Entscheidungen sanktioniert, wie zum Beispiel die Ausbeutung von Bodenschätzen oder die Kernenergie, die beide von Politik und Gesetzgebung bevorzugt und geschützt werden. Wenn die Menschen in Führungspositionen ihren Körpern zuhören würden, könnten sie die Weisheit der Erde nutzen, die ihnen dadurch vermittelt würde. Dem Herzschlag zuzuhören ist ein wesentlicher Teil dieser Achtsamkeit auf den Körper, der auch die Botschaft des größeren Körpers, des Planeten Erde, in sich trägt.

| ÜBUNG | Identifizieren Sie sich mit der Erde. Fühlen Sie, wie die Erde »funktioniert« – ihre Herangehensweise an Dinge, ihre Haltung, ihr Verständnis und ihre Prinzipien. Die Erde ist größer als jeder Konflikt und jeder Aufruhr. Sie

ist älter als jedes andere Individuum, das auf ihr lebt. Diejenigen, die von ihren Qualitäten lernen, entwickeln Durchhaltevermögen und Ausdauer. Dadurch wiederum kann man weitere Qualitäten entwickeln: Disziplin (ermöglicht beständige Handlung ohne Zeitverschwendung), Ethik (man entwickelt Prinzipien, die lange Zeit bestehen) und Verantwortlichkeit (die Dinge, die man tut, haben lange Zeit Bestand).

Die Erde repräsentieren

Als ein Repräsentant von Zamiat und eine Verkörperung der Substanz der Erde werden die Prinzipien der Erde zu Ihren eigenen. Wenn Sie diese verletzen, gehen Sie das Risiko ein, Ihrer Stellung enthoben, gestürzt oder vergessen zu werden. Wenn Sie die Prinzipen der Erde achten, macht Sie das zu einer Person, auf die sich andere und selbst die Erde verlassen können.

> Petrus, du bist der Fels, und auf diesen Felsen will ich meine Kirche bauen.[2]

ÜBUNG — Überlegen Sie, wie Ihr Leben das Prinzip des Bewahrens demonstriert. Ein System, das nach ökologischen Prinzipien funktioniert, verwertet seine eigenen Abfälle. Was ist der Müll in Ihrem Leben? Was überlassen Sie einfach anderen, bürden es ihnen auf und beuten sie damit aus? Hier ein paar Beispiele:
- Die Kosten unseres konsumorientierten Lebens werden auf die Gesellschaft als Ganzes übertragen.
- Unsere Perioden der Disziplinlosigkeit werden von der Unterhaltungsindustrie ausgebeutet, was wiederum Realitätsflucht und oberflächlichen Nervenkitzel bei anderen fördert.
- Unsere Ängste nähren die Waffenindustrie, was bewaffnete Konflikte erleichtert und die Ängste anderer nährt.

- Unsere Weigerung, Verantwortlichkeit in unseren Gemeinden zu übernehmen, fördert die Tendenz zur Übernahme der Verantwortung durch eine anonyme Regierungsautorität, was unsere persönliche Verantwortung in der Gesellschaft einschränkt.
- Ungesunder Lebensstil ist eine Last für die Familie und die Gesellschaft als Ganzes.

Überlegen Sie, was Sie mit dem Müll anderer machen:
- Ziehen Sie Nutzen aus der Furcht, den Fehlern oder der Unwissenheit anderer?
- Nutzen Sie die, die ihren eigenen Lebenszweck vergessen haben, zu Ihrem Vorteil aus?
- Ist in Ihrem Lebenskonzept Raum für das geistige Gift derjenigen, die Sie lächerlich machen und beleidigen?
- Lassen Sie sich aus der Fassung bringen, wenn Menschen um Sie herum ihre Fassung verloren haben?
- Verlieren Sie Ihr Vertrauen dadurch, daß Sie soviel Gewalt und Hoffnungslosigkeit in der Gesellschaft wahrnehmen?

Wenn das Element Erde in Ihnen stark ist, werden Sie besser in der Lage sein, Ihren eigenen mentalen, emotionalen und psychischen Müll wiederzuverwerten, ohne ihn in die Atmosphäre eines anderen abzukippen. Wie wir aufhören müssen, unseren physischen Abfall, der wertvolle Mineralien und wesentliche Komponenten für die Gesundheit des Bodens enthält, zu verschwenden, so müssen wir ebenso aufhören, unseren nichtphysischen Abfall auf andere abzuladen, denn er enthält wertvolle Lehren für unser Leben. Wenn Sie nicht Verantwortung dafür übernehmen, daß Sie sich Ihre eigenen Probleme schaffen, und statt dessen immer andere beschuldigen, Sie zum Opfer zu machen, lernen Sie vieles von dem, was das Leben Sie lehren möchte, nicht. Das bedeutet, den Wert Ihrer Lebenserfahrung zu vergeuden.

Natürlich haben Sie Fehler gemacht. Ich habe schwere Fehler gemacht und den emotionalen Boden und die mentale Atmosphäre anderer vergiftet und damit das Leben für alle Beteiligten schwierig gemacht. Viele unserer Fehler sind das Resultat von Unwissenheit, von dem Bedürfnis, weiterzumachen, ohne die Langzeiteffekte auf uns selbst und die Kurz- und Langzeiteffekte auf andere zu sehen. (Pestizide töten Mikroorganismen in der Erde, vergiften das Wasser und beeinträchtigen die Gesundheit von Erzeugern und Konsumenten, aber kurzfristig ist es ein gutes Geschäft für Pestizidproduzenten.)

Das Element Erde erlaubt Ihnen, Ihre Fehler noch einmal zu bearbeiten. In Analogie zum Kompostierungsprozeß können Sie neue Erde aus dem Abfall machen, den Sie produziert haben. Hier ein paar Informationen über das Kompostieren:

- Der Kompostierungsprozeß wird hauptsächlich von aeroben (sauerstoffatmenden) Bakterien bewerkstelligt, die neue Erde ohne unangenehmen Geruch durch ihren Verdauungsprozeß aus organischen Abfällen produzieren, die in einem bestimmten Verhältnis gemischt sind.
- Da, wo Kompost kalt wird, wird der Kompostierungsprozeß verlangsamt. Im Kern bleibt er gewöhnlich warm, aber der dort vorhandene Sauerstoff reicht nicht aus, um den Prozeß zu unterhalten. Daher muß der Kompost von Zeit zu Zeit gewendet werden, wie auch vor Kälte geschützt. Da Belüftung und Wärme gleichzeitig schwer zu erreichen sind, braucht Kompostierung gewöhnlich eine lange Zeit.
- Wenn die Luftzufuhr unterbochen wird, übernehmen anaerobe Bakterien den Abbau der organischen Substanz, was in der Produktion von schlechtem Geruch und Methan endet.

Wir können vom Kompostierungsprozeß in Analogie lernen, wie wir mit unserem psychischen Abfall umgehen sollten:

- Beginnen Sie damit, Ihre Fehler zu entdecken, setzen Sie sie dem Licht Ihres Bewußtseins aus (aerob), statt sie zu unterdrücken oder zu negieren (anaerob).

- Betrachten Sie Ihre Fehler und Mißerfolge auch aus der Perspektive Ihrer Erfolge (Mischungsverhältnis). Versuchen Sie nicht, ein einzelnes Ereignis oder einzelne Ereignisse isoliert von Ihren Lebensmustern und Ihrer Geschichte wahrzunehmen.
- Sehen Sie sich Ihre Fehler aus unterschiedlichen Perspektiven an (Wenden des Komposts), um so eine gleichmäßige und beständige Aufmerksamkeit zu erreichen (Belüftung).
- Erhalten Sie den gleichen Grad an Leidenschaft (Temperatur) aufrecht durch Ihren aufrichtigen und ernsthaften Wunsch nach Veränderung.
- Schützen Sie diesen Prozeß vor den Urteilen und Analysen anderer (dem schneidenden Wind), indem Sie in der Sicherheit des eigenen Herzens bleiben. Das heißt, daß Sie sich Ihrer Emotionen bewußt bleiben und Ihr Herz geöffnet halten, so daß keine Verteidigungshaltung und Rationalisierungen (Kälte) entstehen.
- Wenn Sie Groll, Rückzugs- und Schuldgefühle oder eine Verhärtung des Herzens (schlechter Geruch) bei sich feststellen, suchen Sie sich Hilfe, um Ihren inneren Prozeß in andere Bahnen zu lenken. Dies alles sind Zeichen mangelnder Einsicht (anaerob), die keinen Fortschritt erkennen lassen. Auch wenn es Psychologen gibt, die überzeugt sind, daß jede Art Reaktion (Abbau) ein Fortschritt ist, lehrt uns das Element Erde, daß nur die Reaktion, die auch von Einsicht begleitet ist (aerob), Fortschritt anzeigt (neue Erde produziert). Ohne Einsicht kann der Prozeß (anaerober Abbau) ein größeres Problem verursachen (übelriechender Kompost), als es ursprünglich war (Abfall).

Wenn man seine Kraft erhalten will, muß man seinen eigenen Müll verarbeiten. Wenn wir den Müll anderer ausbeuten, nehmen wir ihnen einen wertvollen Teil ihres Lebens. Beispielsweise haben die meisten Menschen abends nach der Arbeit Freizeit. Diese Zeit wird von der Fernsehindustrie für den eigenen

Vorteil genutzt, und gleichzeitig wird der Wunsch zu weiterer Unterhaltung und mehr Konsum angeregt. Aber Menschen brauchen Freizeit, um ihre Probleme und Herausforderungen zu bearbeiten, um ihre Beziehungen zu stärken und um über ihre Zukunft nachzudenken. Diese Freizeit einfach mit anderen Stimuli anzufüllen ist ungefähr so, als ob man jemanden seiner Träume während des Schlafs beraubt, was zu Konfusion, Desorientierung, Hoffnungslosigkeit und womöglich geistiger Verwirrung führt. (Die Unterhaltungsindustrie hat ihren Wert wie jede andere menschliche Aktivität auch, besonders wenn sie unseren Träumen, Idealen und Hoffnungen Raum gibt und das Vertrauen von Menschen stärkt – und wenn Menschen eine bewußte Entscheidung für die jeweilige Art der Unterhaltung treffen.) Es gibt keine bessere Heilung als die durch Frieden, und alles, was Frieden schafft, heilt. Wenn Sie durch den Erd-Atem eine Atmosphäre des Friedens verbreiten, wird dies Ihrer Familie und selbst der Gemeinschaft, in der Sie leben, helfen.

Es gibt verschiedene Prinzipien der Erde, die Wohlstand vermehren helfen. Das erste ist, seinen Abfall wiederzuverwerten und ihn in etwas Wertvolles zu verwandeln, so daß nichts verlorengeht. Wohlstand wird nicht bleiben, wo er verschwendet wird. Das zweite Prinzip ist, verantwortlicher zu werden, das heißt, werden Sie entweder zuverlässiger in den Dingen, die Sie sowieso machen, oder erweitern Sie den Bereich Ihrer Verantwortlichkeit. Wohlstand wird den Ort verlassen, wo man sich nicht um ihn kümmert; er wird von den Orten angezogen, an denen er sicher ist.

> Irdische Reichtümer, erklärt mir euren Charakter. »Ich fliege der Hand, die mich hält, davon, ich entfliehe dem, der mich verfolgt, ich falle in die Börse dessen, der mich sammelt, ich lebe mit dem, der mich spart, ich verlasse den, der sich nicht um mich kümmert, ich halte mich von dem fern, der mich nicht hat. Derjenige, der mich nicht besitzt, ist arm, aber derjenige, den ich beherrsche, ist noch viel ärmer.« [HIK][3]

Beachten Sie als drittes Prinzip, daß der größte Besitz einer Person oder eines Geschäfts der Ruf ist. Ein guter Ruf ist das, was ein Unternehmen entwickelt, und er ist auch das Produkt unseres persönlichen Lebens.

Ein guter Ruf ist ein Schatz, den andere Menschen einem gegeben haben, und so wird es eine heilige Pflicht, ihn zu erhalten. [HIK][4]

| ÜBUNG | Die Erde ist die beständige Basis zur Unterstützung allen Lebens. Fühlen Sie während des Ausatmens die Kontinuität aller Ereignisse Ihres Lebens wie Perlen, die an einer Schnur aufgereiht sind. Es gibt natürlich viele solcher Ereignisse in Ihrem Leben, und sie sind alle durch einen roten Faden verbunden. Dabei kristallisiert sich eine ganz bestimmte Wachstumsrichtung heraus, die sich entwickelt und trotzdem ein irgendwie gleichbleibendes Ziel hat. Das ist die Beständigkeit mitten in einem Leben voller Veränderungen.

Der Friede der Erde

Ihr Zeitgefühl wird von dem Atem und dem Herzschlag bestimmt. Indem Sie den Vierecksatem immer langsamer machen, dehnt sich Ihr Zeitgefühl aus.

Die Erde hat sowohl eine immense physische Größe wie auch ein enormes Alter. Wir haben einen Begriff von dieser Größe aufgrund der Bilder, die vom Weltraum aus von der Erde gemacht wurden. Aber das Alter der Erde ist immer noch ziemlich schwierig zu begreifen. Es wird in geologischer Zeit, in Millionen von Jahren gemessen. Verglichen mit unserem persönlichen Zeitbegriff ist die Erde ewig. Wir nutzen diese zeitlose, ewige Eigenschaft der Erde beim letzten Schritt des Elements Erde in der Herzrhythmus-Meditation.

ÜBUNG Während Sie bei der Ausatmung das Gefühl entwickeln, in der Erde zu versinken, nehmen Sie ganz natürlich das Zeit- und Raumgefühl der Erde an. Expandieren Sie bei der Ausatmung Ihr Gefühl von sich selbst in horizontaler Richtung nach allen Seiten, so daß Sie sich »über die Erde ausbreiten«.

In gleicher Weise verändert sich Ihr Zeitgefühl von lokal zu global, von der Sonnenzeit zur geologischen Zeit. Der Unterschied ist, daß der Zeitbegriff im ersten Fall auf der Rotation der Erde um die Sonne beruht und im zweiten Fall auf dem Zustand der Erde selbst. Aus der Perspektive eines Menschen, der lange Zeit gelebt hat, wird das Zeitgefühl nicht durch die Umrundungen der Erde um die Sonne bestimmt, sondern durch die Veränderungen, die man in seinem Leben erfahren hat. Es ist nicht das Zeitgefühl des Machens, sondern das des Seins.

Ihre Einatmung führt Sie zu einer Auflösung der Zeit, in der es nur eine ewige Gegenwart gibt, die Vergangenheit und Zukunft einschließt. Das Anhalten des Atems führt Sie in das Gefühl der Zeitlosigkeit. Die Ausatmung bringt Sie dann zurück in die Zeit, welche Vergangenheit, Gegenwart und Zukunft kennt.

Es gibt eine Emotion, die mit derjenigen des zeitlosen Zustands während des Atemanhaltens korrespondiert, und diese Emotion ist Friede. Atmen Sie aus, und lassen Sie das Gefühl des Friedens sich in alle vier Himmelsrichtungen ausdehnen. Lassen Sie sich während der Einatmung von der Emotion des Friedens völlig durchdringen.

Frieden ist nicht Passivität; es ist eine sich ausdehnende Atmosphäre mit der Kraft, Menschen und Zustände in Harmonie und Balance zu bringen.

Fühlen Sie bei der Ausatmung diese Ausdehnung der Zone von Frieden um sich herum, der die Sie umgebende Welt in den gleichen Zustand versetzt. Während der Einatmung intensiviert sich die Emotion des Friedens. Während des Atemanhaltens löst sich Ihr Zeitgefühl in Zeitlosigkeit auf.

Ziel: Erfahren Sie die Emotion des Friedens, wie sie sich von Ihnen selbst aus in alle Richtungen ausdehnt und die Zustände um Sie herum verändert.

12

Das Element Wasser

Wenn wir uns dem Wasserelement zuwenden, so finden wir, daß es formbar ist und leicht von einem Gefäß in ein anderes gegossen werden kann. Flußläufe sind veränderbar und können in eine andere Richtung gelenkt werden. [HIK][1]

Die Eigenschaften des Wassers

Das Wasserelement ist dasjenige, welches alles weich, formbar, fließend, flexibel und fruchtbar macht. Es ist das Wasser in der Erde, das ihr ermöglicht, Leben hervorzubringen.

Reinigung durch Wasser ist das Waschen. Wasser hat die Fähigkeit, Substanzen zu lösen und sie wegzuspülen. Sein Fließen reinigt alles, was in seinem Lauf liegt. Wenn Wasser durch Röhren fließt, wird ihr Inneres gereinigt.

Der erste Schritt in der königlichen Kunst der Alchimie ist die Verflüssigung der Substanz, der nächste ist der Schritt vom flüssigen in den gasförmigen Zustand. Solange die Substanz fest ist, kann sie nicht transformiert werden. [VIK][2]

Im Körper hat das Wasserelement die Funktion, die Zirkulation von Blut und Lymphflüssigkeit zu ermöglichen wie auch zum Stoffaustausch innerhalb und außerhalb der Zellen beizutragen. Durch die Bewegung des Wassers werden Nährstoffe an ihre Zielorte gebracht und Unreinheiten entfernt. In der Psyche zeigt sich das Wasserelement als die Fähigkeit, zu geben und zu empfangen, Schönes zu schaffen und zu bewundern, wie auch in der Fähigkeit zu lieben.

Da Wasser in seinem Aggregatzustand flüssig ist, unterliegt es stärker der Massenanziehungskraft als feste Stoffe. Sowohl Felsen als auch Wasser werden einen steilen Hang hinunterrollen beziehungsweise fließen, aber Felsen werden eher durch Reibung in ihrem Lauf aufgehalten. Wasser unterliegt praktisch keiner Reibung, und es hat weder exakte Partikelgröße noch Form. Seine Anpassungsfähigkeit erlaubt ihm, einen Weg um alle Hindernisse zu finden und so schließlich den Fluß, den Fuß des Berges und später das Meer zu erreichen.

Wasser reagiert auch stark auf die wärmenden Strahlen der Sonne, die es zum Verdunsten bringen. Abhängig von den jeweiligen Bedingungen kann Wasser sich als reißender Fluß zeigen, es kann völlig still in einem See ruhen, es kann im Wind verdunsten, als Regen zur Erde fallen, von ihr absorbiert werden oder die Erde als Eis oder Schnee bedecken. Und dennoch bleibt es in seinem Wesen dasselbe.

Die chemische Definition von Wasser als ein Molekül H_2O ist außerordentlich einfach. Keines der anderen Elemente hat eine solch einfache und klare Definition wie Wasser. Man könnte sagen, daß seine chemische Formel seine »Seele« ist, während seine Manifestation seine unterschiedlichen Erscheinungsformen sind. Die Seele des Wassers ist rein, und trotzdem nimmt seine Erscheinungsform leicht die Form und die Qualität dessen an, womit es in Berührung kommt. Seine Seele ist einfach, und dennoch existiert es in so unterschiedlichen Formen wie als Schneeflocke oder Wolke. Seine Schönheit erkennt man an dem Effekt, den es auf Dinge hat: in einer Landschaft, in einer Blume, in einem Regenbogen. Dinge, die Wasser enthalten, werden biegsam wie ein Weidenzweig, Dinge ohne Wasser werden spröde wie ein toter Ast.

Wasser liebt Bewegung, Fließen, Zirkulation. Wasser in Bewegung hat die Tendenz, sich selbst zu reinigen, während stehendes Wasser verschmutzt. Wenn Wasser eine bestimmte Tiefe hat, wälzt es sich natürlicherweise selbst um, wenn es sich in der Höhe befindet, fließt es schneller. Immer ist sein Ziel, den Ozean zu erreichen, und nichts kann es daran hindern. Wenn es dennoch in diesem Bemühen aufgehalten wird, staut es sich, bis es das Hindernis um- oder überfließen kann. Seine Richtung ist immer vorhersagbar – es überrascht nicht durch Sprunghaftigkeit oder Stillstand. Sein einziges Wollen ist zu fließen, hin zu seiner Vereinigung mit dem Meer. Es mag sich in der Luft auflösen oder in der Erde versickern, aber dann erscheint es wieder als Wolke oder als Grundwasser, und man weiß, welchem Ziel es entgegenstrebt. Seine flüssige Natur erlaubt ihm nichts anderes.

Dies sind die Qualitäten des Wassers: Reinheit, Flexibilität, Anpassungsfähigkeit, Schönheit, Empfänglichkeit und Großzügigkeit. Wasser wird bemerkt, bewundert, es wird gesucht, denn seine Eigenschaften sind anziehend und hochgeschätzt. Das Wasserelement in der Herzrhythmus-Meditation läßt diese Qualitäten in einer Person zutage treten.

Bewegung auslösen

| ÜBUNG | Setzen Sie sich in eine meditative Haltung und machen Sie Ihren Atem bewußt, rhythmisch und tief. Beginnen Sie dann mit dem Wasser-Atem, indem Sie zuerst die Richtung Ihres Atems ändern.

Atmen Sie durch die Nase ein und durch den Mund aus, und erzeugen Sie so einen herunterströmenden Energiefluß. Betonen

Sie die Ausatmung. Machen Sie diese Ausatmung sehr fein, wie ein ganz sanftes, kontrolliertes Hauchen, den Mund nur wenig geöffnet. Bemühen Sie sich, so lautlos wie möglich und ohne Anstrengung zu atmen.

Lassen Sie sich während des Atmens vom Wasserelement durchfließen. Stellen Sie sich vor, in einem ätherischen Wasserfall feiner Energie zu stehen. Dieser Wasserfall ergießt sich nicht nur über Sie, sondern durchdringt Ihren Körper, tritt in der Scheitelzone ein und durchströmt Sie. (Dieses Bild ermöglicht das Bewußtwerden des tatsächlichen Stromes von Strahlung und kleinsten Teilchen wie Mesonen, dem wir in jedem Augenblick unseres Daseins ausgesetzt sind und dessen Intensität beispielsweise durch die Abschirmung in Form von Gebäuden gemindert wird.)

Sie können diese Übung entweder im Stehen oder im Sitzen durchführen. Wenn Sie stehen, fühlen Sie, wie der Strom des Wasserelements durch Ihre Fingerspitzen und Ihre Fußsohlen austritt. Wenn Sie sitzen (mit den Armen locker herabhängend), tritt dieser Strom ebenfalls durch die Fingerspitzen aus, aber auch durch den untersten Punkt Ihrer Wirbelsäule. In jedem Fall fließt das Wasser zurück zur Erde.

Konzentrieren Sie sich während der Einatmung intensiv auf Ihr Kronenzentrum (den obersten Teil Ihres Kopfes, genau da, wo sich bei Babys die große Fontanelle befindet) und auf die Essenz des Wasserelements, welche durch das Kronenzentrum als ein Energiestrom herunterströmt. Lassen Sie während der Ausatmung diese Energie durch Ihren Körper hindurchströmen. Seien Sie sich des Abstiegs dieser Lebensenergie durch das Zentrum Ihres Körpers wie auch entlang der Arme und Beine bewußt. Sie geben diese Energie durch Ihre Fußsohlen, die Fingerspitzen und durch die Haare ab. [PVK][3]

Der wesentliche Effekt dieser Übung ist, den *abwärts* gerichteten Energiestrom zu spüren und schließlich die Erfahrung, daß ein Teil Ihrer essentiellen Natur »fließend« ist. Der abwärts gerichtete Energiefluß korrespondiert mit dem Aspekt von Meditation, den wir den abwärts gerichteten nennen (mehr dazu im Abschnitt »Energieumwandlung« weiter unten). Das »Sichfließendfühlen« hilft, innere Energieblockaden zu überwinden. Wasser liebt Bewegung, Fließen, und durch dieses Fließen löst Wasser alle Probleme. Es akzeptiert alle Formen und füllt alle Gefäße.

Ein so verbesserter Energiefluß befreit von den Gefühls- und Gedankenfallen und hilft, Ängstlichkeit und Negativität zu überwinden.

 Ziel: Fühlen Sie den abwärts gerichteten Energiestrom durch Ihren Körper als ein deutliches, physisch spürbares Gefühl, insbesondere in Ihren Fingerspitzen.

Wir verfolgen hier das gleiche Ziel wie die Akupunktur – die Aktivierung des Energieflusses im Körper, der dann Krankheiten heilen kann.

Unser Herzschlag, der Puls, den wir im Handgelenk oder im Kopf spüren, die Blutzirkulation, alle Körperfunktionen sind rhythmisch. Wenn dieser Rhythmus gestört ist, treten psychische Störungen und Krankheiten auf. [HIK][4]

[Im Wasser-Atem] fließt die Energie durch den Körper. Wir müssen dabei nicht nur den aufwärts und abwärts gerichteten Strom von Energie in Betracht ziehen, sondern auch die im Körper zirkulierenden Ströme. [HIK][5]

Wechseln Sie zwischen dem Gefühl des Energiestromes, der durch Sie hindurchfließt, und dem Gefühl, daß Sie dieser Energiestrom sind. Das ist der Unterschied zwischen »Kanal werden« (Channeling) und »Sein«. Es ist leichter, zu einem Kanal für diese Energie zu werden, als sie zu sein. An dieser Feinheit können Sie aber später arbeiten, wenn Sie diese Übung besser beherrschen.

| ÜBUNG | Versuchen Sie, Ihren Widerstand gegenüber dem Energiefluß zu verringern. Werden Sie zu einem Kanal, der sich immer weiter öffnet – und der Energiefluß wird sich unmittelbar verstärken. Der einzige Widerstand, den der Energiefluß erfährt, ist der, den Sie ihm entgegensetzen. Ein Kanal hat zwei Öffnungen – er empfängt und er gibt. Es wird Ihnen niemals mehr gegeben werden, als Sie weitergeben können. Um also die Aufnahme von Energie zu intensivieren, geben Sie mehr Energie ab, indem Sie sich beim Ausatmen darauf konzentrieren, Energie aus Ihrem Herzen nach vorn gerichtet in die ganze Welt verströmen zu lassen.

Beobachten Sie sehr genau Ihre Gefühle gegenüber anderen, möglichen Ärger auf andere Menschen und jeden Anflug von Unzufriedenheit mit sich selbst. Achten Sie auf den Anteil, der sich nicht ändert, sondern andauert. Dogmatismus, Groll, Vorurteile und Engstirnigkeit sind alles verhärtete Gefühle. Emotion ist wie Wasser, verhärtete Gefühle sind wie Eis. Der Zweck von Gefühlen liegt in der Ermöglichung von Kommunikation mit anderen und zwischen verschiedenen Ebenen des Seins einer Person. Wenn Ihre Gefühle verhärten, wird zwischenmenschliche Kommunikation fast unmöglich. So schneiden Sie sich sowohl vom Austausch mit anderen ab als auch von den tieferen Schichten Ihres eigenen Wesens.

Durch den Rhythmus der Atmung und durch die vollständige Ausatmung werden Ihre Gefühle leichter. Sie können auch mit einem tiefen Seufzer ausatmen, wenn Sie fühlen, daß Sie in einer bestimmten Emotion steckenbleiben. Außerdem können Sie das Prinzip des Wasserelements auf Ihre Beziehungen anwenden: Wie verstärktes Ausatmen das Einatmen verstärkt, so werden Sie in Ihren Beziehungen um so mehr empfangen, je mehr Sie geben.

- Wenn du bewundert werden möchtest, bewundere andere.
- Wenn du respektiert werden möchtest, respektiere andere.
- Wenn du beachtet werden möchtest, beachte andere.
- Wenn du geliebt werden möchtest, liebe andere.

Das Gegenteil ist ebenfalls ein Wasserprinzip: Eine Verstärkung der Einatmung wird das Ausatmen verstärken. Fühlen Sie den abwärts gerichteten Strom der Lebensenergie als einen Strom der Liebe, der über Ihnen ausgegossen wird. Sie werden dauernd und bedingungslos geliebt, Ihr Gefühl beim Einatmen ist der Beweis dafür. So wie Sie den Abstieg von Liebe durch Ihren Körper und Ihren Geist spüren, werden Sie ebenfalls ganz natürlich ein Gefühl dafür entwickeln, daß Sie diese Energie ebenso großzügig weitergeben können, wie sie Ihnen gegeben worden ist. Je mehr Liebe Sie durch sich hindurchstömen lassen, desto mehr können Sie aufnehmen.

Überlegen Sie: In welcher Ihrer Beziehungen ist nicht genug Austausch? Was schränkt Ihre Fähigkeit ein, geliebt zu werden und zu lieben? Lassen Sie das Wasserelement durch sich hindurchfließen, spüren Sie Ihre tiefen Emotionen, entwickeln Sie Mitgefühl und Sympathie für Ihre Mitmenschen und die Verletzlichkeit eines offenen Herzens, welches anderen erlaubt, Sie zu erreichen und mit Ihnen zu kommunizieren.

Genau wie das Herz die Blutzirkulation antreibt, so treibt es auch die Zirkulation des Wasserelements in Ihnen an. Seien Sie sich Ihres Herzschlags bewußt, und erleben Sie, daß Sie essentiell »flüssig« sind und daß diese Essenz durch Ihren Körper zirkuliert.

 Ziel: Entwickeln Sie die Fähigkeit, Schüchternheit, Zurückhaltung und Selbstbezogenheit in Ihren sozialen Bezügen durch Anwendung des Wasser-Atems zu überwinden.

Das Wesen des Wassers

Der nächste Schritt bei der Meditation mit dem Wasserelement erfordert eine neue Erkenntnis. Bis jetzt haben wir auf die Natur und die verschiedenen Eigenschaften des Wassers meditiert. Hinter diesen Eigenschaften verbirgt sich das Wesen des Wassers. Wie es der Zweck der Erde ist, alle Formen von Leben zu ermöglichen, hat Wasser auch einen tieferen Zweck, und der ist, den Weg für die herunterströmende Energie zu öffnen und als Träger dieser Energie zu dienen.

Alle Manifestationen des Wassers sind miteinander verbunden, und gemeinsam stellen sie einen riesigen Wasserkörper dar. Diese Tatsache ist leicht zu erkennen bei all den Flüssen, die sich schließlich im Ozean vereinigen. Das Wesen des Wassers kennt keine Grenzen.

Wassermoleküle formen eine unzerteilte, flüssige Substanz. Wenn man einen Tropfen Wasser in ein mit Wasser gefülltes Glas gibt, assimiliert das Wasser im Glas den Tropfen völlig. Dies zeigt die Verbindung des Wassers mit dem Wesen der Liebe. Der eine Wasserkörper zeigt eine solche Zuneigung zu dem anderen, daß sie völlig ineinander aufgehen.

Nicht nur alle Flüsse, die in den Ozean münden, sind miteinander verbunden, sondern alles Wasser, das auf der Erde existiert. Es gibt nicht einen Ort in der Biosphäre, der nicht in irgendeiner Form Wasser enthält. Selbst die trockene Luft der Wüste wie auch Wüstensand enthalten Wasser. Alle Mikroorganismen der Erde brauchen Wasser zum Leben, da sie Nahrung und Sauerstoff (oder andere Elektronenakzeptoren) nur in flüssiger Form aufnehmen können. Wenn wir das Element Erde als den Körper der Mikroorganismen definieren, fordern wir zugleich, daß Wasser und Erde koexistieren.

Die Tatsache, daß alles Wasser auf der Erde aus einem einzigen riesigen Wasserkörper besteht, ist wissenschaftlich anerkannt und wird praktisch genutzt bei der elektrischen Erdung. Die elektrische »Erde« ist der gemeinsame Bezugspunkt aller elektrischen Phänomene und wird in manchen Stromkreisen als ein Pol genutzt. Tatsächlich leitet die Erde selbst jedoch nicht (oder nur schlecht). Es ist das Wasser, welches die Erde zu einem elektrischen Leiter macht.

Da alles Wasser miteinander verbunden ist, dient es als Kommunikationsnetzwerk zur Verständigung lebender Wesen untereinander. Im Meer senden Wale Informationen in Form von Niederfrequenzwellen über Hunderte, möglicherweise Tausende von Kilometern. Es ist möglich, daß Fische auf die gleiche Weise miteinander kommunizieren. Wir Menschen sehen gewöhnlich Wasser als etwas, das Länder und Kontinente trennt, aber vom Standpunkt der Wassergeschöpfe aus ist Wasser ein kontinuierliches Medium, das gleichzeitig Nahrung, Schutz und Kommunikationsmöglichkeiten bietet.

Wie man Wasser repräsentiert

Ein Bewohner der Wüste, der den Tigris nicht kannte, schenkte dem Kalifen[6] einen Krug frischen Wassers. Der Kalif dankte ihm und gab ihm als Gegengeschenk einen Krug, der mit Goldmünzen gefüllt war. »Da dieser Mann durch die Wüste gekommen ist, soll er auf dem Wasser nach Hause reisen«, befahl der Kalif. So wurde der Besucher zu einem wartenden Boot gebracht, wo er zum ersten Mal die Wasser des Tigris sah. Bei deren Anblick beugte er sein Haupt und sprach: »Wie überaus freundlich von dem Kalifen, daß er mein Geschenk angenommen hat.« Rumi[7]

Die eigentliche Natur des Wassers ist Großzügigkeit, ist, sich zu verschenken, und diese Geschichte handelt von Großzügigkeit. Der Besucher brachte den größten Schatz, den die Wüste zu bieten hat, Wasser, und der Kalif erwies sich als großzügig mit seiner Gegengabe. Schließlich wurde der Besucher bewegt durch die Verkörperung der Großzügigkeit selbst in der Gestalt des Flusses Tigris.

Alles, was wir anderen geben, und alles, was wir von ihnen empfangen, alles, was gegeben werden kann, ist Wasser, ist Liebe. Niemand erschafft es, niemand zerstört es. Wir tragen es nur mit uns und geben es weiter. Wir werden zu Liebenden, indem wir es weitergeben, und wir sind dankbar, wenn wir es empfangen. Im Laufe des Verschenkens und Empfangens von Wasser werden wir schließlich naß. Dann fragen wir uns: »Wem gehört eigentlich das Wasser, mit dem ich mich naß gemacht habe? War es das Wasser, das ich gegeben habe, oder das, was ich empfing?« Diese Verwirrung gipfelt in einer Erkenntnis: Es ist unwichtig. Sowohl der Krug Wasser, den ich dir gebe, als auch der, den ich von dir bekomme, kann uns beide zum Strom der Liebe führen.

Als ein Wesen, das dem Wasserelement verbunden ist, können Sie in vielfältiger Weise zur Heilung und Entfaltung anderer beitragen. Ihre Gegenwart allein kann Dinge wachsen und gedeihen lassen. Wie ein warmer Sommerregen können Sie die Atmosphäre in einem Raum verändern, indem Sie neue Lebendigkeit und Kreativität in anderen Menschen wachrufen. Selbst die Wüste blüht nach einem Regenfall. Sehen Sie es als Ihre Pflicht an, den Menschen das Wasser zu bringen, die es zu ihrem Aufblühen brauchen.

Zuerst müssen Sie sich mit Wasser identifizieren, und dann müssen Sie Wasser kommunizieren. Machen Sie sich keine Gedanken darüber, *was* Sie tun werden. Indem Sie sich mit Wasser identifizieren, werden Ihre Bewegungen anmutig, Ihr Blick schöpferisch, Ihr Lächeln liebevoll und Ihr Atem heilsam.

| ÜBUNG | Identifizieren Sie sich mit dem Wasserelement in Ihrem innersten Wesen, und fühlen Sie die Natur des Wassers als Ihre eigene Natur. Sie selbst *sind* Wasser, wie auch alle anderen Menschen. Wasser kennt keine Grenzen zwischen sich und anderen Wesen des Wassers.

Menschen sind niemals das, was sie zu sein scheinen. Um jemanden schätzen zu lernen, den Sie nicht verstehen, oder um jemanden zu verstehen, mit dem Sie sich nicht verbunden fühlen, denken Sie an die betreffende Person, während Sie ein- und ausatmen. Nehmen Sie mit dem Einatmen seine Atmosphäre auf, und erlauben Sie Ihrer Ausatmung zu fühlen, wie sich das innere Wesen des Menschen, an den Sie denken, ausdrückt. Man kann Menschen nicht wirklich durch die Rollen und Situationen kennen, in denen man sie erlebt. Irgendwann werden sie sich aus ihrer Begrenzung befreien und Sie überraschen mit dieser Veränderung. Sie können Menschen helfen, neue Fähigkeiten zu entwickeln, und sogar selbst davon Nutzen haben, wenn Sie das Wesen eines Menschen jenseits seiner gegenwärtigen Begrenzungen erkennen und anerkennen können.

Überlegen Sie, wo Sie in Ihrem Leben das Wasserelement einbringen können. Brauchen Sie mehr Geld? Das entsprechende Wasserprinzip ist, den Fluß zu erhöhen.

»Geld, was magst du am liebsten?«
»Durch viele Hände gehen.« [HIK][8]

Auf der Geschäftsebene bedeutet dies, den Umsatz oder den Marktanteil zu erhöhen und sich weniger um Rentabilität zu kümmern. Tun Sie mehr, für mehr Kunden. Lassen Sie sich stärker auf Ihre Kunden ein. Dies ist keine Art des Einlassens, die auf strategische Erweiterung oder höhere Effizienz abzielt. Der Rat des Wassers ist: Eröffne neue Läden, steigere den Umsatz, stelle mehr Leute ein, unternimm mehr Transaktionen, erweitere den Umfang deiner Dienstleistungen.

Arbeiten Sie an einem Projekt, das nur zäh vorwärtsgeht? Haben Sie Schwierigkeiten mit Ihren Kindern? Das Wasserelement bringt Wachstum und Erfolg, solange es in Bewegung ist. Wenn Wasser eingeschlossen ist, steht es still oder verdunstet, statt zum Meer zu fließen.

Die vorhergehenden Abschnitte lesen sich wie Allgemeinplätze, bis Sie sie als meditative Übung begreifen, zusammen mit Atemübungen im Rhythmus des Herzens. Das Problem bei Allgemeinplätzen ist, daß sie den Willen nicht stark genug mobilisieren, um eine wirkliche Veränderung im Verhalten hervorzurufen. Menschen verhalten sich auf eine bestimmte Weise aufgrund ihrer Erfahrung und ihrer Natur. Vielleicht erkennen Sie die Weisheit des Wasserprinzips, aber wenn dieses Element nicht ausgeprägt in Ihnen ist, wohl aber das Element Erde, dann wird Ihre Gewohnheit, Geld zu sparen und immer nur langsam und sicher aufzubauen, das Wasserprinzip überwältigen. Übungen mit dem Wasserelement der Herzrhythmus-Meditation aktivieren das Wasserelement und ermöglichen Ihnen, seine Prinzipien in Ihr tägliches Leben mit einzubeziehen. Sie haben ein natürliches Recht auf die Qualitäten aller vier Elemente, nicht nur auf die des einen oder der beiden, die in Ihrer Persönlichkeit bereits verwirklicht sind. Wenn Sie das Wasserelement benötigen, steht es Ihnen zur Verfügung. Sie können es mit Hilfe Ihres Atems aktivieren.

| ÜBUNG | Während Sie spüren, wie das Wasserelement durch Sie hindurchströmt, stellen Sie sich vor, wie Sie Hindernisse umfließen, wie Ihre dauernde Bewegung selbst Felsen abträgt und wie Ihre fließende Natur alles Erstarrte wieder formbar macht. Die Übung kann Ihnen helfen, mit allen Wesen in Ihrer Umgebung in Harmonie zu gelangen und auf diese Weise schwierige Situationen erträglich zu gestalten. Ihre Bewegung trägt alle mit, und alle Bedenken werden von Ihrer Anpassungsfähigkeit und Ihrer Anmut überwunden. Jeder möchte teilhaben an dem, was Sie tun, weil Sie ein Teil von jedem sind.

Die Gegenwart des Wasserelements in Ihnen hilft Ihrer Umgebung, Widerstände aufzulösen, genau wie das Wasserelement Ihre eigenen Widerstände auflöst.

Man kann Felsen dadurch überwinden, daß man sie zertrümmert. Man kann aber auch die Methode des Wassers anwenden und um sie herumfließen oder, wenn das nicht möglich ist, geduldig hinter ihnen warten, bis sich genug Wasser aufgestaut hat, um sie zu überfluten. Es gibt Momente, in denen der Hammer angebracht ist, aber bevor man ihn anwendet, sollte man es zehnmal mit dem Weg des Wassers versucht haben.

ÜBUNG | Bei einer weiteren Stufe dieser Übung kann man sich als die Verlängerung der Körper unserer Vorfahren betrachten, als ein Lebensstrom, der durch unsere Vorfahren geflossen ist, ein Strom, der sich in einem kontinuierlichen Prozeß der Veränderung befindet. Der zweite Aspekt davon ist der, sich bewußt zu werden, wie wir selbst in andere Menschen »hineinfließen« und wie diese wiederum ins Universum fließen. Wir nehmen das Universum beständig in uns auf und transformieren es in ein menschliches Wesen. [VIK][9]

Energieumwandlung

In der Physik wird Energie jeweils verschiedenen Ebenen zugeordnet. Niederfrequente Energieformen wie Schwerkraft und Hitze verursachen die Bewegung physischer Materie, während hochfrequente Energieformen wie Röntgenstrahlen und kosmische Strahlung durch Materie hindurchdringen. Mystiker haben ebenso ein Konzept unterschiedlicher Energieebenen. Ein energetisches Prinzip, das sowohl in der Physik wie in der Mystik anerkannt wird, ist, daß die Energieformen der niedrigeren Ebenen leichter assimiliert werden können, aber auch schneller erschöpft sind, während höherfrequente Energien schwieriger anzuzapfen, aber dafür fast unerschöpflich sind.

Die Energieebenen in einer Person, wie sie die Mystiker sehen, können wie folgt dargestellt werden:

Je höher die Frequenz, um so abstrakter die Ebene

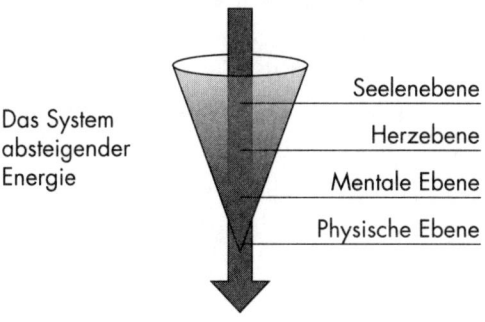

Das System absteigender Energie

Seelenebene
Herzebene
Mentale Ebene
Physische Ebene

Je niedriger die Frequenz, um so »dichter« die Ebene.

Die physische Welt ist tatsächlich der Brennpunkt, wo all diese Energieebenen zusammenkommen, der höchste, letzte Schritt der Schöpfung, wo sich die versteckten Potentiale des Universums offenbaren.

Ihr physischer Körper kann müde sein, aber Sie können Ihre Psyche mit neuer Energie verjüngen. Wenn Sie sich zum Beispiel in Gefahr wähnen, wird Ihr Körper mit neuer Energie, ohne Ermüdungserscheinung reagieren. Auch mit Hilfe von Konzentration kann man den Zustand des Körpers verändern: Man kann ihm vermitteln, daß man nicht hungrig oder nicht müde ist. Der Körper erschöpft schnell, aber er erholt sich auch schnell, wenn er von Emotionen und Gedanken unterstützt wird. Gewöhnlich erschöpft sich auch die Psyche, und dann kann der Körper nicht mehr inspiriert werden. Die ermüdete Psyche gibt die Verantwortung für den Körper auf, der dann versagt, während sich die Psyche erholt, indem sie die Umgebung ausschließt und ihre

Aufmerksamkeit nach innen wendet. Gedanken und Emotionen spielen tatsächlich nur während ungefähr einer Stunde im Tiefschlaf keine Rolle. Der Rest der Zeit wird mit Sortieren und Filtern der Tageseindrücke verbracht. Wenn das getan ist, sind die Nervenbahnen wieder frei, und das Gedächtnis ist erneuert und wieder verfügbar.

Wenn Ihre *Gedanken* erschöpft sind, können Sie diese mit den Gefühlen des Herzens wieder inspirieren. Auch Ihr *Herz* kann sich erschöpfen, wie zum Beispiel bei Menschen in helfenden Berufen, die sich ausgebrannt fühlen (»Burnout«). Aber auch das Herz kann wieder mit dem aufgeladen werden, was Ihrem essentiellen Wesen, Ihrer Seele, entspricht. Auch Ihre *Seele* kann desillusioniert werden und ihr Interesse am Leben verlieren – und dann werden Sie nicht mehr in der Lage sein, Ihr Herz zu erheben, wenn es in Pessimismus, Depression oder Schmerz verfällt.

Zum Glück gibt es noch eine größere und weiter entfernte Quelle von Energie in uns, eine, die in der Lage ist, auch die zynischste und desillusionierteste Person zu erlösen. Ein unzerstörbarer *Geist* ist die Basis allen Lebens. Sie können nicht sagen, daß es *Ihr* Geist ist. Es ist *der* Geist, der Geist in allem. Es ist die Einheit hinter oder in jedem kleinsten Teil der Existenz, und wir können uns an sie wenden, um unser individuelles Sein wieder aufzuladen.

Während Sie Energie in Ihrem Körper nach unten ziehen, transformieren Sie die höhere Energie in niedrigere Energie. Sie verwenden den Geist des Universums, um Ihre Seele zu erfrischen, den Idealismus der Seele, um die Kreativität und Großzügigkeit Ihres Herzens aufzuladen. Sie ziehen die Liebe Ihres Herzens in die autonomen Reaktionen Ihres Nervensystems und das Bewußtsein Ihres Geistes in alle Zellen Ihres Körpers.

Diese Reinigung und Erneuerung erfüllt Ihren Körper mit dem Licht, der Kraft und dem Bewußtsein der Essenz Ihres Wesens. Statt die Reinheit Ihres inneren Wesens zu verbergen, wird Ihr Körper ein Ausdruck Ihrer Seele. Genau dies ist der wesentliche Punkt der Abwärts-Meditation: eine neue Welt im realen Leben aus der Welt der reinen Möglichkeiten zu schaffen, wo sich der Entwurf oder die Seele aller Dinge befindet. Das bedeutet Wiedererschaffung und Wiedergeburt als Mitschöpfungsprozeß mit dem Geschaffenen.

Diese Erfahrung des Fließens des Geistes in das Fleisch, von Energie in Materie, geschieht in einem ununterbrochenen Abwärtsfluß, der aber auch unterschiedliche Ebenen hat. Es ist zu vergleichen mit einer Reihe von nebeneinanderliegenden Billardkugeln, von denen jede sich nur ein ganz kurzes Stück bewegt, wenn man die erste anstößt (außer der letzten). Es ist auch vergleichbar mit elektrischem Strom, bei dem ein Elektron jeweils nur den kurzen Weg zum nächsten Atom zurücklegt. Das Elektron, welches den Leiter verläßt, ist nicht das, welches am anderen Ende eintritt. Aber im Unterschied zu Billardkugeln und Elektronen wird die Energie des reinen Geistes, die universell und überpersönlich ist, in mehreren Stufen transformiert, ehe sie sich in den Zellen des Körpers manifestiert. Dieser Prozeß geschieht andauernd, aber man intensiviert ihn dadurch, daß man ihn sich bewußtmacht.

Der Strom absteigender Energie, der sich auf jeder Ebene von Geist in Fleisch verwandelt, wird von den Sufis *ISHK* genannt, was »göttliche Liebe« bedeutet. Das Ziel der Übung mit dem Element Wasser in der Herzrhythmus-Meditation ist, diesen herabfließenden Energiestrom in und durch sich zu erfahren.

ÜBUNG | Sie sind ein Kanal, der die Energie, die durch Sie absteigt, nach unten und nach außen leitet. Aber Sie sind auch mehr als ein Kanal, Sie transformieren diese Energie, die durch Sie hindurchfließt.

Seien Sie sich des herabfließenden Stroms von Energie bewußt, der von den höheren zu den niederen Ebenen fließt und seinen Zustand auf jeder Ebene ändert. Erheben Sie Ihr Bewußtsein, so hoch Sie können, zur höchsten Ebene der Energie, und stimmen Sie sich auf die himmlische Quelle dieser Energie ein.

Aus einem einfachen pragmatischen Grund haben wir die höheren Energieebenen als physikalisch über Ihnen lokalisiert beschrieben. Tatsächlich ist diese subtile, diffuse und grenzenlose spirituelle Energie überall, so wie auch die dichte, konzentrierte Energie die Materie bewegt. Aber es gibt einen Grund, warum Menschen »feiner« mit »höher« assoziieren und das, was »höher« ist, als über ihrem Körper lokalisiert betrachten. Vielleicht hängt es damit zusammen, daß sich der Kopf über den restlichen Körper erhebt. Wissenschaftlich betrachtet gibt es tatsächlich einen kontinuierlichen Schauer von unsichtbaren, energiereichen subatomaren Teilchen wie Neutrinos, die den Planeten ununterbrochen treffen. Diese kommen aus einer Richtung, die immer »oben« im Verhältnis zum Zentrum der Erde ist. Dieser Schauer kosmischer Energie ist eine physische Form des herabfließenden Energiestroms.

Es gibt Astrophysiker, die behaupten, daß das Wasser auf unserer Erde wahrscheinlich himmlischen Ursprungs ist, daß es die angehäuften Überbleibsel zahlloser Eismeteoriten aus Äonen sind. Das gibt uns einige Berechtigung zu sagen, daß der Ursprung, die Quelle der buchstäblichen Wasser des Lebens hoch über uns ist und daß Wasser zu uns herunterfließt.

Wie sich die Begrifflichkeit entwickelte, daß »höher« im Sinne von »essentieller« oder »ursprünglicher« auch als »räumlich höher« verstanden wurde, ist hier nicht von Bedeutung. Solange wir sie nur als eine Art geistige Stütze betrachten, die funktioniert, können wir sie benutzen. Tatsächlich durchdringt der Geist alle Materie, so wie wir mit den Gedanken unsere Zellen durchdringen können. Alle Zellen, nicht nur diejenigen des Gehirns, haben Gedächtnis und Intelligenz. Obwohl alles überall ist, können unsere Sinne das am besten wahrnehmen, was am meisten Substanz hat: die Manifestation von Energie, die Materie ist.

Sie können bewußter für die Energie hinter der Materie, den Gedanken hinter der Aktion, das Gefühl hinter dem Gedanken, den Archetyp hinter dem Einzelfall und den Geist hinter der Form werden, indem Sie Ihr Bewußtsein »erheben«. Dieser innere Akt ist der aufwärts gerichtete »transzendentale« Teil der Wasser-Meditation. (Siehe auch Kapitel 1 in bezug auf Aufwärts- und Abwärts-Meditation.)

ÜBUNG | Seien Sie sich aller Signale bewußt, die aus Ihrem Gehirn durch die Wirbelsäule in die inneren Organe und Muskeln gesandt werden, die Koordination und Rhythmus für alle Körperteile beinhalten. Während Sie durch die Nase einatmen, denken Sie an Ihr Gehirn. Während Sie durch den Mund ausatmen, denken Sie an den abwärts gerichteten Signalfluß.

Denken Sie beim Ausatmen an den herunterfließenden Strom energiereicher subatomarer Teilchen und hochfrequenter Energiestrahlung, der uns dauernd aus dem All erreicht. Diese Teilchen und Wellen durchdringen uns in vertikaler Richtung, parallel zur Wirbelsäule.

Denken Sie jetzt an das Heruntersteigen der Archetypen in die Einzelfälle: Subtile Ideen werden spezifisch, werden zu tiefen Wünschen, zu Verpflichtungen, zu Handlungen. Verbinden Sie Ihren Kopf (Einatmung) mit Ihren Händen (Ausatmung).

Denken Sie bei der Einatmung an sich selbst als ein Wesen von Licht, als sehr diffus und ätherisch. Werden Sie eins mit der Energie, die überpersönlich, subtil, ursprünglich und unendlich ist.

Ziehen Sie bei der Ausatmung diese Energie von Ihrer Quelle »hoch oben« durch sich in Ihr schlagendes Herz. Ihr Herz ist der Brennpunkt dieses herabfließenden Energiestroms, und es schlägt in Reaktion auf diesen Strom. Es ist eine dramatische Demonstration von Energie, die Materie erfüllt.

Zum Kanal für den Strom werden

ÜBUNG — Der nächste Schritt bei dem Wasserelement in der Herzrhythmus-Meditation: Lernen Sie, den durch Sie herabfließenden Energiestrom anderen Menschen anzubieten.

Richten Sie bei der Ausatmung den herabfließenden Energiestrom, der durch Sie hindurchströmt in dem Augenblick, wo er ihr Herz erreicht, nach vorn, und senden Sie ihn durch Ihre Brust in den Raum vor sich.

Denken Sie an jemanden, den Sie kennen und lieben, stellen Sie sich diese Person als direkt vor Ihnen stehend vor, und senden Sie den Strom der Herzenergie in ihr Herz. Es sind Ihre Liebe für diesen Menschen und das Bedürfnis des Menschen nach dem bedingungslosen Fluß dieser herzöffnenden Energie, die wiederum sein Herz öffnen. Dieser Strom ist ganz essentiell ein Strom der Liebe. Er berührt Ihr Herz, bewegt Sie tief, drückt sich in Liebe für andere aus und erreicht eine Person unabhängig von jeder Entfernung wegen der bedingungslosen Verbindung, die Sie eingegangen sind. Kurz gesagt, die andere Person fühlt es, wenn Sie es fühlen.

Es gibt eine wirkliche Erfahrung von »Segen«, und dies ist sie.

Eines Tages wird man einen elektrischen Sensor finden, der Segen feststellen kann, und dann werden wir in die Lage kommen, ihn zu messen und zu quantifizieren. Es kann kein Zweifel darüber bestehen, daß andere Menschen diese Energie, die während der Ausatmung aus Ihrer Brust strömt, fühlen können. Wenn die Empfängerin oder der Empfänger in einem meditativen Zustand ist, kann die Energie direkt und eindeutig gespürt werden. Wenn man nicht in einem solchen Zustand ist, kann man es intuitiv fühlen.

| ÜBUNG | Der Effekt dieser Übung ist, daß man das Herz dieser Person durch seine Ausatmung wieder auflädt, genau wie das eigene Herz wieder von der Energie des Geistes aufgeladen wird, die man bei der Einatmung in sich hineinzieht und transformiert. Aus dem Herzen des Menschen, zu dem die Verbindung bestand, überträgt sich der Strom dann auf seine Gedanken, Gefühle und den Körper.

Die Liebe des Wassers

So wie das Wasser das säubernde und reinigende Element in der physischen Welt ist, erfüllt Liebe die gleiche Funktion auf den höheren Ebenen. [HIK][10]

Wasser ist eine Metapher für Liebe. Liebe hat die Fähigkeit, Ihr Herz zu rühren, das Leben fließen zu lassen, Schönheit zu schaffen. Ihr Herz hat die Kraft, die Herzen anderer zu bewegen: ihren Schmerz zu lindern, ihre Bitterkeit zu versüßen, ihre Grobheit zu mildern und die Leere ihres Herzens zu füllen.

| ÜBUNG | Seien Sie sich des Herzschlags in Ihrer Brust gewahr. Wenn Ihr Bewußtsein Ihr Herz berührt, wird der Atem dort konzentriert. Der Atem, der durch Ihr Herz fließt, berührt es zutiefst. Denken Sie an den niemals aufhörenden Schlag Ihres Herzens, die einzige Bewegung, die nie endet, als den Kern Ihrer Persönlichkeit. Dann hört der Strom der Liebe in diesem Kern niemals auf zu fließen.

Es ist die Liebe in Ihnen, welche die Liebe in anderen Menschen berührt und ein Gefäß zur Aufnahme dieser Liebe schafft, den Geliebten, der den Liebenden aufnimmt. Die beiden heben sich gegenseitig auf und werden so zur Liebe selbst, wie zwei Tropfen Wasser sich vereinigen und ihre »Tropfenheit« verlieren, um »Naßheit« zu werden.

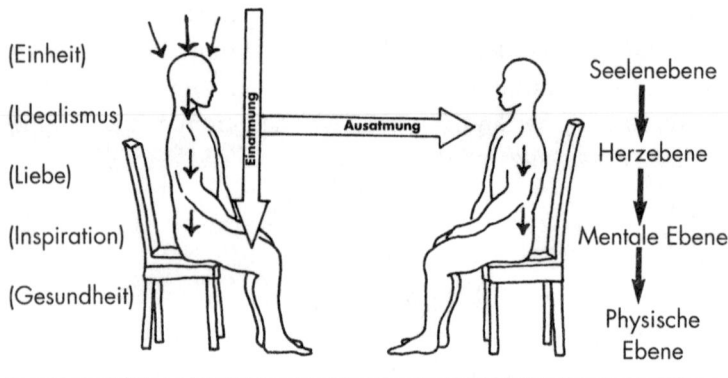

Zum Abschluß des Wasser-Atems meditieren Sie mit Ihrem Atem auf die drei Aspekte der Liebe: Atmen Sie den Ursprung der Liebe ein, den kosmischen Liebenden. Atmen Sie so aus, wie Liebe sich ausdrückt: Sie spiegelt sich als Geliebter oder Geliebte. Während der ganzen Zeit ist da aber auch die Liebe selbst, unabhängig von jeder Form und Richtung. Einatmung und Ausatmung stärken beide den Atem, Liebender und Geliebter stärken beide die Liebe.

Atmen Sie ein als die Geliebte, die bedingungslose und grenzenlose Liebe in sich hineinzieht, ihr Wesen mit Liebe füllt, während sie den Atem anhält, und atmen Sie aus als die Liebende, deren Wesen sich in der ganzen Existenz ausbreitet.

Vergessen Sie schließlich die Begriffe Liebender und Geliebter, während Einatmung und Ausatmung sich in ekstatischer Vereinigung umeinanderdrehen. »Liebende« und »Geliebte« ergeben nur Sinn für einen Beobachter, der, von beiden entfernt, zwischen dem Ununterscheidbaren unterscheiden kann. Diejenigen, die sich in der Umarmung der Liebe befinden, empfinden nur sie. Die Einheit der Liebe ist völlig klar, und alle Dualität ist nur eine Erscheinungsform.

13

Das Element Feuer

Wenn man Feuer erzeugt, wird das Herz natürlich wärmer, und Kälte, eine häufig vorkommende Krankheit in jedem Herzen, beginnt zu verschwinden. [HIL][1]

Feuer hat die Tendenz aufzusteigen, und deshalb lodern Flammen hoch, selbst Rauch steigt auf, und alle Objekte, in denen das Element Feuer vorherrscht, haben eine Tendenz aufzusteigen. [HIK][2]

Das Wesen des Feuers

Alles, was Materie ist, ist der Schwerkraft unterworfen, aber es gibt einige Dinge, die eine natürliche Neigung haben, sich dieser Kraft entgegengesetzt zu verhalten. Zum Beispiel wächst ein Same nach oben und wendet einiges seiner kostbaren Energie dafür auf, der Schwerkraft entgegengesetzt zu arbeiten. Rauch steigt auf, wenn sich die Luft über einem Feuer erwärmt. Berge schieben ihre gezackten Gipfel gegeneinander, und Vulkane brechen aus, um zu zeigen, daß sogar die Erde sich erheben möchte. Blitze springen von der Erde in die Atmosphäre über, um die Spannung zwischen ihnen auszugleichen.

Im Menschen besteht die aufsteigende Energie aus allem, was

»erhebt«, was freudig, befreiend, überraschend und anregend ist. Aufsteigende Energie läßt einen die Mundwinkel hochziehen, wie auch Augenbrauen und Stirn, bringt Augen zum Leuchten, die Arme zum Erheben und die Füße zum Springen. Es ist eine innere Energieform, aber sie kann nach außen übergreifen. Feuerenergie kann eine Zuhörerschaft begeistern und von einer Person zur anderen als Enthusiasmus überspringen. Wir können sie voneinander aufnehmen, etwas hinzufügen und sie weitergeben.

Innerhalb des Körpers hat das Feuerelement seine Aufgabe im Verdauungssystem und wandelt Nahrung in Wärme und Energie um.

In einer Persönlichkeit zeigt sich Feuer als Humor, Idealismus und Antrieb. Gestörte Feuerenergie macht sich als destruktives oder aggressives Verhalten bemerkbar. Das Beste im Feuerelement sind die Kraft und die Freiheit, die sich letztlich im Dienst an der Wahrheit zusammenfinden.

Das Feuer, an das wir gewöhnlich denken, ist nur der Beginn dessen, was das Element Feuer ist. In der Entwicklung des Elements Feuer wird es zu Licht, und dann weiter zur Wahrheit.

Das Feuerelement der Herzrhythmus-Meditation aktiviert das innere Feuer durch den Atem.

| ÜBUNG | Atmen Sie ein und aus durch die Magengegend, unterhalb des Rippenbogens. Fühlen Sie bei der Einatmung, wie sich der Magen ausdehnt und gegen Ihren Gürtel drückt. Bei der Einatmung fällt er »in sich zusammen«, und Ihr Gürtel wird einige Nummern zu groß. (Lockern Sie jetzt Ihren Gürtel.)

Atmen Sie mit jedem Atemzug in die Magengegend ein, was ein warmes und angenehmes Gefühl zur Folge hat. Halten Sie den Atem in der Magengegend an und atmen Sie dann aus.

Ihr Atem hat zwei Komponenten, die im gleichen Rhythmus synchronisiert werden: den Luftstrom und den Energiestrom. Der Energiestrom wird in die Magengegend gerichtet und strömt von dort aus wieder aus. Der Atemstrom wird, unabhängig davon, durch Mund und Nase gelenkt.

Bei dieser Reinigungsübung atmen Sie durch den Mund ein und durch die Nase aus. Öffnen Sie bei jeder Einatmung die Lippen ganz leicht, und »schlürfen« Sie Luft ein, so daß sie auf die Rückseite der Kehle trifft. Schließen Sie dann die Lippen, und halten Sie den Atem an. Atmen Sie bei geschlossenem Mund durch die Nase aus.

Seien Sie sich der Tatsache bewußt, daß wir unaufhörlich brennen, daß wir uns unaufhörlich in einem Zustand der Verbrennung in unserem Körper und unserem Gemüt befinden. [VIK][3]

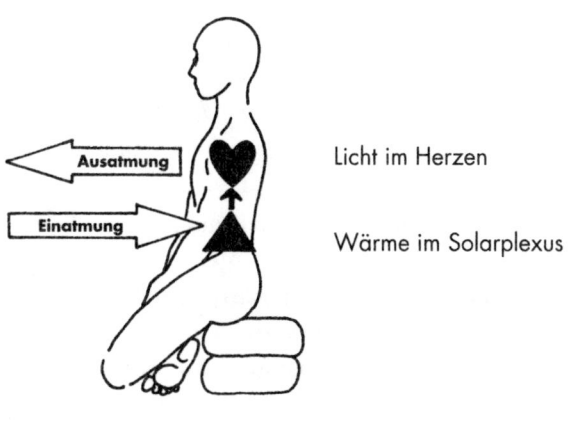

ÜBUNG Nachdem Sie zehn solche Atemzüge gemacht haben, werden Sie wahrscheinlich ein deutliches Wärmegefühl im Solarplexus verspüren. Dies ist ein Signal, die Aufmerksamkeit bei der Ausatmung auf das Herz zu richten. Das erlaubt der Energie im Solarplexus, als Licht in Ihrer Brust aufzusteigen, was einen »weichmachenden« oder schmelzenden Effekt auf das Herz hat.

Der Solarplexus ist der Ofen Ihres Körpers. Indem Sie die Energie Ihrer Einatmung darauf richten, blasen Sie auf das Feuer und bringen es zum Lodern. Ihre Stoffwechselrate erhöht sich, verbessert die Verdauung und verwandelt Substanz in Energie. Das Wärmegefühl im Solarplexus bleibt, aber die Energie dieses »Feuers im Bauch« verbreitet sich im ganzen Körper und steigt besonders in der Wirbelsäule hoch und füllt Ihre Brust. Das Licht des Feuers, nicht jedoch seine Hitze, steigt ganz natürlich in der Wirbelsäule hoch bis zum Herzen. Das Herz wird durch dieses Licht geschmolzen, nicht durch die Hitze.

 Ziel: Erzeugen Sie ein leichtes Wärmegefühl in Ihrer Magengegend dadurch, daß Sie vollständig ausatmen mit dem Gedanken an das Element Feuer.

Die Erhöhung der Aktivität des zentralen Nervensystems

Sanfter Wind entfacht das Feuer meines Herzens. [HIK][4]

Das Element Feuer der Herzrhythmus-Meditation erhöht die Stoffwechselrate und die Aktivität des zentralen Nervensystems und resultiert in Enthusiasmus, Mut und Selbstvertrauen.

Wenn Ihre Lippen soweit wie möglich geschlossen sind, während Sie die Luft einziehen, scheint der Luftstrom die Schilddrüse auf der Rückseite der Kehle zu treffen. Das belebt den gesamten Verbrennungsprozeß des Körpers. [VIK][5]

Das Einatmen durch den Mund, was die Einatmung betont und gleichzeitig die Konzentration auf die Magengegend und den Solarplexus fördert, ist eine Methode, um die Stoffwechselrate zu erhöhen. Geradeso wie auf Feuer blasen dazu führt, daß es heißer und schneller brennt, erhöht diese Übung die Rate, mit der Körpersubstanz in Energie umgewandelt wird. Ebenso erhöht sich auch die Aktivität des zentralen Nervensystems, was ein weiterer Beleg dafür ist, daß Meditation die grundsätzlichen Prozesse Ihres Körpers und Ihrer Gedanken- und Gefühlswelt beeinflußt.

Mit Hilfe dieser Übung können Sie die Anzahl der Kalorien, die Sie täglich verbrennen, erhöhen, selbst wenn Sie sich im Ruhezustand befinden. Sie können tatsächlich Ihr »Fleisch« im inneren Feuer des Stoffwechsels verbrennen. Es ist ganz klar, daß manche Menschen bei gleicher Belastung mehr Kalorien am Tag als andere verbrennen. Es gibt auch einen genetischen Faktor bei diesem Unterschied, aber den größten Einfluß hat die Stoffwechselrate.

Die Körpertemperatur wird von einem unbewußten Mechanismus geregelt, dem autonomen Nervensystem. Aber Laborexperimente haben gezeigt, daß man seine Körpertemperatur verändern kann, selbst die Temperatur in einem Finger oder in einer Hand. Zum Beipiel sind manche Yogis in der Lage, die Hitzeproduktion des Körpers durch Kontrolle der Stoffwechselrate zu erhöhen. Sie sind in der Lage, im kalten Wasser des Ganges in über viertausend Meter Höhe zu baden und sich dann in Handtücher zu wickeln, die sie mit ihrer Körperhitze trocknen.

> Wir haben die Fähigkeit, eine gewisse Rolle bei der Energieproduktion in Form von Wärme zu spielen. Indem man Muskeln und Körper versteift, erhöht man irgendwie die Körpertemperatur. Auch Emotionen können sie erhöhen. Wenn man zum Beispiel in Wut gerät, verbrennt man intensiver. Die Kontrolle darüber liegt im Geist. Auch wenn das normalerweise unbewußt geschieht, können wir doch den Vorgang mit Hilfe unserer Gedanken intensivieren. [VIK][6]

Viele Menschen bemerken, daß sie mit zunehmendem Alter und bei einem sitzenden Lebensstil an Gewicht zunehmen. Manche Menschen bevorzugen, einen Teil dieses Gewichts als Puffer gegen die Einflüsse der Welt mit sich herumzutragen. Wenn Sie jedoch Ihr Gewicht reduzieren wollen, kann Ihnen das Element Feuer helfen. Zusätzlich zu gesunder Ernährung und körperlicher Betätigung kann der Effekt der Änderung der Atemweise dramatisch sein. Tatsächlich ist die Wirkung von ein paar Minuten Training gering im Vergleich zur Wirkung des Atmens, das man den ganzen Tag über macht. Wenn Sie es jeden Tag üben, wird der Atem des Feuerelements länger und länger in Ihren Tag hineinreichen, weit über die Zeitspanne hinaus, in der Sie die Übung bewußt machen.

Wahrscheinlich werden Sie den Effekt der Übung auf Ihre Gedanken zuerst bemerken. Das Gehirn wird sehr wach und arbeitet sehr schnell. Wenn unsere Gedanken mit aufsteigender Energie unterstützt werden, ändert sich ihre Arbeitsweise schlagartig, wie die schnellen Gedankengänge eines Teenagers oder die mentale Kraft eines Wissenschaftlers. Ihr Denken wird sehr viel freier als gewöhnlich sein, so daß Sie vielleicht von Frische, Kreativität, Einsicht und Klarheit Ihrer Gedanken überrascht sein werden. Sie werden auch verstehen, warum Witz und Intelligenz miteinander verknüpft sind.

Die emotionale Wirkung des Feuerelements ist Enthusiasmus und Freude. Es erleichtert die Last, die Sie niedergedrückt hat. Es erinnert Sie an die unerschöpfliche Quelle der Energie, die Ihnen nicht weggenommen werden kann. Sie werden lächeln, wenn die Energie in Ihrer Wirbelsäule hochsteigt und das Licht Ihrer Gedanken entzündet.

Paul ist ein Mann in den Siebzigern, der bei uns Herzrhythmus-Meditation gelernt hat. »Ich liebe das Feuerelement«, sagte er mir, »aber ich kann es nicht lange praktizieren.« »Warum nicht?« fragte ich ihn. »Nun, nach fünf Minuten

> habe ich so viele gute Ideen, daß ich nicht mehr still sitzen kann. Ich muß sofort aufstehen und sie anpacken.« Das ist die Erfahrung des Aha-Effekts in der Herzrhythmus-Meditation, und sie ist packend. Aber ich empfehle, den Impuls, aufzustehen und zu handeln, zu unterdrücken. Wenn Sie das tun, wird die Idee für eine Zeit verschwinden, aber dann wieder auftauchen, mit mehr Energie geladen. Dann unterdrücken Sie die Idee nochmals. Jedesmal, wenn Sie das tun, wird sie in Ihrem Unterbewußtsein reifen. Wenn sie wieder bewußt wird, wird sie das in verbesserter Form. Wenn die Idee zum dritten Mal erscheint, halten Sie sie fest. Öffnen Sie Ihre Augen, beenden Sie die Übung, und halten Sie den Gedanken fest, bis Sie ihn ausgeführt haben.

Sollte es einmal vorkommen, daß Sie aufgrund des starken aufsteigenden Energiestroms ängstlich werden, wechseln Sie einfach wieder zum Wasser-Atem. Das wird den Energiestrom unmittelbar verringern, denn der absteigende Strom des Wassers wird das Feuer löschen. Üben Sie den Atem mit dem Element Feuer nicht nachts, ehe Sie nicht sehr viel Erfahrung damit gewonnen haben, denn er könnte Ihnen das Einschlafen erschweren. Morgens ist eine wunderbare Zeit, den Feuer-Atem zu praktizieren.

Die Verwandlung von Feuer in Licht

> Eine Kerze ist dazu bestimmt, völlig Flamme zu werden. In diesem Moment der Selbstauslöschung wirft sie keinen Schatten. Sie ist nichts als züngelnde Flamme, die Zuflucht beschreibt. Rumi[7]

Bis jetzt haben wir mit Wärme und Energie gearbeitet. Aber das Feuer ist noch wertvoller, wenn die Energie, die es auslöst, in Licht transformiert wird.

| ÜBUNG | Atmen Sie mit offenem Mund, und ziehen Sie den Atem in den Solarplexus. Während Sie den Atem anhalten, lassen Sie das vom Feuer erzeugte Licht in der Wirbelsäule hochsteigen bis zu einem Punkt ziemlich hoch zwischen den Schulterblättern. Dann atmen Sie durch die Nase aus und schicken den Atem durch Ihr Herz nach vorn.

Atmen Sie wiederum durch den Solarplexus ein, und halten Sie den Atem an, während die Energie als Licht in der Mitte der Brust hochsteigt, und dann strahlen Sie das Licht beim Ausatmen nach vorn aus.

Konzentrieren Sie sich in jeder Phase des Atems auf die jeweilige Wirkung auf den Energiefluß. Aber der Energiefluß selbst ist kontinuierlich: Während Sie sich darauf konzentrieren, Licht aus Ihrem Herzen auszustrahlen, fließt immer noch Energie in den Solarplexus.

Betrachten Sie jetzt den Energiefluß und seine Synergie mit dem Atem. Der Energiefluß wird von Ihrem Atem verstärkt, und Ihr Atem wird von dem Energiefluß kräftiger. Energie, die in Ihren Körper strömt, füllt ihn mit Atem, und die Energie, die aus ihm herausströmt, zieht den Atem vollständig aus Ihrem Körper.

Insgesamt fühlt sich die Übung so an, als ob ein sanfter elektrischer Strom in Ihrer Wirbelsäule bis ziemlich hoch zwischen Ihren Schulterblättern aufsteigt.

 Ziel: Fühlen Sie einen Fluß von Energie in Ihr Herz aufsteigen, der in einer Art Druck in Ihrer Brust kulminiert.

Reinigung mit dem inneren Licht

Mit dem Element haben wir den Reinigungsprozeß durch Filtern begonnen und ihn im Wasserelement durch Waschen fortgesetzt. Jetzt bringt das Feuerelement die Reinigung zu einem sehr intensiven Grad: eine Taufe mit Feuer.

> Ich taufe euch mit Wasser, aber nach mir wird einer kommen, der euch mit Feuer und heiligem Geist taufen wird.
> Johannes der Täufer[8]

Wir können hier einen zunehmenden Grad der Reinigung beobachten: Das Element Erde verstärkt das Unterscheidungsvermögen, das Wasserelement stärkt Gedanken und Gefühle. Das Feuerelement reinigt die Absicht Ihres Herzens. Jeder Grad der Reinigung enthüllt mehr Ihrer eingeborenen Qualitäten, und Kraft hilft Ihnen, diese nützlich für Ihr Leben zu machen. Jeder von uns sehnt sich danach, seine Fehler wiedergutzumachen, seine Grenzen zu erweitern und Vergebung für seine Unzulänglichkeiten zu finden. Wir alle haben Dinge getan, die wir bedauern, und wir alle hegen Gedanken und Gefühle, die wir nicht vertreiben können. Diese jedoch werden in einem hohen Maße durch Selbstdisziplin und Meisterschaft der Erde und durch die bedingungslose Liebe des Wassers, das unsere Herzen wäscht, vermindert.

Aber dahinter liegt noch mehr verborgen. In der katholischen Kirche nennt man das die Sünde der Unterlassung, im Gegensatz zu der Sünde, die man tatsächlich begeht. Das hat zu tun mit unseren grundsätzlichen Lebensentscheidungen, die hinter unseren alltäglichen Entscheidungen, Taten und Gedanken liegen. »Was ist der Sinn meines Lebens?«, das ist die Frage, die wir vermieden haben, bis zu dem Punkt, daß wir sogar behaupten, daß unser Lebenszweck nichts ist, auf das wir Einfluß haben. Aber diese Frage bezieht sich auf Ihre wirkliche *Absicht*, den Zweck, dem Sie Ihr Leben widmen. Sie können diesen Zweck durch den roten Faden entdecken, der sich durch Ihr Leben zieht und die einzelnen Ereignisse miteinander verbindet, oder in dem Thema des Dramas, das Sie selbst durch die Art und Weise schaffen, wie Sie leben. Alles in Ihrem Leben ist ein Ereignis dieser Absicht, gleich ob sie bewußt oder unbewußt ist.

> Der Text auf seinem Autoaufkleber lautet: »Der Typ mit dem meisten Spielzeug gewinnt.« Tom hielt es für humorvoll, diese sehr gewöhnliche Intention so schamlos kundzutun. Es war eher satirisch gemeint, er selbst hatte damit nichts zu tun. Als Tom aber sein Leben im Licht des Feuerelements betrachtete, war er sich nicht mehr so sicher. Vielleicht war es ein Ausdruck seines Unbewußten, das versuchte, die Aufmerksamkeit des Bewußtseins zu erlangen. Er begann sich zu fragen, was sein wirklicher Lebenszweck sei. Gab es irgend etwas in seinem Leben, das die in dem Aufkleber ausgedrückte Konsumhaltung nicht unterstützte? Gab er je Spielzeuge weg, oder war er wirklich bereit, es mit anderen zu teilen? Fühlte er sich irgend etwas anderem als dem Erwerb und dem Spielen mit seinem Spielzeug verpflichtet? War nicht selbst die Zeit, in der er mit Kindern spielte, hauptsächlich dazu da, seine eigenen Spiele zu spielen, zu seinen Bedingungen? Was war seine wirkliche Absicht im Leben?
>
> Einige der Leute, die mich kennen, werden überrascht sein, daß ich ein Buch über Meditation geschrieben habe. Meine Ausbildung und meine Arbeit ist im Bereich der Computerwissenschaften. Zur Zeit arbeite ich für eine Investmentfirma. Ich habe fünf Kinder und eine Frau, denen ich sehr zugetan bin. Meine Kollegen bei der Arbeit, die anderen Eltern an den Schulen meiner Kinder, meine Nachbarn – alle kennen mich durch die Rollen, in denen sie mich sehen. Wegen all dieser Rollen und Aktivitäten ist es manchmal sehr herausfordernd, mir meine Absicht klar vor Augen zu halten, und manchmal verliere ich den Sinn für die richtige Richtung. Aber im Ver-

> lauf der letzten Jahrzehnte kann ich sehen, daß die Entscheidungen, die ich getroffen habe, von einer Absicht beeinflußt waren: einen Beitrag zu leisten im Bereich der Meditation. Dafür habe ich Beziehungen geopfert, Jobs, die ich gerne gemacht habe, und eine ganze Menge Geld. Diese Opfer haben meine Absicht geprüft und meinen Lebenszweck bestärkt.

> Wofür würden Sie Ihr Leben hergeben? Das, wofür Sie zu sterben bereit wären, macht Ihr Leben lebenswert. [VIK][9]

Es kommt eine Zeit im Leben, in der wir uns unsere Lebensabsicht bewußtmachen müssen, sie klar herausarbeiten, testen und bestärken. Das Leben selbst zwingt uns, das zu tun, und dieser Prozeß wird uns als sehr unbequem, ärgerlich, vielleicht sogar als schmerzvoll und traumatisch erscheinen, bis wir ihn als die notwendige Klärung unserer Absicht im Leben begreifen. Es ist in mancher Hinsicht die Probe im Feuerofen. Sie erscheint im Leben eines jeden Menschen auf unterschiedliche Weise, aber das Thema ist das gleiche.

Wenn Sie sich bewußt an dieser Klärung Ihrer Lebensabsicht beteiligen, dann muß Ihr Unterbewußtsein keine extremen Maßnahmen anwenden, um Ihre Aufmerksamkeit zu erlangen. Diese bewußte Reinigung kann mit dem Licht, das durch den Feuer-Atem erzeugt wird, durchgeführt werden. Ihre Lebensabsicht braucht Inspiration. Ihre Handlungen, auch Ihre Launen und Haltungen, sind für andere ziemlich offensichtlich. Die Absicht, die Sie mit Ihrem Leben verbinden, ist es weniger. Um diese wirklich sehen zu können, müssen Sie sie »ans Licht halten«– das heißt Ihr Leben mit Ihrem Ideal vergleichen.

Zuerst brauchen Sie dazu ein starkes Licht. Und Sie müssen sich sehr klar daran erinnern, was Sie immer für das Wichtigste im Leben gehalten haben. Unsere Ideale haben die Tendenz, im grauen Alltag zu verblassen. Sie werden durch das ersetzt, was wir gerne Realismus nennen, aber das sind faule Kompromisse.

Man muß sich in einem Zustand sehr hoher Intensität befinden, um sich wieder an die Aufgabe oder den Zweck seines Lebens zu erinnern oder ihn vielleicht zum ersten Mal zu entdecken. Wenn wir nicht genügend Energie haben, um diesen Zweck zu verfolgen, verfallen wir wieder in Gleichgültigkeit und füllen die Tage mit betäubender Geschäftigkeit. Aber schließlich werden wir uns unserem Bedauern darüber stellen müssen.

Die zwei Dinge, die Menschen am Ende ihres Lebens bedauern, sind die Vorhaben, die sie nicht ausgeführt haben, und die Person, die sie nicht geworden sind.[10]

In einem weichen Licht erscheint alles weich, ohne Kanten. In einem starken Licht werden die Kanten deutlich. Helles Licht läßt uns unterscheiden. Schatten erscheinen klar abgesetzt von dem Bereich des direkten Lichts. Das ist der Grund dafür, daß das Feuerelement, das Licht erzeugt, eine Klärung Ihrer Lebensabsicht herbeiführen kann. Dieses Licht strahlt durch die Trübungen Ihres Lebens und bringt die Wahrheit ans Licht. Die Feuerenergie erhebt Sie und gibt Ihnen die Kraft, sich an Ihre ursprüngliche Lebensabsicht zu erinnern.

| ÜBUNG | Das Feuer im Solarplexus braucht Brennstoff, um das innere Licht zu erzeugen, und daher bieten Sie ihm den Brennstoff der dunklen Flecken Ihres Lebens an.

Während Sie den Atem anhalten, lodert das Feuer in Ihrem Solarplexus und erzeugt Hitze und inneres Licht. Dieses Licht wird in Ihrem Herzen konzentriert. Es hat die Wirkung, daß es Sie von innen ausleuchtet. Dieses Licht gibt es in jeder Zelle, in jedem Teil Ihres Körpers. Die Intensität des Lichts an vielen Stellen schafft einen starken Kontrast zu den Stellen in Ihnen, die dunkel sind.

Stellen Sie sich dieses innere Licht vor, in Ihrem ganzen Körper, lassen Sie sich völlig mit Licht erfüllen und dieses Licht durch Ihre Haut austreten. (Durch die Vorstellung dessen, was tatsächlich passiert, verstärkt man den Effekt.)

Licht taucht in Ihnen in der Weise auf, wie etwa die Sonne über einem Berggipfel aufgeht. Zuerst können Sie eine helle Fläche hinter und um eine sehr dunkle Fläche herum sehen. Das ist die Zeit der Entdeckung, und die visuelle Vorstellung ist eine Metapher für das, was Sie vielleicht fühlen. Wenn man über Licht nachzudenken beginnt, entdeckt man tatsächlich zuerst das, was dunkel ist.

Dann steigt die Sonne ein bißchen höher, und die ersten Strahlen erscheinen am Rand der dunklen Fläche. Der Kontrast zwischen hell und dunkel wird extrem. Eine Zeitlang mag es scheinen, als ob die dunkle Fläche die helle einschließen wird und das Licht nicht entkommen kann. Das ist eine Zeit des Kampfes und des Kontrastes. Sie fühlen jetzt, daß es etwas Licht in Ihnen gibt, aber Sie fühlen sich vielleicht des Lichts unwürdig, und Sie fühlen ebenso eine Lichtundurchlässigkeit, die niemals hell werden kann. Was noch schlimmer ist, der dunkle Teil erscheint jetzt betont durch den Glanz des kontrastierenden Lichts.

Werfen Sie jede dieser lichtundurchlässigen Stellen, alles in Ihnen, was nicht Licht ist, in das Feuer des Solarplexus. Die Anteile, auf die Sie nicht stolz sind, die nicht zur Erhellung beitragen, die sogar die Wahrheit zu verstecken suchen, die Sie aber doch nicht negieren können, sind alle hoch brennbar und stellen wunderbaren Brennstoff dar. Werfen Sie sie ins Feuer.

Wenn Sie auf diese Weise die Tricks der dunklen Selbsttäuschung enthüllen, erfahren Sie eine ungeheure Inspiration. Wenn eine Unwahrheit dem Licht der Wahrheit ausgesetzt wird, wird sie zerstört, und noch mehr Licht wird erzeugt.

Wann immer ein menschliches Wesen aus Unwissenheit und Selbstbegrenzung erwacht, beginnen die Dschinns, Engel und Erzengel eine kosmische Feier. [VIK][11]

| ÜBUNG | Schließlich erhebt sich die Sonne über den Bergen, und die Welt ist erfüllt mit ihren Strahlen. Wenn Sie auf die Sonne schauen, können Sie die dunkle Fläche unter ihr kaum noch sehen. Sie hat keine Bedeutung mehr, sie kann das Licht nicht mehr zurückhalten. Die Sonne ist so hell, daß nichts mit ihr vergleichbar ist. Ihr Licht ist siegreich, sie hat nichts ihresgleichen. Das ist eine Zeit des Durchbruchs, der von großer Freude begleitet ist.

Jetzt ist das Feuer in Ihrem Solarplexus stärker als das in einem Ofen, es ist ein lodernder Brand geworden, in den alles hineingezogen wird. Großbrände erzeugen tatsächlich ihren eigenen Sog, der sie erhält und mehr Brennstoff und Sauerstoff in sie hineinzieht. Lassen Sie Ihr gesamtes Konzept von sich selbst, alles, von dem Sie dachten, es mache Ihre Persönlichkeit aus, in dieser Reinigung aufgehen. Alles, was brennbar in Ihnen ist, verbrennt.

Erst dann erkennen Sie, wie sehr Sie sich haben täuschen lassen. Die Wahrheit des eigenen Wesens kann nicht verbrennen, sie wird vielmehr durch das Brennen befreit. Das, was Sie für wichtig gehalten haben, war einfach nur dringend. Vieles von dem, was Sie für dringend hielten, war überflüssig. Treffen Sie keine Schuldzuweisungen. Lassen Sie alles, was brennt, brennen, und dann bleibt nur das übrig, was nicht brennbar ist.

Ein Lehrling kam zu einer Alchimistin und bot ihr ein großes schmutziges Stück Eisenerz an, als Bezahlung für seine Schulung. »Bürste es ab – laß mal sehen, was wir da haben«, sagte sie. Vieles krümelte oder brach ab, und alle Stücke wurden sorgfältig aufgefangen und soweit wie möglich pulverisiert und dann durch Sieben in eine Pulverfraktion und eine gröbere getrennt. Alles wurde befeuchtet und einen Monat lang geprüft. Einige der Teile rochen am Anfang schlecht, aber der schlechte Geruch verschwand mit der Zeit. Einige setzten Rost an, was gern gesehen war. »Bringe mir bitte den Kalk«, bat sie, und sie mischte den pulverisierten Teil unter. Sie fügte einige Wassertropfen dazu, und es entstanden Blasen. Sie fügte mehr Kalk hinzu, bis sich keine Blasen mehr bildeten.

»Laß es uns jetzt waschen und sehen, was sich auflöst.« Der Lehrling verbrachte lange Zeit mit Einweichen und Waschen, und es gelang ihm, einiges Material in Lösung zu bringen. »Bewahre das auf«, sagte sie, »und laß uns versuchen, den Rest zu schmelzen.« Bei geringer Hitze wurde das Material weich, und einiges davon verflüssigte sich und sammelte sich am Boden des Kessels. »Das werde ich aufheben«, sagte sie und schüttete die Flüssigkeit in einen Behälter.

»Für den nächsten Schritt brauchen wir mehr Hitze«, sagte sie, während sie das Material zur Esse trug. Sie erhitzte es so lange in einer Pfanne, bis es glühend rot war und das Material zu verdampfen begann. Über der Pfanne befand sich eine Vorrichtung, um den Dampf aufzufangen. Daran angeschlossen war eine Röhre, die durch einen Eisblock geführt wurde und in einem Auffangkolben endete. Langsam sammelte sich das Destillat in dem Kolben, bis der Verdampfungsvorgang beendet war. Dann ersetzte die Alchimistin den alten durch einen neuen Auffangkolben und faßte das übriggebliebene Stück mit einer langen Zange an. »Halte das ins Feuer«, instruierte sie ihren Lehrling, der das auch tat, obwohl es seine Haare versengte und seine Hände verbrannte. Das Metall sprühte und spie, aber er hielt es fest. Schließlich war nur noch ein kleiner, klarer Kristall übriggeblieben. Jetzt war es ihm erlaubt, die heiße Zange wegzulegen.

»Wir haben die Essenz gefunden, und jetzt können wir daraus machen, was du hier zu finden hofftest«, sagte sie zu dem Lehrling. »Aber es ist fast nichts mehr da«, erwiderte der, »es ist pulverisiert, gerostet, geschmolzen oder verbrannt.« »Nein«, war die Antwort, »alle Elemente sind noch da und in einer brauchbaren Form. Aber wir werden davon nur verwenden, wofür wir uns entscheiden. Was ist dein Verlangen?

Wohlstand, Frieden, Bewunderung, Macht, Wissen?« Der Lehrling dachte eine Weile nach und sagte dann: »Ich möchte die Macht besitzen, alles Falsche wieder richtigzumachen.«

»Dann werde ich dir eine magische Spange machen, die dich unverwundbar macht, und du wirst niemals von jemand anderem besiegt werden«, sprach die Alchimistin, und sie zerschnitt den Kristall und schüttete von dem Destillat darüber. Das Resultat war eine sehr harte, glänzende Scheibe, die man benutzen konnte, die Sonne in das Auge des Feindes zu spiegeln.

Der ganze Vorgang war von einem Spion beobachtet worden, der sich genaue Aufzeichnungen machte und versuchte, den Prozeß für sich selbst zu wiederholen. Aber die Scheibe aus dem gleichen Erz hatte keine besondere Kraft, und als er sie zum ersten Mal ausprobierte, wurde er bei dem Versuch getötet. Was der Spion nicht gesehen hatte, war, daß der entscheidende Punkt des alchimistischen Prozesses darin lag, eine Übung für das Herz zu beschreiben, die der Lehrling jeden Abend in seinem Zimmer praktizierte. Die Anleitung dazu hatte er in der verschlüsselten Sprache der Chemie von der Alchimistin tagsüber erhalten.

Was der Lehrling zum Reinigen mitgebracht hatte, war sein eigenes Herz. Der Anfang dieses Prozesses war Hingabe und Wiederverarbeitung von Ereignissen, die in der Läuterung seines »säurehaltigen« Teils gipfelte, begleitet von der geduldigen Toleranz der Alchimistin, bis der innere Friede wiederhergestellt war. Seine aufrichtige Reue und das ernstgemeinte Verlangen nach Vergebung wuschen einige der Konflikte seines Herzens rein, und der Rest der harten Schale wurde in der bedingungslosen Liebe aufgelöst, welche die Alchimistin ihm entgegenbrachte. Das versetzte ihn in die Lage, sich wieder an das tiefste, brennende Verlangen seines Lebens zu erinnern, und diese Flamme entzündete sein Herz. Der wahre Geist seines Wesens, der bisher in Gefangenschaft gelegen hatte, war befreit und in seiner grundsätzlichen Reinheit bestätigt worden. Schließlich wurde seine Absicht im Feuer der Verpflichtung, die er eingegangen war, geprüft. Dafür mußte er Schmerzen erdulden, die diese Verpflichtung in sein Leben brachte. Was von seinem Herzen übriggeblieben war, war nur die reine Überzeugung: das, was ihm niemand nehmen konnte. Nach der Läuterung konnte sein Herz neu geformt werden in Übereinstimmung mit seinem tiefsten Wunsch. Die Tatsache, daß er in Wahrheit seine Seele entdeckt hatte, wurde zu dem Licht, das sein Herz so strahlend hell machte. Die »magische Scheibe« war nur ein Abzeichen, das die wirkliche Kraft, die sich in seiner Brust entwickelt hatte, überdeckte. Das erleuchtete Herz kann niemals besiegt werden, es wird immer gewinnen, denn es hat bereits den einzigen wirklichen Feind besiegt: die eigene Unaufrichtigkeit.

> Auf der psychischen Ebene verleiht Ihnen das Feuerelement Begeisterung. Es verleiht Ihnen den Mut, zu Ihrer Überzeugung zu stehen, und den Mut, völlig offen und ehrlich zu sein. Daher ist Wahrhaftigkeit oft mit einer intensiv brennenden Flamme assoziiert: Sie verbrennt alle Unaufrichtigkeit. Wahrhaftigkeit reinigt die Psyche von Verschlagenheit und Unklarheit. [PVK][12]

Seien Sie sehr vorsichtig mit allem »Sollen« oder »Müssen« in Ihrem Leben: Der einzige Maßstab, dem Sie sich verpflichten können, ist Ihr eigener. Es gibt viele Dinge in der Welt, die verzweifelt nach Lösung schreien, aber Sie suchen genau das, was *Ihre* ureigenste Aufgabe ist. Seien Sie mißtrauisch gegenüber den Gedanken, die Ihr Verstand erzeugt. Kein Gedanke hat genug Kraft, Ihre Handlungsfähigkeit auf Dauer zu erhalten. Sie brauchen eine tiefe Überzeugung: eine Idee, der Sie nicht zuwiderhandeln und die Sie auch nicht ignorieren können. Die Israeliten hatten eine Feuersäule, um sie durch die Dunkelheit der Wüste zu führen. Wenn Sie ihrer tiefsten Überzeugung erlauben, Sie zu führen, werden Sie Moses' Kraft haben.

 Ziel: Entdecken Sie die Inspiration, die Ihnen hilft, eine bedeutsame Veränderung in Ihrem Selbst herbeizuführen, so daß sich Ihr Leben auf das Licht der Wahrheit hin orientiert. Nehmen Sie Änderungen in Ihrem äußeren Leben nur sehr vorsichtig vor. Die wichtigsten Veränderungen sind diejenigen, die Ihre innere Haltung betreffen.

Licht ausstrahlen

Auf der Erde ersetzt das Feuer die Sonne, denn seine Flammen geben Licht. Feuer erweckt die Psyche für das innere Licht. [HIK][13]

ÜBUNG Wenn Sie jetzt durch die Nase ausatmen, stellen Sie sich vor, daß Ihr Herz einen kraftvollen Lichtstrahl durch Ihre Brust in den Raum vor Ihnen ausstrahlt. Atmen Sie vollständig aus, um so möglichst viel Licht aussenden zu können. Dann öffnen Sie Ihre Lippen und ziehen die Atemenergie in den Solarplexus hinein. Während Sie den Atem für kurze Zeit anhalten, steigt die Energie aus dem Solarplexus als Licht in Ihr Herz hoch.

Dieser Kreislauf des Atems funktioniert wie eine Energiepumpe, indem er unten Wärme und oben Licht erzeugt. Je mehr Licht das Herz aussenden kann, um so intensiver wird der ganze Prozeß.

Der menschliche Körper, wie auch der Körper fast aller lebenden Wesen, sendet Licht im sichtbaren Bereich des Spektrums aus. Durch Messungen mit einem Photonenzähler weiß ich, daß das ausgesendete Licht jenseits des Infrarotbereichs liegt und in einem Zustand hoher Energie ausgesandt wird. (Der auf sehr niedrige Temperatur gekühlte Photonenzähler funktioniert so, daß Licht, welches vom Körper ausgesendet wird, auf eine Metallplatte trifft, die sich in einer Vakuumröhre befindet. Das auftreffende Licht löst einen Elektronenstrom proportional zur Stärke des auftreffenden Lichts aus). Dieser Zustand hoher Energie hat ebenso Enthusiasmus und Ekstase bei den Emotionen wie auch Brillanz und Klarheit im Denken zur Folge.

ÜBUNG | Wenn Sie das Feuerelement in der Herzrhythmus-Meditation weiter erfahren wollen, müssen Sie sich mit dem Licht, dem Produkt des Feuers, identifizieren. Denken Sie, daß Sie selbst einen Körper von Licht besitzen. Ihr Herz ist das Zentrum dieses Lichtkörpers.

Wenn Sie auf diese Weise angeregt sind, springen einige der Elektronen Ihres physischen Körpers auf eine höhere Energieebene und fallen dann zurück, wobei sie zusätzliche Energie als Photonen oder Lichtteilchen aussenden. Diese Photonen werden Teil einer strahlenden Aura von Licht, die Ihr Körper ausstrahlt. Wenn Sie diesen Meditationszustand in der Herzrhythmus-Meditation erreicht haben, wird Ihre Ausstrahlung ungeheuer verstärkt. Wenn Sie sich der Tatsache bewußt sind, daß Sie Licht sind, und dieses Licht zu einer anderen Person senden, verzehntausendfacht sich die Anzahl der Photonen, die Sie aussenden, wie Messungen im sichtbaren Bereich ergeben haben.

Das Licht Ihrer Aura strahlt in alle Richtungen des Raumes aus. Wenn Sie draußen oder vor einem Fenster sitzen, wird dieses Licht durch den Weltraum reisen und schließlich die Sterne erreichen, deren Licht gleichzeitig auf Sie selbst trifft. Vielfache Lichtstrahlen im gleichen Raum kollidieren nicht miteinander, sondern durchdringen sich einfach gegenseitig. Erfreuen Sie sich an dem Gedanken, daß sich das Licht lebender Wesen und das der Sterne im ganzen Universum mischen.

Der menschliche Körper ist luminiszent, das heißt lichtausstrahlend, und zwar besonders dann, wenn man inspiriert ist. Die stärkste Quelle dieses Lichts befindet sich in der Mitte der Brust, im Herzen. Sie können sich dessen bewußt werden, indem Sie es sich zuerst vorstellen, und dann die Realität des Effekts entdecken, die viel stärker ist, als Sie es sich vermutlich je vorgestellt haben.

| ÜBUNG | Die erhöhte Stoffwechselrate und die Erfahrung innerer Energie und Kraft verleiht Ihnen verstärktes Selbstbewußtsein und ruft in Ihnen wieder alle Ideale wach, die Sie als unrealistisch abgetan hatten. Vielleicht waren sie das auch im gewöhnlichen Bewußtseinszustand, aber nicht in Ihrem jetzigen.

Die Ursache-Wirkungs-Beziehung zwischen Ihrer Energie und Ihren Idealen ist anders, als Sie vielleicht erwartet haben. Um idealistisch zu sein, müssen Sie sich in einem Zustand hoher Energie befinden, aber umgekehrt stimmt auch, daß Idealismus die Energie erzeugt, die Ihren Idealen dient. Beachten Sie, wie Ihr Gefühl von Kraft in Ihrer Brust zunimmt, wenn Sie sich dem weihen, was exzellent, erhebend, inspirierend und gut für das Ganze ist.

Sie können noch heller brennen, indem Sie sich der Wahrheit weihen, wie immer Sie das verstehen. Wahrheit beinhaltet mit Sicherheit Ehrlichkeit und persönliche Integrität. Sie enthält ebenso Ihre höheren Prinzipien, diejenigen, die Sie nicht verraten werden. Je klarer sie Ihnen sind, um so mehr Kraft geben sie Ihren Handlungen.

Man kann über diese wesentlichen Dinge unseres Lebens nicht einfach »kalten Blutes« nachdenken. Sie müssen die Leidenschaft wiederentdecken, um sich daran zu erinnern, daß Ihr Leben tatsächlich einen Sinn und Zweck hat. Das können Sie mit Hilfe des Feuerelements tun. Dann wird Sie dieser Lebenszweck zu seiner Erfüllung »hinziehen«, und er wird Ihnen auch helfen, den Grad innerer Energie aufrechtzuerhalten, den Sie zu seiner Erfüllung benötigen.

Viele in dieser Welt haben Opfer gebracht, Leiden und Schmerzen wurden ihnen auferlegt, aber es diente nur dazu, ihre Tugenden zu prüfen, denn jede Tugend wird dem Test des Feuers unterzogen. Wenn sie diesen Test bestanden hat, wird sie eine gefestigte Tugend. Man kann das in vielen kleinen Dingen in seinem täglichen Leben üben. Eine Person, die in einem Augenblick dies und im nächsten etwas anderes sagt, wird unglaubwürdig, selbst ihr eigenes Herz fängt dann an, sich zu mißtrauen. [HIK][14]

Erinnern Sie sich an das Ideal, das hinter den vielen Entscheidungen lag, die Sie in Ihrem Leben getroffen haben, wie beispielsweise am Beginn Ihrer beruflichen Karriere oder als Sie eine Beziehung eingegangen sind. Dieses Ideal wird Sie immer begleiten, und wenn Sie sich ihm wieder verpflichten, stärken Sie es.

Das Gefühl für das Ideal, das Sie hell brennen läßt, ist sehr attraktiv für andere Menschen. Die höheren Prinzipien, denen Sie sich verschrieben haben, sind wie ein Licht in der Dunkelheit, und Sie werden zu diesem Licht. Sie können gewiß sein, Geschäfte und Geschäftspartner anzuziehen, die der Größe Ihres Ideals und der Art und Weise, wie Sie es ausstrahlen, entsprechen.

Licht in sich aufnehmen

In einer Geschichte über Moses wird erzählt, daß er einmal nach Feuer suchte, um Brot zu backen. Dabei sah er ein Licht auf dem Gipfel des Berges. Um sein Feuer zu bekommen, erklomm er den Berg – aber aus dem Feuer wurden

Blitze. Moses konnte diesen zuckenden Blitzen nicht widerstehen, und er fiel zu Boden. Als er wieder aufwachte, begann er mit Gott zu kommunizieren.

Das ist eine allegorische Geschichte. Moses suchte nach dem Licht, das sein Leben unterstützen sollte – aber es war nicht möglich, es auf der Erde zu erhalten, auf der er stand. So mußte er sich in die höheren Sphären begeben, auf den Gipfel klettern. Dort fand er nicht nur ein Licht, sondern Blitze, Licht, dem er nicht zu widerstehen vermochte. So fiel er hin. Aber was war dieses Niederfallen? Er wurde zu nichts, er wurde leer. Als er diesen Zustand der Leere erreicht hatte, wurde sein Herz empfänglich, und er begann mit Gott zu kommunizieren durch alles, was es auf der Welt gab. Im Felsen, im Baum, in der Pflanze, im Stern, in der Sonne oder im Mond, in allem, was er sah, fand er Kommunikation mit seiner Seele. So enthüllte alles Moses seine Natur und sein Geheimnis. [HIK][15]

In diesem Abschnitt wollen wir erforschen, wie man Licht zur Unterstützung seines Lebens verwendet – das heißt, wie man sich andauernd aus Licht wieder neu erschafft. Ihr Herz ist der Schlüssel dazu; es ist das Zentrum Ihres Lichtkörpers. Wie wir gesehen haben, kann das Herz Licht ausstrahlen und eine Aura von Licht um Sie herum schaffen.

Es gibt eine andere Seite dieser Erfahrung mit der Aura. Bis jetzt haben wir entdeckt, daß der physische Körper, besonders der Bereich des Herzens, den Lichtkörper, die Aura, ausstrahlt, so wie Elektronen Lichtenergie als Photonen ausstrahlen. Die andere Seite ist die, daß Materie irgendwie aus Licht gemacht ist: Licht ist der Ursprung der Materie. Der Körper strahlt nicht nur eine Lichtaura aus, sondern absorbiert auch das Licht der Aura. Der Körper wird durch Licht erneuert, beständig wiedergeschaffen. Während die Lichtausstrahlung des menschlichen Körpers gemessen worden ist, ist das komplementäre Phänomen, die Absorption von Licht durch den Körper und die Transformation dieses Lichts in Körpersubstanz, meines Wissens nicht wissenschaftlich gesichert. Daher genügt es mir zu sagen, daß dies eine mystische Erfahrung ist, von der nicht sicher ist, ob Sie einen Beweis auf der physikalischen Ebene hat. Aber da Licht den Fluß elektrischen Stroms verursachen kann, hat die Erfahrung, aus Licht geschaffen zu sein, möglicherweise eine noch nicht entdeckte wissenschaftliche Basis.

Das Licht, das vom Körper absorbiert wird, entstammt vielen Quellen. Das Licht, das Ihren Körper gerade trifft, stammt wahrscheinlich von der Sonne, Licht aus elektrischen Lampen fällt wahrscheinlich auch auf Sie. Dieses Licht wird auch von vielen Oberflächen reflektiert, die seine Farbe und Polarisierung beeinflussen. Wieder anderes Licht wird von den Menschen um Sie herum und den Dingen, die Sie umgeben, ausgestrahlt. Ebenso umgibt uns das Licht der Sterne, nicht nur nachts, sondern jederzeit. All dieses Licht wird Teil Ihres Körpers. Es wird von Ihrem Körper absorbiert und hilft die Identität bilden, die Sie haben. In der Meditation ist es nicht so, daß Sie sich darüber bewußt werden, wie Sie ein Stern werden, sondern eher, daß Sie sich des Prozesses bewußt werden, wie ein Stern zu dem wird, was Sie sind. (Der umgekehrte Prozeß findet im Stern selbst statt.)

ÜBUNG | Nehmen Sie an diesem herrlichen, beständig andauernden Schöpfungsakt teil, indem Sie spüren, wie das Licht sich verdichtet und sich dadurch eine physische Struktur entwickelt, die dann zu Ihrem Körper wird. Nehmen Sie den Gesichtspunkt des Lichts ein. Während Sie – das Licht – ausatmen, senden Sie das Licht in Ihren Körper, das dieser absorbiert. Beim Einatmen hüllen Sie den Körper in ein Feld von Licht ein und »waschen« den Körper mit Licht.

Kontemplieren Sie, wie Sie, als Licht, einen physischen Körper durch intensives Fokussieren schaffen, welches Photonen zu Materie werden läßt. Diese Erschaffung der physischen Welt ist ein beständiger Prozeß, Materie muß in jedem Moment neu geschaffen werden. Wenn Sie jetzt einatmen, integrieren Sie jede Lichtquelle im Universum in sich, einschließlich des Lichts, das von anderen Menschen ausgestrahlt wird. Bei der Ausatmung schaffen Sie einen Körper aus Licht, einen Körper, der zu Ihrer eigenen physischen Struktur wird.

Wie man Feuer und Licht repräsentiert

> Wenn das Feuer der Liebe seine Flamme entzündet, erleuchtet es den Pfad des Verehrers wie eine Fackel, und alle Dunkelheit verschwindet. [HIK][16]

Wenn Sie sich in dem Zustand befinden, den das Feuerelement hervorruft, wird der Weg des Feuers Ihnen ganz natürlich vorkommen. Feuer hat seine eigenen Prinzipien, die sehr anders sind als die des Wassers und der Erde. Zu bestimmten Zeiten in einem Projekt, einer Beziehung, einer Firma oder auf dem spirituellen Weg sind Feuerprinzipien angemessen und notwendig. Jeder Versuch, in einer solchen Zeit die Prinzipien des Wassers oder der Erde anzuwenden, ist fehl am Platze. Wenn Feuer Ihre Natur ist, werden Sie schließlich in Ihrem Element sein und Erfolg haben. Wenn die Feuerprinzipien Ihrer Presönlichkeit fremd sind, stellt sich Ihnen eine Herausforderung zum persönlichen Wachstum, und Sie haben den Schatz des Feuerelements zur Verfügung, dieser Herausforderung zu begegnen.

Es wird behauptet, daß Feuer zerstört, aber tatsächlich verändert es einfach nur die Form von Dingen und reduziert sie auf ihre Essenz. Verbrennung zerstört die komplexen Bindungen langer Molekülketten und setzt allen Kohlenstoff in kohlenstoffhaltiger Materie in der Form von Kohlendioxid frei.

Dies sind einige Prinzipien des Feuers:
- An bestimmten Punkten können sich Dinge nicht nach und nach verändern, sie müssen sich fundamental ändern. Sie

haben genug kleine Schritte gemacht, und nun müssen Sie den großen tun. Wenn Sie sich verändern wollen, müssen Sie der Art und Weise, wie die Dinge sind, absolut überdrüssig sein. Diese Emotion muß sehr stark sein, um wirkliche Veränderung zu bewirken. Anderenfalls werden Sie entweder nur einen kleinen Schritt tun oder einen Schritt zurück, nachdem Sie versucht haben, eine größere Veränderung zu bewirken.

- Was Ihr wirkliches Wesen ausmacht, kann Ihnen nicht genommen werden. Womit Sie wahrhaft verbunden sind, kann nicht von Ihnen getrennt werden. Aber oft ist es schwer, die Wahrheit zu sehen. Sie können sich der Prüfung des Feuers unterziehen, um die Wahrheit zu enthüllen. Befreien Sie sich von den Fesseln, die Ihre Freiheit einschränken. Was wirklich Ihnen gehört, wird bleiben oder zu Ihnen zurückkehren. Der Rest wird verlorengehen oder zerstört werden, aber es war entweder überflüssig, oder es gehörte von Anfang an nicht zu Ihnen.
- In schwierigen Zeiten brauchen Sie mehr Inspiration. Mehr Inspiration ist die Lösung für alle Schwierigkeiten. In der Folge wird Ihre Inspiration auf andere überspringen. Wenn Menschen voller Energie und inspiriert sind, handeln sie. Ihr Ideal ist Ihre größte Inspiration. Wenn Ihr Ideal mit Ihrer Aufgabe verbunden ist, kann nichts Sie aufhalten.
- Das Geschäftsprinzip des Feuers ist, die Profitabilität dadurch zu erhöhen, daß man den Wert und die Qualität des Produkts oder der Dienstleistung erhöht, selbst über das hinaus, was erwartet oder benötigt wird. Tun Sie das, was dringend getan werden muß, und ganz besonders dann, wenn niemand anders es macht. Das Feuerelement ist hervorragend im Wettbewerb, aber es schätzt die Situation noch mehr, wo kein Wettbewerb herrscht.
- Lächeln Sie oft, indem Sie Ihre Mundwinkel hochziehen, ermutigen Sie oft, indem Sie die Stirn hochziehen, melden Sie sich oft freiwillig, indem Sie den Arm heben, loben Sie oft, indem Sie Ihre Stimme erheben, seien Sie humorvoll, indem Sie Ihr Herz erheben.

Im Deutschen gibt es das Sprichwort: »Die Lage ist ernst, aber nicht hoffnungslos.«
In Österreich sagt man: »Die Lage ist hoffnungslos, aber nicht ernst.« Das deutsche Sprichwort drückt die Ausdauer und die Zuversicht des Elements Erde aus, das österreichische den Humor des Feuerelements.

14

Das Element Luft

Eine weitere Entwicklung besteht darin, Dinge auch aus der Perspektive eines anderen Menschen zu sehen. Indem Sie das tun, verlieren Sie nicht etwa Ihren eigenen Standpunkt, denn dieser existiert immer noch, aber der des anderen addiert sich zu dem Ihren hinzu, und daher erweitert sich Ihr Wissen. Dies tun zu können bedeutet, sein Herz weiter zu machen, und manchmal leidet das Herz, wenn man es weit macht. Aber indem Sie Ihr Herz weit machen und es immer weiter ausdehnen, verwandeln Sie Ihr Herz in ein heiliges Buch. [HIK][1]

Das Wesen der Luft

Im mystischen Denken war Luft das erste, ursprüngliche der Elemente, aus dem die Welt geschaffen wurde. Wenn es einen Funken in der Luft gibt, resultiert daraus Feuer, und dieses Feuer muß von Luft genährt werden. Was im Feuer verbrennt, kondensiert und fällt wieder auf die Erde als Wasser. Wasser wird fest, um letztlich Erde zu formen, und es ist auch nötig, um Erde fruchtbar zu machen.

Weil die Aktivität der Luft eine Zickzackrichtung aufweist, kollidiert sie mit sich selbst und erzeugt Elektrizität. Man kann das daraus entstandene Feuerelement im Blitz sehen, der ebenso eine Zickzackform aufweist.

Es ist die Aktivität des Feuerelements, die hoch in die Wolken steigt, sich in das Wasserelement verwandelt und als Regen zur Erde fällt, so wie die Hitze des Körpers die Ursache des Schwitzens ist und die Hitze des Gemüts Tränen verursacht.

Es ist die Aktivität des Wasserelements, die Dinge fest werden läßt und Salz und andere Mineralien produziert, die sich zu Felsen und Bergen entwickeln, die dann verwittern und zu Erde werden. Dies zeigt, daß der Beginn der Erde im Wasser lag. [HIK][2]

Andererseits ist Luft auch das letzte der Elemente. Wasser löst das Element Erde auf, Feuer verdunstet Wasser, und Luft kann Feuer ausblasen. So gesehen gibt es eine Beziehung zwischen dem Element Erde, dem letztendlichen Element und Ziel der Schöpfung, und der Luft, gleichzeitig das Ursprungs- und das letzte Element.

Diese Sequenz ist eine Metapher für den Schöpfungsprozeß. Luft repräsentiert die ursprüngliche Idee, das Anfangskonzept. Dieses Konzept muß in Aktion umgesetzt werden (Feuer), und die Aktion muß Interesse und Wünsche erzeugen (Wasser). Der Vorgang resultiert schließlich in Substanz (Erde). Die Substanz enthält alles Denken, alles Bemühen und alle Kreativität, die in ihrer Schöpfung gipfelte.

Eine Idee muß sich kristallisieren, wenn man sie ausdrücken will, aber selbst wenn sie eine Verkörperung gefunden hat, entwickelt sie sich weiter; man kann sie niemals vollständig »einfangen«. Eine Firmengründung zum Beispiel basiert auf einer bestimmten Idee. Aber selbst wenn diese Firma Gestalt angenommen hat, entwickelt sie die Idee, die hinter der Gründung stand, weiter. Ein anderes Beispiel: Jedes Kind wird geboren mit der Gabe unendlichen Lebens. Dieses Leben entwickelt sich im Laufe des Wachstums sowohl auf der Ebene der Ideen wie auch zu einer bestimmten Form im Kind. Vielleicht wird dieses Kind sich als Erwachsener wieder mit seinem Ursprungselement, dem Konzept hinter seiner Form, verbinden und die aktualisierte Version des Konzepts von sich selbst, die sich im Laufe seines Lebens mitverändert hat, in sein Leben integrieren. Das ist die mystische »Wiedergeburt«.

Das Element Luft erzeugt Intelligenz im Menschen. Man sieht es auch in der Freiheit der Gedanken, im Witz, in Einsicht und in Unvoreingenommenheit. Auch wenn jeder Mensch diese Qualitäten in einem gewissen Maß besitzt, können sie doch mit dem Luftelement der Herzrhythmus-Meditation weiterentwickelt werden.

Ein Mann fing einmal einen Vogel in einer Falle. Der Vogel sagte: »Guter Mann, du hast so viele Kühe und Schafe in deinem Leben gegessen, und du bist immer noch hungrig. Das bißchen Fleisch auf meinen Knochen wird dich auch nicht satt machen. Wenn du mich freiläßt, werde ich dir drei Weisheiten verraten.« Der Mann ließ den Vogel frei, und dieser setzte sich auf seiner Hand nieder.

»Nummer eins: Glaube keinen Unsinn, wer auch immer ihn erzählt.« Der Vogel flog davon und ließ sich auf dem Dach nieder. »Nummer zwei: Trauere nicht über das, was vorbei ist. Bedauere niemals, was geschehen ist.«

»Übrigens«, fuhr der Vogel fort, »befindet sich in meinem Körper eine große Perle, die soviel wie zehn Goldstücke wiegt. Sie war dazu bestimmt, deine und deiner Kinder Erbschaft zu werden, aber nun hast du sie verloren. Du hättest Eigentümer der größten Perle der Welt werden können!«

Der Mann begann zu wehklagen wie eine Frau bei der Geburt. Daraufhin sagte der Vogel: »Habe ich dir nicht gerade gesagt, du sollst nicht Vergangenem hinterhertrauern? Und

auch, ›Glaube keinen Unsinn‹? Mein ganzer Körper wiegt nicht soviel wie zehn Goldstücke, wie könnte ich da eine so schwere Perle enthalten?«
Der Mann kam wieder zu sich. »In Ordnung, sag mir die dritte Weisheit.« »Warum«, sagte der Vogel im Wegfliegen, »du hast die beiden ersten ja auch nicht beachtet.« Rumi[3]
In Rumis Geschichte repräsentiert der Vogel das Luftelement, das den Menschen, der so schwer von Begriff ist, verspottet und gleichzeitig lehrt.

Das Element Luft und das Herz

In der Herzrhythmus-Meditation hat das Luftelement eine dreifache Wirkung:

Zuerst einmal hat das sanfte Hauchen in das Herz die Wirkung, es sensibler zu machen, insbesondere für die Schwingungen anderer Menschen, selbst auf Distanz. Gleichzeitig wird es auch einfühlsamer für die Atmosphäre von Orten und Plätzen.

> Die blühende Rose bringt mir deinen Duft, Geliebter, der mein Herz zur Ekstase rührt. [HIK][4]

Zweitens unterstützt das Element Luft die Fähigkeit des Herzens, sich auszudrücken und die Gefühle anderer an ihrem Ausdruck zu erkennen. Das Bedürfnis des Herzens, sich auszudrücken, ist Gegenstand der folgenden Sufi-Parabel von der Schwierigkeit, tiefe Gefühle in Worte zu kleiden.

Es war einmal ein Dorf, in dem eine sehr alte Mauer stand. Viele versuchten sie zu erklettern, aber nur wenigen gelang es. Diejenigen, denen es gelang, sahen, was dahinter lag, lächelten, überkletterten sie und kehrten nie wieder zurück. Die Dorfleute begannen sich zu fragen, welches Wunder und welche Anziehung wohl hinter der Mauer läge, daß niemand, der sie je erkletterte, wieder zurückkehrte. So sprachen sie zu sich: »Wir müssen jemanden schicken, der die Mauer erklettern kann, aber wir müssen ihn an einem Seil festbinden, so daß wir ihn zurückholen können.« Als der Mann, den sie ausgeschickt hatten, die Mauer erklettert hatte, lächelte er und versuchte auf die andere Seite zu springen, aber die anderen Dorfbewohner zogen ihn zurück. Als nun die Leute ihn neugierig auszufragen begannen, was er denn auf der anderen Seite gesehen habe, konnte er ihnen nicht antworten, er konnte einfach nur lächeln. [HIK][5]

Es fällt uns nicht nur schwer, Schmerz oder Angst auszudrücken, auch die Visionen des Himmels entziehen sich dem einfachen Ausdruck. Aber ob Sie es ausdrücken können oder nicht, irgendwie haben Sie ein Gefühl für das Ideal Ihres Lebens jenseits dessen, was Sie bisher gefunden haben. Diese Vision mag in Ihrem Unterbewußten für Jahrzehnte untergetaucht sein (sich auf der anderen Seite der Mauer befinden) und dann plötzlich auftauchen, wenn Sie endlich genug Kraft haben, sich ihr zu stellen (die Mauer zu erklettern). Die Anziehungskraft dieses »Ortes« ist so hoch, daß Sie bereit werden, sich zu verändern (ohne Zögern über die Mauer springen). Dann müssen Sie einen Weg finden, in diesem Zustand, den Sie jetzt kennengelernt haben, zu leben. Zuerst können Sie nicht viel darüber erzählen, weil es einfach ein anderer Ort zu sein scheint, getrennt (auf der anderen Seite der Mauer) von dem Ort, wo Sie bis jetzt gelebt haben und wo jeder, den Sie kennen, lebt. Aber wenn Sie nicht zumindest irgend etwas davon ausdrücken können, warum dieses Ideal für Sie so anziehend ist, laufen Sie Gefahr, daß Sie Ihre Familie und Ihre Freunde hinter sich lassen. Das passiert oft, aber es ist nicht notwendig. Der Weg des Luftelements ist es, über die Vision, die Sie von Ihrem Ideal haben, mit anderen zu kommunizieren, auch wenn dies mit Worten nur unzureichend möglich ist. Aber Sie wissen aufgrund Ihrer Erfahrung, daß es möglich ist, aus dem Herzen zu leben, Sie haben eine Vorstellung davon, wie die Welt aussehen könnte, wenn Menschen aus Ihrem Herzen lebten.

Der dritte Effekt des Elements Luft auf das Herz ist derjenige, daß er das Herz ausdehnt, so wie warme Luft einen Heißluftballon. Der ist so lange ein lebloser Haufen Stoff, bis warme Luft in ihn einströmt. Dann nimmt er Form an und strebt dem Himmel zu. Ebenso erhebt sich Ihr Herz mit dem Ziel, die Einstellung zu Ihrem Leben aus beengter Kleinlichkeit in Herrlichkeit und Größe zu verwandeln.

> Eine wahrhaft große Person wird ihr Gemüt auf die Weite ihres eigenen Herzens ausdehnen, und ein kleinlicher Mensch wird es auf die Enge seiner eigenen Begrenztheit schrumpfen lassen. [HIK][6]

Das Luftelement vergrößert auch den Einflußbereich des Herzens und sein inneres Fassungsvermögen, seine Fähigkeit, zukünftig zu wachsen. Luft schafft mehr Raum in Ihrem Herzen und läßt Sie so erst später an Ihre Grenzen, die Mauern Ihres Herzens stoßen.

> Wie erhob ich mich über die Enge? Die Mauern, die ich mir selbst geschaffen hatte, begannen, meinen Ellbogen weh zu tun. [HIK][7]

Um sich dieser drei Effekte auf das Herz bewußt zu werden, muß man zuerst das Element Luft und seine Wirkung in der Aufwärtsrichtung der Herzrhythmus-Meditation erfahren. Danach werden wir uns auf den abwärts gerichteten Teil der Übungen konzentrieren.

Reinigung durch Ausdehnung

Das Luftelement dehnt sich aus und füllt jeden Raum, den es zur Verfügung hat. Wir beginnen den Luft-Atem mit einer Reinigungsübung durch Ausdehnung. Jedes der vier Elemente hat seine eigene Form der Reinigung: die Erde die Filterung, das Wasser die Waschung, das Feuer das Schmelzen. Die letzte Reinigung ist die mit Luft: Die Luft in allen Dingen dehnt sich aus, wenn sie erwärmt wird, und diese Ausdehnung erlaubt, den inneren Raum der Substanz zu betrachten.

Auf der Persönlichkeitsebene gestattet Luft eine sehr genaue Analyse Ihrer Identität. Sie expandiert Ihre Psyche und läßt sie sich in einem weiten Raum ausdehnen und erlaubt so dem Licht der Intelligenz, jeden einzelnen Teil zu erreichen und selbst die geringfügigsten Merkmale zu untersuchen. Die »Black box«, die die Psyche gewöhnlich darstellt, wird so zugänglich, und Sie können sie »von innen heraus« inspizieren. Die Folge davon ist, daß Sie verstehen lernen, wie Ihre Psyche funktioniert, und auch, warum sie das tut, was sie tut. Sie können jede Verbindung sehen, jeden Impuls verfolgen. Das innere Funktionieren Ihrer Psyche wird Ihnen so völlig verständlich.

Wenn Sie durch diese Reinigung hindurchgehen, lernen Sie nicht nur verstehen, wie Ihre eigene Psyche arbeitet, sondern wie die Psyche an sich arbeitet. Je tiefer Ihr Atem die komplizierten Verwicklungen Ihrer Persönlichkeit durchdringt, um so unpersönlicher wird das Wissen, das Sie dadurch erlangen. Unterhalb der persönlichen Neigungen und Eigenarten liegt ein uns allen gemeinsamer Schatz an menschlicher Erfahrung.

Diese Vorstellung ist typisch für die Sufi-Philosophie. Statt menschliche Charakteristika aufgrund äußerer Beobachtung zu kategorisieren, besteht die Sufi-Methode darin, sich selbst zu erforschen. Aufgrund Ihrer eigenen Einsicht finden Sie heraus, warum Sie fühlen, wie Sie fühlen, welche äußeren oder inneren Stimuli das Gefühl hervorruft und wie dieses Gefühl eine ganze Kette von Gedanken und Verhaltensweisen auslöst. Wenn Sie dieses Wissen über sich selbst erlangt haben, haben Sie Wissen über das menschliche Wesen im allgemeinen erlangt. Ihr Forschungslaboratorium sind Sie selbst. Aber damit Ihre Entdeckungen auch für andere relevant werden, müssen Sie in sich die essentielle Basis finden, die alle anderen mit Ihnen teilen. Das Element Luft hilft dieser Einsicht bei der Entwicklung, indem es vorsichtig Ihr Ego auseinandernimmt, um Ihnen die Schönheit zu zeigen, die darunter verborgen ist.

| ÜBUNG | Atmen Sie sanft und leise durch den Mund aus und ein. Verlängern Sie Ihren Atemrhythmus, ohne den Atem anzuhalten, so daß der Atem so fein wird, daß man ihn nicht wahrnehmen kann. Beenden Sie jeden einzelnen Atemzug durch bewußtes vollständiges Ausatmen.

»Zerstreuen« Sie Ihren Körper während der Ausatmung, indem Sie Ihren Atem zwischen die Zellen, selbst die Moleküle Ihres Körpers gelangen lassen, und blasen Sie diese dann weg, wie Blätter, die vom Wind verweht werden.

Beim Ausatmen fühlen Sie sich so, als ob die Kräfte, die Ihren Körper zusammenhalten, kaum noch vorhanden wären, was Ihrem Körper erlaubt, sich auszudehnen und sich zu verbreitern. Beim Einatmen erneuert sich die Kohäsionskraft und bewirkt, daß Ihr Körper sich wieder fest und konzentriert anfühlt.

Es ist ein sehr angenehmes Gefühl, die physischen Begrenzungen zu überwinden, die den Körper auf einen kleinen Raum begrenzen. Erzwingen Sie nichts in dieser Übung, erlauben Sie nur eine Expansion in alle Richtungen des Raumes.

Wenn Sie sich Ihren Körper als zu enormer Größe ausgedehnt vorstellen, mit sehr viel Zwischenraum, erlaubt das dem Zentrum Ihres Bewußtseins, sich innerhalb dieses Raumes frei zu bewegen. Ihr Bewußtsein hat die Gewohnheit angenommen, sich mit Ihrem Körper zu identifizieren. Wenn Sie jetzt ein Gefühl dafür haben, daß Ihr Körper sehr weit ausgedehnt ist, erlaubt das Ihrem Bewußtsein, das gleiche Ausmaß anzunehmen. Sie sind so weit ausgedehnt wie Ihr Körper.

Diese Übung kontrastiert mit der gewöhnlichen Erfahrung, die sich so ausdrücken läßt: »Mein Bewußtsein befindet sich in einem kleinen Raum, der von meiner Haut begrenzt wird und der klein genug ist, meine Sichtweise auf einen einzelnen Punkt, meinen ›Gesichtspunkt‹ zu beschränken.« Das Ziel dieser Übung ist, ein Gefühl der Ausdehnung des Bewußtseins zu bekommen. Die Empfindung, daß sich der Körper ausdehnt, ist ein Hilfsmittel zur Erreichung dieses Ziels.

ÜBUNG   Als nächstes wird Ihnen Ihr Körper wieder in seiner gewöhnlichen, kompakten Weise innerhalb Ihres immer noch weit ausgedehnten Bewußtseins erscheinen. Aber der Körper, der Sie repräsentiert, wird Ihnen als jemand anderes vorkommen. »Sie« haben die Erfahrung, die ganze Zuschauerschaft bei einem Drama zu sein, während »sie« (Ihr Selbst) Ihnen wie eine Schauspielerin auf der Bühne vorkommt. Wenn Sie der Schauspielerin mit Mitgefühl und dennoch mit innerem Abstand zusehen können, können Sie auch die Kräfte verstehen und würdigen lernen, die an der Darstellerin zerren und ihr Verhalten verursachen.

Der Begriff »innerer Abstand«[8] wird hier benutzt im Sinne von Objektivität, die frei ist von Vorurteil oder Eigennutz. Es bedeutet keinesfalls einen Mangel an Interesse oder Betroffenheit, wie bei Gleichgültigkeit. Ein Theaterstück zu beobachten ist ein Beispiel für einen solchen inneren Abstand, denn die Zuschauerschaft ist nicht persönlich betroffen vom Ergebnis, aber es ist kein Beispiel für Gleichgültigkeit, es sei denn, das Theaterstück ist langweilig.

Das erste Zeichen für die Ausdehnung Ihrer Psyche ist, wenn Sie das Gefühl haben, daß sich Ihr Leben vor Ihnen auf einer Bühne abspielt. Sie sehen Ihre Wünsche, Impulse, Emotionen, Handlungen und so weiter wie die eines anderen Menschen. Seine Handlungen objektiv betrachten zu können erlaubt Ihnen, Ihr Herz besser zu verstehen. Sie haben großes Interesse an den

Charakteren, die Sie vor sich spielen sehen, aber Sie sind sehr unvoreingenommen gegenüber dem, was als nächstes passieren wird. Was immer das auch ist, es wird Sie zu tieferem Verständnis und höherer Wertschätzung des Charakters der Schauspielerin inspirieren. Sie können mit allen Schauspielern mitfühlen, nicht nur mit einem, und Sie wünschen ihnen das Beste, aber Ihre Unvoreingenommenheit gegenüber dem Ergebnis erlaubt Ihnen, die Situation besser zu verstehen als die Schauspieler.

 Ziel: Mitfühlender innerer Abstand zu Ihrem Körper vom Gesichtspunkt eines expandierten Bewußtseins aus erlaubt Ihnen, sich wie ein Schauspieler auf einer Bühne zu betrachten.

Frei werden

Eine Erweiterung der Erfahrung, sich selbst als einen Schauspieler auf einer Bühne zu sehen, ist es, das Leben wie von einem Berggipfel oder einem Flugzeug aus zu betrachten. Das Leben sieht, aus der Höhe betrachtet, sehr viel anders aus, aber das Luftelement gibt Ihnen noch eine Erfahrung, die Sie überraschen wird: Sich sein Leben wie von einem Berggipfel aus anzusehen, verleiht dem Herz ein viel größeres Gefühl von Freiheit.

| ÜBUNG | Dehnen Sie das Gefühl inneren Abstands auf Ihr ganzes Leben aus. Das hat nichts damit zu tun, daß man sich um nichts kümmert; man fühlt sich eher wie ein Engel oder ein Außerirdischer, der das menschliche Leben mit großem Interesse und Mitgefühl, aber ohne direkte Teilnahme beobachtet. Die Menschen müssen ihre Probleme selbst lösen, und sie werden das auch, sobald sie sehen, wie die Dinge wirklich liegen.

Ich plädiere hier nicht dafür, das ganze Leben mit innerem Abstand zu betrachten, ich beschreibe es lediglich als eine Haltung, die wir während des Übens mit dem Luftelement einnehmen in der Absicht, unser Denken zu befreien. Es wird hoffentlich die Wirkung haben, daß Sie eine neue, intuitive Vision davon bekommen, wie schön und erfüllt Ihr Leben sein könnte. Am Schluß der Übung werden Sie diese Vision auf Ihr praktisches Leben konzentrieren.

Normalerweise (das ist eine Wirkung des Elements Erde) fühlen Sie sich verantwortlich dafür, wie die Dinge in Ihrem Leben aussehen. Natürlich sind Sie verantwortlich, aber das Gefühl, »Eigentümer« dieser Dinge zu sein, schafft eine Verteidigungshaltung, die Sie davon abhält, Dinge zu sehen, wie sie wirklich sind oder wie sie sein könnten. Beim Luftelement »besitzt« man nichts, und das macht Sie frei dafür, sowohl zu kritisieren als auch Kritik zu ignorieren und Begrenzungen zu beobachten, ohne sich von ihnen einschränken zu lassen.

Einige Ihrer Probleme haben Sie von Ihren Vorfahren und Ihrer Kultur übernommen. Sowohl Ihre Familie wie Ihre Kultur sind umfassende Systeme, die die in ihnen wirkenden Elemente mit Hilfe verschiedener Kräfte organisieren, die im ganzen System operieren. Zum Beispiel schafft das genetische System Rollen für Männer und Frauen, die gegenseitige Attraktivität und Abhängigkeit bewirken. Diese Rollen sind nicht für das Glück und die Erfüllung des Individuums, sondern für das Wachstum und die Erhaltung des Systems als Ganzes gemacht. Kultur tut das gleiche. Das kulturelle System Amerikas basiert auf Wachstum, was beständige Zunahme im Konsum und eine Ausdehnung der Einflußsphäre erfordert. Als Konsequenz nimmt der Streß für Individuen in Amerika zu. Sie müssen ständig mehr Geld verdienen, um mehr konsumieren zu können, was wiederum Streß für die Individuen anderer Länder, die darunter leiden, produziert. Das jeweilige Kultursystem muß seine Mitglieder davon überzeugen, für die Werte einzutreten, die zur Systemerhaltung notwendig sind. Alle Systeme machen das, um zu überleben.

Sie sind sowohl Mitglied solcher großen Systeme wie auch mehr spezifischer Subsysteme wie Religion, ethnischer und regionaler Zugehörigkeit, Beruf und sozialer Schicht. Als Teil dieser Systeme haben Sie einige oder alle Modelle, die vom jeweiligen System bevorzugt werden, übernommen. Manche dieser Modelle mögen Ihnen als Individuum eine Hilfe sein, sich auszudrücken und Erfüllung zu finden. Das genetische und kulturelle System weisen Männern und Frauen bestimmte Möglichkeiten zu, durch die sie herausgefordert werden und viel Freude erfahren. Ein Amerikaner zu sein hat beispielsweise viele Vorteile. In dem Ausmaß, wie Sie diese verschiedenen Systeme für Hilfe, Sicherheit oder Identität in Anspruch nehmen, haben Sie die Pflicht, bestimmte Rollen zur Unterstützung des Systems zu spielen. Aber diese Systeme können auch ziemlich unterdrückend sein in der Art und Weise, wie sie Rollen definieren.

Unser Ziel ist hier, das komplizierte Geflecht von Einflüssen auf uns selbst zu verstehen. Dieses Verstehen wird Ihnen Freiheit geben: Sie können dann bewußt eine Rolle auswählen. Das wiederum kann Ihnen ermöglichen, Einfluß auf die Systeme zu haben, in die Sie involviert sind, und Ihnen helfen, sie zu verbessern.

Luke war sehr erfolgreich. Er baute ein eigenes Geschäft auf, das einen Umsatz von 100 Millionen Dollar im Jahr machte. Er heiratete eine wundervolle, intelligente Frau und hatte mehrere Kinder. Er wurde Präsident der Handelsorganisation, der seine Firma angehörte, und Vorsitzender des Aufsichtsrats eines der besten Symphonieorchester der USA. Er war bewundert und wurde respektiert, denn er entwickelte ein gutes Herz. Er hatte alle Ziele erreicht, die er sich in seinen Collegejahren gesetzt hatte, und das früher als geplant.

Luke sagte zu mir: »Ich bin jetzt fünfundfünfzig. Was soll ich jetzt machen? Mich pensionieren lassen und segeln gehen?« »Nein«, sagte ich ihm. »Alles, was du bis jetzt gemacht hast, war Übung, eine Probe für deine wirkliche Aufgabe, die noch unvergleichlich größer ist.« »Aber wie soll ich herausfinden, was diese Aufgabe ist?« fragte er.

»Erinnerst du dich noch daran, als du im College warst und die Vision bekommen hast, für deren Verwirklichung du dreißig Jahre deines Lebens eingesetzt hast?« »Daran erinnere ich mich noch«, erwiderte er, »es war eine sehr kraftvolle Inspiration.« »Die Quelle, aus der sie kam, ist nicht trocken«, sagte ich. »Du mußt zu ihr zurückgehen.« »Du meinst damit natürlich nicht, wieder aufs College zu gehen, nicht wahr?« »Natürlich nicht, die Quelle ist in dir selbst.«

»Diese Art Inspiration kann sehr unbequeme Folgen haben. Sie könnte mein Leben verändern«, sorgte er sich. »Ja«, war meine Antwort, »einige Veränderungen werden notwendig sein, damit du deinen nächsten Lebensbeitrag leisten können wirst. Aber wahrscheinlich wirst du die Ressourcen und Beziehungen, die du jetzt hast, dafür nutzen können.«

»Ich fühle mich nicht frei, zurück zur Quelle zu gehen«, erwiderte er. »Ich habe zu viele Verpflichtungen zu erfüllen.« »Du klingst wie jemand, der sich aufgrund von Gewohnheit und Konvention vor Größe fürchtet«, sagte ich. »Sicher kannst du die Verantwortlichkeiten beibehalten, bei denen dich niemand ersetzen kann, aber es gibt sicherlich eine ganze Reihe von Rollen, die andere gerne übernehmen würden.«

»Nein, ich bin einfach nicht frei, mich einem Prozeß auszusetzen, der Gott weiß wohin führen kann«, erklärte er. »Gut gesagt«, war meine Antwort. »Aber du weißt so gut wie Gott, wohin dich das führen würde. Erinnerst du dich an deine Träume, an deine Sehnsucht?« »Ich werde mein Leben nicht wegen ein paar Träumen ändern«, entgegnete er. »Stell dir vor, daß du stirbst. Gibt es irgend etwas, das du bedauerst?« »Ja«, sagte Luke, »aber ich weiß nicht, was ich daran ändern kann.«

»O.k., du kannst dein Leben auf Autopilot stellen und es genießen, dich einfach so treiben zu lassen. Wenn du bewußt bleiben kannst in diesem Zustand, wirst du vielleicht bemerken, daß die Strömung dich in Richtung Erfüllung deiner Sehnsucht trägt, aber es ist unwahrscheinlich, daß du sie erfüllst, bevor du stirbst, wenn du nicht selbst zu rudern beginnst. Deine Gedankenfreiheit mag durch Regeln, Rollen und Verpflichtungen eingeschränkt sein, aber dein Unbewußtes ist immer noch frei und entfaltet sich. Das Bedürfnis, zu wachsen und sich weiterzuentwickeln, kann man nicht ignorieren, denn es kommt aus dem Herzen.«

| ÜBUNG | Im Alltag wird man gelegentlich der Existenz dieser umfassenden Systeme und ihrer Kraft auf einen selbst gewahr. Aber in einem Zustand inneren Abstands sieht man die Menschen innerhalb dieser Systeme sozusagen wie Korken, die auf einem Fluß treiben und von der Strömung bewegt werden. Wenn auch die Strömungen im Fluß selbst Kraft haben, so haben sie doch keinen Einfluß auf die Luft, und das ist der Schlüssel zur Freiheit: Verhalten Sie sich wie das Luftelement.

Der Korken kann sich aus dem wirbelnden Wasser hochheben, indem er seine Unvoreingenommenheit und Unabhängigkeit betont, die ihn leicht machen und in die Luft erheben. ▭

Innerer Abstand und Unabhängigkeit sind die beiden Flügel, die der Seele helfen zu fliegen. [HIK][9]

Zusätzlich zu den beiden großen Systemen, der Genetik und der Kultur, wird man auch von seinem eigenen, einzigartigen Hintergrund geformt. Ihre Biographie ist beispielsweise deutlich unterschieden von der Ihrer Geschwister. Ihr Platz in der Reihenfolge der Geburt macht einen großen Unterschied. Ihre Beziehung zu Ihren Eltern und zu anderen Menschen, die Ihnen nahestehen, Ihre Lebenserfahrungen und die Entscheidung, die Sie getroffen haben, tragen alle zu dieser Einzigartigkeit bei.

ÜBUNG Während Sie mit dem Luftelement der Herzrhythmus-Meditation fortfahren, werden Sie sich der drei sich überschneidenden Einflüsse bewußt, die Ihre Psyche geformt haben: Ihre Kultur, Ihre Vorfahren (die Genetik) und Ihre Lebenserfahrung.

Betrachten Sie einen wichtigen Punkt in Ihrem Leben, sei er in der Vergangenheit oder in der Gegenwart, unter dem Gesichtspunkt, wie diese drei Einflüsse zusammenwirken. Vielleicht können Sie sehen, daß Sie an diesem Punkt genau wie eine typische Frau (oder ein typischer Mann) handeln oder denken, ein typischer »Schmidt« (oder was immer ihr Familienname ist), ein typischer Saarländer (oder wo immer Sie herkommen), ein typisches Mitglied der technologischen Elite (oder was immer Ihr Beruf ist), ein typischer Vertreter der Altersgruppe um vierzig (oder wie alt Sie immer sind), ein typischer Erstgeborener (oder wo immer Sie in der Geschwisterfolge stehen), ein typischer Katholik (oder was immer Ihre Religion ist) und so weiter.

Wenn Sie Ihr Denken befreien wollen, müssen Sie zuerst erkennen, wodurch es begrenzt ist.

 Ziel: Werden Sie sich des jeweiligen Anteils Ihrer Psyche bewußt, die von Ihren Vorfahren, Ihrer Kultur und Ihrer einzigartigen Lebenserfahrung stammt.

Trotz dieser drei Einflüsse haben Sie eine gewisse Freiheit, sich zu entscheiden, wie Sie sein möchten. Sie können mit ziemlicher Sicherheit wählen, wo Sie leben möchten, wo Sie arbeiten möchten (mit Einschränkung), welches Buch Sie lesen und ob Sie einen Regenschirm mitnehmen, wenn Sie Ihr Haus verlassen. Aber die Entscheidungen, wen Sie heiraten, wieviel Verantwortung Sie bei der Arbeit übernehmen, wieviel Sie wiegen und wie Sie Ihre Kinder erziehen, sind fast ausschließlich von den drei

Haupteinflüssen bestimmt. Sie könnten aber freie Entscheidungen treffen, wenn Sie zuerst sehen könnten, wie sehr Ihre Entscheidungen vorherbestimmt sind.

> ÜBUNG

Entscheiden Sie sich, wie Sie an dem Punkt, an den Sie sich erinnert haben, hätten reagieren wollen. Wenn Sie sich anders verhalten wollen, müssen Sie in der Lage sein, die Situation anders zu sehen. Das Luftelement kann Ihnen die Erfahrung von Freiheit geben, die Ihr Denken von den Begrenzungen der Kultur, der genetischen Erbschaft und Ihren früheren Erfahrungen befreit.

Sie werden wissen, daß Sie Freiheit haben, wenn Sie von Ihrem eigenen Denken überrascht werden. Versuchen Sie nicht, einen freien Gedanken zu kreieren; lassen Sie Ihr Denken einfach von innerem Abstand und Unabhängigkeit inspiriert sein. ▯

Wenn Sie versuchen, absichtlich einen Gedanken zu denken, der frei ist, werden Sie merken, daß Sie einfach einen negativen Gedanken kreieren, eine Umkehrung der Meinungen um Sie herum. Um einen unbeeinflußten Gedanken zu haben, müssen Sie sich von der mentalen Programmierung Ihrer Gedanken befreien, und besonders von Ihrem Selbstkonzept. Alle Systeme, denen Sie zugehörig sind, haben Ihnen ein Selbstkonzept aufgepfropft, das dazu dient, die Systeme selbst zu fördern und zu erhalten. Sie haben ihnen dieses Selbstkonzept abgenommen, weil es Ihnen eine Identität gab, als Sie keine hatten, und es Ihnen erlaubte, in der Gemeinschaft anderer mitzuwirken. In der Meditation beginnen Sie Ihre einzigartige Seele und Ihre einzigartige Aufgabe im Leben zu entdecken. Diese Einsicht wird Ihnen Unabhängigkeit von einigen der Rollen geben, die Sie in Ihrer Kultur, von Ihren Vorfahren und Ihrem persönlichen Hintergrund akzeptiert haben.

Ein wirklich freier Gedanke zeichnet sich dadurch aus, daß er Ihnen ungeheuren Ansporn gibt. Er wird von der Kultur, Ihrer Familie oder Ihren Freunden weder unterstützt noch direkt bekämpft. Er ist unabhängig von diesen Systemen, wie die dritte Dimension in einer zweidimensionalen Ebene.

Die Folge dieser Taufe mit Luft ist eine unglaubliche Freiheit von den Zwängen des Körpers, der Gedanken, der Emotionen und Ihrer körperlichen und kulturellen Erbschaft. Sie erfahren die Freiheit vom Druck des Ego, was bedeutet, daß es eine Freiheit von dem Druck ist, den Sie selbst ausüben, nicht von dem, den die Welt auf Sie ausübt.

Sie sind frei von dem, was im Buddhismus »Vorherbestimmung« genannt wird, von Ihrem Karma, denn in diesem Zustand befinden Sie sich jenseits des Gesetzes, das Sie bindet.[10]

Vom Partikel zur Welle wechseln

Vom Gesichtspunkt des Luftelements ist die ganze Welt Schwingung. Die moderne Physik lehrt uns, daß Materie entweder als Schwingung oder als Partikel erscheinen kann, abhängig davon, wonach man sucht. Wenn Sie zum Beispiel in einer Blasenkammer nach Partikeln forschen, wird Materie als Partikel erscheinen. Wenn Sie nach Materie in der Schwingungsform suchen, zum Beispiel in Welleninterferenzmustern, wird Materie als Schwingung erscheinen. Materie enttäuscht niemals, sie ist so, wie Sie sie sehen.

Auch Gedanken können partikel- oder wellenähnlich sein. Partikelförmige Gedanken sind getrennt und spezifisch, wellenförmige Gedanken sind allgemeiner und global. Partikelähnliche Gedanken kann man dadurch identifizieren, daß sie einen ganz spezifischen Gegenstand haben: eine Person, einen Ort oder einen ganz bestimmten Zeitpunkt. (Das umfaßt fast alle Gedanken.) Wellenähnliche Gedanken sind unabhängig von Person, Ort oder Zeit. Nichts in ihnen ist individuell, sie haben keinen persönlichen Zusammenhang. Derselbe wellenförmige Gedanke könnte in jedem auftauchen, überall, zu einer anderen Zeit, und wahrscheinlich hat er das auch schon getan. (Dieser Abschnitt beschreibt einen wellenförmigen Gedanken.)

Obwohl partikelähnliche Gedanken wichtig für die Organisation unseres Alltagslebens sind, sind sie doch durch ihren Zusammenhang begrenzt, genau wie ein Partikel begrenzt auf einen Punkt im Raum-Zeit-Kontinuum ist. Wellenähnliche Gedanken weben die Fakten unseres Lebens zusammen und führen zum Verstehen. Ohne diese wellenförmigen Gedanken würden die einzelnen Teile unseres Lebens ohne Verbindung dastehen, sich oft völlig zu widersprechen scheinen oder einfach zufällig sein. Wie Plato schon sagte, könnte man tausend Tische sehen, ohne zu erkennen, daß es sich um ein einziges Muster, einen Archetyp handelt, »Tischheit«, von dem alle Tische Beispiele sind. Viele partikelförmige Gedanken führen nicht notwendigerweise auch zu einem einzigen wellenähnlichen Gedanken. Aber wenn wir nur wellenförmige Gedanken hätten, wären wir unfähig, als Menschen mit individueller Erfahrung und Geschichte zu leben. Ein wellenähnlicher Gedanke wird partikelförmig, wenn man ihn auf bestimmte Situationen und Personen anwendet. Ein partikelähnlicher Gedanke wird wellenförmig, wenn man ihn verallgemeinert.

Partikelähnlicher Gedanke	Wellenähnlicher Gedanke
Tim liebt Camilla und möchte mit ihr zusammen sein.	Liebe zieht Menschen an.
Tim hat Angst davor, daß Camilla ihn verletzt.	Liebe macht Menschen verletzlich.
Tim fühlt, daß Camilla ihn kritisiert.	Menschen nehmen das vorweg, was sie fürchten.
Tim versucht zu entscheiden, ob eine Beziehung zu Camilla zu diesem Zeitpunkt für ihn möglich ist.	Jede Beziehung wird Ängste wecken, bis man diese Ängste unabhängig von der Beziehung verstanden hat.

Unsere Beobachtungen und Erfahrungen haben fast ausschließlich mit partikelförmigen Gedanken zu tun. Daraus können wir wellenähnliche Gedanken von Verständnis und Einsicht schaffen. Die meisten unserer Überlegungen beruhen ebenso auf partikelförmigen Gedanken, selbst wenn sie ohne wellenähnliche Gedanken nicht zu einer Lösung führen. Ohne wellenförmige Gedanken kann man nicht zu einer Lösung kommen. Tim wird die Sache mit Camilla nicht auf der Grundlage partikelähnlicher Gedanken entscheiden können. Wahrscheinlich wird er entweder ihr oder irgendwelchen Umständen die Entscheidung überlassen.

Das Luftelement fördert wellenähnliches Denken und hat größeres Verständnis und mehr Einsicht zur Folge.

| ÜBUNG | Wenn Sie jetzt durch den Mund ausatmen, ist es nicht mehr notwendig, Ihren Atem dazu zu benutzen, Ihren Körper in seine Partikel zu »zerstreuen«, weil sich Ihr Körper bereits in seinem Wellenaspekt ins Universum ausgedehnt hat. Gleiches gilt für alle Objekte um Sie herum, jede Person und jedes Objekt, das Sie je gesehen oder gehört haben. Sie alle koexistieren miteinander im Raum, wie unterschiedliche Radiosendungen den gleichen Raum miteinander teilen und doch unterschieden voneinander bleiben.

Seien Sie sich des Wellenaspekts der Materie während der Ausatmung bewußt. Wenn Sie dann durch den Mund einatmen, wechseln Sie wieder zurück zum Teilchenaspekt. Teilchen sind im Raum lokalisiert, aber Wellen sind ohne Grenzen und koexistieren mit allen anderen Wellen. Deshalb ist der Raum, den Ihr Körper einnimmt, zum Teil auch mit dem Wellenaspekt eines jeden Objekts des Universums angereichert. In Ihrem Wellenaspekt koexistieren Sie mit der Sonne, dem Mond und allen Sternen, wie auch mit jeder anderen Person, wo immer sie lebt.

Die Realität der Koexistenz der Materie hat eine Wirkung auf Ihr Denken. Beim Fortfahren mit dem Luftelement bei der Herzrhythmus-Meditation werden Sie bemerken, daß »Ihre« Gedanken eher wellenförmig sind, nicht partikelähnlich.

Wir haben zu Beginn dieser Übung das Konzept eines ausgedehnten physischen Körpers verwendet, um eine Ausdehnung des Bewußtseins zu ermöglichen. In gleicher Weise wenden wir jetzt das Wellenkonzept von Materie an, um wellenförmiges Denken zu schaffen. Die Art und Weise, wie wir über Materie denken, hat Einfluß auf unser Denken im allgemeinen.

ÜBUNG Ein Meilenstein in dieser Meditation ist die Erfahrung, grenzenlos zu sein. Da der Wellenaspekt Ihres Körpers über das ganze Universum verbreitet ist, wird Unendlichkeit zu einer realen Erfahrung.

Anwendung der Intuition

ÜBUNG Wenden Sie jetzt das wellenförmige Denken auf die praktischen Probleme an, denen Sie sich gegenübersehen. Während Sie sich an diese Probleme erinnern, wird Ihr Interesse an diesen Problemen die Gedankenwellen in Gedankenpartikel umwandeln. Das ist der Prozeß, bei dem sich Intuition einstellt. Verwechseln Sie es nicht mit dem Prozeß, Schlußfolgerungen aus Überlegungen zu ziehen. Letzteres ist die Folge des Verarbeitens partikelgleicher Gedanken, indem man bestimmte Fakten gewichtet, so wie man einem Computer definierte Inputs gibt. Intuition entsteht durch unspezifische, globale Gedankenwellen, die plötzlich in einen Moment fokussiert werden.

Anstatt Entscheidungen zu fällen oder Schlußfolgerungen zu ziehen, erlauben Sie einfach Ihren wellenähnlichen Gedanken, sich als partikelförmige Gedanken zu »setzen«. Steuern Sie sie nicht in eine bestimmte Richtung. Ihr unermeßliches Unbewußtes und der unpersönliche Teil Ihrer Gedanken- und Gefühlswelt werden diese Arbeit tun und dabei alles vorhandene Wissen beachten, nicht nur das, was Ihnen gerade bewußt ist. Beobachten Sie diesen Denkprozeß so unvoreingenommen wie möglich.

Wenn Sie Ihre Intuition nutzen wollen, müssen Sie für eine Zeitlang die urteilende Fähigkeit Ihres Verstandes außer Kraft setzen, denn diese nutzt partikelförmige Gedanken. Das bedeutet, daß Sie Intuition dann nicht nutzen können, wenn Sie an einer bevorzugten Entscheidung, einem Resultat oder einer Schlußfolgerung festhalten, denn die urteilende Fähigkeit Ihres Verstandes würde den Prozeß in die von Ihnen gewünschte Richtung lenken. Ihre Intuition würde so in der Weise verzerrt werden, daß sie ihrem persönlichen Urteil folgte.

Intuition ist eine machtvolle und präzise Fähigkeit, die uns eingeboren und natürlich gegeben ist. Sie versagt niemals, aber Sie müssen wissen, wie Sie zwischen Intuition und dem Ziehen von Schlußfolgerungen unterscheiden können. Sie werden diesen Unterschied mit zunehmender Erfahrung mit dem Prozeß der Intuition immer deutlicher spüren.

Gedanken ohne Denker

Bis jetzt haben Sie das Luftelement dazu benutzt, Ihren physischen Körper zu »zerstreuen«. Wiederholen Sie jetzt das gleiche mit Gedanken und Emotionen, da selbst die wellenähnlichen Gedanken noch einen Denker oder eine Denkerin erfordern.

Ein weiterer Schritt in der Erfahrung mit dem Luftelement ist ein Moment ohne Gedanken. Man nähert sich dem, indem man seinen inneren Abstand noch weiter steigert: eine Haltung der mitfühlenden Sorge in der Gegenwart, die kein Urteil über irgendwelche Resultate in der Zukunft kennt.

- Zuerst haben Sie inneren Abstand in bezug auf Ihr eigenes Selbst gewonnen.
- Danach haben Sie diesen inneren Abstand auf Ihr Denken in bezug auf alle und alles ausgedehnt.
- Jetzt dehnen Sie Ihren inneren Abstand auf Ihr Denken aus.

| ÜBUNG | Ihr Identitätsgefühl ist eine Kohäsionskraft, die Ihre Gedanken zu einer für Sie erkennbaren und charakteristischen Ansammlung von Mustern zusammenfügt, mit der Sie sich identifizieren. Das heißt, Sie identifizieren sich mit dem Denkenden und sagen dazu: »Das sind meine Gedanken.« Tatsächlich sind das ziemlich einfache Gedanken, die von einem computerähnlichen, mit hoher Geschwindigkeit operierenden Nervensystem aufgrund von Sinneseindrücken und assoziierendem Gedächtnis erzeugt werden. Die Kohäsionskraft dieser Gedanken ist das Interesse, das Sie an ihnen haben. Die Gedanken, die Ihr Interesse nicht anziehen, vergehen ganz natürlich, während die Gedanken, die Sie interessieren, bleiben.

Während Sie jetzt im Rahmen des Luft-Atems durch den Mund ausatmen, sehen Sie sich Ihr Denken an, ohne Interesse daran zu zeigen: Aus dem Input, den Ihr Gehirn durch Gedächtnis und Sinneseindrücke bekommt, kann das Computergehirn lediglich Gedanken erzeugen, die ziemlich langweilig und begrenzt sind. Diese Sichtweise hilft *den* Gedanken (es sind nicht mehr *Ihre* Gedanken), sich aufzulösen, und Sie beginnen so etwas wie Raum zwischen den Gedanken zu spüren.

Es kann sein, daß Sie am Ende der Ausatmung auch etwas Ähnliches wie Freiheit von Ihren Gedanken fühlen. Sie können nicht mehr denken, daß Sie sind, noch es sich vorstellen, Sie spüren es aber noch irgendwie. Benutzen Sie an diesem Punkt die Einatmung lediglich als Platzhalter zwischen dem Ausatmen. Die nächste Ausatmung verbreitet Ihre Gedanken noch weiter und hat mehr Raum ohne Gedanken zur Folge.

Nachdem Sie Ihre Ausatmung für ein paar Minuten in dieser Weise angewendet haben, können Sie vielleicht spüren, daß der Raum ohne Gedanken nicht weiter zunimmt. An diesem Punkt richten Sie Ihre Aufmerksamkeit auf die Einatmung. Beobachten Sie Ihre Gedanken jetzt mit neuem Interesse. »Was denke ich jetzt gerade?« Es ist wie eine wahre Entdeckung, zu bemerken, wie Sie an etwas denken.

Sie sind immer noch bei der Einatmung und versuchen jetzt

zu verfolgen, woher Ihre Gedanken kamen. Handelt es sich um die Fortsetzung eines früheren Gedankengangs, oder wurde der Gedanke durch einen Sinneseindruck ausgelöst? Wenn der Gedanke dagegen spontan aufgetaucht zu sein scheint, ist es eine Botschaft aus Ihrem Unbewußten. Diese Art Gedanke könnte sehr wertvoll sein, da er neues, unkonditioniertes Denken darstellt und nicht das »Wiederkäuen« alten Denkens.

Die Kombination des Zerstreuens Ihrer Gedanken durch Desinteresse bei der Ausatmung und Anziehen neuer Gedanken bei der Einatmung erfrischt Ihre Gedankenwelt und schafft überraschende, innovative Ideen. Wenn eine solche Idee auftaucht, beobachten Sie sie lange genug, um sich später daran erinnern zu können, und »werfen« Sie sie dann zurück, so wie man kleine Fische zurück ins Wasser wirft, um größere zu fangen. Mit der Zeit wird das Aha-Erlebnis immer öfter kommen.

Ohne Zentrum sein

Bis jetzt war diese Übung personenkonzentriert. Während Sie sich ausdehnten und wieder zusammenzogen, blieb der Kern Ihrer Person unverändert.

ÜBUNG — Jetzt werden wir darangehen, die Ausdehnungs- und Zusammenziehungsübung ohne den Kern der Persönlichkeit zu machen. Anstatt zu denken, daß Sie ausatmen, nehmen Sie eine passive Perspektive ein, und erlauben Sie sich, geatmet zu werden.

Identifizieren Sie sich mit dem Atem, der in Ihren Körper hineinströmt und ihn wieder verläßt. Wenn der Atem wie eine Welle am Strand in den Körper einströmt, dehnen sich die Lungen aus, um die Welle anzunehmen. Wenn er ausströmt, ziehen sich die Lungen wieder zusammen. Der gleiche Atem strömt ein und aus in allen atmenden Lebewesen. Wenn Sie diesen Sprung in Ihrer

Identität machen können, gewinnen Sie eine überpersönliche Art von Denken und Erfahrung und sind deshalb nicht durch Ihre persönliche Perspektive begrenzt.

Während Sie jetzt einatmen, erkennen Sie, daß Sie die Software des Universums in Ihr Denken integrieren. Beim Ausatmen erkennen Sie, daß Ihr Denken das Denken des Universums ist.

»Jetzt entdecken Sie, daß Ihr Denken und Fühlen das Denken und Fühlen des Universums ist. Es ist nicht etwa ein Bruchteil davon.«[11] Das ist die Erfahrung der Einheit.

Atmen Sie schließlich wieder normal, und denken Sie über Ihr aktuelles Problem bei der Arbeit nach. Lassen Sie Ihr Denken eine Lösung entwickeln, die die Weisheit all Ihrer Erfahrung mit einbezieht, ohne von Ihrer persönlichen Interpretation dieser Erfahrung begrenzt zu sein.

Das Herz ausdehnen

Wir werden jetzt das Luftelement direkt auf die Entwicklung des Herzens anwenden. Hier beginnt die abwärts gerichtete Phase der Herzrhythmus-Meditation, die so charakteristisch für sie ist. Auf die Erfahrung der Einheit folgt unmittelbar die Neuschaffung eines individuellen Persönlichkeitskerns. Dieser Kern der Persönlichkeit, den Sie neu schaffen möchten, ist Ihr Herz. Damit wird Ihr Herz der Brennpunkt all dessen, was Sie selbst in diesem erweiterten und vereinten Bewußtsein zu sein wissen.

| ÜBUNG | Stellen Sie sich bei der Ausatmung durch den Mund vor, daß Sie das Luftelement sanft in Ihr Herz hauchen, um den Brennpunkt all dessen, was Sie sind, zu schaffen. Das Herz, das Sie sich vorstellen, ist *Ihr* Herz, aber es hat keinen Körper. Man kann es nicht auf Form und Charakteristika des physischen Körpers begrenzen. Das Herz, das Sie mit der Ausatmung schaffen, ist von enormer Größe.

Wechseln Sie jetzt mit Ihrer Identität von der unendlichen Quelle des Atems in Ihr Herz, das Gefäß für den Atem. Machen Sie dies bei der Einatmung durch den Mund. Dieses Herz befindet sich nicht in Ihnen, sondern Sie befinden sich in diesem Herzen. In diesem Zustand nimmt das Herz einen weiten Raum ein, wie der Körper, den wir in einer früheren Übung mit dem Luftelement ausgedehnt hatten.

Das erlaubt Ihnen die ungewöhnliche und wunderbare Erfahrung, sich in Ihrem eigenen Herzen zu befinden. Ihr »Herz« ist so groß, daß Sie darin herumwandern können. Versuchen Sie folgendes: Während Sie bei der Ausatmung in Ihr Herz hauchen und bei der Einatmung Ihren Atem in Ihr Herz ziehen, stehen Sie auf und gehen in dem Raum umher. Verlassen Sie dann den Raum, aber bleiben Sie im Gebäude, und bemerken Sie, daß Sie sich, wo immer Sie auch gehen, innerhalb Ihres eigenen Herzens befinden. Alle Dinge und alle Menschen, die Sie sehen, befinden sich ebenso in diesem Ihrem Herzen. Wenn jemand sich Ihnen nähert, tritt er in Ihr Herz ein. Wenn jemand weggeht, geht er mit dem Segen Ihres Herzens. Alles, was das Herz enthält, ist miteinander verbunden und integriert in seinem Inneren, vereint im Gefühl, in der Erfahrung, im Verstehen und im Zweck.

Das ist, was es bedeutet, verliebt zu sein. Wo immer Sie auch gehen, dieses weite Herz tragen Sie mit sich, und Sie selbst und alle anderen um Sie herum leben in seiner Liebe.

Dies stellt eine entscheidende Erfahrung im Leben aus dem Herzen dar, denn sie demonstriert, daß das Herz eine geistige Kapazität ist – die Kapazität, liebesfähig zu sein. Der folgende Text zeigt, wie ein Sufi die Erfahrung des Luftelements des Herzens beschreibt:

> Jede Form, die ich sehe, ist Deine eigene, o mein Gott,
> Und jeder Laut, den ich höre, Deine eigene Stimme.
> Im Wohlgeruch der Blumen erkenne ich den Duft Deines
>   Geistes,

> In jedem Wort, das an mich gerichtet wird, höre ich Deine
> Stimme, o Gott.
> Alles, was mich berührt, ist Berührung durch Dich selbst,
> In allem, was ich schmecke, erfreue ich mich des Wohl-
> geschmacks Deines Geistes.
> An jedem Ort fühle ich Deine Gegenwart, Geliebter;
> In jedem Wort, das mein Ohr erreicht, höre ich Deine
> Botschaft.
> Alles, was mich berührt, entzückt mich mit der Freude
> Deines Kusses;
> Wo immer ich auch umherstreife, ich treffe Dich, wo
> immer ich hingehe, ich finde Dich, o Gott;
> Wo immer ich auch hinschaue, ich sehe Deine herrliche
> Vision;
> Was immer ich berühre, ich berühre Deine geliebte Hand.
> Wen immer ich sehe, sehe ich Dich in seiner Seele;
> Wer immer mir etwas gibt, ich nehme es von Dir.
> Wem immer ich etwas gebe, ich biete es in Demut Dir an,
> mein Gott;
> Wer immer zu mir kommt, es bist Du,
> An wen immer ich mich wende, ich wende mich an Dich.
> [HIK][12]

Die Repräsentation des Luftelements

Das Luftelement wird durch die Weite unseres Herzens repräsentiert und im Blick fokussiert. Wenn Sie in der Lage sind, die Weite Ihres Herzens in Ihrem Blick zu fokussieren, werden Sie einen machtvollen Blick entwickeln.

| ÜBUNG | Wenn Sie jetzt den Atem des Luftelements verlassen – mit dem Gefühl, daß Ihr Denken mit der Software des Universums eins ist und Ihr Herz so weit, daß es in

der Lage ist, alles zu umfassen, woran Ihnen in der Welt liegt –, werden Ihre offenen Augen Fenster zwischen dem Endlichen und dem Unendlichen werden. Das Bild der Welt wird jetzt nicht mehr in Ihren Augen reflektiert, sondern das leuchtende Licht Ihres Herzens strahlt aus Ihren Augen, so als ob Ihre Augen Scheinwerfer wären, erleuchtet von dem Licht des Bewußtseins. Sie haben das Gefühl, sich hinter Ihren Augen zu befinden, und Sie sehen durch diese Fenster auf eine verwandelte Welt, die sich öffnet, während sich Ihr Herz in sie ergießt.

Ihre Augen haben die Fähigkeit, Dinge so zu erhellen, daß Sie deren wirkliche Natur sehen können. Dieser Blick nimmt nicht einfach nur das von der Oberfläche eines Objektes reflektierte Licht auf, wie beim normalen Sehen, vielmehr erleuchtet es Gegenstände wie mit einer Art Röntgenstrahlen. Das ist natürlich nur eine Metapher, denn was Sie sehen möchten, ist nicht das Innere des Objekts, sondern seine Natur.
Hier ein paar Beispiele:
- Wenn Sie eine Blume betrachten, sehen Sie die Schönheit, das Leben und alle Eigenschaften, welche die Blume repräsentiert.
- Wenn Sie einen Menschen anschauen, sehen Sie nicht nur sein äußeres Bild und seinen jetzigen Zustand, sondern auch seine Qualitäten und sein Potential.
- Wenn Sie sich mit einer Situation auseinandersetzen, enthüllt Ihr Blick die Ursache hinter dem offensichtlichen Grund und den Zweck, dem die Situation dient.
- Sie sehen jedes Thema in seinem Zusammenhang. Das Thema selbst erscheint als der Brennpunkt eines größeren Themas. Das Erkennen und Bearbeiten des übergeordneten Themas erlaubt Ihnen, weise Entscheidungen zu treffen.

ÜBUNG — Das Verblüffendste an diesem Blick, seine größte Kraft, ist seine kreative Fähigkeit: Er schafft, was er sieht. Menschen werden tatsächlich mehr so, wie Sie sie sehen. Situationen entfalten sich in der Art und Weise, in der Sie sie verstehen. Sie selbst werden das, von dem Sie wissen, daß Sie es wirklich sind.

Die Herausforderung besteht darin, die Augen in einem mit Licht erfüllten Zustand zu halten und Selbsttäuschung zu vermeiden. Sie können Ihre Augen wieder mit Licht füllen, indem Sie mit dem Luftelement meditieren. Selbsttäuschung vermeiden Sie, indem Sie nicht annehmen, daß Sie diese Gedanken selbst schaffen. Ihre eigenen Gedanken enthalten immer einen gewissen Grad an Selbsttäuschung, weil das Ego die eine, einzige Realität durch sein Konzept von Individualität verzerrt.

> Durch das Studium des Lebens lernt und übt der Sufi die Natur der Harmonie des Lebens. Er stellt Harmonie her mit seinem Selbst, mit anderen, mit dem Universum und mit dem Unendlichen. Er identifiziert sich mit anderen, er sieht sich selbst in jedem anderen Wesen. Er kümmert sich weder um Tadel noch Lob, da er beides als von sich selbst kommend ansieht. [HIK][13]

Wie kann man eine solche Haltung entwickeln? Sie können das nicht mit Ihrem Willen tun. Die Einstellung, sich in Harmonie mit anderen zu befinden, entsteht nur aus der Erfahrung der Einheit. Sie wird von den Schwierigkeiten, denen man sich im Leben gegenübersieht, Prüfungen unterzogen, aber derjenige, der die Wahrheit der Einheit erfahren hat, kann nicht anders denken.

> Wenn ein Mensch ein schweres Gewicht fallen ließe und sich dabei seinen eigenen Fuß verletzte, würde er nicht seine Hand dafür beschuldigen, daß sie es hat fallen lassen, weil er erkennt, daß Hand und Fuß ihm selbst gehören. In der gleichen Weise behält der Sufi seine Toleranz, wenn er von jemand anderem verletzt wird, da er denkt, daß diese Verletzung von ihm selbst verursacht wurde. [HIK][14]

Wenn andere nicht mit Ihnen in Harmonie sind, können Sie sich trotzdem in Harmonie mit Ihnen befinden. Was macht es schon für einen Unterschied, ob Sie sich ändern oder jemand anders sich ändert? Für das Luftelement ist Veränderung etwas ganz Natürliches. Dadurch, daß Sie weiter und tiefer sehen können, verstehen Sie besser, wie man mit ganz unterschiedlichen Menschen zusammenarbeitet und so gemeinsam eine Art von Musik macht, welche die Note jedes einzelnen enthält, sie weder ausschließt noch übertönt.

[Der Sufi] nutzt die Technik des Kontrapunkts, indem er das unerwünschte Gerede des Freundes so mischt, daß es zu einer Fuge wird. [HIK][15]

Sie fühlen ganz natürlich, daß Sie für Ihr weiter gewordenes Herz sorgen müssen. Das ist Ihre Verantwortlichkeit und Ihr Wunsch, denn alles, was in Ihrem Herzen geschieht, widerfährt auch Ihnen. Ihre Gefühle erfüllen den Raum Ihres Herzens, vibrieren dort und klingen dann für eine lange Zeit nach. Sie leben in der Atmosphäre Ihres Herzens, was immer diese Atmosphäre ist, und so haben Sie ein ganz natürliches Interesse, es in einem Zustand der Liebe zu erhalten.

Je mehr Sie verstehen, um so interessanter wird das Leben. Was Sie sehen, ist die Vision, die Ihr Herz kreiert, und was Ihr Herz kreiert, ist das Leben, das Sie führen.

Teil IV

Ein Leben lang meditieren

15

Probleme, die bei der Meditation häufig auftauchen

Wenn Menschen die Herzrhythmus-Meditation lernen, begegnen sie einigen typischen Problemen. Viele sind schon vor Ihnen auf diesem Pfad gewandert, so daß praktisch alle Probleme, die Sie haben werden, erfahrenen Lehrern schon bekannt sind. Da dieses Buch als eine Art unvollkommener Lehrer dienen soll und nicht auf Fragen Ihrerseits antworten kann, sollen zumindest einige der Probleme, zu denen Sie wahrscheinlich Fragen haben werden, hier aufgeführt werden. Wenn Sie jetzt gerade keine Probleme beim Üben haben, werden diese später kommen, und so können Sie sich das Lesen dieses Kapitels für diesen Zeitpunkt aufheben.

Zeit zum Meditieren finden

»Mein Problem ist, daß ich einfach keine Zeit dafür finde. Es scheint mir eine sehr große Verpflichtung zu sein, und ich weiß ja gar nicht, ob es mir wirklich zusagt. Das Lesen darüber macht mir Freude, aber ich glaube, ich bin noch nicht reif, es wirklich zu tun.«

Zuerst einmal hat es schon einen Wert, wenn man über Meditation nachdenkt. Ohne sich schuldig für das zu fühlen, was Sie nicht tun, können Sie es schätzen, daß Sie darüber nachdenken. Versuchen Sie, häufiger darüber nachzudenken. Erinnern Sie sich an die Geschichten und Konzepte, die Sie gelesen haben. Überlegen Sie, was an der Meditation für Sie beunruhigend ist und was Sie anzieht.

Sie könnten langsam in die Meditation hineinwachsen. Manche Anweisungen kann man völlig zwanglos und überall befolgen: während man Auto fährt, fernsieht, die Kinder ins Bett bringt, in einer Konferenz sitzt oder irgendwo wartet. Sie können sich Ihres Atems überall bewußt sein. Sie können versuchen, Ihren Atem rhythmisch zu machen oder die Ausatmung zu vervollständigen, wann immer Sie daran denken. Wenn Sie sich daran gewöhnt haben, es völlig ungezwungen zu tun, wird Sie das ermutigen, es in einer Meditationshaltung zu versuchen.

Sie haben immer alles dabei, was Sie für die Übungen benötigen: Ihren Atem und Ihren Herzschlag. Sie brauchen keine besondere Ausrüstung. Wann immer Sie an Ihren Atem denken, profitieren Sie davon. Wenn Sie Ihrem Herzschlag zuhören können, ist es ein Segen.

Wenn Sie nachts aufwachen und nicht schlafen können, setzen Sie sich auf Ihr Kissen und machen den rhythmischen Atem, bis Sie wieder schlafen können. Wenn Ihr Unterbewußtsein Sie nachts regelmäßig aufwachen läßt, um zu meditieren, sollten Sie wahrscheinlich dieser Botschaft Aufmerksamkeit schenken und die Entscheidung treffen, mit der Meditationspraxis zu beginnen.

Wenn Sie Hilfe brauchen, um Zeit zum Meditieren zu finden, machen Sie sich einen Plan. Wenn Sie eine regelmäßige Zeit einhalten, wird das Ihre Fähigkeit stärken, sich »hinzuzusetzen« und damit die erste und schwerste Hürde in der Herzrhythmus-Meditation überwinden helfen. Man etabliert diese Regelmäßigkeit mit einer Haltung von Entschlossenheit und weiser Hingabe. Wenn Sie dann in einer anderen Stimmung sind – am Morgen, wenn Sie aufstehen und dem Ruf der Morgenzeitung widerstehen müssen –, wird Ihre Entschlußkraft zurückkehren und Ihnen helfen.

Morgens ist mein Verstand klar und geschäftig. Unter der Dusche mache ich Pläne für den Tag und suche nach Lösungen für die Probleme, die vom vorigen Tag übriggeblieben sind. Während ich mich anziehe, sind meine Gedanken bereits bei der Arbeit. Dann meldet sich mein Magen und hätte gerne etwas zu essen. Ich verspreche ihm, daß er etwas kriegt, wenn er sich ein wenig geduldet. Ich interessiere mich dafür, was meine Frau mir erzählt: Einsichten aus ihren Träumen, die Fortsetzung der Diskussion vom vorigen Abend, die Koordination des neuen Tags. Ich wecke meinen 12jährigen Sohn trotz seiner Proteste. Der Hund muß ausgeführt werden. Damit ich an den Ideen arbeiten kann, die ich beim Duschen hatte, muß ich ein paar Papiere mit zum Zug nehmen.

Meine Meditationsbank ruft mich, und ich folge dem Ruf. Ich gehe in unseren Meditationsraum (wie glücklich sind wir doch, einen zu besitzen) und ziehe meine Schuhe aus. Ich mache das einfach im Vertrauen, daß es in Ordnung ist, denn wenn ich darüber nachdenken würde, ob ich mir die Zeit nehmen sollte, würde ich es vielleicht nicht machen. Meine Gedanken unterstützen meine Interessen wie gewöhnlich, und ich bin an allem interessiert, was mich umgibt. Aber sobald ich mich hingesetzt habe, ändern sich meine Gedanken. Jetzt erinnere ich mich daran, wie ich das Vertrauen aufgebaut habe, daß Meditation etwas ist, was ich tun sollte, auch wenn mein Verstand dagegen argumentiert. Wellen von Energie gehen über mich hinweg, und mein Herz erfüllt sich mit Dankbarkeit. Fast hätte ich das verpaßt – wie dankbar ich bin, daß ich es doch gemacht habe.

Was für ein Vergnügen es ist, am Morgen zu meditieren, wenn ich ganz wach und kein bißchen schläfrig bin. Auch mein Verstand erfreut sich daran, da er allem folgt, was mich interessiert. Er findet Vergnügen daran, durch die einzelnen Schritte der Übung zu gehen, den Herzschlag zu finden und dann die Elemente wiederzuentdecken, als ob es das erste Mal wäre.

Selbst wenn Sie nur eine Person zum gemeinsamen Meditieren finden, wird das Ihre Erfahrung wesentlich verändern. Eine kleine Gruppe, die sich regelmäßig trifft, ist am allerbesten. In der Sicherheit einer Gruppe legt sich der »Schrecken«, sich seines Herzens so bewußt zu sein, am leichtesten. Schließlich wird Sie die Übung »rufen«, und Sie werden sie ohne Widerstand machen.

Ich kann nicht still sitzen

»Ich kann nicht lange genug still sitzen, um etwas davon zu haben.«

Der Körper ist für Bewegung gemacht, und ihn still zu halten, kann einem wie Folter vorkommen. Wenn still sitzen Ihnen als Folter erscheint, können Sie die Atemübungen mit Bewegung kombinieren. Die einfachste Form davon ist auch die effektivste: die Atemübung im Gehen (siehe Kapitel 6).

Wenn Sie sich hinsetzen, reagiert Ihr Nervensystem in einer Weise, die die Meditationserfahrung fördert. Es ist auch sehr schwierig, den Herzschlag zu fühlen, wenn man sich bewegt, es sei denn, Sie strengen sich ziemlich an. Natürlich bleiben so die Druckrezeptoren in Funktion, so daß Sie keine Befreiung von der Last der Sinneseindrücke erfahren. Der feine Atem ist in der Bewegung nicht möglich, so daß die feineren Emotionen überwältigt sind. Aus all diesen Gründen ist es vorzuziehen, während der Meditation zu sitzen und den Körper ruhig zu halten. Sie können dies mit einer körperfreundlichen Haltung machen, wenn Sie Ihren Atem beobachten und Ihren Herzschlag suchen.

Wenn Sie einmal Ihren Herzschlag entdeckt haben, ist es sehr viel einfacher, still zu sitzen. Der Herzschlag ist Ihr Eingang zur inneren Welt.

Sie können die Zeit, in der Sie sich hinsetzen, langsam erhöhen. Beginnen Sie mit fünf Minuten. Vielleicht hilft es Ihnen, einen Wecker zu stellen, um das Ende der Zeit des Sitzens anzuzeigen. Dann verlängern Sie auf zehn Minuten.

Es ist nur der Eingangsweg zur inneren Welt, der so schwierig aussieht. Im Inneren ist es ein Palast, auch wenn er äußerlich in Ruinen zu liegen scheint. Sie haben diesen Palast bisher nur während des Schlafs betreten. Im Dunkeln kann er furchterregend aussehen, aber inneres Licht läßt die Schönheit des Palastes zutage treten. Tatsächlich ist er Ihre wirkliche Heimat, und er enthält alles, was Ihre Heimat ist. Er ist sicher, niemals wurde in den Palast eingebrochen, die Kriege draußen haben sein Inneres nicht berührt.

Wenn die Gedanken im Weg sind

»Wann immer ich versuche, die Herzrhythmus-Meditation zu machen, stören mich meine Gedanken und die Geräusche um mich herum und hindern mich daran zu meditieren.«

In allererster Linie müssen Sie akzeptieren, daß Ihr Verstand unaufhörlich Gedanken produziert. Das ist seine Aufgabe. Ihr Verstand ist mit einem Computer vergleichbar, der unaufhörlich Bilder zu Ihrem Vergnügen produziert. Man kann ihn nicht einfach abstellen. Was Sie tun können, ist, sich auf die Übung konzentrieren.

Ich möchte Ihren Verstand nicht beleidigen. Er ist eine Fähigkeit, die einen Teil Ihrer Identität bildet. Wir identifizieren uns mit dem Verstand. Es ist unsere einzigartige Erinnerung an unser Leben, die uns Individualität gibt. Aber unser Geist hat verschiedene Ebenen – Logik, Intuition und den sehr subtilen Verstand. Man kann seinen Geist auf das Beispiel eines konkreten Tisches konzentrieren, auf seinen Gebrauch, auf die Erinnerungen, die mit dem Tisch verbunden sind, auf den Archetyp des Tisches, »Tischheit«, auf den Archetyp von Tischheit, »Objektheit«, und so weiter.

Wie stimmen Sie Ihren Geist auf eine höhere Ebene ein, die Ihnen erlaubt, die Essenz Ihrer eigenen Natur zu entdecken? Man muß es trainieren, und dieses Training geschieht in Stufen. Manchmal kommen Ihre Gedanken aus der Tiefe des Herzens, reflektiert im Verstand, und das ist wundervoll, als ob man einer Messe von Bach im Radio zuhört. Manchmal produziert der Verstand auch das Äquivalent von Werbung, oder auch nur das Rauschen eines schlechten Empfangs.

Vergleichen Sie die gewöhnliche Ebene Ihres Denkens mit der geräuschvollen Unterhaltung von Kindern. Wir fühlen uns nicht grundsätzlich durch das Kindergeräusch gestört. Sie freuen sich am Spiel, und sie machen gerne Gebrauch von ihrer Stimme. Ihr Geist ist wie ein neues Spielzeug, und sie lieben es, Dinge auszuprobieren. Sie können mitten unter den Kinderstimmen in Ihrem Geist sitzen, ohne sich von ihnen stören zu lassen, weil Sie wissen, daß es Kinder sind.

Ein anderer Vergleich, den ich gern mache, ist der zwischen meinem Verstand und einem Computerdisplay. Ist es nicht wunderbar, was man mit Computern machen kann? Ich verdiene meinen Lebensunterhalt mit der Anwendung meines Verstandes, aber ich bin mir der dadurch verursachten großen Begrenzung bewußt. Wenn diese Arbeit nicht aus einer tiefen Quelle von Emotion gespeist wird, kann sie sehr mechanisch werden. Die Bilder, die sich der Verstand auf seinen »Bildschirm« holt, sind ganz ähnlich. Sie sind oberflächlich, und sie werden schnell langweilig. Auch wenn Sie den Computer nicht abschalten können, so können Sie doch den Bildschirm zur Wand drehen.

Wenn Sie Ihren Gedanken weniger Bedeutung beimessen, verlieren sie ihre Anziehungskraft und sind weniger zwingend. Um den »Kanal« zu wechseln, müssen Sie das gerade laufende Programm abwählen können. Das ist eine Schlüsselfunktion, um seinen Geist einzustimmen.

Nehmen wir an, Sie sitzen in der Meditation und draußen fährt ein Feuerwehrauto vorbei. Ein Teil Ihrer Gedanken läuft zum Fenster, wie ein Kind, und erzeugt Gedanken über das Feuerwehrauto, über Feuer, über Häuser, über Ihr Haus und so weiter. Der reifere Teil Ihres Geistes ist an dem Klang der Sirenen nicht interessiert. Dieses Desinteresse wirkt befreiend. Dies ist die eine Hälfte des Geistestrainings: Der Geist produziert Gedanken, und kein Gedanke kann besonders interessant sein.

Die zweite Hälfte des Trainings besteht darin, daß man mit seinem Geist die Übungen unterstützt. Dann werden Ihre Gedanken der Brennpunkt Ihres Bewußtseins. Sie begleiten Sie auf der Reise nach innen auf dem allergrößten Teil des Weges. (Auf einer sehr hohen Ebene der Meditation wird das Bewußtsein völlig unfokussiert, und die Gedanken, die ja der Brennpunkt des Bewußtseins sind, lösen sich auf. Bis Sie diese Ebene jedoch erreichen, und hinterher auch wieder, werden Sie von Ihren Gedanken begleitet.) Wenn Sie an den Eindrücken interessiert sind, die Ihre Sinne aufnehmen, sind Ihre Gedanken dort konzentriert. Wenn Ihr Interesse sich nach innen richtet, richten sich auch die Gedanken dorthin. Wenn die Herzrhythmus-Meditation für Sie interessant ist, sind auch Ihre Gedanken dabei.

Ihr Interesse gibt Ihrem Geist die Richtung vor. Um die Gedanken bei den Übungen halten zu können, müssen Sie diese interessant machen. Sie können dies tun, indem Sie sich daran erinnern, warum Sie meditieren wollten. Je spezifischer Ihr Ziel ist, um so stärker die Motivation, die daraus entsteht.

Ein anderer Teil des Trainings besteht darin, überhaupt fähig zu werden, seine Gedanken zu kontrollieren. Der erste Schritt dazu ist zu lernen, still zu sitzen.

> Ein Mensch, der keine Kontrolle über sein Nerven- und Muskelsystem hat, hat kaum Kontrolle über seine Gedanken, schließlich verliert er sie ganz. Aber indem man Kontrolle über sein Nerven- und Muskelsystem gewinnt, gewinnt man auch Kontrolle über seine Gedanken. [HIK][1]

Wenn Sie einmal Desinteresse wie auch Interesse entwickelt und Kontrolle über Ihre Gedanken etabliert haben, werden die Gedanken, die Sie während der Herzrhythmus-Meditation haben, bedeutsam sein. Betrachten Sie sie daher mit Respekt. Das ist die Zeit, wenn das Unbewußte zum Bewußtsein spricht. Seien Sie sich dann der Bedeutung Ihrer Gedanken bewußt.

Es kann sein, daß ein Gedanke auftaucht, der Ihnen sagt: »Tu das!« Solche Gedanken haben typischerweise einen großen Einfluß, weil sie so inspiriert scheinen. Wie aber können Sie ein ungewöhnlich cleveres Display Ihres Computers von einem unverfälschten wertvollen Gedanken, der innere Führung ausdrückt, unterscheiden? Testen Sie ihn.

1. Wann immer Sie einen Gedanken haben, der sehr spezifisch ist, kreativ, und der offensichtlich eine Lösung für ein Problem darstellt, notieren Sie ihn, und unterdrücken Sie ihn – zwingen Sie ihn zurück ins Unbewußte, unter die Oberfläche des Bewußtseins.
2. Nach einer Weile wird er wiederkommen. Er wird dieses Mal verändert sein, aber immer noch erkennbar als eine veränderte Form des ersten Gedankens. Er hat sowohl davon profitiert, das Licht des Bewußtseins gesehen zu haben, wie auch davon, wieder zurück ins Unbewußte gezwungen worden zu sein, wo er reifen konnte und aus einem größeren Wissensvorrat schöpfen konnte. Er ist jetzt ein weiter entwickelter und reiferer Gedanke. Jetzt unterdrücken Sie diesen Gedanken ein zweites Mal.
3. Wenn er wieder auftaucht, nehmen Sie ihn an. Die dritte Fassung ist die richtige Version.

Dieser Prozeß kann im Laufe einer Meditation oder auch im Laufe mehrerer Sitzungen geschehen. Gedanken, die nach diesem Prozeß noch erscheinen, sind seltene und besondere Gedanken, schreiben Sie sie auf.

Ich bekomme nicht genug Atem

»Wenn ich den Vierecksatem mache oder irgendeinen anderen langen Atem, habe ich auf einmal das Gefühl, keine Luft mehr zu bekommen, so daß ich einige ganz normale Atemzüge machen muß, bevor ich den nächsten Atemzug im Rahmen der Übung machen kann.«

Dieses Problem hat zwei mögliche Ursachen: unvollständige Ausatmung oder starke Emotionen. Überprüfen Sie zuerst einmal Ihre Atemtechnik. Wenn Sie vollständiger atmen wollen, müssen Sie tiefer ausatmen. Selbst ein kleiner Unterschied in der Ausatmung wird bei der nächsten Einatmung einen großen Unterschied verursachen. Überprüfen Sie zum zweiten Ihre Sitzhaltung. Selbst wenn Sie nur ein klein wenig nach vorn gesunken sind, wird dadurch Ihr Lungenvolumen eingeschränkt, und Sie können nicht ganz einatmen.

Wenn Sie jedoch eine Angstattacke während der Meditation haben, müssen Sie das Gegenteil tun. Angst wird durch vollständige Ausatmung und durch Atemanhalten verstärkt. Wenn Angst aufkommt, ist es wichtig zu wissen, wie man sie verringern kann. Indem Sie lernen, wie Sie Ihre Angst vergrößern und verringern können, lernen Sie, diese Emotion zu kontrollieren. Diese Kontrolle können Sie immer anwenden, wenn Sie Angst verspüren.

Verringern Sie Ihre Angstgefühle, indem Sie den Atem rhythmisch halten und ohne Pause ein- und ausatmen. Halten Sie Ihren Atem nicht an, und verlängern Sie die Ausatmung nicht. Nutzen Sie Ihren normalen Atemumfang, aber machen Sie Ihren Atem sehr rhythmisch, wie ein Pendel, das hin und her schwingt. Sie werden merken, daß Sie im ersten Augenblick aufhören zu atmen, wenn die Angst einsetzt.

Es gibt eine ganze Anzahl anderer Emotionen, denen Sie in der Meditation begegnen können. Alle Gefühle bis auf das des Friedens erfordern zusätzliche Atemkapazität. Wenn Sie sich ängstlich, glücklich oder traurig fühlen, erfordert das mehr Atem. Wenn Sie sich Sorgen darüber machen, ob Sie die Atemübung auch richtig machen, kann das zu einer abwärts gerichteten Spirale führen: Die Sorgen erfordern mehr Atem, was den sanften, rhythmischen Fluß unterbricht und zum schweren Atmen führt, was Sie dazu bringt, sich noch mehr zu sorgen. Wenn das geschieht, seufzen Sie ganz tief, und pusten Sie Ihre urteilenden Gedanken weg.

Emotionen können in feine oder grobe unterteilt werden, je nach der Menge an Atem, die sie erfordern. Grobe Gefühle erfordern eine Menge Atem, und feine Emotionen erfordern nur wenig Atem. Jede Emotion hat eine feine und eine grobe Version, so zum Beispiel:

Emotion	Grobe Form	Feine Form
Liebe	Leidenschaft	Bewunderung und Respekt
Ärger	Wut	Entschlossenheit
Angst	Panik	Wache Vorsicht
Freude	Ausgelassenheit	Glückseligkeit

Da es oft schwierig ist, sich seiner Emotionen überhaupt bewußt zu sein, nehmen wir Gefühle normalerweise nur in ihrer gröberen Form wahr. Durch Ausübung der Herzrhythmus-Meditation werden Ihre feineren Gefühle deutlicher, und diese Gefühle werden dann auch sehr umfassend und sehr tief. Eines der Charakteristika dafür, aus dem Herzen zu leben, ist, bewußt mit diesen feinen Emotionen zu leben.

In den groben Emotionen zu leben ist wie auf der Erde zu leben, in den feinen Emotionen ist wie im Himmel zu leben. Bewußtes und rhythmisches Atmen und gleichzeitiges feines Atmen wird auch Ihre Emotionen verfeinern. Wenn das eintritt, wird Ihr Atem wiederum noch feiner.

Das lateinische Wort *spiritus* bedeutet sowohl »Geist« wie

auch »Atem«. Die Bergpredigt spricht daher vom Segen, in den feinen Emotionen zu leben: »Gesegnet sind die Armen [Feinen] im Geiste [Atem].«

Während der Meditation schläfrig werden

»Ich nicke während der Meditation ein. Ich spüre nicht, daß es kommt; plötzlich merke ich, daß ich eingeschlafen war.«

Das ist ein sehr häufig vorkommendes Phänomen. Konzentration ist anstrengend. Wenn Sie einmal schläfrig sind, ist es wie eine Art »Zimmerdecke« für Ihr Bewußtsein. Sie können sich nicht darüber erheben, Sie stoßen daran und werden wieder schläfrig. Sie können wieder »herunterkommen« in dem Sinne, daß Sie sich wieder mehr Ihres Körpers und Ihrer Gedanken bewußt werden, einfach wacher werden. Aber von wirklichem spirituellem Erwachen sind Sie dann weit entfernt.

Die erste Möglichkeit, mit diesem Problem umzugehen, ist, eine Pause zu machen. Wenn Sie ein Nickerchen machen können, wird dies ein wunderbares Ausruhen sein. Wenn man aus dem Meditationszustand in Schlaf fällt, ist das segensreich.

Es ist nicht notwendig, daß man meditiert und versucht, Schlaf zu vermeiden. Wenn man meditiert und dabei einschläft, um so besser, denn dann setzt sich die Meditation ins Unbewußte fort. [HIK]2

Selbst wenn Sie einem Meditationsschüler eine bestimmte Meditationsübung für den Abend geben und diese dazu führt, daß der Schüler einschläft, hat dies einen hundertmal größeren Effekt, als wenn der Schüler zwischen Meditation und Einschlafen noch irgendwelche Aktivitäten unternimmt. [HIK][3]

Die zweite Möglichkeit ist, den Feuer-Atem zu machen. Schläfrigkeit ist eine undurchdringliche Schranke für das höhere Bewußtsein, aber Sie können diese Barriere überwinden, wenn Sie genug Energie haben.

Schläfrigkeit kann dann eintreten, wenn »Ihre Sicherungen durchgebrannt sind«, wie Pir Vilayat Khan sagt. Die Realität kann nicht in eine der Schubladen, in denen wir unsere Gedanken sortieren, gepreßt werden, und sie kann auch nicht von unseren Konzepten eingeschlossen werden. Sie ist überwältigend, sie fegt unsere Konzepte hinweg. Wenn man einen besonders engen Kontakt mit dieser überwältigenden Realität hatte – eine hohe Dosis Wahrheit –, so kann diese Erfahrung nicht unmittelbar integriert werden. Dann macht der Geist auf harmlose Weise für eine kurze Zeit »dicht«.

Das Zeitgefühl verlieren

»Wenn ich die Übung gemacht habe, wunderte ich mich hinterher, wieviel Zeit vergangen war. Ich dachte, es seien nur ein paar Minuten gewesen, aber es war eine halbe Stunde.«

Unbewußt messen wir Zeit durch Zählen von Herzschlag und Atem. Wenn Sie meditieren, werden Ihre Atemzüge länger als gewöhnlich sein, so daß Sie pro Minute weniger Atemzüge benötigen. Normalerweise machen Sie vielleicht sechs flache Atemzüge pro Minute, einen alle zehn Sekunden, aber wenn Sie meditieren, kann ein einzelner Atemzug 25 Sekunden oder länger dauern, was gleichbedeutend mit 2,4 Atemzügen pro Minute ist. Bei sechs Atemzügen pro Minute erwarten Sie, daß Sie in einer halben Stunde 180 Atemzüge machen, aber wenn Sie meditieren, machen Sie in einer halben Stunde nur 72 Atemzüge. Normalerweise würden 72 Atemzüge nur zwölf Minuten dauern. Ihr unbewußter Zeitzähler hat also nur vierzig Prozent der tatsächlich vergangenen Zeit von dreißig Minuten erfaßt.

Ein zusätzliches Problem besteht darin, daß in dem Augenblick, in dem Sie sich Atem und Herzschlag bewußtmachen, Ihr unbewußtes Zentrum für die Regulierung von Atem und Herzschlag »abgestellt« wird. Atem und Herzschlag sind entweder bewußt oder unbewußt. Wenn Sie die Herzrhythmus-Meditation machen, übernimmt Ihr Bewußtsein Kontrolle über den Atem und zu einem gewissen Grad auch über den Herzschlag, so daß Ihr Unbewußtes, der normale Zeitmesser, keinen Zugang zu seinen Uhren hat. Ihre gewöhnliche Methode, Zeit zu messen, funktioniert nicht mehr. Daher kann es Ihnen so erscheinen, als ob selbst weniger als die oben erwähnten vierzig Prozent der normalen Zeit vergangen seien. Wie bereits in Kapitel 7 diskutiert, kann es Ihnen sogar vorkommen, als ob die Zeit völlig stillstehe.

Wenn Sie Ihre Übungen zu einer ganz bestimmten Zeit beenden müssen – beispielsweise um rechtzeitig zur Arbeit zu kommen –, sollten Sie sich einen Wecker stellen. Das hat den zusätzlichen Vorteil, daß man einen potentiellen Grund für Ängstlichkeit beseitigt. Wenn Sie wissen, daß der Wecker die Meditation beenden wird, kann Sie das innerlich freier machen.

Kopfschmerzen

»Wenn ich meditiere, bekomme ich Kopfschmerzen.«

Kopfschmerzen im Bereich der Stirn sind nicht ungewöhnlich für Meditationsanfänger. Mit mehr Erfahrung wandelt sich das in ein Druckgefühl ohne Schmerz, und schließlich hört es ganz auf. Es rührt daher, daß man nicht in der Lage ist, mit der aufsteigenden Energie umzugehen, die den Kopf erreicht, besonders beim Feuer-Atem. Ich empfehle dafür drei Lösungen:

1. Knien Sie sich hin, und berühren Sie mit der Stirn den Boden. Wenn der höchste Punkt des Körpers, der Kopf, sich mit dem niedrigsten, den Füßen, auf einer Ebene befindet, schließt sich die Energie kurz. Stellen Sie sich vor, daß die Energie in Ihrem Kopf durch die Stirn »ausläuft«. Das verschafft schnelle Erleichterung, ist aber eine Verschwendung von Energie.
2. Kehren Sie in den Meditationszustand zurück, und konzentrieren Sie sich auf den höchsten Punkt Ihres Kopfes, die große Fontanelle. Das ist der Punkt am Kopf, an dem bei einem Baby die Schädelplatten zuletzt zusammenwachsen, so daß dort mehrere Nähte zusammentreffen. Stellen Sie sich vor, daß sich dieser Punkt öffnet und Sie so der aufsteigenden Energie, die sich in Ihrem Kopf angesammelt hat, ermöglichen, nach oben zu steigen. Wenn Sie noch ungefähr eine Stunde Zeit zum Meditieren haben, ist das eine gute Verwendung der Energie.
3. Praktizieren Sie den Wasser-Atem, das Gegenmittel zu ungewöhnlichen Energieerfahrungen. Er ist besonders gut als Vorbeugemaßnahme. Wenn Sie öfter Kopfschmerzen haben, legen Sie besonderen Wert auf den Wasser-Atem und hören Sie auf, den Feuer-Atem zu üben.

Herzschmerzen

»Seit ich angefangen habe zu meditieren, habe ich gelegentlich einen intensiven Schmerz in meiner Brust.«

Das ist ein Problem, das ich selbst gehabt habe und das ich oft bei vielen anderen gesehen habe. Es kann auch in einem fortgeschrittenen Stadium der Meditation auftreten, beim Spazierengehen, Fahren oder bei jeder anderen Aktivität. Der Schmerz ist stechend und auf einen bestimmten Punkt lokalisiert, entweder auf der linken Seite der Brust, da wo sich das physische Herz befindet, oder im Zentrum der Brust, etwa auf Höhe des physischen Herzens. Es kann so schmerzhaft sein, daß man kaum noch atmen kann. Nach zwei oder drei Minuten, ganz sicher aber nach zehn, verschwindet es völlig.

Dieser Schmerz fühlt sich wie eine Herzattacke an. Natürlich sollten Sie Ihr Herz sofort überprüfen lassen, denn es könnte tatsächlich ein Herzanfall sein. Meiner Erfahrung nach hat dieser Schmerz jedoch keine körperliche Ursache, und die Ärzte sind nicht in der Lage, irgend etwas zu finden. Der Grund für den Schmerz ist das Sichöffnen des Herzzentrums (Herzchakra).

Wenn Sie sich auf der Konzentrationsstufe der Herzrhythmus-Meditation befinden, sind Sie sich des Herzens in Ihrem Körper bewußt. Auf der Kontemplationsebene sind Sie sich bewußt, daß Sie sich in Ihrem Herzen befinden. Auf der Meditationsebene ist es so, daß das Herz, das Sie sind, das Herz der ganzen Menschheit ist, und Sie beginnen alles zu fühlen, was in diesem Herzen ist. Sie fühlen diese unermeßlichen und intensiven Emotionen in und durch Ihr eigenes physisches Herz, was in etwa dem Versuch gleichkommt, einen Ozean durch einen Trichter in einen Becher zu füllen. Das individuelle Herz kann all diese Emotionen, die sich von Liebe bis Schmerz erstrecken, nicht aufnehmen und beginnt, sich zu verkrampfen.

Wenn Sie sich daran erinnern können, was Sie gerade dachten, bevor der Schmerz begann, so war dies wahrscheinlich ein Gedanke des Mitgefühls und der Sorge um andere. Es waren nicht die üblichen Sorgen oder die Angst vor Kontrollverlust oder die Angst zu versagen. Dieses Herzleiden tritt dann auf, wenn das Herz der Welt Ihr eigenes Herz berührt.

Das ist unglücklicherweise das Zeichen eines lebendigen Herzens.

> Der Mensch lebt, wenn sein Herz lebendig ist, und das Herz ist lebendig, das aufgewacht ist in Sympathie für seine Mitmenschen. Ein Herz ohne Sympathie ist schlimmer als ein Felsen, denn der Fels hat seinen Nutzen, aber das Herz ohne Sympathie erzeugt Antipathie. [HIK][4]

Ein Herz, das offen und sensibel geworden ist, kann echte Sympathie für andere Menschen aufbringen. Wo fühlen Sie die Leiden des Herzens von anderen? In Ihrem eigenen Herzen, als einen physischen Schmerz, als eigenes Herzleiden. Mit Ihrer Entwicklung wird Ihr Herz größer – das heißt, es entwickelt ein größeres Fassungsvermögen für Emotionen –, und der Schmerz läßt nach.

Denken Sie an diesen Schmerz als einen Wachstumsschmerz des Herzens.

Weinen

»Wann immer ich meditiere, füllen sich meine Augen mit Tränen, und ich kann nicht aufhören zu weinen.«

Das ist ein Problem des Überschusses an herabfließender Energie (beachten Sie dazu auch den Wasser-Atem in Kapitel 12). Es kann bei sehr kreativen oder sehr sensiblen Menschen vorkommen. Der Rest von uns würde eine solche Flut emotionaler Erfahrung der Wüste des Nichtgefühls bei weitem vorziehen, aber das ist kein Trost für diejenigen, die ihre Tränen nicht stoppen können. So wünschenswert es auch ist, sein Herz berühren lassen zu können, so möchten wir doch eine bestimmte Kontrolle über unseren Zustand haben.

Diese Tränen können sehr früh während Ihrer Meditationserfahrung auftreten oder auch später. Es kann sein, daß die Tränen die starke Sehnsucht Ihres Herzens ausdrücken, seine Heimat wiederzufinden. Sie können auch deshalb kommen, weil Ihr Herz nach der Entdeckung einer Wunde reingewaschen werden möchte. Sie können auch das Öffnen des Herzens anzeigen – eine der Durchbruchserfahrungen der inneren Entwicklung.

Ich empfehle nicht, daß Sie Ihr Herz verhärten, um so weniger sensibel für Emotionen zu werden. Das ist wahrscheinlich das, was Sie sowieso den ganzen Tag lang machen. Meditationszeit ist eine Zeit, in der Sie sich an den natürlichen Qualitäten Ihres Herzens erfreuen können. Alles, was Sie brauchen, ist, einen Weg zu finden, wie Sie Ihr Herz noch höher einstimmen können, so daß Sie im Herzen bleiben können, ohne von Ihren Emotionen überwältigt zu werden. Um das zu tun, müssen Sie mehr meditieren.

Der Luft-Atem ist der Schlüssel für die Entwicklung der feineren Emotionen. Indem Sie Ihren Atem verfeinern, werden Sie weiter, und Ihre Erfahrungen werden diffuser. Die Emotionen verschwinden nicht, aber sie werden weniger persönlich. Die Tränen werden aufhören, aber Ihr Herz bleibt offen. (Siehe auch das Problem »Ich bekomme nicht genug Atem« weiter oben.)

Schlafprobleme

»Wenn ich abends meditiere, kann ich danach nicht einschlafen.«

Früh am Morgen und spät am Abend sind die besten Zeiten zum Meditieren. Sie müssen jedoch die Übung, die Sie machen wollen, der Tageszeit anpassen. Am Morgen sollte man die Übungen machen, die Wachheit, Inspiration und Kraft verleihen. Am Abend praktiziert man eher solche, die Ausdehnung, Empfänglichkeit und Licht fördern. Übungen mit Frieden und Licht kann man immer machen. Wenn Sie abends keine Zeit haben, können Sie alle Übungen morgens durchführen.

Üben Sie den Luft-Atem am Abend kurz vor dem Schlafengehen. Dann legen Sie sich hin, immer noch die Erfahrung spürend, und schlafen ein. Praktizieren Sie den Feuer-Atem nicht spätabends oder nachts.

Abneigung gegen Philosophie

»Ich mache die Übungen, die Sie beschreiben, aber mir liegt nichts an dem philosophischen Kommentar.«

Es ist nicht nötig, daß Sie irgendeine philosophische Idee akzeptieren, die Sie in diesem Buch finden. Diese Betrachtungen unterstützen und entstehen aus der Meditationsmethodologie, aber sie sind nicht wirklich notwendig. Wenn Sie etwas in dem Buch finden, das Sie nicht mögen, beachten Sie es einfach nicht. Vielleicht ist ein anderer Teil hilfreich für Sie. Es ist kein Gesamtpaket: Nehmen Sie das, was Sie mögen, und lassen Sie den Rest unbeachtet liegen.

16

Individuelle Praxis und Gruppenmeditation

Wenn Sie nicht schon einer Gruppe von Meditierenden im Rahmen des Institute for Applied Meditation angehören, werden Sie wahrscheinlich mit der Herzrhythmus-Meditation auf eigene Faust beginnen. Sobald Sie die Herzrhythmus-Meditation erlernt haben, können Sie sie ganz sicher allein praktizieren. Manche Menschen sind in der Lage, sie allein zu lernen und die Übungen für lange Zeit regelmäßig durchzuführen.

Es hat viele Vorteile, wenn man die Herzrhythmus-Meditation in einer Gruppe lernt, ob mit oder ohne Lehrer oder Lehrerin. Wenn Ihnen jemand das Buch empfohlen hat, haben Sie einen großen Vorteil. Sie können es gemeinsam diskutieren und Ihre Erfahrungen und Fragen miteinander besprechen. Ich hoffe, Sie verschaffen sich die Gelegenheit, die Übungen mit Ihrem Freund gemeinsam zu machen. Dann werden Sie herausfinden, was jeder Meditierende erlebt – daß die Erfahrung in einer Gruppe sehr viel intensiver ist, als wenn man die Übungen allein macht.

Vielleicht fühlen Sie sogar, daß Sie diesen Vorzug mit anderen teilen können und Gastgeber für eine Gruppe für Herzrhythmus-Meditation sein können oder aber den Aufbau einer Gruppe unterstützen. Wenn Sie eine Gruppe finden oder gründen möchten, besuchen Sie die Internetseite des Institute for Applied Meditation (www.appliedmeditation.org.). Wir würden uns freuen, Ihnen dabei zu helfen, andere Menschen zu finden, die an der Herzrhythmus-Meditation interessiert sind.

Die Erfahrungen, die Herzrhythmus-Meditation entweder allein, in einer Gruppe ohne Lehrer oder mit einem Lehrer zu machen, sind ziemlich unterschiedlich, und jede Form hat ihre eigenen Herausforderungen und eröffnet spezifische Möglichkeiten.

Allein meditieren

Es ist schwierig, die Herzrhythmus-Meditation allein zu meistern, aber man kann viel dabei lernen, es zu versuchen. Die einzigen Hindernisse, denen Sie begegnen werden, sind diejenigen, die Sie selbst schaffen, und so werden Sie den Vorteil haben, daß Sie beim Lernen der Übungen innere Widerstände überwinden, wie auch den Nutzen, den das Praktizieren der Übungen selbst mit sich bringt.

Ihr Verstand ist sehr clever und mag sich durch die Meditationserfahrung bedroht fühlen, denn diese ist keineswegs strikt logisch und ebenso nicht ausschließlich persönlich. Daher wird er alle Arten von Entschuldigungen und Ablenkungen produzieren. Vielleicht sagt er Ihnen:

- »Meditation ist selbstbezogen. Warum sollte ich soviel Zeit für mich selbst aufwenden?«
- »Meditation ist etwas für reiche Leute mit viel Freizeit, die es sich leisten können.«
- »Meditation klingt nicht nach besonders viel Unterhaltung.«
- »Meditation ist einfach nicht für mich gemacht. Ich habe schon ähnliche Dinge ausprobiert, und sie haben nicht gewirkt.«
- »Wie sollten solche einfachen Übungen eine so große Wirkung haben?«
- »Du wirst sowieso am Ende frustriert sein. Warum also beginnen?«

- »Du bist nicht gut genug, etwas so Fortgeschrittenes zu machen.«
- »Du bist viel zu wichtig, um deine kostbare Zeit so zu vergeuden.«
- »Du kennst schon alles in diesem Buch, daher bist du schon über diese Übungen hinausgewachsen.«
- »Niemand kann dir sagen, was du tun solltest.«

Natürlich gibt es unzählige Versionen und Kombinationen von den oben aufgezählten Gründen. Diese Entschuldigungen prüfen Ihre Entschlossenheit. Wenn Sie mit ihnen umgehen können, zeugt das von der Ernsthaftigkeit der inneren Verpflichtung, die Sie eingegangen sind, um aus dem Herzen zu leben.

Sich ein Ziel setzen
Wenn man allein übt, besteht der Weg zum Erfolg darin, sich ein klares Ziel zu setzen. Dieses Ziel kann eines sein, bei dessen Verwirklichung Ihnen die Herzrhythmus-Meditation helfen kann, wie: »eine Veränderung in meinem Leben herbeiführen« oder »eine bestimmte Fähigkeit oder Qualität erlangen« wie diejenigen, die in Kapitel 2 beschrieben sind. Alternativ kann Ihr Ziel auch darin bestehen, daß Sie die Herzrhythmus-Meditation lernen. Die Ziele, die ich Ihnen im Verlaufe des Buches angeboten habe, sollen als Anregung dienen.

Hier sind einige weitere Ziele aufgeführt, die direkt mit dem Lernen der Übungen verbunden sind:

- Werden Sie fähig, zwanzig Minuten lang die Herzrhythmus-Meditation ohne jede Anleitung zu praktizieren.
- Lernen Sie, eine der vier Elemente-Atmungen ganz allein zu machen.
- Erlernen Sie, wie Sie in den Kontemplationszustand der Herzrhythmus-Meditation gelangen.
- Machen Sie die Herzrhythmus-Meditation zwanzig Minuten lang mit offenen Augen, während Sie arbeiten.

Um solche Ziele erreichen zu können, ist es notwendig zu wissen, wie man mit den häufig auftretenden Problemen in der Meditation umgeht, die in Kapitel 15 beschrieben sind.

Einen Zeitplan festlegen

> [Ein Mensch] muß lernen, wie er sich wieder auflädt. Statt dessen argumentiert er gewöhnlich, daß er »keine Zeit« für Meditation hat. Aber Meditation ist genau das, was ihm Zeit geben wird, am meisten für sein eigenes Selbst, für sein eigenes Wohlergehen. [HIK][1]

Wenn man ununterbrochen aktiv ist und alle Aufmerksamkeit auf die Welt draußen richtet, wie kann man sich dann jemals selbst begegnen? Statt dessen wird der Mensch alt und zeigt oft einen Verlust an Vitalität. Dieser Verlust zeigt sich nicht nur in einer Ermüdung des Körpers und des Verstandes, sondern auch in seinen Gefühlsregungen. [HIK][2]

Wenn Sie allein meditieren, ist es erforderlich, daß Sie sich einen Zeitplan machen. Wenn Sie in einer Gruppe meditieren, ist ein Zeitplan auch hilfreich, aber wenn Sie es allein tun, ist es einfach notwendig. Sie müssen sich Zeit für die Übungen verschaffen, jeden Tag, indem Sie etwas anderes, das Sie bisher gemacht haben, nicht mehr tun. Sie werden die Hilfe brauchen, die Ihnen ein Zeitplan gibt.

Wenn Sie diesen einfachen Anweisungen folgen, werden Sie sich an den Ergebnissen freuen können. Denn wenn Sie einmal auf Ihrer Meditationsbank oder auf dem Kissen sitzen, werden Sie tief seufzen, wie ich es auch tue, in Dankbarkeit dafür, daß Sie diesen Moment, dieses Gefühl und diese Gelegenheit nicht verpaßt haben.

> Es hat einen Vorteil, wenn man einen bestimmten Platz hat, an dem man meditiert... Ein solcher Platz ist der richtige

Ort für die höchsten und feinsten Schwingungen, und es stellt sich eine Atmosphäre von Stille ein. Das macht es auch leichter für andere, die an einen solchen Ort kommen. [HIK][3]

Erster Schritt: Suchen Sie einen Platz in Ihrer Wohnung als Meditationsort aus. Setzen Sie sich immer an denselben Platz. Lassen Sie Ihre Meditationsbank, Ihr Sitzkissen, oder was immer Sie benutzen, an diesem Platz liegen.

Man könnte sagen, daß die Meditationszeit ihr eigenes Leben entfaltet. Ihre Absicht hat sie entstehen lassen, Wiederholung nährt sie, Ihre Erfahrungen des Durchbruchs fördern Wachstum.

Meditation zieht wundervolle, unsichtbare Wesen an, die sich zu der festgesetzten Zeit einfinden, um sich an der Atmosphäre der Heiligkeit zu erfreuen. Wenn Sie Zeit und Ort wechseln, werden sich diese Wesen enttäuscht wegbegeben, und es wird einige Zeit dauern, bis sie wieder zurückkehren. [PVK][4]

Zweiter Schritt: Legen Sie die Tageszeit fest, zu der Sie meditieren möchten. Machen Sie das sehr genau – zum Beispiel »6.15« oder »21.30« und nicht »nachdem ich geduscht habe« oder »vor dem Frühstück«.

Am besten ist es, regelmäßig zur gleichen Zeit zu meditieren, wenn möglich jeden Tag. Das fügt der Musik des Lebens etwas hinzu. [HIK][5]

Möglicherweise hat Ihr Leben nicht soviel Rhythmus, daß Sie sich genau festlegen können. In diesem Fall kann es helfen, wenn Sie eine bestimmte Zeit für die Meditation festlegen. Der Rest des Tagesablaufs kann sich dann daran orientieren. Ihre Meditationszeit wird auf diese Weise das Erkennungszeichen im Sand des Lebens.

Legen Sie eine Zeit zum Meditieren sowohl am Morgen wie auch am Abend fest.

Man muß dem Meditationsschüler ans Herz legen, seine Übungen am Morgen nach dem Aufwachen und am Abend vor dem Zubettgehen auszuführen. Die Bedeutung davon liegt darin, daß man auf diese Weise die Übungen tief in sein Unbewußtes »eingraviert«, und darin liegt das Geheimnis der Wirkung von Meditation. [HIK][6]

Dritter Schritt: Stellen Sie sich einen Wecker, der nach 15 bis 20 Minuten läutet. Dann brauchen Sie sich keine Sorgen darüber zu machen, wie lange Sie meditieren. Sie werden Ihr Zeitgefühl verlieren, aber nicht der Wecker. Sie müssen nicht aufhören zu meditieren, wenn der Wecker läutet, aber Sie können es tun.

Am Tag 15 Minuten lang regelmäßig zu meditieren wird sehr viel mehr Wirkung zeigen, als wenn man ab und zu zwei Stunden lang meditiert. [HIK][7]

Die Frage, ob man 15, 20 oder 30 Minuten lang meditieren sollte, läßt sich experimentell lösen. Es ist wichtig, in den Zustand des »monolithischen Gefühls« zu gelangen, wie er in Kapitel 3 beschrieben wurde. Dieser physiologische Zustand kann nach zehn Minuten eintreten, es kann aber auch dreißig Minuten dauern. Wenn Sie sehr still sitzen und mehr Erfahrung haben, wird der Zustand früher eintreten. Jede Bewegung und der Mangel an Erfahrung verzögern das Einsetzen dieses Zustands.

Wenn Sie es nicht aushalten, 15 Minuten lang zu meditieren, dann meditieren Sie fünf Minuten. Wenn Ihnen auch das zu lang ist, machen Sie zumindest drei Atemzüge. Das wird die Übung geradeso am Leben erhalten. Wiederholung ist sehr wichtig. Die Effekte von Meditation sind kumulativ: Sie addieren sich.

Die Wirkung spiritueller Übungen stellt sich ein wie Zinsen, die man auf angespartes Kapital erhält. Die Übungen zeigen nicht immer eine unmittelbare Wirkung, wenn man sie gerade macht, aber eine Übung, die man einmal gemacht hat, geht nie verloren. Sie sind Samen, die man auf die Erde seines Unbewußten sät, und sie werden ihre Frucht tragen, wenn die angemessene Zeit gekommen ist. Zweifellos können die äußeren Bedingungen ungünstig sein, was dazu führen kann, daß die Resultate der Übungen sich verzögert bemerkbar machen, aber das ist nicht oft der Fall. [HIK][8]

Vierter Schritt: Halten Sie Ihren täglichen Meditationszeitplan sechs Tage in der Woche ein. Meditieren Sie zur gleichen Zeit am gleichen Platz. Halten Sie ihn auch dann ein, wenn Sie reisen, und passen Sie ihn der jeweiligen Zeitzone an. Meditieren Sie am siebten Tag, wann immer Sie wollen. Vielleicht möchten Sie an diesem Tag auch länger meditieren.

Weil sich in der Meditation Körper, Gedanken, Gefühle und Seele vereinigen, ist es von großer Bedeutung, einen bestimmten Zeitpunkt oder feste Zeiträume für die Meditation zu haben und insgesamt seine Zeit so einzuteilen, daß man Zeit für Arbeit, für Spiel und Essen, für Studium und Meditation hat und diese Einteilung soweit wie möglich beibehält. [HIK][9]

Fünfter Schritt: Machen Sie die Übungen in diesem Buch in der beschriebenen Reihenfolge, aber nur bis zum jeweils ersten Ziel in jedem Kapitel. Beschäftigen Sie sich mit dem Rest erst beim nächsten Schritt. Machen Sie sich einen Plan, ähnlich dem unten gezeigten, aber mit festen Daten:

Woche	Kapitel
1	3 – Haltung und Umgebung
2	4 – Bewußtes Atmen
3	5 – Rhythmischer Atem
4	6 – Vollständige Ausatmung
5	7 – Atem anhalten
6	8 – Atem und Herzschlag
7	9 – Der gerichtete Atem
8	11 – Atem mit dem Element Erde
9	12 – Atem mit dem Element Wasser
10	13 – Atem mit dem Element Feuer
11	14 – Atem mit dem Element Luft
12	Atem mit Erde, Wasser, Feuer, Luft
13–26	Wiederholung des Atems mit Erde, Wasser, Feuer, Luft, wobei Sie am meisten Zeit mit dem Element verbringen, das Sie in der jeweiligen Woche am meisten benötigen.

Sechster Schritt: Wenn Sie die Herzrhythmus-Meditation ein halbes Jahr lang auf eigene Faust geübt haben, empfehlen wir nachdrücklich, sich mit einem Lehrer unseres Instituts in Verbindung zu setzen, um Feedback und weitere Empfehlungen zu bekommen. Das kann dadurch geschehen, daß Sie an einem Kurs oder einem Seminar teilnehmen. Wenn dies für Sie nicht möglich ist, bieten wir auch telefonische Beratung an.

Siebter Schritt: Für die zweite Hälfte des ersten Übungsjahres würden Sie Anleitung von einem Lehrer oder einer Lehrerin des Instituts bekommen. Eine Möglichkeit ist die, jedes Kapitel noch einmal durchzugehen und diesmal jeweils bis zum Ende.

Woche	Kapitel
27	Kapitel 3 vollständig
28	Kapitel 4 vollständig
29–37	Kapitel 4 bis 14 vollständig und intensiv
38	Atem mit Erde, Wasser, Feuer, Luft
39–52	Atem mit Erde, Wasser, Feuer, Luft als Ausgangsbasis, jeweils gefolgt von einer unstrukturierten Meditation

Achter Schritt: Machen Sie eine Pause bei jedem im Buch angegebenen Ziel, und überprüfen Sie, ob Sie es erreicht haben, bevor Sie weitergehen.

Neunter Schritt: Wenn Sie das letzte Ziel beim Luft-Atem beherrschen, können Sie den nächsten Kurs in der Herzrhythmus-Meditation angehen. Um sich das Erreichen dieses Ziels bestätigen zu lassen, müßten Sie entweder einen Kurs in Herzrhythmus-Meditation belegen oder Ihre Fähigkeiten in einer Einzelstunde einem Lehrer des Instituts demonstrieren (siehe auch Seite 396).

Eine Gruppe ohne Lehrer

Vorteile der Gruppenmeditation

Im folgenden sind einige der Vorteile dargestellt, die es hat, wenn man einer Herzrhythmus-Meditation angehört.

Zuerst einmal ist es in einer Gruppe möglich, daß ein anderes Gruppenmitglied Ihre Meditationserfahrung bestätigen kann. Es gibt ein einfaches Gerät, das den Rhythmus Ihres Herzschlags anzeigen kann. Das erlaubt Ihnen, zu demonstrieren, daß Sie Ihr Herz schlagen hören, und kann dazu dienen, die Erfahrung zu bestätigen. Wenn Sie das Instrument an Ihrem Finger angeschlossen haben, ohne das aufblinkende Licht zu sehen, kann Sie eine andere Person bitten, bei jedem Herzschlag, den Sie fühlen, einen Ton zu machen. Die andere Person kann dann bestätigen, daß Ihre Töne mit der vom Gerät angezeigten Herzfrequenz übereinstimmen, sowohl während des Atemanhaltens als auch beim Ein- und Ausatmen.

Eine andere Möglichkeit, zu prüfen, ob Sie Ihren Herzschlag wahrnehmen können, besteht darin, Ihren Viereckatem zu beobachten, während Sie das Instrument sehen. Wenn Sie diese Übung gemacht haben, wissen Sie, daß ihre Beherrschung mehr erfordert, als einfach die Technik zu kennen. Um den Viereckatem, bei dem sich Herz- und Atemfrequenz in Harmonie miteinander befinden, über längere Zeit zu praktizieren, ist Stabilität und Harmonie Ihrer Emotionen erforderlich, insbesondere Friede statt Angst. Wenn man den Viereckatem beherrscht, kann man ein großes Ziel auf dem Weg zu spiritueller und persönlicher Integration erreichen.

Der zweite Grund, der dafür spricht, die Herzrhythmus-Meditation in einer Gruppe auszuüben, ist der, daß es viel einfacher ist, als die Übungen allein zu machen, besonders als Anfänger. Um Meditation zu lernen, ist es wichtiger, eine Gruppe von Menschen um sich zu haben, die dem gemeinsamen Ziel verpflichtet sind, als einen Lehrer.

> Spirituelle Schüler schaffen durch ihre gemeinsamen Bemühungen eine Atmosphäre der Ruhe und Stille, ein Zentrum feiner Schwingungen, das zu einem Zentrum für Heilung wird. Menschen machen sich oft Gedanken über Wallfahrten zu Orten der Heilung, und manche glauben nicht an Wunderheilung, aber das ist ein Fehler. Der Glaube von Menschen, ihre Gebete, bauen eine besondere Atmosphäre auf, und die gesunden Teilnehmer dieser Wallfahrten tragen tatsächlich zur Heilung der Kranken bei, denn diese gesunden in einem Bereich, wo solchermaßen gereinigte Atome vorherrschen. [HIK][10]

Es gibt einen Grund, warum Menschen, mit oder ohne Lehrer oder Leiter, in einer Gruppe meditieren. Ein Lehrer oder Leiter hat die Aufgabe, die Teilnehmer einander näherzubringen, sie zu harmonisieren, genau wie ein Orchesterdirigent Musiker und ihre Instrumente in Harmonie bringt. Im Orchester sind es nicht nur die Instrumente, die gestimmt werden müssen, sondern auch die Musiker selbst. Die Atmosphäre in einem Meditationsraum dient dazu, die Herzen der Meditierenden einzustimmen und sie sozusagen in eine gleichklingende Stimmlage zu bringen. [HIK][11]

Sie werden beim Meditieren Problemen begegnen, und es kann sein, daß andere Ihnen bei diesen Problemen weiterhelfen können, entweder durch ihre eigenen Erfahrungen oder durch ein anderes Verständnis der Anleitungen in diesem Buch. Sie werden auch Problemen in Ihrem Leben begegnen, und andere Gruppenmitglieder sind vielleicht in der Lage, Ihnen zu zeigen, wie man die Übungen der Herzrhythmus-Meditation auf die Herausforderungen in Ihrem Leben anwenden kann.

Drittens werden Sie auf diese Weise wunderbare Menschen kennenlernen. Sie werden sich in einer Gruppe von Menschen entwaffnet, leicht, verletzlich und verstanden fühlen, in einer Gruppe, mit der Sie tiefe und sehr bewegende Erlebnisse teilen. Das ist eine grundlegende Erfahrung, um aus dem Herzen leben zu können.

Wie Sie eine Gruppe aufbauen

Eine Möglichkeit, eine Gruppe aufzubauen, besteht beispielsweise darin, eine Notiz in dem Buchladen aufzuhängen, in dem Sie dieses Buch gekauft haben. Sie können auch eine Notiz auf der Internet-Seite des Institute for Applied Meditation hinterlassen.

Wenn Sie es einrichten können, sollte Ihre Gruppe einen Raum zur Verfügung haben, der ausschließlich der Herzrhythmus-Meditation gewidmet ist. In diesem Raum wird sich eine wunderbare Atmosphäre aufbauen. Eine zweite Möglichkeit wäre ein Raum, der ruhigen und kontemplativen Zwecken gewidmet ist, wie etwa ein Raum in einer Kirche, einem Tempel oder einer Bibliothek. Eine dritte Alternative wäre ein Raum, der auch anderen Zwecken dient, aber der Gruppe immer zur Verfügung steht, wie etwa ein Zimmer in der Wohnung eines der Gruppenmitglieder. Die vierte Möglichkeit wäre ein Allzweckraum in einer Schule oder in einem Gemeindezentrum.

Jeder Aspekt des Gruppenaufbaus bedeutet eine praktische Übung für das Leben aus dem Herzen. Man muß alle Elemente des Herzens beim Gruppenaufbau beteiligen und kann sie so auch entfalten, wie zum Beispiel:

Qualitäten der Gruppe	Element
Der Wunsch, sich selbst und die Übungen auf einer tiefen Ebene zu verstehen	Luft
Begeisterung für die Übungen	Feuer
Freundlichkeit und Toleranz	Wasser
Sicherheit ausstrahlen und sich verpflichtet fühlen	Erde

Sicherheit bedeutet hier sowohl Vertraulichkeit und die Fähigkeit, Dinge für sich behalten zu können, als auch die Zuverlässigkeit und Stabilität der Gruppe. Treffen Sie sich jede Woche zur gleichen Zeit am gleichen Ort. (Siehe auch »Einen Zeitplan machen« in diesem Kapitel.) *Freundlichkeit* unter den Gruppenmitgliedern wie auch gegenüber neu Hinzukommenden ist ein natürliches Merkmal des Herzens. *Begeisterung* entsteht durch das Wissen, welche Bedeutung die Übungen für Ihr praktisches und Ihr geistiges Leben haben. Es gereicht Ihnen zur Freude, die Übungen mit anderen zu teilen: ihnen zu helfen, von ihnen herausgefordert zu werden und auch ihre Hilfe anzunehmen. All das unterstützt Ihr Verständnis dessen, welchen Einfluß Atem- und Herzrhythmus auf Sie selbst und andere Menschen haben. Dieses Verständnis kann bessere Gesundheit und vertiefte Beziehungen zur Folge haben wie auch das Gefühl, echter, erfüllter und hilfreicher für andere zu sein.

Das Material, mit dem Sie arbeiten können, sind die Erfahrungen, welche die Gruppe mit den Übungen sammelt, im Meditationsraum wie auch im Leben. Teilen Sie sich Ihre Erfahrungen nach einer Übung gegenseitig mit. Es ist hilfreich und unterstützt andere, wenn Sie Ihre Schwierigkeiten wie auch Ihre Erfolge mit anderen teilen. Teilen Sie sich ebenso mit, welche Auswirkungen die Übungen auf Ihr Leben haben, so klar Sie das können. Beschränken Sie sich auf Ihre Erlebnisse, denn diese sind real und sehr viel hilfreicher als jeder Kommentar.

Ich schlage vor, daß Sie mit der Leitung der Gruppe abwechseln. Wenn Sie an der Reihe sind, sollten Sie Ihre Gedanken darauf konzentrieren, welche Vorbereitungen notwendig sind. Vielleicht möchten Sie ein paar Körperübungen machen wie Dehnungsübungen oder Yoga. Sie können die Atmosphäre mit Musik oder Räucherstäbchen, durch Stille oder auch mit ein paar freundschaftlichen Umarmungen unterstützen, entsprechend wie Sie sich gerade fühlen. Sie könnten sich auch Anleitungen in früheren Kapiteln des Buchs anschauen, die inhaltlich auf das aktuelle Kapitel hinführen.

Entscheiden Sie sich dann, welchen Teil des aktuellen Kapitels Sie jetzt lesen wollen und was Sie in Ihren eigenen Worten sagen möchten. Setzen Sie das Tempo für die Übungen fest, so daß die Gruppe folgen kann, aber nicht ungeduldig wird. Es kann sein, daß die Gruppe Mitglieder hat, die früher oder später als die anderen zu meditieren begonnen haben und deswegen unterschiedliche Fähigkeiten besitzen. Sie alle sollten mit der Übung angesprochen werden. Nach dem Üben können Sie denjenigen Raum geben, die ihre Erfahrung mit anderen teilen möchten.

Wenn Sie an der Reihe sind, die Übungen anzuleiten, ist das Allerwichtigste, die Gefühle Ihres Herzens durch Ihre Stimme auszudrücken. Ihre Stimme wird anderen helfen, ihr eigenes Herz zu finden, in die Gefühle des Herzens einzutreten und wertzuschätzen, was sie dort finden, und sich in der Herzrhythmus-Meditation sicher zu fühlen.

Als Leiter oder Leiterin der Gruppe haben Sie den Vorzug, daß Sie am meisten lernen. Selbst wenn Sie die Übung vorher schon gemacht haben, werden Sie das, was Sie schon gelernt haben, anders schätzen. Wir wissen nicht, wieviel wir schon wissen, bis wir es lehren müssen.

Man kann in der Gruppe diskutieren, ob man das gleiche Kapitel noch einmal wiederholt oder ob man zu einem anderen übergeht. Auch diese Diskussion dient dazu, das Leben aus dem Herzen zu praktizieren. Es gibt keinerlei Notwendigkeit, übereilte Entscheidungen zu treffen. Es ist besser, jeden einzelnen in der Gruppe »mitzunehmen«. Jeder Teilnehmer wird Fortschritte in dem ihm angemessenen Tempo machen, abhängig von seiner Vorerfahrung und seiner Natur. Wenn einem die Bedeutung eines Kapitels nicht einleuchtet, kann es das beste sein, einfach zum nächsten überzugehen.

Wenn Sie sich überlegen, in welchem Tempo die Gruppe weitermachen sollte, bedenken Sie gleichzeitig, wie man das Erlernen der Übungen mit der Anwendung im praktischen Leben ausbalancieren kann. Manche Teilnehmer möchten vielleicht länger bei einem Kapitel verweilen, wie zum Beispiel bei dem über die vollständige Ausatmung, bis sie den Beweis der Auswirkung der Übung im eigenen Leben erfahren haben. Andere werden zufrieden damit sein, die Übung zu beherrschen, und darauf vertrauen, daß sich die Auswirkungen in ihrem Leben schon zeigen werden. Dies sind unterschiedliche Arten zu lernen, und beide sollten ihren Platz in der Gruppe haben.

Ein Beispiel

Irgendwo, 1997. Eine Gruppe, die sich zusammengefunden hat, um Herzrhythmus-Meditation zu lernen, trifft sich. Einige der Gruppenmitglieder sind schon seit Jahren befreundet und haben ein gemeinsames Interesse an Meditation entdeckt. Einige sind durch das Online-Adreßbuch des Institute for Applied Meditation hinzugekommen. Die Mutter von einem der Gruppenmitglieder kam auf das Drängen ihrer Tochter und fand dann heraus, daß ihr Meditation gefiel. Ein weiteres Gruppenmitglied hatte von der Gruppe durch einen Zettel erfahren, den jemand ans Schwarze Brett einer Kirche gehängt hatte. Es war kein Problem, zehn Leute zusammenzubekommen, von denen sieben regelmäßig teilnahmen. Die Stabilität der Gruppe wird dadurch unterstützt, daß sie sich immer am gleichen Ort trifft.

Die Gruppenleitung wechselt aus verschiedenen Gründen. Zuerst einmal hat keiner das Gefühl, genug Wissen zu besitzen, um die Verantwortung, ein Lehrer zu sein, auf sich nehmen zu können. Zweitens hat die Gruppe genug von »Gruppen«, und niemand möchte sich irgendeinem Verein anschließen. Drittens stellt die Möglichkeit, mit der Leitung zu wechseln, einen Teil der Anziehungskraft dar.

Die Gruppe beginnt mit einer Anrufung, die man auch eine Art Glaubensbekenntnis oder ein gemeinsames Ziel nennen könnte:

> Dem Einen entgegen, der Vollkommenheit der Liebe, der Harmonie und der Schönheit, dem einzig Seienden, vereint mit all den erleuchteten Seelen, die den Geist der Führung verkörpern. [HIK][12]

Nach der Anrufung gibt es einen Zeitraum, in dem alle Teilnehmer kurz mitteilen können, wie es ihnen gerade geht. »Hat jemand irgend etwas, das er oder sie mitteilen möchte, bevor wir mit der Meditation beginnen?« fragt der Leiter des heutigen

Abends. »Es gibt viele Dinge, die einem im Wege stehen können, wenn man seinem Herzschlag zuhören will.« Einer der Teilnehmer spricht über seine Zeitprobleme, eine andere Teilnehmerin über Schwierigkeiten in ihrer Ehe. Es gibt keine gegenseitigen Schuldzuweisungen. Alle Herausforderungen des Lebens werden als innere Probleme angesehen. Diese Mitteilungen werden nicht diskutiert, es gibt höchstens einmal eine klärende Nachfrage. Aber jeder ist bewegt von diesem Miteinanderteilen, und indem sie ihre Gefühle ausdrücken, bieten sich die Gruppenmitglieder gegenseitig Unterstützung und Mitgefühl an.

Heute abend leitet David die Gruppe. Er hat die ganze Woche seit dem letzten Treffen darüber nachgedacht, aber er hat nichts vorbereitet. Er vertraut seinem Unbewußten, besonders da er es durch die Konzentration einer ganzen Woche in eine bestimmte Richtung gelenkt und durch eigene tägliche Meditation inspiriert hat. Die Gruppe trifft sich seit einem Jahr, und sie haben schon alle Kapitel des Buches gelesen. Pro Kapitel haben sie zwischen einer und drei Wochen gebraucht. Jetzt sind sie beim dritten Teil, den sie zum zweiten Mal durcharbeiten. Sie unterstützen sich gegenseitig darin, die angegebenen Ziele jedes einzelnen Kapitels zu erreichen, aber das ist nicht immer erfolgreich. Die Gruppe schreitet trotzdem voran, und es passiert, daß einer ein Ziel später erreicht. Wenn nicht, gibt es ja noch den nächsten Durchgang. Sie wiederholen das so lange, bis sie gemeinsam alle Ziele erreicht haben oder sich entscheiden, zum nächsten Kurs überzugehen.

David liest einen Abschnitt, der zur Diskussion anregt. Am Anfang versuchten die Gruppenmitglieder, sich gegenseitig auszustechen mit ihrem Eifer, mit der Intensität der Phänomene, die sie erlebten, oder mit ihrer Klarheit oder ihrem fortgeschrittenen Verständnis. Es ist noch etwas von der Wettbewerbsorientiertheit übriggeblieben, aber sie haben inzwischen alle gelernt, wie eine Stimme klingt, die aus echter Erfahrung spricht, und so ist die echte Stimme zur Regel geworden. Im Kontrast dazu sind die Stimmen, die lediglich Meinung und Spekulation repräsentieren, ebenso offensichtlich geworden. Die Mitglieder halten ihre Kommentare nahe an der Realität, indem sie über ihre eigenen Erfahrungen und die Anwendung von Meditation in ihrem Leben sprechen. Das gemeinsame Ziel ist, mit der Herzrhythmus-Meditation zu arbeiten und sich mit anderen darüber zu verständigen. Sie haben alle bis zu einem gewissen Grad erlebt, daß sie sich mitten in ihrem Alltag an den meditativen Zustand zurückerinnern können, wenn sie es benötigen. Das hat ihnen die Hoffnung gegeben, daß sie die Dinge verändern können, die sie verändern wollen, und auch die Ziele erreichen, die sie erreichen möchten.

David liest die Anleitung für die Übung vor, indem er vorn beginnt und das übergeht, was bekannt zu sein scheint. Er konzentriert sich auf die Anleitungen, die neu sind. Es ist eine Hilfe, die sie laut vorlesen werden, da so alle anderen ihre Augen geschlossen halten können. Davids eigener meditativer Zustand wird in seinen Worten erkennbar und inspiriert alle noch mehr. Alle sagen das gleiche – daß Meditation in einer Gruppe grundsätzlich viel einfacher und besser ist als allein. Es geschieht da etwas, an dem alle beteiligt sind, beim Schöpfen wie beim Empfangen. Aber die Gruppenmitglieder üben auch jeder für sich, um an Erfahrung und Fähigkeit zu gewinnen.

Durch diesen Prozeß haben sie einen Schatz an gemeinsamen Erfahrungen aufgebaut, den es normalerweise in einer Gruppe nicht gibt, und das hat sie einander sehr nahegebracht. Sie haben ihre Herzschläge einander mitgeteilt, und es fällt ihnen jetzt leicht, das, was in ihren Herzen ist, einander mitzuteilen. Sie sind nicht mehr verschlossen, sondern offen und verletzlich. Sie sind erfahren in der verletzlichsten Art der Mitteilung, dem Schweigen, und in dem intimsten Austausch, dem von Atem und Herzschlag. Sie haben sich gegenseitig mit Augen angesehen, die von innerer Bewußtheit inspiriert waren, und sie haben das Gesicht hinter dem Gesicht gesehen – das wunderbare Angesicht der Seele eines anderen. Wenn man einen Eindruck von dem bekommen hat, was man schon immer war, erleichtert es, zu ahnen, was man in Zukunft sein könnte. Das ist das heilige Vertrauen, das sie sich gegenseitig entgegenbringen – sich daran zu erinnern, wer sie wirklich sind, wenn sie es einmal vergessen: »Ich erinnere dich daran, wer du bist, wenn du es vergißt, und du erinnerst mich daran, wer ich bin, wenn ich es vergesse.« Sie können dies tun, weil sie gemeinsam die Herzrhythmus-Meditation üben.

Eine Gruppe mit Lehrer

Wenn Sie an Ihren Lehrer als Bruder oder Schwester denken, ist das wahr, wenn Sie an ihn als Ihren Freund denken, ist das auch wahr, und wenn Sie an Ihren spirituellen Lehrer als Ihren Diener denken, stimmt das auch. Man kann das nicht diskutieren. [HIK][13]

Die Arbeit des Lehrers besteht darin, einem anderen Menschen zu helfen, seine eigene Wahrheit zu finden, das zu entwickeln und zu entdecken, was wahr ist. Es geht nicht darum, irgendwelche unerschütterlichen Lehrmeinungen zu verbreiten. Es gibt keine Grundsätze, nach denen die Schüler ihr Leben einrichten müssen. Der Lehrer ist einfach ein Führer auf dem Weg. Der Lehrer ist derjenige, der das Licht entzündet, das in dem Schüler schon vorhanden ist. [HIK][14]

Die Vorteile, die man durch einen spirituellen Lehrer hat
In einer Gruppe zu meditieren ist einfacher, als allein zu meditieren, und mit einem Lehrer zu meditieren ist noch einfacher. Ein Lehrer oder eine Lehrerin ist jemand, der oder die mit der Meditation sehr vertraut ist und weiß, wie man die Übungen weitergibt. Auch ein Lehrer hat zuerst als Schüler angefangen. Er wurde zum Lehrer ernannt, nachdem er Meisterschaft in der

Meditation demonstriert hatte, und zwar sowohl was die Beherrschung der Technik als auch die Anwendung im Leben angeht.

Es ist leichter, ein Lehrer zu werden, als ein Schüler. [HIK][15]

Es hat hauptsächlich die folgenden vier Vorteile, wenn man einen Lehrer für Meditation hat. Zuerst einmal »öffnet ein Lehrer das Fenster«, das heißt, er vereinfacht den Zugang der gesamten Meditationsgruppe zu der Erfahrung des höheren Bewußtseins. Das »Fenster« ist eine Barriere, die normalerweise den Eintritt von Menschen in den Meditationszustand erschwert. Ein Lehrer hat nicht nur gelernt zu meditieren, sondern auch, wie man dieses Fenster für eine ganze Gruppe von Menschen offenhält. Eine besondere Methode, die man als Lehrer erlernt, erlaubt der Gruppe, sich ohne große Mühe in einen Bewußtseinszustand jenseits der normalen Beschränkung zu begeben.

Der Lehrer kann durch seine Gegenwart ein Zuhause für immer feinere Schwingungen schaffen. So gibt es zumindest einen Vorteil, wenn man einen Lehrer hat, der mehr als einfach nur ein Leiter ist: Er kann die Atmosphäre in einem Raum erheben. Aber das Vertrauen der Menschen, ihre Gebete und ihre Haltung, tragen auch dazu bei, die Atmosphäre einer Kapelle, einer Meditationshalle oder eines Tempels zu verstärken. [HIK][16]

Der Atem eines Lehrers ist sozusagen die Leiter, auf welcher der Schüler zu Gott hochsteigt. Der Atem des Lehrers hilft, den Rhythmus in der Meditation festzulegen und die Atmosphäre zu verfeinern. Je feiner die Schwingungen sind, die man in dieser Atmosphäre empfängt, um so mehr haben diejenigen davon, die in Stille daran teilnehmen. Wenn ein Schüler in der Lage ist, seinen Atem an den des

Lehrers anzupassen, ist das sehr hilfreich. Gleichzeitig tut der Lehrer alles in seiner Macht Stehende, um das Herz des Schülers, der in seiner Gegenwart ist, zu erreichen. [HIK][17]

Bevor man den meditativen Zustand selbst erlebt hat, kann man sich nur schwer vorstellen, wie er tatsächlich ist. Ich erinnere mich noch gut daran, als mein Sohn im Alter von zwei Jahren zum ersten Mal in einem Schwimmbecken war. Er war erschreckt, konfus und hatte keine Ahnung, was er da sollte. Ich hielt ihm eine Hand unter den Bauch, während er in dem Becken herumpaddelte. Das machte ihn ekstatisch! Es fühlte sich offensichtlich sehr gut für ihn an und löste in ihm das Gefühl aus, er könne tatsächlich schwimmen. Meditation mit einem Lehrer ist so ähnlich. Es erfordert wenig Anstrengung, ist völlig sicher, und es fühlt sich wunderbar an.

Nach so einer Erfahrung wird der neue Schüler das Bedürfnis entwickeln, allein zu meditieren. Dann wechselt der Beitrag des Lehrers von der direkten Intervention, dem »Öffnen des Fensters«, zum Lehren von Techniken und Haltungen, die notwendig sind, um das Fenster selbst öffnen zu können.

Der zweite Vorteil, einen Lehrer zu haben, besteht darin, daß ein Lehrer die Erfahrung eines Gruppenmitglieds mit den Elemente-Atmungen überprüfen kann. Dies geschieht in der Weise, daß ein Lehrer einem Schüler direkt gegenübersitzt und man gemeinsam meditiert. Es tauchen dann in dem Lehrer oder der Lehrerin Wahrnehmungen auf, die in Resonanz mit der Energie des Schülers oder der Schülerin sind. Ein Lehrer kann das sich ausbreitende, stetige magnetische Feld des Herzens einer anderen Person beim Atem mit dem Element Erde spüren, den herabfließenden Energiestrom während des Wasser-Atems, das Licht im Herzen beim Feuer-Atem und die Atmosphäre von Helligkeit im Luft-Atem. Es gibt gegenwärtig keine Instrumente, die diese Phänomene messen können, aber man kann lernen, sie zu fühlen, und darin sind unsere Lehrer geübt.

Drittens ist der Lehrer ein Modell dafür, wie man die Herzrhythmus-Meditation im Leben anwenden kann. Er oder sie ist ein Beispiel für jemanden, der versucht, aus dem Herzen zu leben.

Dies als Ziel auch nur zu formulieren ist bemerkenswert und macht jeden Lehrer für Kritik anfällig. Ein hohes Ideal zu haben ist ein (Feuer-)Element des Herzens, und während wir lernen, aus dem Herzen zu leben, möchten wir, daß unsere Ideale von einem lebenden Beispiel inspiriert und bestätigt werden. Es kann jedoch sein, daß Ihr Lehrer ein anderes Ideal als Sie selbst hat oder daß er an anderen Aspekten des Lebens aus dem Herzen arbeitet oder daß er seinem Ideal gerade nicht gerecht wird, was jedem Menschen manchmal passiert. Beim Nachdenken über das Beispiel, das der Lehrer oder die Lehrerin gibt, kann die Gruppe das Mitgefühl und die Akzeptanz offenbar werden lassen, die auch (Wasser-)Elemente des Herzens sind. Man sollte seine eigenen Ideale beibehalten, aber sie nur auf sich selbst und seine Handlungen anwenden und anderen Mitgefühl und Akzeptanz entgegenbringen, selbst seinen Lehrern.

Schließlich gibt es noch den Aspekt, daß beim Meditieren allein der Gedanke an Ihren Lehrer Ihre eigene Meditation einfacher machen wird. Es gibt etwas an Meditation, das nicht gelehrt, sondern nur »aufgefangen« werden kann. Wenn Sie sich zum Üben hinsetzen, denken Sie, daß Sie sich mit Ihrem Lehrer oder Ihrer Lehrerin verbinden und so meditieren, wie er oder sie das tut. Sie werden dann bemerken, daß Ihnen Meditation viel leichter fällt als gewöhnlich.

> Je mehr der Schüler in Stille mit dem Lehrer sitzt, um so einfacher ist es, den Atem von Lehrer und Schüler anzupassen. Auf diese Art empfängt der Schüler den Segen seines Lehrers. Das muß nicht irgendein besonderes Wissen sein. Es bedeutet jedoch, daß das Herz sensibler wird und diese Sensibilität dazu führt, daß das Herz an Weisheit, Einsicht, Mitgefühl und Liebe zunimmt. [HIK][18]

Wie man einen Lehrer findet
Es gibt sowohl in den USA als auch in Europa fähige Meditationslehrer, welche die Methode der Herzrhythmus-Meditation, wie sie in diesem Buch beschrieben ist, beherrschen. Einige dieser Lehrer sind vom Institute for Applied Meditation zertifiziert und folgen dieser Methode sehr genau. Ihre Einsichten fließen durch das Institut wieder in die Übungen ein und bereichern sie so. Andere Lehrer haben weitere Stufen der Herzrhythmus-Meditation erlernt und lassen diese Methoden zusätzlich in die Meditationsübungen mit einfließen. Lehrer anderer Schulen nutzen das hier dargestellte Material, um ihre eigene Methode zu bereichern.

Jeder von uns zertifizierte Meditationslehrer ist Mitglied der Fakultät des Institute for Applied Meditation. Alle Mitglieder wenden Material wie dieses Buch zum Lehren der Herzrhythmus-Meditation an, sowie das Lehrerhandbuch und die Entwürfe zukünftiger Bücher für die späteren Kurse der Herzrhythmus-Meditation. Die Gebühren für unsere Kurse und das individuelle Feedback sind standardisiert. Das Institut wird Ihnen mit Hilfe seiner Internetanbindung helfen, einen Lehrer in Ihrer Nähe zu finden.

Die Internetadresse lautet: www.appliedmeditation.org.

Ein Beispiel
Ipswich, 1995. An diesem Abend treffen sich meine Frau und ich mit einer kleinen Gruppe Meditierender in dem Meditationszentrum, das sich in unserem Haus befindet. Wir leiten diese Gruppe in der Herzrhythmus-Meditation gemeinsam an. Um acht Uhr trifft sich die Gruppe. Bill und Ken, die in einiger Entfernung wohnen, kommen zusammen. Alima holt Duncan auf dem Weg hierher ab. Terry macht diesen Kurs, nachdem er durch seine Arbeit mit der Herzrhythmus-Meditation in Berührung kam. Teresa hat eine Empfehlung von ihrem Neurologen bekommen. Lynn und Dave kommen gerne zusammen, wechseln sich aber manchmal ab. Lisa hat angerufen und sich entschuldigt

und um eine Kassette gebeten, damit sie der Meditation weiter folgen kann. Charlie kommt direkt von der Arbeit. Gail und Steve haben uns über das Internet gefunden und haben eine Woche später angefangen.

Die meisten benutzen eine Meditationsbank zum Sitzen. Charlie bevorzugt zwei Kissen. Duncan muß wegen seiner Knie einen Stuhl benutzen. Ein Stuhl mit ganz gerader Lehne ist gut für ihn. Bill setzt sich zuerst auf das Sofa, ehe die Meditation anfängt, dann nimmt auch er eine Meditationsbank. Liz setzt sich gerne auf ein Kissen vor dem Sofa. Alle anderen nehmen sich eine Meditationsbank. Wir sitzen alle ungefähr in einem Kreis, so daß jeder jeden sehen kann. Alle haben ihre Augen geschlossen. Wir finden schnell unsere innere Stille. Susanna oder ich leiten die Meditation und sprechen mit leiser Stimme über die Stufen, durch die wir zu gehen haben. Wenn ich leite, erinnere ich mich gerne an ein Retreat, das ich gemacht habe, wo ich der Sonne gegenübersaß und sie mit dem Licht meines Herzens füllte, so daß sie scheinen konnte. Jede Person in der Gruppe wird zu einer Sonne für mich, und wir wirken in Stille gegenseitig auf uns ein, mittels Herzschlag und Atem.

Jeder ist auf das konzentriert, was in ihm selbst vorgeht. Was immer die Energie ist, die wir miteinander teilen, sie scheint aus uns selbst aufzutauchen, nicht von außen. Die Energie ist mit einer bestimmten Körperempfindung verbunden, aber die herrlichere Erfahrung geschieht in den Gedanken und Emotionen. Sie verändert die Art und Weise, wie wir über uns selbst denken. Sie hilft, Probleme zu lösen, beantwortet Fragen, beseitigt Hindernisse und baut ein kraftvolles Herz auf.

Wir machen das gemeinsam, und ich weiß, was in der Gruppe passiert, weil es in mir in gleicher Weise passiert. Manchmal spricht Susanna aus ihrer Inspiration, wenn ich still bin, und sie erhöht damit die Einstimmung. Dann rede ich wieder und beschreibe eine Erfahrung, die ich gerade habe, oder gebe eine Anleitung, die helfen soll, eine weitere Änderung in der Einstimmung herbeizuführen.

Es vergeht eine Stunde, ohne daß das jemand bemerkt. Wenn es sich um eine erfahrene Gruppe handelt, können auch anderthalb Stunden vergehen, und niemand leidet an der völligen Stille oder geht im Äther seiner Gedanken verloren. Ein gelegentliches Wort erinnert uns an die Technik oder die Anwendung im Leben, die mit diesem Zustand verbunden ist, und hält uns im Rhythmus mit unseren Herzen.

Dann bewegen wir uns ein wenig, und die Augen sehen wieder die äußere Welt, die wir in der Meditation von innen gefühlt haben. Das Schönste ist der gegenseitige Anblick unserer Augen.

Anmerkungen

Einleitung

1 Hazrat Inayat Khan, »Githa 3, Dhyana 3«, in *Complete Works of Pir-o-Murshid Hazrat Inayat Khan, Original Texts: Lectures on Sufism, 1923 I: January–June*, London: East-West Publications, 1989, S. 307–8.
2 Hazrat Inayat Khan, »The Secret of Breath«, in *The Sufi Message of Hazrat Inayat Khan, Vol. 4, Healing and the Mind World*, London: Barrie and Rockliff, 1960–64, S. 191.
3 Dschelaleddin Rumi, *Das Mesnewi*, München: O. W. Barth, 1977.
4 Idries Shah, *Die Sufis: Botschaft der Derwische, Weisheit der Magier*, München: Diederichs, 1996.
5 Es gibt eine interessante Anspielung auf Shakespeares Namen. Muslimische Sufis sind manchmal in Schulen organisiert, die von einem *Pir* oder Ältesten geleitet werden, der einen oder mehrere erfahrene Schüler haben kann, die *Sheiks* genannt werden. Man spricht manchmal von dem Haupt der Schule als dem »*Pir* der *Sheiks*«, (englisch: »*the Sheiks' Pir*«), was genauso klingt wie Shakespeare.
6 Vilayat Inayat Khan, *Toward the One*, New York: Harper and Row, 1974.
7 *Biography of Pir-o-Murshid Hazrat Inayat Khan*, London: East-West Publications, 1979; Vilayat Inayat Khan, *The Message of Our Time: The Life and Teachings of the Sufi Master Pir-o-Murshid Inayat Khan*, San Francisco: Harper and Row, 1978; Jean Overton Fuller, *Noor-un-nisa Inayat Khan (Madeleine)*, Rotterdam: East-West Publications, 1971.
8 Hazrat Inayat Khan, *Die Einheit der religiösen Ideale*, Den Haag: East-West Publications, ohne Jahr.

1. Was ist die Herzrhythmus-Meditation?

1 Hazrat Inayat Khan, »Aphorisms«, in *The Complete Sayings of Hazrat Inayat Khan*, New Lebanon, N. Y.: Sufi Order Publications, 1978, S. 181.
2 Aus einem Liedtext: »Over the River and Through the Woods«
3 Dieses Zitat wird Hazrat Inayat Khan zugeschrieben.
4 Herbert Benson, *The Relaxation Response*, New York: William Morrow, 1976.
5 Herbert Benson und Mary Stark, *Heilung durch Glauben: Die Beweise*, München: Heyne, 1997.
6 Hazrat Inayat Khan, *Gayan, Vadan, Nirtan: Gayan, Boulas*, Den Haag: East-West Publications, ohne Jahr.
7 Hazrat Inayat Khan, »Githa 3, Dhyana 3«, in *Complete Works, 1923 I*, S. 305–6.
8 Hazrat Inayat Khan, »Mystic Relaxation«, in *Sufi Message, Vol. 4*, S. 168.
9 Hazrat Inayat Khan, »Sangatha 2«, in *Complete Works of Pir-o-Murshid Hazrat Inayat Khan, Original Texts: Lectures on Sufism, 1922 I: January–August*, London/Den Haag: East-West Publications, 1990, S. 465.
10 Hazrat Inayat Khan, »Gatha 1, Insight 1, Safa«, in *The Sufi Message of Hazrat Inayat Khan, Vol. 13, The Gathas*, Katwijk aan Zee: Servire BV, 1982, S. 51.
11 Lawrence LeShan, *How to Meditate: A Guide to Self-Discovery*, Boston: Little, Brown, 1974, S. 60.
12 Hazrat Inayat Khan, »Githa 3, Dhyana 2«, in *Complete Works, 1923 I*, S. 305–6.
13 Vilayat Inayat Khan, Zitatbeitrag für dieses Buch.
14 Vilayat Inayat Khan, *The Retreat Manual*, New Lebanon, NY: The Sufi Order Publications, 1980.
15 Hazrat Inayat Khan, »Sangatha 1, Riyazat«, in *Esoteric Papers* (unveröffentlicht).
16 Hazrat Inayat Khan, »Sangatha 2«, in *Complete Works, 1922 I*, S. 465.
17 Hazrat Inayat Khan, »Mystic Relaxation«, in *Sufi Message, Vol. 4*, S. 172.
18 Vilayat Inayat Khan, Zitatbeitrag für dieses Buch.
19 Hazrat Inayat Khan, »Githa 3, Dhyana 3«, in *Complete Works, 1923 I*, S. 307–8.
20 Hazrat Inayat Khan, *Gayan, Vadan, Nirtan: Gayan, Ragas*, Den Haag: East-West Publications, ohne Jahr.
21 Hazrat Inayat Khan, *Gayan, Vadan, Nirtan: Nirtan, Gamakas*, Den Haag: East-West Publications, ohne Jahr.
22 Hazrat Inayat Khan, »Githa 1, Dhyana 1«, in *Complete Works, 1923 I*, S. 225.

2. Der Nutzen der Meditation und die Elemente des Herzens

1 Hazrat Inayat Khan, »Githa 2, Dhyana 1«, in *Complete Works, 1923 I*, S. 265.
2 Hazrat Inayat Khan, »Insight«, in *Sufi Message, Vol. 4*, S. 220.
3 Pir Vilayat und ich trafen »Dave«, und Pir hatte sofort das Gefühl, daß Dave selbst schuld war.
4 Hazrat Inayat Khan, »Insight«, in *The Sufi Message of Hazrat Inayat Khan, Vol. 3, The Alchemy of Happiness*, London: Barrie and Rockliff, 1960–64, S. 22.
5 Hazrat Inayat Khan, »Poetry«, in *The Sufi Message of Hazrat Inayat Khan, Vol. 10, The Path of Initiation*, London: Barrie and Rockliff, 1960–64, S. 208.
6 Vilayat Inayat Khan, ein geläufiger Ausdruck.
7 Hazrat Inayat Khan, »Gatha 3, Metaphysics 2, Sympathy«, in *Sufi Message, Vol. 13*, S. 270.
8 Vorwort des Dalai Lama, in Mark Epstein, *Gedanken ohne den Denker: Das Wechselspiel von Buddhismus und Psychoanalyse*, Frankfurt/M.: Krüger, 1996.
9 Hazrat Inayat Khan, *Tales by Hazrat Inayat Khan*, New Lebanon, New York: Sufi Order Publications, 1980, S. 7.

3. Der Einfluß von Körperhaltung und Umgebung: Die Vorbereitung

1 Hazrat Inayat Khan, »Githa 1, Dhyana 1«, in *Complete Works, 1923 I*, S. 223–4.
2 Hazrat Inayat Khan, »Githa 2, Dhyana 7«, in *Complete Works, 1923 I*, S. 287.
3 Itzhak Benthov, *Stalking the Wild Pendulum: On the Mechanics of Consciousness*, Rochester, Vt.: Destiny Books, 1977, S. 42.
4 Hazrat Inayat Khan, »Githa 1, Dhyana 3A«, in *Complete Works, 1923 I*, S. 233.
5 Hazrat Inayat Khan, »Sangitha 1, Ta'lim« in *Esoteric Papers* (unveröffentlicht).
6 Hazrat Inayat Khan, »Githa 1, Dhyana 3«, in *Complete Works, 1923 I*, S. 231.
7 Jalal al-Din Rumi, *The Essential Rumi*, Übers. Coleman Barks, San Francisco: Harper, 1995.
8 Aus einem Liedtext: »Till There Was You«.
9 Hazrat Inayat Khan, »Gatha 1, Kashf 10, Insight«, in *Sufi Message, Vol. 13*, S. 61.
10 Hazrat Inayat Khan, »Githa 1, Dhyana 1«, in *Complete Works, 1923 I*, S. 223–4.

11 *Die Bibel*, Markusevangelium 7:18–20.
12 *Die Bibel*, Markusevangelium 16:18.
13 Hazrat Inayat Khan, »Gatha 1, Everyday Life 5, Inner Ablutions«, in *Sufi Message, Vol. 13*, S. 212–3.
14 Hazrat Inayat Khan, »Sangitha 2, Riyazat«, in *Esoteric Papers* (unveröffentlicht).

4. Bewußtes Atmen: Die Reinigung der Gedanken

1 Hazrat Inayat Khan, »Gatha 1, Breath 3, Prana«, in *Sufi Message, Vol. 13*, S. 138.
2 Hazrat Inayat Khan, »Gatha 1, Breath 1, The Power of the Breath«, in *Sufi Message, Vol. 13*, S. 135.
3 Hazrat Inayat Khan, »Gatha 2, Breath 10, Communication Through the Breath«, in *Sufi Message, Vol. 13*, S. 156.
4 *Encyclopedia Britanica*.
5 Hazrat Inayat Khan, »Githa 1, Asrar ul-Ansar 6«, in *Esoteric Papers* (unveröffentlicht).
6 *Webster's Ninth New Collegiate Dictionary*.
7 Hazrat Inayat Khan, *Gayan, Vadan, Nirtan: Vadan, Boulas*, Den Haag: East-West Publications, ohne Jahr.
8 Hazrat Inayat Khan, »Aphorisms«, in *Complete Sayings*, S. 196.
9 Hazrat Inayat Khan, »Unlearning«, in *Sufi Message, Vol. 4*, S. 109.
10 Hazrat Inayat Khan, »Githa 1, Pasi Anfas 3«, in *Esoteric Papers* (unveröffentlicht).
11 Hazrat Inayat Khan, »Githa 2, Dhyana 6«, in *Complete Works, 1923 I*, S. 283.
12 Hazrat Inayat Khan, »Githa 1, Dhyana 7«, in *Complete Works, 1923 I*, S. 287.
13 Diese Regel entspricht der Heisenbergschen Unschärferelation.

5. Der rhythmische Atem: Den Gedanken eine Richtung geben

1 Hazrat Inayat Khan, »Githa 1, Dhyana 2A«, in *Complete Works, 1923 I*, S. 229.
2 Hazrat Inayat Khan, »Githa 3, Shafayat 4«, in *Esoteric Papers* (unveröffentlicht).
3 Hazrat Inayat Khan, »Mental Purification«, in *Sufi Message, Vol. 4*, S. 168.
4 Ebd., S. 165–66.
5 Hazrat Inayat Khan, »Sangatha 2, Ryazat«, in *Esoteric Papers* (unveröffentlicht).

6 Hazrat Inayat Khan, »Githa 1, Dhyana 2«, in *Complete Works, 1923 I*, S. 227.
7 Hazrat Inayat Khan, »Gayan, Talas«, in *Complete Sayings*, S. 73.
8 Hazrat Inayat Khan, »Mental Purification«, in *Sufi Message*, Vol. 4, S. 168.
9 Hazrat Inayat Khan, »Githa 2, Ryazat«, in *Esoteric Papers* (unveröffentlicht).
10 Ebd.

6. Die vollständige Ausatmung: Verwirklichung

1 Hazrat Inayat Khan, »Sangitha 1, Ryazat«, in *Esoteric Papers* (unveröffentlicht).
2 Hazrat Inayat Khan, *Gayan, Vadan, Nirtan: Nirtan, Chalas*, Den Haag: East-West Publications Fonds, ohne Jahr.
3 Hazrat Inayat Khan, *Tales*, S. 198.
4 Hazrat Inayat Khan, »Githa 1, Dhyana 1«, in *Complete Works, 1923 I*, S. 225.
5 Hazrat Inayat Khan, *Gayan, Vadan, Nirtan: Gayan, Alapas*, Den Haag: East-West Publications, ohne Jahr.

7. Den Atem anhalten: Energie konservieren

1 Hazrat Inayat Khan, »Githa 1, Dhyana 3«, in *Complete Works, 1923 I*, S. 231.
2 Hazrat Inayat Khan, »Githa 1, Dhyana 2«, in *Complete Works, 1923 I*, S. 227.
3 Hazrat Inayat Khan, »Gatha 2, Saluk 4, Morals: The Training of the Ego«, in *Sufi Message*, Vol. 13, S. 185.
4 Selbst Heißluftballons steigen aufgrund der Schwerkraft hoch. Gäbe es keine Schwerkraft, könnten weder Heißluftballons noch Unterseeboote aufsteigen. Flugzeuge fliegen aufgrund des Auftriebs, einer Eigenschaft sich bewegender Flüssigkeiten (und Gase, Anm. d. Übersetzers). Alles Materielle ist der Schwerkraft unterworfen.

8. Atem und Herzschlag: Friede

1 Hazrat Inayat Khan, »Githa 3, Dhyana 2«, in *Complete Works, 1923 I*, S. 305–6.
2 Hazrat Inayat Khan, »Githa 3, Dhyana 1«, in *Complete Works, 1923 I*, S. 303.

3 Hazrat Inayat Khan, »Githa 3, Dhyana 4«, in *Complete Works, 1923 I,* S. 309–10.
4 Hazrat Inayat Khan, »Gatha 1, Tasawwuf 2, Metaphysics«, in *Sufi Message, Vol. 13,* S. 245.
5 Hazrat Inayat Khan, »The Secret of Breath«, in *The Sufi Message of Hazrat Inayat Khan, Vol. 2, The Mysticism of Sound,* London: Barrie and Rockliff, 1960–64, S. 47.
6 Hazrat Inayat Khan, »Githa 3, Dhyana 3«, in *Complete Works, 1923 I,* S. 307–8.
7 Hazrat Inayat Khan, »Githa 1, Dhyana 1«, in *Complete Works, 1923 I,* S. 225.
8 Hazrat Inayat Khan, »Githa 2, Ryazat«, in *Esoteric Papers* (unveröffentlicht).
9 Hazrat Inayat Khan, »Mystic Relaxation«, in *Sufi Message, Vol. 4,* S. 165–6.
10 Ebd.
11 Hazrat Inayat Khan, »Githa 3, Dhyana 3«, in *Complete Works, 1923 I,* S. 307–8.

9. Der gerichtete Atem: Heilung

1 Peter Tompkins und Christopher Bird, *Das geheime Leben der Pflanzen,* Frankfurt/M.: Fischer, ohne Jahr.
2 Hazrat Inayat Khan, »Gatha 1, Breath«, in *Sufi Message, Vol. 13,* S. 135.

10. Die vier Elemente

1 Hazrat Inayat Khan, »The Mysticism of Sound and Music«, in *Sufi Message, Vol. 2,* S. 124.
2 Hazrat Inayat Khan, »Githa 1, Mysticism, The Direction of the Elements«, in *Esoteric Papers* (unveröffentlicht).
3 Hazrat Inayat Khan, »Sangatha 1«, in *Esoteric Papers* (unveröffentlicht).
4 Ebd.
5 Hazrat Inayat Khan, »Githa 2, Esotericism, Purification of the Breath« in *Esoteric Papers* (unveröffentlicht).
6 Hazrat Inayat Khan, »Healing and the Mind World«, in *Sufi Message, Vol. 4,* S. 28.
7 Ebd.
8 Ebd.
9 Hazrat Inayat Khan, »Gatha 2, Everyday Life, The Purity of the Body«, in *Sufi Message, Vol. 13,* S. 219.

11. Das Element Erde

1 Hazrat Inayat Khan, »Githa 3, Mysticism, The Universe in Man«, in *Esoteric Papers* (unveröffentlicht).
2 *Die Bibel*, Matthäusevangelium, 16:18.
3 Hazrat Inayat Khan, *Gayan, Vadan, Nirtan: Vadan, Tanas,* Den Haag: East-West Publications, ohne Jahr.
4 Hazrat Inayat Khan, *Gayan, Vadan, Nirtan: Gayan, Chalas,* Den Haag: East-West Publications, ohne Jahr.

12. Das Element Wasser

1 Hazrat Inayat Khan, »Pearls from the Ocean Unseen«, in *The Sufi Message of Hazrat Inayat Khan, Vol. 5, Spiritual Liberty,* London: Barrie and Rockliff, 1960–64, S. 195.
2 Vilayat Inayat Khan, »Purification Breaths«, in *The Retreat Manual,* New Lebanon, NY: The Sufi Order Publications, 1980, S. 6.
3 Ebd., S. 7.
4 Hazrat Inayat Khan, »The Law of Rhythm«, in *The Sufi Message of Hazrat Inayat Khan, Vol. 11, Philosophy, Psychology, Mysticism,* London: Barrie and Rockliff, 1960–64, S. 46.
5 Vilayat Inayat Khan, »Purification Breaths«, in *The Retreat Manual,* S. 6.
6 Ein Kalif ist ein Leiter in einer Sufi-Schule.
7 Jalal al-Din Rumi, *The Essential Rumi,* S. 199.
8 Hazrat Inayat Khan, *Gayan, Vadan, Nirtan: Gayan, Tanas,* Den Haag: East-West Publications, ohne Jahr.
9 Vilayat Inayat Khan, »Purification Breaths«, in *The Retreat Manual.*
10 Hazrat Inayat Khan, *Gayan, Vadan, Nirtan: Gayan, Chalas,* Den Haag: East-West Publications, ohne Jahr.

13. Das Element Feuer

1 Hazrat Inayat Khan, »Githa 1, Esotericism, Zikr«, in *Esoteric Papers* (unveröffentlicht).
2 Hazrat Inayat Khan, »Githa 1, Mysticism, The Form of the Elements«, in *Esoteric Papers* (unveröffentlicht).
3 Vilayat Inayat Khan, »Purification Breaths«, in *The Retreat Manual,* S. 9.
4 Hazrat Inayat Khan, *Gayan, Vadan, Nirtan: Vadan, Alankaras,* Den Haag: East-West Publications, ohne Jahr.
5 Vilayat Inayat Khan, *Tools of Meditation,* Seattle: Sufi Order International, 1996, S. 31.
6 Ebd., S. 9.

7 Jalal al-Din Rumi, *The Essential Rumi*, S. 43.
8 *Die Bibel*, Markusevangelium 1:8.
9 Vilayat Inayat Khan, ein geläufiger Ausdruck.
10 Elisabeth Kübler-Ross, *Reif werden zum Tode*, Gütersloher Verlagsbuchhandlung, 7. Auflage, 1995.
11 Vilayat Inayat Khan, »The Cosmic Celebration«.
12 Vilayat Inayat Khan, »Tools of Meditation«, S. 31.
13 Hazrat Inayat Khan, *Die Einheit der religiösen Ideale*, Den Haag: East-West Publications, ohne Jahr.
14 Hazrat Inayat Khan, *The Sufi Message of Hazrat Inayat Khan, Vol. 3, The Art of Personality*, London: Barrie and Rockliff, 1960–64, S. 223.
15 Hazrat Inayat Khan, »Cosmic Language: Inspiration«, in *Sufi Message, Vol. 2*, S. 261–2.
16 Hazrat Inayat Khan, *Die Schale des Schenkens, Spruch zum 18. Juni*, Den Haag: East-West Publications, 1948.

14. Das Element Luft

1 Hazrat Inayat Khan, »Githa 1, Mysticism 3«, in *Esoteric Papers* (unveröffentlicht).
2 Hazrat Inayat Khan, »Githa 1, Asrar ul-Ansar 6«, in *Esoteric Papers* (unveröffentlicht).
3 Jalal al-Din Rumi, *The Essential Rumi*.
4 Hazrat Inayat Khan, *Gayan, Vadan, Nirtan: Vadan, Alankaras*, Den Haag: East-West Publications, ohne Jahr.
5 Hazrat Inayat Khan, »The Privilege of Being Human: Truth«, in *The Sufi Message of Hazrat Inayat Khan, Vol. 8, Sufi Teachings*, London: Barrie and Rockliff, 1960–64.
6 Hazrat Inayat Khan, *Gayan, Vadan, Nirtan: Vadan, Talas*, Den Haag: East-West Publications, ohne Jahr.
7 Hazrat Inayat Khan, *Gayan, Vadan, Nirtan: Vadan, Gamakas*, Den Haag: East-West Publications, ohne Jahr.
8 Im Original wird der Begriff *detachment* verwendet.
9 Hazrat Inayat Khan, *Gayan, Vadan, Nirtan: Gayan, Boulas*, Den Haag: East-West Publications, ohne Jahr.
10 Vilayat Inayat Khan, »Purification Breaths«, in *The Retreat Manual*, S. 15.
11 Vilayat Inayat Khan, *Rehearsal for Life* (unveröffentlicht), S. 82.
12 Hazrat Inayat Khan, *Gayan, Vadan, Nirtan: Vadan, Ragas*, Den Haag: East-West Publications, ohne Jahr.
13 Hazrat Inayat Khan, »Harmony«, in *Sufi Message, Vol. 2*, S. 31.
14 Ebd.
15 Ebd.

15. Probleme, die häufig bei der Meditation auftauchen

1 Hazrat Inayat Khan, *Mastery Through Accomplishment*, New Lebanon, N. Y.: Sufi Order Publications, 1978, S. 173.
2 Hazrat Inayat Khan, »Sangitha«, in *Esoteric Papers* (unveröffentlicht).
3 Ebd.
4 Hazrat Inayat Khan, »Gatha 3, Metaphysics 2, Sympathy«, in *Sufi Message*, Vol. 13, S. 270.

16. Individuelle Praxis und Gruppenmeditation

1 Hazrat Inayat Khan, »Githa, Dhyana 5«, in *Complete Works, 1923 I*, S. 239.
2 Hazrat Inayat Khan, »Sangitha«, in *Esoteric Papers* (unveröffentlicht).
3 Ebd.
4 Ebd.
5 Ebd.
6 Ebd.
7 Ebd.
8 Ebd.
9 Ebd.
10 Ebd.
11 Ebd.
12 Hazrat Inayat Khan, »The Invocation«, leicht verändert vom Autor.
13 Hazrat Inayat Khan, »Class for Mureeds: Mureedship«, in *Classes for Mureeds*.
14 Hazrat Inayat Khan, »Mysticism VII«, in *The Supplementary Papers* (unveröffentlicht).
15 Hazrat Inayat Khan, *Gayan, Vadan, Nirtan: Gayan, Boulas*, Den Haag: East-West Publications, ohne Jahr.
16 Hazrat Inayat Khan, »Sangitha«, in *Esoteric Papers* (unveröffentlicht).
17 Ebd.
18 Ebd.